Georges Sada / Jim Nelson Black

Saddams Geheimnisse

25 Jahre unter einem Terrorregime.
Als Christ im irakischen Generalstab

BRUNNEN
VERLAG GIESSEN·BASEL

Titel der amerikanischen Originalausgabe:
„Saddam's Secrets"
Copyright © 2006 Georges Sada
Veröffentlicht im Verlag Integrity Publishers,
einem Verlag der Integrity Media, Brentwood, USA

Aus dem Amerikanischen von Angela Klein-Esselborn
Lektorat: Ralf Tibusek

3. Auflage 2008
1. Taschenbuchauflage

© der deutschen Ausgabe:
2006 Brunnen Verlag Gießen
www.brunnen-verlag.de
Umschlaggestaltung: Ralf Simon
Umschlagmotiv: Corbis, Düsseldorf
Satz: Die Feder GmbH, Wetzlar
Druck: CPI – Ebner & Spiegel, Ulm
ISBN 978-3-7655-4036-3

TÜRKEI

KASP. MEER

IRAN

SYRIEN

Dahuk

Mossul

Irbil

Kirkuk

as-Sulaimaniya

al-Qa'im

Tikrit

Samarra

JORD.

ar-Ramadi

Ba'quba

Bagdad

Tigris

Kerbela

al-Hilla

al-Kut

an-Nadschaf

al-Hayy

IRAK

Euphrat

an-Nasiriya

al-Basra

Schatt el-Arab

az-Zubair

Fao

KUWAIT

SAUDI-ARABIEN

al-Kuwait

PERS. GOLF

100 km

780 © Globus

Wichtige Ereignisse in zeitlicher Abfolge

Frühgeschichte	Das Land Irak wird von Assyrern, Babyloniern, Persern, Griechen beherrscht.
800-750 v. Chr.	Der Prophet Jona predigt in Ninive, der Hauptstadt Assyriens.
1. Jhdt. n. Chr.	Die christliche Botschaft erreicht den heutigen Irak.
634	Arabische Eroberung des heutigen Irak; Einführung der muslimischen Religion.
762	Bagdad wird Hauptstadt des Iraks und des islamischen Kalifats.
1700er bis 1800er	Krieg auf irakischem Boden zwischen ottomanischen Türken und Persern.
1. Weltkrieg	Irak wird der osmanischen Herrschaft entrissen und unter britisches Mandat gestellt.
1921	Völkerbund und Briten ernennen den Haschemiten Faisal I zum irakischen König.
1932	Ende des britischen Mandats.
1933	König Faisal I stirbt, sein Sohn Ghazi wird Thronfolger.
1958	König Faisal II wird durch einen Militärputsch gestürzt; General Abdel Karim Kassem wird neuer Präsident.
	Georges Sada beginnt nach dem Gymnasium mit der Ausbildung an der irakischen Luftwaffenakademie.
1959	Saddam leitet einen fehlgeschlagenen Mordversuch auf Präsident Kassem.
	Am 9. Februar beginnt der Kadett Georges Sada mit seiner Pilotenausbildung in Russland.

1959	Saddam versteckt sich in Syrien.
1963	Präsident Kassem wird durch einen Putsch von Leutnant Abdel-Salaam Aref aus dem Amt gejagt.
1964-65	Georges Sada zur fortgeschrittenen Instrumentenausbildung in Texas, USA.
1966	Präsident Abdel-Salaam Aref kommt bei Hubschrauberabsturz ums Leben; ins Präsidentenamt folgt ihm sein Bruder Abdel-Rahman Aref.
17. Juli 1968	Revolution im Irak; Amtsenthebung von Abdel-Rahman Aref; General Ahmed Hassan al-Bakr wird Präsident; ernennt Saddam Hussein zum obersten Leibwächter, später zu seinem Stellvertreter und Vier-Sterne-General.
17. Juli 1979	Saddam enthebt Präsident Bakr des Amtes; Saddam wird Präsident und Ministerpräsident des Iraks.
1980	Irak führt Krieg gegen den Iran.
8. April 1980	Großajatollah Mohammed Baqr al-Sadr und seine Schwester Amina werden auf Saddams Befehl ermordet, um jeden Gedanken an religiöse Revolution im Irak im Keim zu ersticken.
7. Juni 1981	Israelische F-16-Bomber zerstören Iraks Kernreaktor Osirak.
1983	Kurden von Saddam mit chemischen Waffen angegriffen: achttausend Tote.
1986	Georges Sada wird unfreiwillig aus irakischer Luftwaffe in Ruhestand versetzt.
1988	Halabja von Saddams Streitkräften mit chemischen Waffen angegriffen; 5.000 Tote; 182.000 Kurden werden bei Anfal getötet.

8. August 1988	Iraks Krieg gegen den Iran beendet; Saddam stellt freiwillig Kampfhandlungen ein und unterzeichnet Kompromissvereinbarungen, die den Irak teuer zu stehen kommen.
2. August 1990	Saddam ordnet die Invasion Kuwaits an. Generalmajor Georges Sada wird in den aktiven Dienst der irakischen Luftwaffe zurückbeordert und ist zuständig für Kriegsgefangene.
17. Januar 1991	Beginn des ersten Golfkriegs (Operation Desert Storm); General Sada entkommt Raketenangriff um siebzehn Sekunden.
28. Februar 1991	Ende des ersten Golfkriegs.
6. März 1991	Gefangene der Koalitionsmächte aus irakischen Gefängnissen befreit.
1996	Beginn des UN-Programms „Öl für Lebensmittel".
1998	Georges Sada engagiert sich erstmals im Internationalen Friedens- und Versöhnungszentrum und ähnlichen Aktivitäten im Irak.
20. März 2003	(19. März US-Ostküstenzeit) Beginn der Operation Irakische Freiheit zum Sturz Saddams.
10. (9.) April 2003	Kriegsende; Saddam-Statue am Bagdader Fardus-Platz niedergerissen.
13. Dez. 2003	Saddam wird in einem Erdloch aufgespürt.
24. Febr. 2004	Unterzeichnung des „Bagdader Religions-Abkommens" im Hotel Babylon; außerdem Bildung des Irakischen Friedens-Instituts (Iraqi Institute for Peace / IIP); Georges Sada zum Geschäftsführer des IIP ernannt.
15. Okt. 2005	Neue irakische Verfassung von 79 Prozent der Wähler in einem Referendum angenommen –

gefeiert als erste demokratische Nationalcharta der arabischen Geschichte.

15. Dez. 2005   Erste verfassungsgemäße Wahlen in der irakischen Geschichte zur Errichtung einer Nationalversammlung.

Inhalt

Vorwort

Georges Sada, irakischer General a. D., Jagdflugzeugpilot und gläubiger Christ, der in den Händen von Saddams verrücktem Sohn Kusai dem Tod ins Auge blickte, schreibt hier über bislang unveröffentlichte Geheimnisse des vielleicht tyrannischsten Staatsführers seit Adolf Hitler.

Wir stammen zwar aus unterschiedlichen Teilen der Erde, doch kreuzten sich unsere Lebensbahnen in den dunkelsten Stunden des Golfkriegs. Ich hatte zwanzig Jahre lang meinem Land aktiv den Frieden gesichert. Als Pilot der US-Luftwaffe stand ich im Schatten der Vietnamkämpfer. Mit meinem Geschwader habe ich in Europa, Asien, Nordamerika und dem Mittleren Osten alle erdenklichen flugtaktischen Winkelzüge trainiert, und ich brachte es auf über 3.400 Flugstunden. Doch wie die meisten Flieger dachte ich nicht großartig darüber nach, unter feindlichen Beschuss zu geraten.

Dann wurde ich Anfang August 1990 als Antwort der USA auf Saddams Invasion Kuwaits in Südwestasien eingesetzt und war an dem ersten Luftschlag der Koalitionsmächte beteiligt. Am 19. Januar 1991, der dritten Kriegsnacht, geschah dann das Unvorstellbare: Nahe der Stadt Al Qaim im Nordwesten des Iraks wurde meine F-15E Strike Eagle von einer Boden-Luft-Rakete getroffen. Von einem Augenblick zum anderen wurde ich durch einen leuchtenden weißen Blitz vom Jäger zum Gejagten.

Drei Nächte lang konnte ich der Gefangennahme entgehen und schaffte es bis zur syrischen Grenze. Doch schließlich wurde ich mit vorgehaltener Waffe gefangen genommen und nach zwei Tagen ins Kriegsgefangenenlager nach Bagdad gebracht. Dort wurde ich in einem unterirdischen Bunker mit verbundenen Augen zum Verhörzimmer geführt. Plötzlich stand ich vor einem Mann, der bei aller

Macht, die er über mich besaß, doch meine Menschenwürde zu achten schien.

In meinem Buch *Faith Beyond Belief* habe ich darüber berichtet, dass in den folgenden Tagen und Wochen Todesdrohungen durchaus üblich waren, und der Zorn der Wärter im Geheimdiensthauptquartier sowie im Gefängnis von Abu Ghraib war häufig zermürbend. Während der dreiundvierzig Tage in Saddams Gefängnissen war mein Augenmerk aufs schiere Überleben gerichtet. Doch als ranghöchster Kriegsgefangener musste ich ebenso die Rechte der anderen verteidigen und auf einer menschlichen Behandlung auch für sie bestehen. Weggesperrt, da wo Tageslicht und Dunkelheit zu einem endlosen Albtraum gehören, trug mein Glaube mich durch und gab mir den Mut, den Herausforderungen jenseits der Zellentür ins Auge zu sehen.

Dieses Buch ist eine verblüffende Geschichte von der anderen Seite der Augenbinde. Georges Sada, der nach dem Angriff auf Kuwait wieder in den aktiven Dienst beordert wurde, war Saddam Husseins Sonderberater und zuständig für die Kriegsgefangenen. In seiner langen, bemerkenswerten Laufbahn als Kampfflugzeugpilot war General Sada[1] nicht nur kampferprobt, sondern er hatte Saddams Zorn auch öfter als einmal am eigenen Leibe erfahren.

Ende 2004, dreizehn Jahre nach der ersten förmlichen Befragung, sprach ich wieder mit Georges Sada und entdeckte, dass er der Mann auf der anderen Seite der Augenbinde war. Erst da erkannte ich die Quelle seiner Kraft und den Respekt, den ich an jenem Abend an ihm gespürt hatte. Dieser Mann, ein früherer Generalmajor der irakischen Luftwaffe, hielt mein Leben in seinen Händen. Doch erst bei meinem ersten Telefongespräch mit ihm ging mir auf, welches Risiko er eingegangen war, um mich und meine Mitgefangenen vor dem plötzlichen, sicheren Tod durch die Hand von Saddams Sohn Kusai zu bewahren.

Seither wuchs unsere Freundschaft und ich erfuhr von Georges

Sadas außergewöhnlichem Werdegang aus erster Hand. Als die Bombardements auf Bagdad zunahmen, befahl Kusai ihm, alle Piloten hinzurichten. Doch das tat Georges nicht. Er verwies auf die unabdingbaren Rechte der Gefangenen nach der Genfer Konvention. Gott sei Dank konnte er Saddam davon überzeugen, dass die gefangen gehaltenen Piloten nicht getötet werden durften. Dessen ungeachtet wurde Georges am 25. Januar 1991 von der Republikanischen Garde festgenommen und unter Androhung der Todesstrafe gefangen gehalten.

In dem vorliegenden Buch stehen die Antworten auf viele Fragen über Saddam – wer er war, wie er wirklich war und was er tat, um die Welt zu terrorisieren. Es erläutert, wie dieser brutale Tyrann die Welt so lange hintergehen konnte und wie er seine Macht und Herrschaft über alle logischen Grenzen hinweg ausdehnen konnte. Es war eine Welt der Extreme, von Rache und Hass sowie von unglaublicher Verschlagenheit und Doppelzüngigkeit. Dennoch traute Saddam Georges Sada, denn er war anders als all die anderen Berater um ihn herum.

Als Assyrer und als Christ, dessen Wurzeln zurückreichen bis in biblische Zeiten, gehörte Sada nicht der Baath-Partei an und er hatte kein Interesse an der Politik der Macht. Im Gegensatz zu den meisten Offizieren in Saddams engstem Beraterkreis verfolgte General Sada keine Eigeninteressen und keine politischen Ambitionen. Saddam die Wahrheit zu sagen war immer riskant, doch irgendwie gelang Georges das, ohne dass er selber einen Kopf kürzer gemacht wurde.

Jetzt, da ich diesen Mann kenne, der einst mein Gefängniswärter war, weiß ich, dass er ein aufrichtiger, ehrenwerter Mensch ist. Als hochrangiger Berater des Nationalen Sicherheitsrates der neuen irakischen Regierung findet er Anerkennung in seinem eigenen Land und von Seiten von Staatsmännern vieler Länder. Er hält sein Wort und „das Wort" lebt in ihm. Am bemerkenswertesten ist vielleicht, dass er ein glaubwürdiger Zeuge der letzten Tage eines der tyrannischsten Regime unserer Zeit wurde.

So erfährt der Leser Geheimnisse des irakischen Diktators, die sonst nur noch wenige andere Menschen auf diese Art weitergeben könnten. Indem er jetzt an die Öffentlichkeit tritt – nicht, weil er von sich aus diese Geschichte erzählen wollte, sondern weil andere ihn dazu überredet haben –, setzt er erneut sein Leben aufs Spiel. Dazu braucht es einen Riesenmut. Wenn er jedoch allzu freimütig Namen nennen würde, könnte er auch das Leben anderer Menschen gefährden. Darum hat er sich entschlossen, die Namen von Verwandten und bestimmter anderer Personen hier nicht preiszugeben.

Da ich selbst auch Kampfflugzeugpilot bin, erkenne ich an Georges Sada ein Wesensmerkmal, das womöglich einer Erläuterung bedarf: General Sada ist ein wahrer Sohn des Mittleren Ostens; er redet nicht um den heißen Brei herum. Und er spricht mit einer Direktheit über seine Tätigkeit als Pilot, als Offizier, als Top-Berater und jetzt als Direktor der Friedens- und Versöhnungsbewegung, die vielen im Westen vielleicht barsch oder aufbrausend vorkommen mag. Doch ich kann nur versichern, dass er in jeder Hinsicht ein Gentleman ist. Möge der Leser seine Aufrichtigkeit und Direktheit herzerfrischend finden.

Wann immer ich über meine Erfahrungen im Golfkrieg spreche, sage ich häufig dazu, dass ich keinen Groll gegen das irakische Volk hege. Wir befanden uns im Krieg und mir ist voll und ganz bewusst, in welcher Lage es sich befand. Heute empfinde ich Respekt gegenüber dem irakischen Volk für alles, was es zu erleiden hatte. Ich erkenne, wie alles korrumpiert wurde, was Saddam anfasste. Wie Georges Sada es ausdrückt: Saddam war ein wahres Genie bei der Ausübung des Bösen. Eine Zeit lang verwandelte er den Irak in ein Reich des Bösen. Ohne Frage besaß das Land Massenvernichtungswaffen, und hätten die Amerikaner und die Koalitionsmächte 1991 und 2003 nicht eingegriffen, wäre auf die Welt schließlich noch größeres Unheil zugekommen. Dafür legt dieses Buch die Beweise vor.

Dieses Buch kann ich nur von ganzem Herzen empfehlen. Hier begegnet man dem Leben und dem Vermächtnis von General Georges Sada. Es ist eine Geschichte, die man nicht so schnell vergisst.

David Eberly, Colonel, US-Air Force (im Ruhestand)

Prolog

Eins von Saddams Geheimnissen war so brandheiß, dass es, wäre es zur Ausführung gekommen, den Mittleren Osten – wenn nicht gar die ganze Welt – in Brand gesteckt hätte.

Im November 1990 machte ich eine Furcht erregende Entdeckung: Saddam hatte der Luftwaffe den Befehl erteilt, mit der Planung eines großen Luftangriffs auf Israel zu beginnen. Sollten die Amerikaner ihn angreifen und zwingen, Kuwait aufzugeben, sagte er, dann wären unsere Piloten in der Lage, Israel anzugreifen, sobald die ersten Raketen einschlügen, und der Preis würde hoch sein. Sie würden zwei massive Angriffe mit drei chemischen Waffen starten: dem Nervengas Tabun, sowie mit Sarin 1 und Sarin 2.

Bei der Mission sollten achtundneunzig unserer besten Jagdflugzeuge zum Einsatz kommen – russische Sukhois, französische Mirage und MiGs, die mit Treibstoff und Ausrüstung versorgt waren, um über Jordanien und Syrien nach Israel vorzudringen, jedoch ohne diese Länder vorher in Kenntnis zu setzen. Das wäre eindeutig ein unerlaubtes Eindringen in syrischen und jordanischen Luftraum mit einer Nutzlast aus todbringenden Giften. Ich war erschüttert, dass so eine Anordnung erteilt werden könnte; aber eins wusste ich: Sollte dieser Auftrag je ausgeführt werden, wäre die Verletzung von Luftraumgrenzen unser geringstes Problem.

Wenige Tage, nachdem ich erstmals von den Plänen erfahren hatte, wurde ich in den Palast bestellt. Saddam wollte mich persönlich sehen, und zwar jetzt gleich in seinem Arbeitszimmer. Also hatte ich ein weiteres Zusammentreffen mit dem Präsidenten, und ich war erstaunt, dass sich bei meinem Eintreffen bereits der vollständige Generalstab im Konferenzraum eingefunden hatte.

Saddam hatte bereits mehrfach mit mir zu tun gehabt, und ich glaube, er respektierte mich. Ich weiß, warum er mir traute: Er konnte bei den meisten seiner Generäle nicht darauf bauen, dass sie ihm die Wahrheit sagten aus Angst vor ihm und wegen ihrer Bindung an eine Religion oder ein politisches Programm. Sie sagten entweder, was Saddam hören wollte, oder sie sagten etwas, das für ihre eigenen Leute von Vorteil war. Daher sagte er oft zu mir: „Wenigstens wird Georges mir die Wahrheit sagen." Und selbst Saddam brauchte von Zeit zu Zeit ein offenes Wort.

Ich wusste damals nicht, warum er mich herbeizitiert hatte, aber ich wusste, dass es etwas sehr Wichtiges sein musste. Etliche der anwesenden Offiziere bekleideten einen höheren Rang als ich, aber es war alles so arrangiert, dass ich genau vor Saddam zu sitzen kam. Von Rechts wegen hätte ich in der zweiten Reihe sitzen müssen, aber er hatte seine Helfer angewiesen, mich in die erste Reihe zu setzen. Also saß ich da.

Als alle Platz genommen hatten, machte er ein paar einleitende Bemerkungen, schaute mich dann an und fragte: „Georges, wissen Sie, warum Sie hier sind?"

Ich sagte: „Nein, aber es ist mir eine große Ehre."

Darauf er: „Ich habe beschlossen, dass die Luftwaffe Israel angreifen wird."

Plötzlich wusste ich, was das alles sollte. Zwar wusste ich nicht, worauf das Gespräch hinauslaufen sollte, aber klar war, dass Saddam eine Rechtfertigung für eine Entscheidung suchte, die er bereits getroffen hatte.

Daher fragte ich: „Israel angreifen?"

Und er bestätigte das: „Ja, genau."

Er ließ mich einen Augenblick darüber nachdenken und stellte mir dann alle möglichen Fragen.

Die erste war verblüffend: „Georges, wer ist stärker – Israel oder der Irak?"

Ich wusste, was er von mir hören wollte, doch musste ich realistisch bleiben. Schließlich hatte Saddam mich einbestellt, weil er wusste, dass ich ihm offen und wahrheitsgemäß antworten würde. Ich hielt also einen Moment inne und sagte dann: „Sie reden hier über den Unterschied zwischen Blinden und Sehenden."

Er schaute mich fragend an: „Was meinen Sie damit?"

Ich entgegnete: „Es gibt zwei Gruppen: die Blinden und die Sehenden. Beide bereiten sich auf den Kampf vor."

„Ja", sagte er, „und welche ist welche?"

„Leider", erwiderte ich, „sind wir die Blinden und die Israelis sind die Sehenden."

Saddam fuhr auf: „Warum das denn?"

Mir war durchaus bewusst, dass ich mich auf dünnem Eis befand. Viele gute Menschen waren schon für weniger beleidigende Worte als diese hier ums Leben gekommen. Saddam persönlich hatte bereits hochrangige Offiziere an Ort und Stelle erschossen. Andere waren wegen Gedanken oder Taten hingerichtet worden, die er sich bloß eingebildet hatte. Bevor ich die Frage also beantwortete, entschloss ich mich zu einem weiteren Verteidigungsmanöver: „Wenn ich Ihnen jetzt die Wahrheit sage, werden Sie mich dann nach arabischer Sitte frei reden lassen, mit Immunität?"

Mit anderen Worten: Versprechen Sie mir, den Überbringer der Nachricht nicht zu erschießen?

Saddams Blick war bedrohlich, aber er wusste, was ich meinte. Worum ich ihn bat, war eine jahrhundertealte Tradition der arabischen Wüstenbewohner, ein Schwur der Stammesfürsten, den Boten frei ausreden zu lassen, ohne dass er fürchten musste, umgebracht zu werden.

Saddam verschränkte die Arme vor der Brust. „Ja, ich gewähre Ihnen Immunität", sagte er und fügte energischer hinzu: „Nun reden Sie schon!"

Mir blieb keine andere Wahl, als ihm zu antworten. Ich wusste sehr wohl, dass er anderen unter den gleichen Umständen auch Immunität zugesagt hatte, doch sie wurden gehängt. Für mich war es jedoch eine Sache der Ehre, die Wahrheit zu sagen. Im Stillen seufzte ich, Herr, gib mir den Mut zu reden, und dann redete ich.

Von Anfang bis Ende dauerte meine Antwort eine Stunde und vierzig Minuten. Als Generalmajor der Luftwaffe hatte ich mich detailliert mit diesen Fragen beschäftigt und verfügte daher über umfassende Kenntnisse über die militärische Schlagkraft der Streitkräfte unserer Region sowie derjenigen in Europa und Nordamerika. Auf diese Themen konnte ich also ausführlich eingehen. Doch kaum war ich fertig, bekam Saddam erneut einen Wutanfall. Zum Glück richtete sich sein Zorn diesmal nicht gegen mich, sondern gegen die anderen, die ihm diesbezüglich nicht die Wahrheit gesagt hatten.

Die meisten dieser Männer waren eifrig darum bemüht, Saddam zu versichern, dass zwei plus zwei neun ergibt, denn sie wussten, dass er das hören wollte. Aber Gott sei Dank hörte Saddam mir zu – das allein war schon ein Wunder. Er hörte sonst nie jemandem zu. Er hatte seine eigenen Vorstellungen und er wollte nie mit Fakten konfrontiert werden, wenn sie ihn daran hindern würden, etwas zu tun, was er längst beschlossen hatte.

Als ich Saddam sagte, ein Angriff auf Israel bedeute, dass der Blinde den Sehenden angreift, war der gesamte Generalstab anwesend. General Amir Rashid Ubaidi, der Deputy Air Force Commander for Technology and Engineerin, neigte sich zu seinem Kollegen hinüber und raunte ihm zu: „Georges wird hier auf der Stelle umgebracht. Man wird ihm den Kopf abtrennen." Ich konnte das natürlich nicht hören, aber später haben sie es mir erzählt.

General Amir war übrigens ein wahres Genie. Sein Studium an der Universität London, wo er der Jahrgangsbeste war, schloss er als Dr. Ing. ab. Nach dem Golfkrieg wurde er von den Amerikanern in Gewahrsam genommen und in ein irakisches Gefängnis gesteckt. Er war für das „Superwaffen"-Programm zuständig gewesen, machte jedoch geltend, dass der Irak nie irgendwelche chemischen oder Massenvernichtungswaffen gehabt habe – das stimmte natürlich nicht, und wenn das einer wusste, dann er.

Jedenfalls erläuterte ich Saddam, warum ich diesen Vergleich gebraucht hatte: Die Israelis konnten mit ihrem hoch entwickelten Radar über 200 Kilometer weit jede Richtung überblicken. Auf der anderen Seite stammten über 75 Prozent der irakischen Luftfahrttechnik aus russischer Hand und die Reichweite des Radar in unseren Kampfflugzeugen betrug nur knapp fünfundzwanzig Kilometer. Das bedeutete, die israelischen Kampfflugzeuge konnten unsere Flieger bereits mindestens 175 Kilometer früher sehen, bevor wir überhaupt merkten, dass sie da waren.

Und das war noch nicht das Schlimmste. Ihre lasergelenkten Waffen konnten unsere Kampfflugzeuge aus über hundert Kilometern Entfernung ins Visier nehmen, während wir keine Ahnung hätten, dass überhaupt feindliche Kampfflugzeuge unterwegs wären. Dann könnten die israelischen Piloten ihre weittragenden Raketen aus mindestens achtzig Kilometern abfeuern und unsere Piloten würden niemals erfahren, wer sie getroffen hätte.

Nun fragte ich Saddam: „Finden Sie nicht auch, dass dies ein Kampf zwischen Blinden und Sehenden ist?"

Ein paar Sekunden lang starrte Saddam einfach geradeaus. Dann drehte er den Kopf ruckartig nach links zu General Amir und brüllte: „Amir, was will uns Georges damit sagen?"

Mit anderen Worten, Saddam fragte seinen Waffenexperten: Warum haben Sie mir das nicht schon früher erzählt? Das ist Ihr Gebiet und Sie sind persönlich verantwortlich dafür, mir so etwas mitzuteilen.

Ich änderte meinen Gesichtsausdruck nicht, sondern schaute Saddam weiterhin an. Doch dann ging mir auf: Oh nein! So tapfer ist General Amir auch wieder nicht. Ich fürchte, er wird Saddam nicht die Wahrheit erzählen und mir oder einem anderen die Schuld zuschieben wollen. Ich wandte rasch meinen Kopf um und schaute Amir direkt in die Augen, sodass er erkennen konnte, dass ich es sehr ernst meinte.

Nach dem Treffen kam er zu mir und sagte: „Ich wusste, Georges, als Sie sich zu mir umdrehten und mir diesen Blick zuwarfen, dass Sie mir damit etwas sagen wollten."

Und genau das war meine Absicht. Ohne Worte bedeutete ich ihm, die Wahrheit zu sagen, denn wir sprachen beide direkt mit Saddam Hussein. Wenn er mir nicht zustimmte oder sich durch Lügen herauswinden wollte, hätte ich schon klare Worte gefunden, um mich zu verteidigen. General Amir wusste genau, was ich meinte.

Gott stand mir bei, denn General Amir sagte zu Saddam: „Was

Georges über den Unterschied zwischen der israelischen Luftwaffe mit hoch entwickelter amerikanischer und europäischer Technik und unserer von Russen hergestellten Luftwaffe mit nicht so hoch entwickelter Technologie gesagt hat, ist ganz richtig."

Dann erklärte er es ihm mit detaillierten ingenieurtechnischen Begriffen und erzählte Saddam alles über die Technologie der verschiedenen Jagdflugzeuge.

Amir wusste, dass Saddam sich nicht im Geringsten für diese Details interessierte; er stärkte sich nur selbst den Rücken. Was aber letztendlich dabei herauskam war, dass er ihm sagte: Georges hat Ihnen die Wahrheit über unsere Jagdflugzeuge erzählt und wir können es nicht mit den Israelis aufnehmen.

Als er geendet hatte, saß Saddam einfach ganz ruhig da und starrte geradeaus. Über eine Minute lang hätte man eine Stecknadel fallen hören können. Und eine Minute Stille in Gegenwart von Saddam Hussein kann einem fürwahr wie eine Ewigkeit vorkommen. Es waren mindestens neunzig Personen anwesend, allesamt Generäle und hochrangige Befehlshaber, und niemand gab einen Mucks von sich.

Am Ende der Versammlung konnte ich mir lediglich sicher sein, dass Saddam mir zugehört hatte und dass er wusste, dass ich ihm nach bestem Wissen die Wahrheit gesagt hatte. Ich hatte keine Ahnung, welche Entscheidung er treffen würde, aber zumindest hatte er mich angehört und verstanden, was ich gesagt hatte. Dann, Mitte Dezember, weniger als einen Monat vor dem Ultimatum, das die Vereinten Nationen Saddam für den Abzug unserer Streitkräfte aus Kuwait gesetzt hatten, wurde mir mitgeteilt, der Präsident sei bereit, seine Entscheidung mitzuteilen.

Am 17. Dezember erhielten wir die Nachricht, die wir erwartet hatten. Saddams Worte auf Arabisch waren wohlgesetzt, fast schon poetisch und sollten den Eindruck großer Ernsthaftigkeit und Bedeutung erwecken. Sie lauteten: „Uwafiq Tunafath Ala Barakatalah", das heißt grob zusammengefasst: „Ich stimme dem Angriff zu und wir werden mit Allahs Segen angreifen."

Es war, als hätte Nebukadnezar gesprochen. Doch letztlich sagte Saddam damit, dass wir Befehl hatten, Israel massiv mit chemischen Waffen anzugreifen. Und das, in zwei Wellen, einmal durch Jordanien und das andere Mal durch Syrien.

Einführung: Ein Mann des Volkes

„Er war kein Mann des Volkes oder ein Freund des arabischen Volkes. Saddam Hussein tötete nämlich mehr Araber, als sonst jemand in der Menschheitsgeschichte. Es gab nichts, was er nicht getan hätte, um sein Land im Griff zu behalten. Es gab keine Grundsätze, die er nicht für seine eigene Habgier geopfert hätte.“

Im Irak gab es keinen Führer, keinen General, keinen Befehlshaber, keinen Minister. Es gab nur einen Mann, der von sich in Anspruch nahm, alles für alle Menschen zu sein. Sein Name war Saddam Hussein. Während der fünfunddreißigjährigen Schreckensherrschaft des Diktators verwandelte er den Irak in ein sehr kleines Land – von siebenundzwanzig Millionen Männern und Frauen reduziert auf einen einzigen Mann.

Dieser Tyrann beherrschte jeden Bereich unseres Lebens: Saddam und die Armee, Saddam und die Partei, Saddam und die Republikanische Garde, Saddam und die Spezialgardisten, Saddam und die arabischen Stämme, Saddam und das Volk, Saddam und die Rivalitäten im Mittleren Osten, sogar Saddam und die Religion, wobei er alles andere als ein religiöser Mensch war.

Saddam manipulierte all diese Gruppen und spielte dauernd eine gegen die andere aus, um seine Macht und Kontrolle über diese Region ständig auszuweiten. Sein Ego war so übergroß, dass er nicht einmal merkte, wie lächerlich er auf alle anderen wirkte. Emotional gesehen war Saddam ein Kind mit einer gestörten Persönlichkeit, das sich nur auf seine eigene Macht und Herrlichkeit konzentriert. Wenn er nicht durch Gottes Gnade und eine überwältigende militärische Übermacht aufgehalten worden wäre, hätte Saddam sich niemals mit dem Irak alleine zufrieden gegeben. Er hätte seine ständig wachsende Macht genutzt, um die ganze Welt auf den Kopf zu stellen.

Als die von den Amerikanern angeführte Koalition im Jahre 2003 in den Irak zurückkehrte, um mein Land aus Saddams Griff zu befreien, erwies sie uns einen großen Dienst. Sie konnte die Feinde der Freiheit aufspüren und Saddams korruptes Regime zerstören, indem sie die Anführer der Sozialistischen Baath-Partei verfolgte. Doch sie achtete sehr darauf, die Zivilbevölkerung nicht anzugreifen oder die Infrastruktur nicht zu zerstören, auf die wir so sehr angewiesen waren. Während der Operation Wüstensturm im Jahre 1991 waren 147 Brücken durch Jagdbomber der Koalition und durch Raketengeschosse zerstört worden. 2003 hingegen wurde keine einzige Brücke zerstört.

Leider können nicht alle verstehen oder würdigen, was passiert ist. Sowohl im Westen wie auch im Mittleren Osten waren einige sehr stark dagegen, mit militärischen Mitteln gegen Saddam vorzugehen. Doch zu denen gehöre ich nicht. Ich glaube, nur so konnte der Irak vor dem endgültigen Ruin bewahrt werden. Saddams Paranoia und Machtgier verzehrten alles und jeden, und niemand konnte sich sicher fühlen, solange er auf freiem Fuß war. Die meisten meiner Landsleute erkennen jetzt allmählich, wie sich alles verändert hat, seitdem Saddam verjagt wurde. Und da die Befreiung des Iraks nun eine Tatsache ist, sagen viele, die früher dagegen waren, mittlerweile: „Tja, ich glaube, sie haben es richtig gemacht, denn heute ist alles so viel besser."

Eine einzigartige Perspektive

Als irakischer Pilot und schließlich als Generalmajor der Luftwaffe habe ich die meiste Zeit meines Lebens meinem Land gedient. Meine Bindung an dieses Land ist echt und sehr tief. Ich bin assyrischer Christ, geboren und aufgewachsen im Nordirak und ein Nachkomme der Ureinwohner dieses alten Landes. Mein Volk lebte von den Bergen, Flüssen und fruchtbaren Ebenen des Tales zwischen Euphrat und Tigris, lange bevor Abraham seine historische Reise von Ur in Chaldäa ins Land Kanaan antrat.

Meine Vorfahren lebten in der alten Hauptstadt Ninive, als Jona dort ankam, weil Gott ihn geschickt hatte, unsere heidnischen Altvorderen zur Buße zu rufen. Damals war Ninive die Hauptstadt des Assyrischen Reiches. Die Heere Assyriens wurden von kriegerischen Königen mit seltsamen Namen wie Salmanassar, Tiglatpilesar, Sargon und Sanherib angeführt. Sie eroberten einen großen Teil der alten Welt und zerstörten Israel fünf mal.

Das Volk der Assyrer verehrte die Naturgötter, aber Gott kannte es nicht. Also schickte er Jona, um sie zur Buße zu rufen, denn sonst würde er die Stadt zerstören, wie er es mit Sodom und Gomorra gemacht hatte. In der Bibel steht auch, dass damals 120.000 Menschen in Ninive lebten, mitsamt ihrem Vieh. Von einem Ende der Stadt zum anderen brauchte man zu Fuß drei Tage. Jona rief das Volk zur Buße. Als der König das hörte, zog er einen Sack über und setzte sich in die Asche. Er ordnete seinem Volk an, zu fasten und das Angesicht Gottes zu suchen. Also taten die Bewohner Ninives im achten Jahrhundert vor Christus Buße und wandten sich dem Gott der Bibel zu.

Bis heute feiern wir ein dreitägiges Fasten namens Bautha d'Ninweh, also das Fasten von Ninive. Es findet jedes Jahr drei Wochen vor dem ersten Tag der Fastenzeit und etwa neun Wochen vor dem Osterfest statt. In alten Zeiten haben die Menschen drei Tage lang weder gegessen noch getrunken. In der Bibel heißt es, der König Assyriens habe angeordnet, dass während des Fastens nicht einmal das Vieh gefüttert werden durfte. Nach unserem heutigen Verständnis jedoch ist das Fasten symbolisch gemeint und wir sollen erkennen, dass wir Buße tun und an Gott festhalten sollen.

Spuren dieser legendären Hauptstadt sind bis heute erhalten geblieben. Das heutige Ninawa liegt gegenüber der Stadt Mosul in der Provinz Ninawa, wo ich aufgewachsen bin. In Mesopotamien, dem „Zweistromland", lebten einst Sumerer, Akkadier, Assyrer und Babylonier. Über siebentausend Jahre lang herrschten unsere Vorfahren über diese Region und betrieben reichlich blühenden Handel, der sich über die gesamte damals bekannte Welt erstreckte. Und die Geschichte ist im Herzen unseres Volkes noch heute sehr lebendig.

Wie jede Gesellschaft mit einer langen Geschichte haben wir schon viele Kriege erlebt. Unter einer ganzen Reihe kriegerischer Könige war das Reich mal ausgedehnter, mal wieder kleiner, gestützt auf militärische Errungenschaften und seine legendären Handelskarawanen. Zu Zeiten Alexanders des Großen bildeten die assyrischen Legionen den rechten Flügel des persischen Heeres und kämpften wie die Löwen. Soldaten des Assyrischen Reiches, das im Jahre 612 v. Chr. niederging, kämpften mit den Persern gegen Alexander: Wäre das Reich nicht untergegangen, hätten wir uns vermutlich mit Alexander gegen die Perser gestellt. Aber so ist die Geschichte. Alexander starb 323 v. Chr. in der Nähe von Babylon im Südirak, aber damit waren die Konflikte nicht zu Ende.

Im ersten Jahrhundert AD kam das Christentum in die Region mit dem Apostel Thomas, dem Jünger Jesu, der auf seinem Weg nach Indien durch Mesopotamien kam. In der Folge bekehrten sich im ersten Jahrhundert weitere Menschen durch die Missionare Addai und Mari. Zu diesen frühen Gläubigen gehörten auch viele von der jüdischen Diaspora. Der Irak blieb bis zur arabischen Eroberung im Jahre 634, als der Islam als offizielle Staatsreligion eingeführt wurde, überwiegend christlich. Mit der Zeit wurde der Islam zur vorherrschenden Religion hier und es wurde weithin Arabisch gesprochen.

Trotz alledem traten nicht alle Menschen zum Islam über. Heute sind zwischen 3 und 4 Prozent der Iraker Christen. Die Katholiken im Irak bezeichnet man in der Regel als „Chaldäer"; die Protestanten gehören zu Denominationen wie den Presbyterianern, Baptisten und Methodisten sowie zu der Assyrischen Kirche des Ostens, die vergleichbar ist mit der Orthodoxen Kirche. Sie alle sprechen Arabisch, viele auch noch andere Sprachen. Wir Assyrer sprechen Aramäisch – die Sprache des Neuen Testaments, die auch Jesus gesprochen hat.

Wenn ich heute Bibel lese, lese ich genau die Worte, die Jesus verwendet hat.

Bagdad wurde im Jahre 762 als arabische Hauptstadt gegründet und war von 750 bis 1258 Sitz des Abbasidischen Kalifats. Die Abbasiden wurden von den Mongolen unter Hulagu, dem Enkel von Chengis Khan, besiegt. Er legte das Land in Schutt und Asche. Während des siebzehnten und achtzehnten Jahrhunderts war der Irak ein Dauerschlachtfeld der ottomanischen Türken und Perser.

Die Ottomanen (oder Osmanen) herrschten bis zum Ersten Weltkrieg über Mesopotamien. Dann besetzten die Briten die Region und die heutige Türkei wurde gegründet. Der Irak blieb bis 1932 britisches Mandatsgebiet. 1921 jedoch bestellten der Völkerbund und die britische Regierung König Faisal I, einen Angehörigen der haschemitischen Königsfamilie, zum Staatsoberhaupt.

König Faisal I öffnete den Irak nach Europa und zum Westen hin. Selbst nach Beendigung des Mandats blieb der britische Einfluss stark. Doch König Faisal I erlag 1933 einem Herzversagen. Sein Sohn und Nachfolger, König Ghazi I, starb 1939 bei einem Autounfall. 1958 dann wurde Ghazis Sohn, König Faisal II, durch einen Militärputsch unter General Abdel-Karim Kassem gestürzt, der Irak in eine pro-sowjetische Republik verwandelte.

Seltsame Beziehung

Es ergab sich, dass ich genau in diesem Jahr Fähnrich in der Air Academy wurde. Das neue Regime hatte ganz andere Vorstellungen von der Ausbildung seiner Offiziere. Nach meiner Fliegerausbildung wurde ich in Umstürze, Kriege, Schlachten, Kampfplanungen und alle möglichen anderen Militäroperationen hineingezogen, die das Schicksal des Landes prägten. Aus dieser Perspektive schreibe ich also dieses Buch.

1986 wurde ich unfreiwillig aus der Luftwaffe entlassen, 1990 nach der Invasion Kuwaits von Saddam wieder eingesetzt, kurze Zeit später von Saddam ins Gefängnis gesperrt. All das werde ich in den folgenden Kapiteln erläutern. Doch solange ich die Uniform meines Landes trug, war ich ein loyaler Soldat und befolgte Befehle. Ich war ein bestens geschulter Jagdbomberpilot und hatte meine Ausbildung in Russland, Amerika, Großbritannien und anderen Teilen Europas erhalten.

Ich bin die MiG-17 und die MiG-21 geflogen und stand in dem Ruf, Iraks waghalsigster Flieger zu sein, noch bevor ich den Rang eines Leutnants bekleidete. Im Laufe der Zeit avancierte ich zum Generalmajor, einem Zwei-Sterne-General. Ich musste nicht nur irakische Kampfpiloten ausbilden, sondern gab am War College, dem Army Staff College und dem National Defense College auch Kurse zu Luftmacht und militärischer Schlagkraft.

Darauf war ich auch stolz. Darauf hatte ich mein ganzes Leben lang hingearbeitet. Doch ich gehörte nicht der Baath-Partei an. Als assyrischer Christ wäre ich ein denkbar ungeeigneter Kandidat gewesen. Ich denke schon lange darüber nach, wie ich meine Geschichte anderen Menschen, auch im Westen, erzählen könnte. Wie sollte ich erklären, warum ich mich gegen einen Beitritt zur Baath-Partei entschieden hatte? Und warum ich mich dagegen wehrte, zu Saddams engstem Umfeld zu gehören. Zum Teil, weil man mir gesagt hatte, der Slogan der Partei laute: „Der Leib der Nation ist arabisch, die Seele der Nation ist islamisch."

Ich war weder Araber noch Muslim und hätte das auch nicht vorspiegeln können.

Die meiste Zeit meines Lebens war es riskant, im Irak die Wahrheit zu sagen, denn das Regime forderte, dass alle gleich handeln, denken und reden sollten. Außerdem war mein Verhältnis zu Saddam sehr ungewöhnlich. Es war offensichtlich, dass er mich als fähigen und tüchtigen Offizier schätzte, so wie er es auf seine Weise auch war. Doch ich weigerte mich, für ihn zu lügen. Es war für mich eine Sache der Ehre, die Wahrheit zu sagen, ohne mich übermäßig um die politischen oder persönlichen Konsequenzen zu scheren. Und ich bin mir sicher, dass er mich dafür hasste.

Wie auch immer die Menschen reagieren mögen, ich habe mich der Wahrheit verschrieben, insoweit ich sie kenne. Es wäre unaufrichtig von mir, nicht offen zu erzählen, was ich getan habe. Israels Ex-Premierminister Ariel Scharon kommt nicht umhin zu erzählen, dass er 1973 den Sturm über den Suez-Kanal auf Ägypten anführte. Damit mag er sich in Palästina und anderen Teilen der arabischen Welt zwar unbeliebt gemacht haben, aber es ist dennoch eine historische Tatsache. Also werde auch ich offen die Fakten meines eigenen Lebens und meiner beruflichen Laufbahn auf den Tisch legen.

Während meiner Militärzeit war ich in strategische Operationen oder deren Planung eingebunden. Das betraf drei verschiedene Kriege gegen Israel: den Sechstagekrieg, den Oktoberkrieg von 1973 und einen kaum bekannten Angriff mit chemischen Waffen 1990, den Saddam der Luftwaffe angeordnet hatte. Einige Freunde haben mich bedrängt, über nichts davon zu berichten, da die Leute sonst schlecht über mich denken könnten.

Menschen im Westen – vor allem amerikanische Christen, die eine enge Verbindung zum Volk Israel haben – könnten wütend auf mich sein, weil ich gegen den jüdischen Staat gekämpft habe. Aber diese Tatsachen zu leugnen oder einfach unerwähnt zu lassen wäre alles andere als aufrichtig. Im Sinne völliger Aufdeckung habe ich mich entschieden, alles offen anzusprechen.

Außerdem möchte ich über meine Rolle in der Revolution von 1968 reden, als General Ahmed Hassan al-Bakr und Saddam Hussein an die Macht kamen. Ich berichte von meinen Diskussionen mit Präsident Bakr sowie über das, was Abd Al Rassak al-Nayif zu mir sagte, bevor er in London umgebracht wurde. Und darüber, wie ich irakische Formationen von Jagdflugzeugen zu Beginn des Iran-Irak-Krieges 1980 in den Iran geführt habe.

Saddam gründete seine militärische Strategie selten auf Logik, nationale Interessen oder, das am allerwenigsten, auf ernst gemeinte

Verteidigung der Nation. Wie alles andere war seine Taktik darauf angelegt, ihm persönlich zu nutzen oder seinen Ruf und sein Ansehen in der Region zu mehren. Er war lediglich an seinem eigenen Ruhm und seiner Macht interessiert, was ein anderes kaum bekanntes Geheimnis zu erklären vermag: Wir hatten den Befehl erhalten, einen Chemiewaffenangriff auf Israel auszuführen. Darüber werde ich später mehr berichten, genau wie über weitere Details über Iraks Massenvernichtungswaffen.

Ja, wir hatten sie. Wie haben sie eingesetzt. Und Saddam hat sie außer Landes geschafft, bevor die Koalitionsstreitkräfte kamen. Ich werde erzählen, wie Saddam und das Militär diese Massenvernichtungswaffen sowohl gegen Soldaten, als auch gegen die Zivilbevölkerung eingesetzt haben, wie Saddam es schaffte, sie vor den Augen der Inspektoren zu verbergen, und wie er sie schließlich vor Beginn der Operation Irakische Freiheit 2003 aus dem Land schmuggeln konnte.

Saddam, der Vernichter

Auch wenn dies zu den schwierigeren Abschnitten meiner Geschichte gehört, werde ich doch offen und ehrlich darüber berichten, was geschehen ist und wie wir es ausgeführt haben, denn ich glaube, hier gibt es Erklärungsbedarf. Für mich ist es wichtig, über die Ereignisse von 1979 zu erzählen, als Saddam sich als Verbrecher erwies und Präsident Bakr fortjagte, weil er jetzt die Macht übernehmen werde. Ich werde detailliert darüber berichten, wie Saddam Volk und Ereignisse manipulierte, um seine diktatorische Macht zu mehren.

Saddam war ein schlauer Fuchs, der gut manipulieren konnte: Oftmals habe ich ihn als Genie bezeichnet. Wie der Kommunistenführer Josef Stalin, den sich Saddam zum Vorbild genommen hatte, war er ein wahres Genie bei der Ausübung des Bösen. Er war ein Mensch ohne Gewissen. Er war skrupellos und brutal. Es gab nichts, was er nicht getan hätte, um seine eigenen Ziele zu erreichen. Er tötete vielfach und ordnete die Tötung hunderttausender Menschen seines eigenen Volkes an. Er war innen wie außen ein wahrer Stalinist, und darum musste er abgesetzt werden, ein für alle Mal.

Im Arabischen verwenden wir das Wort „Saddam", wenn zwei Autos zusammenkrachen. Als wir den Namen erstmals hörten, waren wir ausgesprochen erstaunt. Vor ihm gab es niemanden mit Namen Saddam. Doch heute gibt es, wie man sich leicht vorstellen kann, viele kleine Saddams in unserem Teil der Welt. Bewundernde Eltern nannten ihre kleinen Söhne Saddam. Andere Kinder wurden sogar Udai und Kusai genannt – nach Saddams Söhnen, die noch viel übler waren als ihr Vater.

Was Saddam in Kuwait tat, passte ganz zu diesem Namen. Er platzte herein, zerstörte, plünderte, folterte und nahm sich, was er wollte. Er war vom Wesen her und durch ständige Übung von Anfang an ein Mörder, Verbrecher und Vernichter. Seine Aufgabe in der Baath-Partei bestand darin, hereinzuplatzen und die Menschen einzuschüchtern oder umzubringen. Noch vor seinem zwanzigsten Geburtstag stand er in dem Ruf, ein Verbrecher zu sein, und er machte seinem Namen alle Ehre.

1959 war Saddam Anführer eines Mordversuchs an General Kassem, dem Präsidenten des Iraks. Als der fehlschlug, suchte er für die nächsten vier Jahre Unterschlupf in Syrien. Hier lernte er den ägyptischen Präsidenten Gamal Abdel Nasser kennen, der sich auf seinem Weg zur Macht selber mit vielen Verbrechern angefreundet hatte. Doch sogar Nasser, ein kampfeslustiger Pan-Araber, erkannte das Böse in Saddam Hussein und riet den Anführern der Baath-Partei im Irak, sich vor ihm in Acht zu nehmen. Nasser bezeichnete Saddam als gefährlichen Mann und eine tickende Zeitbombe, aber im Irak nahm niemand seine Warnung ernst, bis es zu spät war.

Ich kannte Saddam und wusste, wozu er fähig war. Ich sage frei heraus, dass seine Entscheidung, in Kuwait einzumarschieren, verkehrt war. Es war verkehrt, wie unsere Streitkräfte es angestellt haben; das Verhalten unserer Soldaten in Kuwait war nicht nur verkehrt, es war unmoralisch. Unsere Armee nicht unverzüglich abzuziehen, wie wir von Amerika, Großbritannien und den Vereinten Nationen aufgefordert wurden, war ebenfalls verkehrt; was mit unseren Streitkräften geschah, war eine Katastrophe, die hätte vermieden werden können.

All das geschah, weil ein Mann die ganze Macht in seinen Händen hielt. Land-, Luft und Seestreitkräfte mussten tun, was immer dieser bösartige Diktator ihnen befahl. Ich war nicht der Einzige, der sich gegen das Vorgehen in Kuwait aussprach – da gab es noch ein paar andere –, aber es gab niemanden, der genug Einfluss oder Mut gehabt hätte, ihn aufzuhalten. Es gab keine Möglichkeit, sich Saddams Anweisungen zu widersetzen. Die meisten seiner Kommandeure wussten: Wenn sie nicht gehorchten, würden sie auf der Stelle gehenkt.

Der britische Wissenschaftler und Historiker Lord John Acton sagte den berühmten Satz: „Macht korrumpiert, absolute Macht korrumpiert absolut." Allerdings sagte er auch: „Große Menschen sind fast immer schlechte Menschen."

Saddam Hussein war ein großer Mensch in dem Sinne, wie auch Adolf Hitler und Josef Stalin große Menschen waren: Sie waren Herrscher mit der Macht über Leben und Tod anderer Menschen und sie hätten sich von nichts aufhalten lassen, um sich ihren gottlosen Traum von Eroberung und Vorherrschaft zu erfüllen. Und sie alle waren absolut korrupt.

Den Frieden verlieren

Wir alle wissen, wie der Golfkrieg ausging. Da Saddam weitere zwölf Jahre an der Macht blieb, konnte er noch viel größeren Schaden anrichten als jemals vor dem Krieg. Präsident George H. W. Bush war Berufsdiplomat und von Natur aus kein Präsident für Kriegszeiten –

das ist meines Erachtens eher sein Sohn, Präsident George W. Bush. Ich glaube, er dachte, das irakische Volk werde sich erheben und Saddam stürzen; leider erkannte er nicht die absolute Tyrannenherrschaft Saddams in diesem Land oder die Kontrolle, die er über uns ausübte.

Ich kenne viele, viele Iraker, die an dem Tag weinten, als die Amerikaner ihren Rückzug ankündigten. Sie sagten: „Muss das wirklich so enden? Wird Saddam doch noch gewinnen?"

Sie wussten, was geschehen würde. Sie wussten, Saddam würde sehr rasch wieder Militär um sich scharen und neu aufbauen, er würde behaupten, er habe letztendlich doch gewonnen, und Millionen Iraker hätten zu leiden. Wir hatten alle schreckliche Angst vor dem, was kommen würde.

Wenn Colin Powell und Norman Schwarzkopf meinten, ein Vorstoß auf Bagdad würde zu kostspielig, dann muss ich sagen, sie haben sich schwer verrechnet. Damals war keiner da, um Bagdad zu verteidigen. Wenn ihr Geheimdienst ihnen erzählt hat, der Verteidigungsring um Bagdad sei zu stark, muss ich sagen: „Sorry, aber Ihre Quellen lagen total daneben." Was am Ende des ersten Golfkriegs einer Verteidigung noch am nächsten kam, waren ein paar Hundert siebzehn- bis neunzehnjährige Kadetten der Military Academy und der Air Academy.

Wären die Koalitionsstreitkräfte gleich nach der Befreiung Kuwaits nach Bagdad vorgedrungen, wäre Saddam ein für alle Mal erledigt gewesen und das Leben zahlloser Menschen, darunter Tausender Iraker, die in den darauf folgenden zehn Jahren von Saddam hingerichtet wurden, hätte bewahrt werden können. Und letztlich hätten amerikanische Soldaten, Seeleute und Flieger 2003 nicht zurückkommen und das Risiko auf sich nehmen müssen, weitere zwei- oder dreitausend Mann zu verlieren, wie es jetzt passiert. Dadurch, dass die Koalitionsstreitkräfte nicht nach Bagdad vordrangen, als sich die Gelegenheit dazu bot, brachten sie Unheil über uns, das zu überwinden Jahre, wenn nicht gar Jahrzehnte dauern wird.

Doch das ist aus unserer Sicht nicht einmal das Schlimmste. Als die Amerikaner und die Koalitionsstreitkräfte 1991 den Irak verließen, ermutigten sie die pro-demokratische Widerstandsbewegung im Irak, sich gegen Saddam zu erheben, was sie auch tat. Unsere tapferen jungen Männer befreiten vierzehn von achtzehn Provinzen aus Saddams Griff. Doch dann zogen die Amerikaner plötzlich ab. Da mobilisierte Saddam seine Spezialeinheiten, die zehntausende Zivilisten massakrierten. Sie brachten jeden um, der im Verdacht stand, an dem Umsturzversuch beteiligt gewesen zu sein oder mit ihm sympathisiert zu haben. Männer, Frauen und Kinder wurden zu Tausenden abgeschlachtet – und die Welt schaute tatenlos zu.

Ein Einschätzungsfehler

Hätten diese pro-demokratischen Kräfte von den Amerikanern, Briten oder einer anderen Nation Unterstützung in Form von Waffen oder Logistik erhalten, hätte sich der Widerstand schließlich auf alle achtzehn Provinzen ausgebreitet. Sie wären auf irakische Art gesäubert worden. Damit meine ich, dass sie niemanden an der Macht gelassen hätten, der später hätte zurückkommen und Ärger machen können. Es hätte keinen Aufruhr, keinen Widerstand, keinen Terrorismus gegeben. Es wäre zu einem Neuanfang für den Irak gekommen, mit einem neuen Regime, neuen Gesetzen, einer neuen Ordnung – ohne Saddam Hussein.

Sie hätten nur noch die vier Provinzen in der Anbar-Region einnehmen müssen. In diesem Sunnitischen Dreieck lebten die meisten treuen Anhänger Saddams. Doch als unsere mutigen jungen Rebellen versuchten, dort hinein zu kommen, ließ der Westen sie im Stich. Daraufhin verloren sie an Schwung und tausende tapferer Männer kamen ums Leben. All das passierte, weil Amerika nicht zu Ende führte, was es begonnen hatte. Sie mögen den Krieg gewonnen haben, aber den Frieden gewannen sie nicht.

Statt das Problem zu lösen, zankte sich die Welt die nächsten zwölf Jahre mit Saddam über atomare und biologische Waffen. Man forderte, dass der Irak den UN-Inspektoren Zugang gewährte. Darüber konnte Saddam doch nur lachen, denn er hielt sie zum Narren. Er trat im irakischen Fernsehen auf und verkündete, er habe den Golfkrieg gewonnen. Damit meinte er, dass er noch immer an der Macht sei und dass sich am Lauf der Dinge eigentlich nichts geändert habe. Er besaß Milliarden an Dollar in Form von Gold, Devisen und Hochtechnologie, die unsere Soldaten in Kuwait gestohlen hatten, und keiner wollte etwas dagegen unternehmen. Auch wenn ein Teil dieser Beute den Kuwaitis später wieder zurückgegeben wurde, Saddam machte dabei ein Vermögen.

Als Amerika und die UNO später beschlossen, Saddam zu bestrafen, indem sie Sanktionen über unser Land verhängten, dachten sie wieder einmal, wirtschaftlicher Druck werde Saddam zum Aufgeben oder zum Verlassen des Landes zwingen. Tut mir Leid, aber diese Idee war mehr als blöd. Saddam und seine Freunde trafen die Sanktionen nicht im Geringsten. Er besaß bereits ein Dutzend Paläste und hatte mit dem Bau weiterer begonnen. Er hatte Hunderte Bedienstete und besaß derart viel Petrodollar, dass andere davon nur träumen können. Einzig das irakische Volk hatte unter den Sanktionen zu leiden, denn Saddam war es ganz egal, ob die Bevölkerung verhungerte, solange er nur an der Macht blieb.

Da der erste Golfkrieg so abrupt endete, haben Amerika und der Westen heute Probleme, die auf lange Sicht für sie selber und für den Irak wesentlich kostspieliger sein werden. Bis das irakische Militär den Schutz des Landes übernehmen kann, müssen multinationale Kräfte vor Ort bleiben. Und das bedeutet, dass auf beiden Seiten noch mehr Menschen sterben und dass mehr Ausrüstung zerstört wird. Außerdem wird die Außenpolitik im Irak, im weiteren Mittleren Osten sowie im Westen davon über Jahre betroffen sein.

Wegen des Abzugs 1991 mussten wir im Irak zwar zwölf Jahre lang durch die Hölle, aber die meisten Iraker waren doch glücklich, als die Amerikaner 2003 zurückkehrten. Da sie jedoch nicht den Frieden errangen, als sich ihnen die Gelegenheit dazu bot, stehen die Koalitionsstreitkräfte nun vielen neuen Problemen gegenüber. Zu lange gab es ein großes Sicherheitsvakuum. Das führte zu mehr Gewalt, Plünderungen und bewaffnetem Widerstand seitens der sunnitischen Minderheit, die merkte, dass sie ihre Vorherrschaft in der irakischen Gesellschaft verlor. Dem kann man Einhalt gebieten, aber das dauert seine Zeit.

Keine Zeit für Kompromisse

Eigentlich hatte ich nie vor, ein Buch über das alles zu schreiben oder über die geheime Welt des Saddam Hussein zu reden, in die ich als hoher Offizier und Angehöriger der irakischen Regierung Einblick hatte. Ich konnte zu diesem Projekt erst überredet werden, nachdem ich mehrere Vorträge in Amerika gehalten und zufällig jemanden aus dem Verlagsgeschäft kennen gelernt hatte. Doch nach einigem Nachdenken, Beten und Besprechen mit Verwandten und Freunden beschloss ich, dass so ein Buch meinem Volk helfen und unsere Situation in einem neuen Licht erscheinen lassen könne.

Es gab Zeiten, da wollte ich meine Stimme erheben. Und es gab Zeiten, in denen mich einfach menschliches Handeln – wie beispielsweise die Weigerung, Piloten der Koalitionsstreitkräfte hinzurichten, die im ersten Golfkrieg gefangen genommen worden waren – meinen Job und meine Freiheit kosteten. Doch da der Irak nun aus den blutverschmierten Händen eines Diktators befreit wurde und eine neue Verfassung sowie eine neue Regierung aus frei gewählten Vertretern des gesamten Volkes hat, kann ich nun endlich reden. Ich bin noch immer nicht außer Gefahr; im Irak gibt es Menschen, die mich zum Schweigen bringen würden, wenn sie es könnten. Doch die Welt muss die Wahrheit erfahren. Das versuche ich auf diesen Seiten.

Die Geschichte, die ich natürlich am besten kenne, ist meine eigene. Sie wird sich wie ein roter Faden durch das ganze Buch ziehen. Ich hatte das Glück, unter Berufssoldaten und Jagdpiloten aufzuwachsen und schließlich selber Pilot zu werden. Das ist meine große Leidenschaft. Doch seit Mitte der 1980er Jahre ist unser Leben wesentlich komplizierter geworden. Daher komme ich auch immer wieder auf das Drama des Lebens im Mittleren Osten zu sprechen. Ich hoffe, als Angehöriger einer ethnischen und religiösen Minderheit kann ich mit meiner Darstellung zum besseren Verständnis dessen beitragen, was wirklich mit uns geschah.

Saddam Hussein war ein Tyrann – das wissen wir alle. Er hatte viele Geheimnisse. Allerdings werde ich in diesem Buch nicht ein Geheimnis an das andere reihen. Vielmehr spreche ich über vertrauliche Unterredungen, kaum bekannte Fakten über bestimmte Personen und Ereignisse sowie über andere Aspekte des Lebens im Mittleren Osten, die man im Westen so nicht kennt. Und natürlich spreche ich über Art, Verteilung und Endzweck von Saddams Massenvernichtungswaffen. Alles der Reihe nach.

Im Rückblick erscheint das alles wie eine seltsame Odyssee. König Faisal I, Regent während des britischen Mandats der 1920er und '30er Jahre, war nach allem, was man weiß, ein kluger, intelligenter Staatsmann. König Ghazi, sein Sohn und Nachfolger, erhielt seine Ausbildung im englischen Harrow. Als er 1939 bei einem Verkehrsunfall starb, übernahm sein Sohn Faisal II die Macht. Damaliger Ministerpräsident war General Nuri es-Said. Er wurde in Konstantinopel ausgebildet und freundete sich mit T. E. Lawrence an, dem extravaganten britischen Offizier, der sich als Lawrence von Arabien einen Namen machte.

Wie die beiden Monarchen hoffte auch General Nuri, dass Europa und Amerika starke Verbündete bleiben würden. Im Gegensatz zu den meisten Ländern des Mittleren Ostens konnte der Irak gute Handels- und Wirtschaftsbeziehungen mit dem Westen aufbauen. Doch die pro-westliche Regierung wurde am 14. Juli 1958 durch einen Militärputsch gestürzt. Der neue Herrscher, General Abdel-Karim Kassem, verwandelte die Nation in eine pro-sowjetische Republik. Dabei wurden auf typisch kommunistische Art König Faisal II, die königliche Familie, General Nuri und viele ehemalige Kabinettsmitglieder umgebracht.

Kassems Regierung sollte allerdings nicht lange halten. Fünf Jahre später, am 8. Februar 1963, stürzten Oberst Abdel-Salaam Aref [andere Schreibweise: Arif; Anm. d. Übers.] und die Baath-Partei Präsident Kassem; weitere fünf Jahre später wurde Aref von Ahmed Hassan al-Bakr, dem Vorsitzenden der Baath-Partei, gestürzt. Bakr kam mit Unterstützung von Saddam Hussein an die Macht, dessen allbekannte Brutalität und Tüchtigkeit ihn zu einem wertvollen Pluspunkt für Tyrannen gemacht hatte. Doch in der Praxis trieb Saddam Bakr allmählich in ein Abhängigkeitsverhältnis, und am 17. Juli 1979 spazierte Saddam in Bakrs Arbeitszimmer und teilte ihm mit, dass er nun das Amt übernehmen werde. Bakr kapitulierte unverzüglich und an diesem Tag wurde „Der Vernichter" der Oberste Staatschef.

Als ich unter Saddam Dienst tat, durften Offiziere sich nur innerhalb eines abgesteckten Rahmens äußern. Und wenn von jemandem eine andere Meinung als die vorgeschriebene zu hören war, konnte das fatale Folgen haben. Wir mussten auf Parteilinie bleiben. Oft war es untersagt, die Wahrheit zu sagen.

Nicht wenige haben mir gesagt, ich sei wohl verrückt, diese Geschichte niederzuschreiben. Schließlich herrsche noch immer Krieg. Auf irakischem Boden sind noch immer amerikanische und Koalitionsstreitkräfte. Überall hocken UN-Vertreter. Darüber hinaus stecken wir mitten in einem harten politischen Kampf, an dem man sich genauso verbrennen kann wie an dem Bodenkrieg. Wenn es so brandheiß ist, sagen sie, sollte man das Feuer meiden. Doch sie denken, ich springe geradewegs hinein.

Kürzlich sagte jemand zu mir: „Georges, Sie meinen, Sie müssten andauernd die Wahrheit sagen! Wissen Sie denn nicht, wie gefährlich es ist, so sehr bei der Wahrheit zu bleiben!?" Darauf erwiderte ich nur: „Tut mir Leid, so bin ich nun mal. Ich kann nicht anders."

Seit Saddam 1979 die Macht übernahm – und eigentlich bereits ein Jahrzehnt zuvor –, wussten wir, dass Wahrheit im Irak das war, was uns der Herrscher als solche ausgab. Wenn Saddam wollte, dass zwei plus zwei neun gibt, dann bestätigten alle, dass es neun gibt. Und mehr als das: Es war eine Neun mit Blumen und Schmuckbändern verziert, denn so wollte es Saddam. Selbst beim Militär, wo man Mut und Widerstandskraft von den Männern erwarten sollte, hielt man es für blauäugig oder gefährlich, offen zu reden. Leider hatte ich die Ange-wohnheit zu sagen, zwei plus zwei gibt vier, wohl wissend, dass es mich das Leben kosten konnte, die Wahrheit zu sagen. Schließlich wäre es auch beinahe dazu gekommen, aber dazu später mehr.

Unser berüchtigter Freund

Merkwürdigerweise kannte ich Saddam bereits ein paar Jahre vor sei-ner Machtergreifung. Damals waren Saddam und seine Frau Sajida ganz normale Leute – zumindest kam uns das so vor. Sie hatten nicht viel Geld und lebten in einem bescheidenen Haus. Wir kannten Saddam als Mitglied der Baath-Partei, seine Frau unterrichtete wie meine Frau an unserer örtlichen Schule, der Al-Massarah Athaniya. Zusätzlich kam Sajida aus der Stadt Al-Mansour, einem hübschen Vorort von Bagdad, aus dem auch meine Frau stammt. Ganz normal also, dass wir mit Saddam und Sajida losen Umgang hatten – aller-dings bevor er mit seinen berühmt-berüchtigten Heldentaten be-gann.

Sajida wurde später Direktorin der Schule, aber damals war sie ganz die traditionelle arabische Frau. Sie trug das lange Kleid, die Ab-aya, und war uns immer freundlich zugeneigt. Ich war damals ein junger Offizier, aber hatte von einer kurz zuvor abgeschlossenen Fortgeschrittenenausbildung in Texas ein brandneues 1965er Chevrolet Coupé mit texanischen Kennzeichen mitgebracht. Jeden Tag nach Dienstschluss fuhr ich zur Schule, um meine Frau abzuholen. Da Sajida normalerweise zu Fuß zur Schule ging, sagte meine Frau: „Georges, lass uns doch Sajida mitnehmen", und so brachten wir sie jeden Tag nach Hause. Damals war mein Chevy das tollste Auto des Iraks – der Präsident hatte einen 1964er Chevy und meiner war ein '65er –, sodass wir alle unseren Spaß daran hatten und jedem Bekannten gerne einen Gefallen taten.

Von Zeit zu Zeit traf ich Saddam, vor allem bei Schulveranstaltungen. Er trug immer ganz leger ein Freizeithemd und bequeme Schuhe. Anschließend gingen er und seine Frau gemeinsam nach Hause und alles erschien uns ganz normal. Manchmal führten wir bei solchen Gelegenheiten ein kurzes Gespräch – wir waren nicht auf dem Niveau einer guten Bekanntschaft, aber ich kann durchaus sagen, dass wir Saddam vor seinem Aufstieg kannten. Aber mit der Zeit sollte ich ihn noch viel besser kennen lernen.

Damals dachten wir, Saddam sei wie die anderen Männer der Kolleginnen meiner Frau. Zwar eilte ihm sein Ruf voraus und man brachte seinen Namen mit dem Mordversuch von 1959 in Verbindung. Doch das war Vergangenheit und die meisten Menschen hielten ihn für einen Revolutionär oder zumindest für einen irgendwie übereifrigen Politiker. Er war zwar ein Mörder, aber für seine Taten der Vergangenheit hatte man ihm Amnestie gewährt. Danach schien sein Leben ganz normal zu verlaufen.

Wie wenig wir doch wussten.

TEIL 1

1. Eine Welt im Umbruch

Solange ich mich entsinnen kann, liebe ich die Fliegerei. Mit zwölf Jahren wusste ich alles über die Flugzeuge, die von der Royal Air Base in Habbaniya, etwa achtzig Kilometer westlich von Bagdad, abflogen. Hormis Sada, mein Vater, diente damals in der Royal Air Force. Er war in Habbaniya stationiert, wo ich dann auch aufwuchs. Und hier stellte sich bei mir auch jenes tiefe Verlangen ein, selbst Militärflieger und hoch qualifizierter Jagdpilot zu werden.

Ich kannte alle Flugmanöver, die unsere Piloten ausführten. Die Bezeichnungen der Maschinen und ihre Bewaffnung konnte ich auswendig herbeten. Jeden Tag nach der Schule ging ich zum Flugplatz, um die Jets starten und landen zu sehen. Ich konnte in der Anflugphase bereits erkennen, ob ein Pilot vor oder zu weit hinten auf der Landebahn aufsetzen würde. Ich kannte den Unterschied zwischen High-speed und Low-speed landing – also Landungen mit einer wesentlich höheren bzw. niedrigeren Geschwindigkeit als üblich – und ich wurde nicht nur mit den Piloten vertraut, sondern ich lernte auch ihre Terminologie und die Taktiken, die sie anwandten. Das war damals auf jeden Fall der spannendste Teil meines Lebens.

Mein Vater diente über dreißig Jahre unter der britischen Flagge. Unsere Familie reiste nach England, als er eine Zeitlang dort stationiert war. Tagtäglich lernte ich mehr über das Fliegen, als ich den britischen Piloten beim Start und bei der Landung zusah. Schließlich ging Vater mit einer Pension der britischen Regierung in den Ruhestand, doch bis dahin war die Fliegerei über Jahre mein Leben. Den Flughafenbediensteten fiel ich so nachhaltig auf den Wecker, dass mich eines Tages ein alter Hauptfeldwebel ansprach: „Georges, du könntest für mich arbeiten. Du bist doch sowieso dauernd hier."

Ich bekam große Augen. „Wirklich?", fragte ich. „Sie würden mir einen Job geben?" Ich bin mir nicht sicher, ob er es ursprünglich ernst gemeint hatte, aber er dachte einen Augenblick nach und sagte: „Na klar. Warum nicht? Kann dich nicht großartig bezahlen, aber du kannst hier aushelfen, so viel du willst."

Das musste er mir nicht zweimal sagen. In den Sommerferien ging ich jeden Tag gleich nach dem Aufwachen zum Fliegerhorst. Außer zum Mittag- und Abendessen tat ich meist bis zum Sonnenuntergang meinen Job. Es war der beste Job, den sich ein Junge hätte wünschen können. Es war eine Art College. Ich beförderte Meldungen über den gesamten Fliegerstützpunkt und verbrachte viel Zeit an der Startbahn, was mir immer am besten gefiel. Es war total spannend, die Techniker bei der Arbeit in den Fliegern zu beobachten und zu sehen, wie die Piloten in diese funkelnagelneuen Kampfflugzeuge kletterten und sie aufsteigen ließen.

Und dann bekam ich jeden Monat sogar noch etwas Geld, was auch ganz toll war. Plötzlich hatte ich mehr Geld als alle anderen Kinder, die ich kannte, und konnte mir fast alles kaufen, was ich wollte. Doch das Allerschönste war das Gefühl, ein kleines bisschen dazu beizutragen, dass unsere Jagdpiloten in der Luft blieben. Damals beschloss ich, dass ich selber Pilot werden wollte, sobald ich mit der High School fertig war. So kam es dann auch. Im letzten Schuljahr bewarb ich mich an der Air Academy und wurde 1958 als Offiziersanwärter aufgenommen.

Wechselnde Allianzen

Bevor jedoch meine Ausbildung begann, wurde unser Land von einem großen Militärputsch erschüttert. Es sah so aus, als hätten wir über Nacht eine neue Regierung, einen neuen Präsidenten und neue strategische Verbündete bekommen. Bis dahin war der Irak eng verbündet mit Großbritannien. König Faisal I, sein Sohn Ghazi und Ghazis Sohn Faisal II waren pro-westlich eingestellte und zutiefst friedliebende Monarchen. Doch mit dem Sturz der Monarchie durch

44

das Militär wurde der Irak eine sozialistische Republik mit neuen Anführern, die das sowjetische System favorisierten.

Dieser plötzliche Richtungswechsel änderte auch Struktur und Ausbildung des Militärs. Die meisten Kadetten der Air Academy vor mir waren zur Flugausbildung nach Amerika oder England gegangen, was ich mir auch für mich ausgemalt hatte. Ich konnte ganz gut Englisch und ich wusste eine Menge über beide Länder. Doch ergab es sich, dass wir die erste Pilotenklasse unter dem neuen republikanischen Regime werden sollten. Nichts hatte mich auf das vorbereitet, was jetzt auf mich zu kam.

Als wir an unserem ersten Unterrichtstag ankamen, wurden wir in Gruppen eingeteilt und unseren Ausbildern vorgestellt. Wir erhielten einen groben Überblick über das Ausbildungsprogramm in den nächsten Jahren. Doch als sie auf die Flugschule zu sprechen kamen, informierten sie uns, dass wir nicht nach England oder Amerika kämen. Wir wären die ersten, die nach Russland gehen sollten. Das war eine große Überraschung, aber ich glaube, wir waren nicht übermäßig enttäuscht. Wir hatten schon viel über Russland erfahren und es hörte sich interessant und exotisch an.

Wir absolvierten also erst einmal unsere fliegerische Vorausbildung. Dann mussten wir eine ganze Reihe Prüfungen und Eignungstests machen. Als das vorbei war, wurden wir am 9. Februar 1959 allesamt nach Russland gebracht.

Leider hatte uns niemand etwas über das Wetter in Russland im Februar erzählt. Wir waren Söhne eines warmen Landes und nahmen an, dass es überall in etwa genauso ist. Umso größer war also der Schock, als wir in Moskau aus dem Flugzeug stiegen und die Temperatur am Flugplatz bei etwa 20 Grad unter Null lag! Uns war nicht nur einfach kalt; wir froren bis in die Knochen und waren absolut erschrocken. Wir hatten nichts Warmes an und keinerlei passende Kleidung dabei, die uns vor der extremen Kälte hätte schützen können. Selbst wenn wir sämtliche Kleidungsstücke aus unserem Gepäck übereinander gezogen hätten, das hätte auch nichts genutzt.

Nie zuvor hatte ich so gefroren, geschweige mir ausmalen können, dass es überhaupt so kalt sein kann.

Die Russen, die uns abholen kamen, waren ebenso schockiert wie wir, dass uns niemand über das Klima aufgeklärt hatte. Sie brachten uns in ihren Lastwagen unverzüglich zu einem großen staatlichen Kaufhaus und ließen uns alles aussuchen, was wir brauchten – vor allem warme Kleidung, Mäntel und feste Stiefel. Das war also unser Einstand.

Unser nächstes großes Problem war, dass wir kein Wort Russisch konnten – wir hatten alle bis kurz vor dem Abflug erwartet, nach England oder Amerika zu gehen. Doch zum Glück gab es Dolmetscher, die mit uns Englisch oder Arabisch reden konnten. Wir tauchten ein in die russische Welt und ihre Sprache. Zum Eingewöhnen blieben wir ein paar Tage in Moskau, dann wurden wir zum Luftwaffenstützpunkt nach Alma-Ata in Kasachstan gebracht, wo wir dann auch unterrichtet wurden.

Zu sagen, diese Erfahrungen hätten uns die Augen geöffnet, wäre stark untertrieben. Innerhalb von Tagen nach unserer Ankunft in der Sowjetunion sahen und taten wir Dinge, die wir uns nie hätten vorstellen können. All unsere Gedanken und Vorstellungen wurden herausgefordert – und nicht zuletzt unser religiöser Glaube.

Knapp daneben

Aus der Zeit damals ist mir eine Geschichte heute noch sehr wichtig. Wie ich bereits kurz erwähnte, komme ich aus einer christlichen Familie. Mein Vater nahm seinen Glauben sehr ernst. Er war unser Familienoberhaupt sowie Diakon unserer Gemeinde, nämlich damals der Assyrischen Kirche des Ostens. Ich musste für fast vier Jahre von zu Hause fort und Vater wollte sichergehen, dass ich meinen Glauben in der Ferne nicht vergessen würde.

Als ich am 9. Februar gerade zu meinem Flug nach Russland aufbrechen wollte, sagte mein Vater: „Georges, du wirst nun lange Zeit nicht bei deiner Familie sein. Hast du denn deine Bibel dabei?"

Verlegen stotterte ich. „Nein, Vater, die habe ich vergessen einzupacken." Woraufhin er nur meinte: „Na, dann geh und hole sie, mein Sohn."

Das tat ich natürlich. Ich rannte in mein Zimmer und schnappte mir meine Bibel. Rasch öffnete ich meinen fertig gepackten Koffer und legte sie hinein – mitten aufs Gepäck – und vergaß dabei vollkommen, dass ich in ein kommunistisches Land reiste, wo die Heilige Schrift ein verbotenes Buch war! Hätte ich auch nur einen Augenblick nachgedacht, hätte ich es gewusst. Wenn die Sicherheitsbeamten in Russland mich mit einer christlichen Bibel erwischten, würden sie sie nicht nur verbrennen, sondern man würde mich aus der Akademie werfen und mit der nächsten Maschine nach Hause schicken. Doch der Gedanke kam mir nicht, bis wir zur Einreisekontrolle in Moskau kamen.

Dort wurden wir von Sicherheitsbeamten in Augenschein genommen und unser gesamtes Gepäck durchsucht. Ein großer, muskelbepackter Russe, offenbar ein KGB-Beamter, öffnete meine Tasche und erblickte unverzüglich die Bibel auf meinen Sachen. Darauf stand „Heilige Schrift", allerdings auf Aramäisch, meiner assyrischen Muttersprache. Auch Jesus und seine Jünger sprachen diese Sprache. Natürlich konnte der Beamte das nicht entziffern und fragte daher: „Was ist das?"

Plötzlich ging mir auf, was ich da getan hatte. Ich dachte: *Mein Gott, wir sind in Russland, einem kommunistischen Land! Und dies hier ist eine Bibel!* Ich zögerte kurz und schaffte es dann, ihm zu antworten: „Das ist ein Buch, eine Geschichte."

Er schaute mich an: „Ach ja? Was denn für eine Geschichte?"

„Sie handelt von einem sehr guten Menschen", erwiderte ich, ohne natürlich den Namen des guten Menschen zu erwähnen. Immerhin log ich ihn nicht an.

Er blätterte etwas stärker mit dem Daumen durch die Seiten und fragte mich: „Aha, ein guter Mensch – von wo?"

Diesmal sagte ich: „Aus unserer Gegend", womit ich den Mittleren Osten meinte. Wieder war meine Antwort korrekt, wenn auch nicht allzu präzise.

Neugierig fragte mich der Sicherheitsbeamte: „Welche Sprache ist das eigentlich?"

„Assyrisch", antwortete ich ihm, „die Sprache des Assyrerreiches."

Er blätterte nochmals kurz mit dem Daumen durch, legte die Bibel dann zurück in den Koffer, schloss den Deckel und sagte: „Okay, Sie können gehen."

Ich dachte: Puh, das war eng! Aber meine Bibel ist erst einmal in Sicherheit!

Das war die einzige Kontrolle, durch die wir mussten. Ich ging also auf meinen Stützpunkt und legte die Bibel auf meinen Nachttisch, wo ich sie sehen und daran denken konnte, jeden Tag ein paar Verse zu lesen. Da sie auf Aramäisch geschrieben war, konnte kein Russe sie lesen und niemand hatte eine Ahnung, was auf den Seiten stand.

An den Wochenenden erhielten wir jeweils Passierscheine, um in die Stadt Alma-Ata zu gehen. Einmal fuhr ich tatsächlich gemeinsam mit ein paar Freunden hin. Solange unsere Noten gut waren, erhielten wir jedes Wochenende einen Passierschein und durften gehen, wohin wir wollten. Uns zog es dahin, wo wir uns mit russischen Mädchen treffen und tanzen konnten. Ich hatte eine Studentin vom Spracheninstitut kennen gelernt, während Samir, mein bester Freund, sich mit einer Medizinstudentin traf.

An einem Wochenende kam Samir mit einer jungen Frau ins Gespräch, die ihn ganz neugierig fragte, woher er komme. Als sie erfuhr, dass er aus dem Irak kam, war sie ganz aufgeregt. „Aus dem Irak?", freute sie sich. „Das ist meine alte Heimat! Meine Eltern und Großeltern kommen alle aus dem Irak. Ihr seid meine Landsleute!" Und dann fragte sie noch: „Bist du Assyrer?"

„Nein", erwiderte Samir, „aber ich habe einen assyrischen Freund, der aus diesem Teil des Landes kommt."

Die junge Frau erzählte ihm, dass ihre Familie nach dem Ersten

Weltkrieg nach Russland gekommen war und sie jetzt zum ersten Mal jemanden getroffen habe, der tatsächlich im Irak lebe. „Gibt es noch mehr Assyrer bei euch an der Akademie?", fragte sie.

„Nein", antwortete Samir, „nur meinen Freund Georges Sada. Er ist auch Offiziersanwärter."

„Georges – Gyorgyes", sprach sie meinen Namen assyrisch aus. „Ja, das ist ein typisch assyrischer Name."

„Würdest du den Besitzer des Namens vielleicht auch mal gern persönlich kennen lernen wollen?", fragte Samir schnell. Sie bejahte. Samir machte mit ihr aus, dass wir uns am nächsten Tag vor der Oper treffen würden, die nicht weit von unserem Stützpunkt entfernt war. Ich musste nicht lange überredet werden und fuhr am nächsten Tag pünktlich zu unserem Treffpunkt. Vor der Oper wartete die junge Frau bereits auf mich. Ich war beeindruckt von ihrer Schönheit.

An den Gesichtszügen und den Augen erkannte ich sie als Assyrerin. Sie ergriff das Wort: „Bist du Gyorgyes?", fragte sie aufgeregt. „Hallo. Ja, der bin ich", antwortete ich und fragte sie, ob sie diejenige sei, die ich treffen sollte. Sie bejahte und umarmte mich herzlich, als würden wir uns schon seit Jahren kennen. „Komm, Gyorgyes, lass uns zu mir nach Hause gehen. Ich möchte dich meiner Familie vorstellen."

Das hielt ich zwar für unüblich, ging aber mit ihr. Ihr Haus war voll gepackt mit Assyrern – junge Leute, alte Leute. Männer, Frauen und Kinder jeder Altersstufe. Ich war, offen gestanden, platt. Alle wollten mit mir auf Assyrisch reden. Es war unglaublich, aber offenbar stand ich im Mittelpunkt einer großen Feier.

Wir redeten und lachten und lernten uns besser kennen. Nach einer Zeit kam ein alter Mann zu mir und flüsterte geheimnisvoll: „Gyorgyes, hast du eine Bibel?"

„Eine Bibel?", antwortete ich verblüfft. „Na klar. Sie liegt in der Akademie auf meinem Nachttisch."

Sein Gesichtsausdruck wurde mehr als strahlend. „Du hast eine?", rief er begeistert. „Du hast eine Bibel?" Doch dann zuckte er erschreckt zusammen: „Oh Gott! Du hast deine Bibel auf der russischen Basis zurückgelassen? Auf deinem Nachttisch?"

„Ja", sagte ich ganz arglos. „Ich lese jeden Tag darin." Da sie ja auf Aramäisch geschrieben war, konnten sie also nur die Assyrer lesen, die die alte Sprache beherrschten. Doch der alte Mann war überaus besorgt: „Wir müssen sie sofort hierher holen."

Er rief drei junge Männer herbei und ließ sie ein Auto vorfahren. Er sagte, sie würden mich zur Basis bringen, damit ich meine Bibel holen konnte, bevor sie mir jemand wegnahm.

Der ganze Aufwand verwirrte mich und ich sagte: „Aber das sind doch fast fünfzig Kilometer zu fahren."

Doch er blieb dabei: „Nein, hör auf mich. Ich kenne mich damit aus. Wir können die Bibel nicht noch eine einzige Minute dort lassen."

Also schloss ich mich den drei jungen Männern an und wir fuhren so schnell sie konnten zum Stützpunkt. Ich ging in mein Zimmer, um zu sehen, ob die Bibel noch da lag. Natürlich tat sie das. Es war denn auch das erste Mal, dass ich mir überhaupt Sorgen um sie machte. Es war mir nie in den Sinn gekommen, dass sie jemand wegnehmen könnte. Also nahm ich die Bibel an mich und wir fuhren zurück in die Stadt.

Als ich dem alten Mann die Bibel gab, schlug er sie sofort auf. In seinen Augen schimmerten Tränen, als er das Buch in seinen wettergegerbten Händen hielt. Und als er laut auf Aramäisch zu lesen begann, spürte ich seine tiefe innere Bewegung. Freudentränen rannen ihm die faltigen Wangen hinab. Alle kamen sie herbei, um sie selber sehen zu können. Ich konnte nicht fassen, dass sie alle so glücklich waren.

Doch dann dämmerte es mir: Mensch, es ist doch ein wahres Wunder, dass die Bibel überhaupt hier ist. Ich habe sie doch bloß in letzter Sekunde in meinen Koffer gestopft, weil Vater mich fragte, ob ich an meine Bibel gedacht habe. Dann hat der KGB-Beamte mein Gepäck durchsucht. Und wenn ich seine Fragen nicht so vorsichtig beantwortet hätte, hätte er mir das Buch abgenommen und vernichtet. Und jetzt bin ich hier, mit einer Bibel, die nur diese Menschen hier lesen können. In ihrer Muttersprache. Und sie freuen sich so sehr, dass sie nach so vielen Jahren dieses Buch mit eigenen Händen anfassen dürfen.

Während mir die Gedanken so durch den Kopf rasten, erinnerte ich mich an die Stelle, wo es bei Jesaja heißt: „Meine Gedanken sind nicht eure Gedanken, und meine Wege sind nicht eure Wege. Denn wie der Himmel die Erde überragt, so sind auch meine Wege viel höher als eure Wege und meine Gedanken höher als eure Gedanken" (Jesaja 55,8-9).

Demütig erkannte ich: Wenn Gott will, dass sein Wort bestimmte Menschen erreicht, selbst wenn sie tausende Kilometer entfernt sind, dann findet er schon Mittel und Wege. Und in diesem Fall war ich als sein Bote auserwählt, dieses wertvolle Buch Menschen zu bringen, die viele, viele Jahre lang keine Bibel gesehen hatten. Ich war so froh, dass ich es geschafft hatte, das Buch aus dem Irak nach Russland zu bringen und es in die Hände von Menschen zu legen, die sie unbedingt lesen wollten.

Die Assyrer hatten Angst, dass die Polizei die Bibel konfiszieren könnte. Also schmiedeten sie einen Plan: Jeder Mann dieser Gruppe sollte die Bibel jeweils eine Woche lang mit nach Hause nehmen und in den nächsten Monaten immer zehn Seiten von Hand abschreiben.

Mit der Zeit hätten sie dann eine handgeschriebene eigene Bibel. Und dann, wenn sie alle Verse und Kapitel aller sechsundsechzig Bücher vollständig hätten, könnten sie das handgeschriebene Buch herumreichen und jede Familie könnte sich ihre eigene Abschrift machen. Man müsste sie sicher aufbewahren, aber so würde jede assyrische Familie in diesem Gebiet die Heilige Schrift lesen und auswendig lernen können. Und dann würden sie nach sehr langer Zeit Gott wieder so verehren können, wie sie es in ihrem Heimatland getan hatten.

Vermutlich haben wir die assyrische Bibelübersetzung so nach

Russland hinein geschmuggelt, aber auf ganz arglose Weise. Diese Erfahrung hat tiefe Spuren in mir hinterlassen. Ich musste erstaunt erkennen, dass Gott mich gebraucht hatte.

Etwas zu beweisen

Drei Jahre lang war ich in Russland, qualifizierte mich als Jagdpilot und verließ die Akademie als Leutnant der irakischen Luftwaffe. So begann meine Offizierslaufbahn. Damals war die russische MiG die heißeste Maschine am Himmel und ich hörte nur allzu gern, dass ich die MiG-17F fliegen würde, die ein sehr ausgefeiltes Nachbrennersystem hatte. Als ich anfing, normale Aufträge zu fliegen, fühlte ich mich, als gehörte mir der Himmel – praktisch tat er das wahrscheinlich auch. Die Maschine war unglaublich schnell. Sie wurde mit einer Standard Payload, der für das Flugzeug eingetragenen Nutzlast, beladen und es war aufregend, sie zu fliegen.

Von 1961 bis 1963 sammelte ich viel Erfahrung als Jagdpilot. Schließlich wurde ich zum MiG-21-Geschwader auf der Al Raschid Air Base in Bagdad versetzt. Da wurde es mal wieder Zeit für die nächste große Überraschung der irakischen Regierung. Genau an dem Tag, an dem ich zu meiner neuen Einheit kam, gab es eine weitere Revolution. Diesmal war es ein Staatsstreich der Baathis, die die Regierung von Ministerpräsident Abdel-Karim Kassem stürzten.

Präsident Kassem wurde aus dem Amt gejagt und am 8. Februar 1963 hingerichtet. Die Baathis – unter Oberst Abdel-Salaam Aref und im Gegenzug unterstützt von Gamel Abdel Nasser und den Arabischen Nationalisten in Ägypten – übernahmen die Regierungsgeschäfte. Die nächsten drei Jahre wurde das Land von einer Gruppe Sozialisten regiert, die zufälligerweise Anti-Kommunisten waren, was bedeutete, dass es neue Spannungen zwischen Bagdad und Moskau gab.

Nach dem Staatsstreich blieb Präsident Abdel-Salaam Aref drei

Jahre lang an der Macht – bis zu seinem Tod bei einem Hubschrauberunglück 1966. Jemand hatte sich an seinem Hubschrauber zu schaffen gemacht, doch sein Bruder, Abdel-Rahman Aref, der Stabschef der Armee gewesen war, folgte ihm im Präsidentenamt. Diese Regierung hielt nur zwei Jahre, als sich eine andere Gruppe von Baathis unter Ahmed Hassan al-Bakr erhob und Abdel-Rahman Aref zwang, das Land zu verlassen und nach England ins Exil zu gehen.

1964, mitten in einer Zeit großer Verwirrung und Unsicherheit im Irak, erreichte mich die Nachricht, dass ich dazu ausersehen war, eine Fortgeschrittenen-Ausbildung in Nachtflug, Instrumentenflug und Schlechtwetterflug machen zu dürfen. Ich war doppelt überrascht, als ich erfuhr, dass ich zur Randolph Air Force Base in San Antonio, Texas, gehen sollte, um meine Ausbilderlizenz zu machen und mit einigen der besten Ausbilder der Welt zusammenzuarbeiten. Randolph ist der Lackland Air Force Base angeschlossen. Diese beiden waren damals als fortschrittlichste Pilotenausbildungszentren der Welt anerkannt.

Ich war nicht nur froh, der Selbstverstümmelung im Irak für einige Zeit zu entkommen, sondern es war mir auch eine große Ehre, zu einer Instrumentenausbildung für Fortgeschrittene in die Vereinigten Staaten reisen zu dürfen. Ich hatte während meiner fliegerischen Vorausbildung in Russland bereits eine Menge gelernt. Bald würde sich herausstellen, wie wichtig die Stunden waren, die ich bereits in einer MiG verbracht hatte. Aber zur weiteren Instrumentenausbildung nach Amerika zu gehen, war die beste Neuigkeit, die ich mir je hätte vorstellen können.

Mitte der 1960er Jahre wurden die irakisch-amerikanischen Beziehungen etwas besser und ich konnte die Ausbildung dort mit doppeltem Gehalt machen – ich bezog nicht nur meinen regulären Offizierssold von der irakischen Regierung, sondern auch ein hübsches Stipendium mit Fliegerzulage von der amerikanischen Regierung. Während meiner Zeit in Texas wurde ich also gut bezahlt und konnte viel Interessantes sehen und tun.

Als erstes musste ich jedoch erreichen, dass mich die anderen Offiziere akzeptierten. Es ergab sich, dass ich der einzige auszubildende Pilot aus dem Mittleren Osten war. Die meisten waren noch nie zuvor mit einem Iraker zusammengetroffen. Sie waren davon überzeugt, dass ich das vordere Ende eines Jagdflugzeugs nicht von dem hinteren unterscheiden könnte. Manche zogen mich auf und fragten, ob ich mein Zelt zu Hause in der Wüste gelassen hätte. Andere bezeichneten mich hinter meinem Rücken als „Kamel-Jockey". Das überraschte mich, denn ich hatte noch nie ein Kamel geritten.

Doch eines Tages rief mich der leitende Fluglehrer zu sich und sagte, er wolle meine Fähigkeiten in einem der neuen Schulflugzeuge testen. Auf der Basis waren Maschinen – unter anderem die T-38 Talon und die T-39 Saberliner –, die von der Luftwaffe und der Marine eingesetzt wurden. Ich hatte noch keine geflogen, war mir aber ganz sicher, dass ich es schaffen würde. Ich antwortete ihm also, dass ich liebend gern mit ihm fliegen würde. Als ich mich am nächsten Tag zum Dienst gemeldet hatte, zogen wir unsere Pilotenkleidung und unsere Helme an und kletterten an Bord.

Der Ausbilder übernahm den Start. Als wir in einer recht großen Höhe waren, zeigte er mir die Steuer- und Messvorrichtungen und erklärte mir, wie die Lampen und Instrumente funktionierten. Dann vergewisserte er sich, dass ich mich mit der Haubenbedienung und dem Schleudersitz auskannte. Nach etwa zehn Minuten war ich überzeugt, alles im Griff zu haben, und fragte, ob ich nun übernehmen dürfe. Wahrscheinlich fand er mich etwas übereifrig – schließlich war ich für ihn und die anderen noch immer der Kamel-Jockey, der sich noch nicht bewiesen hatte – und vergewisserte sich, ob ich mir meiner Sache auch sicher sei.

Ich bejahte und er überließ mir die Steuerung: „Sie gehört ganz Ihnen."

Das wollte ich ja nur hören. In den ersten paar Minuten ging ich in Querneigung und machte ein paar Wendemanöver, um mit der Steuervorrichtung vertraut zu werden. Dann nahm ich Geschwindigkeit weg und legte wieder zu, damit ich ein Gefühl für die Beschleunigung bekam. Bald hatte ich den Eindruck, sie im Griff zu haben, und fragte den Ausbilder, ob ich ein paar Manöver probieren dürfe. „Sind Sie sicher?", fragte er erneut. Wieder bejahte ich.

Eindruck machen

Das Schulflugzeug war eine sehr gute Maschine, aber ehrlich gesagt hätte ich sie mit meiner MiG-21F umkreisen können. Mit allem gebotenen Respekt gegenüber der Maschine und dem Piloten machte ich jedoch ein paar Kehren und Querneigungen, um ein Gefühl dafür zu bekommen, und prüfte sie dann auf Herz und Nieren. Zuerst zog ich ihre Nase steil herunter, dann ließ ich sie wieder gemächlich ansteigen, drehte eine scharfe Linkskurve und zuletzt eine Rolle vorwärts.

Jedes Manöver war etwas schneller als das vorhergehende. Dadurch war die Anziehungskraft sehr stark, was ich ebenfalls auf dieser Maschine austesten musste. Dann ging ich wieder mit der Nase nach unten, kam mit einer langsamen Umdrehung wieder in die Gerade und drehte nach rechts ab. Es lief alles glatt und die Maschine machte gut mit. Doch nach einer Viertelstunde bat mich der Ausbilder über sein Headset: „Okay, Georges, bringen Sie uns nach Hause."

Als wir uns dem Flugplatz näherten, ging ich davon aus, dass der Ausbilder sie nach Hause bringen wolle, und fragte ihn: „Darf ich jetzt die Landung übernehmen?" Er zögerte kurz, erlaubte es dann aber und ich setzte ordentlich auf. Dann ließ ich sie genau an die Stelle rollen, von der wir abgeflogen waren. Sobald wir aus dem Cockpit stiegen und das Rollfeld betraten, deutete er mit dem Kinn zum Hauptquartier und sagte: „Kommen Sie mit."

Das war alles. Kein Wort davon, ob er zufrieden oder enttäuscht war. Einfach nur: „Kommen Sie mit."

Kurzzeitig war mir nicht klar, ob ich bestanden hatte oder durchgefallen war. Er führte mich den Gang entlang zum Büro des Kommandeurs, klopfte an, trat mit mir ein und erstattete dem Kommandeur Bericht. Der Ausbilder schaute zu mir hinüber und sagte: „Herr Kommandant, dieser Mann kann fliegen. Er hat mich zu einem Wahnsinnsflug mitgenommen – also, wir brauchen uns um ihn keine Sorgen zu machen."

Dann schüttelte er mir die Hand: „Georges, willkommen in Texas."

Es war einfach toll, so schnell akzeptiert zu werden. Und das war erst der Anfang von sieben unbeschreiblichen Monaten in Amerika.

Als ich nach meiner Ausbildung in den Irak zurückkehrte, hatte man mich in ein neues Geschwader versetzt, das gerade eingerichtet worden war, um die neue MiG-21FL zu fliegen. Diese Maschinen waren schneller, leistungsstärker und technisch ausgereifter als die 21F, die ich geflogen hatte.

Die Taktik eines Monsters

Nach der Revolution vom 17. Juli 1968 stieg Saddam in seiner Partei auf. Er hatte noch recht wenig Macht, aber es war klar, dass er seinen Weg machen würde. Zuerst war er verantwortlicher Leibwächter von Präsident Bakr. Doch aufgrund seiner speziellen Begabung und Entschlossenheit stieg er rasch auf und Bakr ernannte Saddam zu seinem Stellvertreter.

Saddam reagierte gewohnt geschickt und forderte bald schon für sich einen Offiziersrang bei der Armee ein. Kurz darauf wurde er in den Rang eines Vier-Sterne-Generals erhoben, ohne auch nur einen einzigen Tag Militärdienst abgeleistet zu haben. Berufsoffiziere wie ich mussten eine dreijährige Ausbildung absolvieren und schwierige Prüfungen bestehen, bevor sie den Rang eines Majors oder höher erreichen konnten. Doch Saddam wurde ohne eigenes Zutun über Nacht zum Vier-Sterne-General.

Damals wussten die meisten von uns, dass Saddam ein brutaler, heimtückischer Mensch war. Er war sehr aufbrausend und dachte nicht lange nach, bevor er einen umbrachte, der ihm im Wege stand. Dadurch war er während der Revolution ein sehr brauchbares Instrument, aber dadurch war er auch gleichermaßen gefährlich für Freunde und Verbündete. Alle hatten Angst vor ihm. Er tötete ohne ersichtlichen Grund, er scharte Menschen um sich, die ihm treu ergeben waren, und sammelte vertrauliche Informationen über die, denen er misstraute. Seinen Aufstieg zur Macht begann er im irakischen Geheimdienst, dem Muchabarat. Diese weithin geheime Regierungsbehörde war ähnlich aufgebaut wie der KGB in Russland.

Muchabarat bedeutet eigentlich Staatlicher Nachrichtendienst, wobei er sich damals nicht so nannte. Er hatte den unschuldiger klingenden Namen Öffentliche Angelegenheiten. Und unter diesem Deckmantel konnte Saddam alle möglichen Verbrecher unterbringen, die ihm halfen, seine Pläne umzusetzen. Und er hatte große Pläne.

In Amerika darf die Central Intelligence Agency (CIA) keine Privatpersonen bespitzeln. Wenn Operationen ausländischer Terroristen oder Spione im Land vermutet werden, kann sich der Geheimdienst bei einem Bundesrichter eine Sondergenehmigung zur Durchführung verdeckter Ermittlungen abholen. Doch sind ihm in den Vereinigten Staaten enge Grenzen gesetzt. In meinem Land war das bis vor kurzem allerdings nicht der Fall. Vor allem unter Saddam konnte die Regierung jeden zu jeder Zeit und an jedem Ort bespitzeln. Und das tat sie mit Hingabe.

Die Probleme seit der Befreiung des Iraks im Jahre 2003 bestehen teilweise darin, dass viele Iraker, die unter dem alten Regime aufwuchsen, solche Methoden wieder einführen möchten. Sie wollen, dass die Regierung Privatbürger bespitzeln kann. Ich arbeite heute im neuen Verteidigungsministerium und muss den Leuten immer und immer wieder sagen, dass diese Spioniererei von damals heute nicht mehr zulässig ist. Sie verstößt gegen geltendes Recht. Wir dürfen unsere eigenen Bürger nicht mehr bespitzeln. Und wenn Recht und Gesetz in unserem Land eingeführt werden sollen, dann muss sich die Polizei danach richten.

Doch solche Einschränkungen gab es nicht, um Saddam Hussein zu behindern. Er hätte niemals gezögert, irgendjemanden zu bespitzeln oder die Hinrichtung seiner politischen Feinde anzuordnen. Einmal rief Saddam mich und General Adnan Khairalla, den Verteidigungsminister, in sein Arbeitszimmer. „Hören Sie, Georges", sagte er zu mir, „wenn meine Söhne Udai und Kusai auch nur minimal aus der Reihe tanzen und sich nicht genau so verhalten, wie ich es will, dann werde ich nicht eine Sekunde zögern, ihnen den Kopf abzuschlagen." So empfing er mich – man kann sich also unschwer vorstellen, welcherlei Gehorsam er einforderte.

Saddam duldete keine Einschränkung seiner Autorität und ergriff drastische Maßnahmen gegenüber jedem, ob Sunnit oder Schiit, aus Tikrit oder von anderswo, Araber oder Nicht-Araber, Mann oder Frau, Erwachsener oder Kind. Saddam zögerte niemals, jemanden zu bestrafen, der aus der Reihe tanzte oder ihm nicht gehorchen wollte. Als er Bakr bedrohte und ihn zum Rücktritt zwang, reagierten einige hochrangige Mitglieder der Baath-Partei sehr negativ: „Warum soll denn Saddam Hussein an die Macht kommen? Warum sollen wir keinen neuen Vorsitzenden wählen, anstatt uns von Saddam die Pistole auf die Brust setzen zu lassen?"

Als Saddam von diesen Kommentaren erfuhr, versammelte er alle Parteimitglieder in einem großen Hörsaal in Bagdad. Als er ankam, saßen alle anderen bereits. Saddam steckte sich eine dicke Zigarre an, rief beiläufig die Namen aller Kritiker auf und bat sie vor die Tür. Dort wurden sie von ihren eigenen Parteigenossen hingerichtet. Und manche wurden auf die grausigste Art hingerichtet, die man sich vorstellen kann. Oder wie man es sich vermutlich doch nicht vorstellen kann, weil sein Vorgehen so abgrundtief schlecht war. Ich habe in meinem ganzen Leben aus keinem anderen Teil der Erde je etwas Ähnliches erfahren, nur aus meinem eigenen Land.

Jahre später wurden diese Ereignisse in einem Film nachgestellt.

Ich weiß zwar, wie und warum das geschah, aber dadurch wird meine Abscheu, wenn ich mir den Film anschaue, auch nicht geringer. Einige Männer, die er damals umbrachte, gehörten zum Zentralkomitee der Baath-Partei. Viele von ihnen kannte ich. Es waren alles sehr fähige, intelligente, hervorragende Leute. Aber einer nach dem anderen wurde systematisch hingerichtet. Als sie hinaus gingen, warteten die Muchabarat bereits auf sie. Saddam wusste eigentlich nicht einmal, ob die, die er namentlich aufrief, überhaupt schlecht über ihn geredet hatten. Doch wie er mir bereits gesagt hatte: Wenn er dachte, sie seien auch nur minimal aus der Reihe getanzt, zögerte er nicht eine einzige Sekunde, ihnen den Kopf abzuschlagen.

Interne Korruption

Auf diese Art sonderte Saddam jeden aus, der ihm in Zukunft hätte Ärger machen können. Er war ein Genie in Boshaftigkeiten. Er scharte zahlreiche Männer um sich, die in Jugoslawien, Bulgarien oder der DDR die wirksamsten Methoden zum Ausschalten politischer Feinde gelernt hatten. Einige von ihnen hatte ich kennen gelernt. Sie waren Unmenschen, die in Russland gelernt hatten, wie man Gefangene verhört und auch noch die allerletzten Informationen aus ihnen heraus quetscht, bevor man sie umbringt. Sie hatten Übung in den diabolischsten Foltermethoden, die man sich ausdenken kann. Und die sie auch bedenkenlos anwendeten.

Selbst wenn es keinen anderen Grund gegeben hätte, Saddam zu stürzen und im Irak eine andere Regierung einzusetzen, hätte das schon gereicht. Seine brutale Unterdrückung von Andersdenkenden, seine Morde und Folterungen an politischen Gegnern, sein barbarisches Verhalten gegenüber den guten, unschuldigen Irakern und das Aufhetzen von Menschen gegeneinander zu seinen eigenen politischen Gunsten – das waren eindeutig die Arbeitsgewohnheiten eines Monsters. Und dank des Einschreitens der Amerikaner und ihrer

Verbündeten in der Koalition sind wir dieses Monster jetzt los. Ja, er hatte Massenvernichtungswaffen, und er hat sie eingesetzt. Doch es gab etwas noch viel Schlimmeres als die Massenvernichtungswaffen – Saddams ureigenstes Denken.

Bei so viel Bösartigkeit in seinem Kopf und so viel Vermögen in seinen Händen weiß nur Gott allein, was er gemacht hätte, wenn die Amerikaner ihn nicht aufgehalten hätten.

Die Entscheidung, Saddam zu entfernen, war richtig, denke ich. Sie kam zur rechten Zeit und, wie ich glaube, auf die richtige Weise. Wenn man lediglich hört, was die Medien über die Lage im Irak berichten, könnte man vermutlich den Eindruck gewinnen, dass die Entscheidung zum Einsatz militärischer Mittel schlecht war. Doch das stimmt nicht. Vieles läuft heute sehr gut, aber ich habe noch nie in den Abendnachrichten gehört, dass die neue Regierung gute Arbeit leistet. Niemand berichtet davon, dass wir 12.500 neue Schulen gebaut haben, dass wir wieder Strom und Telefon haben, dass unsere Straßen und Infrastrukturen besser wieder aufgebaut wurden als zuvor. Niemand berichtet davon, dass Lehrer, die unter Saddam weniger als 2 Euro im Monat verdienten, heute über 300 Euro im Monat bekommen, was im Irak ein respektables Einkommen ist.

Vor etlichen Jahren wurden die Lehrer im Irak sehr gut bezahlt. Sie konnten es sich leisten, im Sommer zu verreisen und ins Ausland zu fahren. Sie konnten es sich leisten, ihren Schülern kleine Geschenke zu machen. Als meine Frau noch Lehrerin war, ging ich immer mit ihr nach Bagdad in die Geschäfte, um den Klassenbesten Geschenke zu kaufen. Doch als die Inflation so schlimm war, mussten die Lehrer die Schüler um Nahrungsmittel bitten – sie baten die Kinder wohlhabender Familien um ein Ei, eine Kartoffel, eine Tomate oder was immer sie zu Hause entbehren konnten. Mit fast einer Million Lehrerinnen und Lehrern aller Schularten ist dies der beliebteste Beruf im Irak. Und diese große Gruppe war gezwungen, um Nahrung zu bitten.

Unter Saddam war das gesamte System korrupt – und am allerkorruptesten war das Militär. Wenn ein Soldat beispielsweise Ausgang haben wollte, musste er seinen Vorgesetzten bestechen. Sieben Tage Urlaub kosteten ihn vielleicht zweihundert Dollar. Oder wollte ein Soldat versetzt werden, um näher bei seiner Familie zu sein, konnte sein Vorgesetzter dafür fünfhundert Dollar oder mehr verlangen. Das ganze System war korrupt und jeder wusste das. Mit der Zeit wurden die Menschen zu wahren Künstlern, um durch Bestechung und Korruption dahin zu gelangen, wo sie hin wollten.

Es gab immer schon gewisse Leute, die Bestechungs- und Schmiergelder verlangten, doch im Irak wurde das die Regel. Ging man zur Polizei, musste man sie bestechen, damit sie einem half. Wollte man auf der Post ein Päckchen aufgeben, musste man den Schalterbeamten bestechen. Selbst wenn man bloß die Stromrechnung bezahlen wollte, musste man Schmiergeld zahlen. Konnte man sich das nicht leisten, musste man zwei, drei Stunden oder länger Schlange stehen, um die allereinfachsten Dinge zu erledigen.

Darüber sind wir noch nicht hinweg, auch heute nicht, aber es wird schon besser. Das Problem ist, dass der Irak jetzt eine sehr junge Regierung hat. Und in gewisser Weise sind wir auch eine junge Nation. Die Regierung ist jung und das Militär ist jung, aber auch das Durchschnittsalter der Gesamtbevölkerung ist sehr niedrig – um die fünfzehn oder sechzehn Jahre. Selbst die Eltern unserer jungen Leute haben nie eine andere Lebensweise kennen gelernt.

Die große Mehrheit der Irakis kannte immer nur Angst, Wut und Korruption. Und der Gedanke, dass man jedem misstrauen und jeden betrügen muss, um voran zu kommen, hat sich tief in unser Bewusstsein gegraben. Heute stellt sich also die Frage, wie man die Gewohnheiten von Menschen ändert, die nie etwas anderes erfahren haben. Ich glaube, dass es möglich ist und dass es auch Schritt für Schritt geschieht. Doch das ist ein langsamer Prozess. Es ist schon ein Wunder, dass es überhaupt geschieht.

Ich erinnere mich an einen Tag kurz vor Kriegsausbruch im Jahre 2002, als ich in meinem Büro war und wir Besuch von zwei jungen

Damen bekamen. Eine war aus Schweden, die andere aus Holland. Sie waren als Reporterinnen für christliche Organisationen aus Europa in den Irak gekommen. Sie kamen in meine Gemeinde. Da ich Vorsitzender der Evangelikalen Presbyterianischen Kirche im Irak war, stimmte ich einem Treffen zu. Sie erkundigten sich nach Christen in unserem Land und fragten besonders nach Kriegsgefangenen, die aus dem Iran heimkehrten.

Sie hatten sich ein paar Tage im Land umgeschaut und verbrachten nun den letzten Tag hier vor ihrer Rückkehr nach Europa. Also hatten sie noch einige Fragen, auf die sie Antworten brauchten. Eine der beiden jungen Frauen sagte: „Herr General, wir haben im ganzen Land Krankenhäuser und Familien besucht. Wir haben Soldaten, ehemalige Kriegsgefangene und viele andere besucht und wir denken, dass die gesamte Bevölkerung des Iraks im Krankenhaus sein sollte, weil alle hier krank sind."

Mit ihren Worten traf sie einen empfindlichen Nerv, doch ich sagte: „Da stimme ich Ihnen zu. Und selbst der Mann, der jetzt vor Ihnen steht, ist krank. Wir brauchen ein Wunder, um das Leben dieser Menschen zu ändern, oder zumindest einen Propheten, der zu ihnen reden und sie im Herzen verändern kann." Das soll nicht heißen, dass sich heute im Irak nichts zum Guten wendet – im Gegenteil. Aber nichts kann das Herz der Menschen über Nacht verändern. Weder Ministerpräsident Ibrahim el Dschaafari, noch Dr. Ayad Allawi, noch Präsident Jalal Talabani könnte sie im Handumdrehen ändern. Niemand von uns kann hexen. Wir brauchen Zeit und guten Einfluss aus dem Ausland, denke ich, damit wir noch viel mehr erreichen können. Was wir brauchen, lässt sich nicht an einem Tag herbeizaubern. Aber so Gott will, wird die Veränderung kommen.

Kurz nach der Befreiung 2003 kam ein amerikanischer Beamter auf mich zu und sagte, er wolle den Zustand der Polizei im Irak feststellen. Damals ging aus unseren Berichten hervor, dass auf der Gehaltsliste des Landes etwa 150.000 Polizisten standen. Doch er wollte wissen, wie viele tatsächlich regelmäßig jeden Tag zur Arbeit erschienen. Wir machten also eine umfangreiche Untersuchung und fanden heraus, dass höchstens siebenunddreißig- bis vierzigtausend Polizisten dienstbereit waren. Der Rest basierte auf gefälschten Berichten über die Beschäftigung. Irgendeiner – oder eher eine ganze Gruppe – klaute das gesamte Geld. Ich sagte ja bereits, das irakische Volk wurde zu Experten im Auftun von Betrugsmöglichkeiten gegenüber dem System. Sie empfanden weder Loyalität noch Schuldgefühle – das war vielleicht noch das Schlimmste daran.

Über viele Monate gab es Berichte über Terroranschläge auf Polizeistationen im Irak. In den meisten Fällen werden Dutzende Polizisten getötet oder verwundet, viele sind einfach weggelaufen. Nun fragt man sich doch, wie so etwas passieren kann. Eine Handvoll Terroristen kommt zu einer Polizeistation und erschießt zehn oder zwanzig Polizeibeamte. Sie jagen das Gebäude in die Luft und stecken es in Brand – und unverzüglich rennen alle Polizisten weg und verstecken sich. Dann ziehen dieselben Terroristen weiter zur nächsten Polizeistation und machen dasselbe, wieder und wieder, vielleicht noch fünf oder zehn Mal. Was geht hier vor? Woher haben fünf oder sechs Terroristen die Macht, dass sie die gesamte Polizei von Bagdad oder Kerbela oder Ramadi lahm legen können?

Die einzige Antwort ist, dass die Polizei korrupt ist. Bis vor kurzem konnte sie keine Männer anwerben, die sich um Gerechtigkeit und den Schutz von Menschen kümmern, vor allem weil diese Eigenschaften von der Regierung unter Saddam Hussein nie gefördert wurden. Also werben sie jeden an, der körperlich fit ist und gerne eine Uniform tragen möchte. Manche von ihnen mögen vielleicht deswegen Polizisten werden, weil sie denken, die Uniform verleiht ihnen größere Macht. Aber sie haben nicht den passenden Charakter für den Job.

Damit will ich nicht sagen, dass das auf alle zutrifft, denn heute haben wir viele tüchtige und fähige Polizeibeamte im Irak. Aber leider trifft das viel zu häufig zu. Viele dieser Männer haben kein Interesse daran, Recht und Gesetz umzusetzen. Sie wollen einfach einen guten Job und eine hübsche Uniform.

Die Polizei im Irak wird heute von den Briten ausgebildet, das Militär von den Amerikanern. Mittlerweile gibt sich das Militär mehr Mühe mit der Auswahl und Ausbildung neuer Rekruten. Und ich denke, alles wird noch besser, wenn sich die Leute allmählich darum kümmern, ihre Arbeit gut zu machen. Sie werden sich um ihr Land und um dessen Sicherheit kümmern müssen. Sie werden lernen müssen, dass es Zeiten gibt, in denen ein Beamter bereit sein muss, sich zur Verteidigung seiner Stadt und seines Landes hinzustellen und zu kämpfen. In Europa und Amerika ist die Polizei stolz auf ihren Job. Sie läuft nicht weg, wenn es brenzlig wird. Doch das trifft nicht immer auf mein Land zu. Zumindest noch nicht. Das ist also noch etwas, das sich ändern muss.

Der Opposition ins Auge schauen

Die Terroristen haben sich ihrer Sache verschrieben. Man kann sagen, dass sie sich einer Gehirnwäsche unterzogen haben, denn jahrzehntelang haben radikale Geistliche ihnen Hass eingebläut. Wenn sie sich erst bereit erklärt haben, einen Anschlag auszuführen, tun diese jungen Märtyrer (*Shaheeds* auf Arabisch) das auch oder sie sterben. Manchmal greifen sie Polizisten mit Gewehren und Granaten an. Dann wieder entzünden sie eine Autobombe per Fernzündung. Oder wenn das zu schwierig ist, fahren sie ein Auto voll mit Sprengstoff vor eine Polizeistation oder ein öffentliches Gebäude und lassen es explodieren.

Am schwierigsten ist einem Verbrechen vorzubeugen, wenn der Täter bereit ist, dabei selbst ums Leben zu kommen. Wie lässt sich ein Selbstmordattentäter aufhalten? Auch wenn man ihn aufhält, bevor er sein Ziel erreicht, zündet er die Bombe und irgendjemand kommt um. Schon aus diesem Grund hat die Polizei Angst.

Die Amerikaner und Briten arbeiten an Möglichkeiten, solche Angriffe zu verhindern, die Terroristen und ihre Ausrüstung aufzuspüren, bevor sie irgendwo hinkommen und eine Bombe zünden können. Aber sie sind noch nicht gegen alles gefeit. Polizeihunde lassen sich gut einsetzen, um Terroristen aufzuspüren. Sie riechen den Sprengstoff und sie spüren, wenn etwas nicht in Ordnung ist. Die Hunde können oft schon auf einige Entfernung anzeigen, wenn jemand einen Sprengstoffgürtel trägt. Jeden Tag, wenn ich in mein Büro in Bagdad gehe, werde ich zuvor von zwei Polizeihunden abgesucht. Sie kennen mich, weil sie mich tagtäglich sehen. Und dennoch kontrollieren sie mich, bevor ich durchgehen darf. Die Hunde machen ihre Arbeit richtig gut.

Unsere Aufgabe heute besteht darin, Herz und Sinne unserer Landsleute zu ändern, damit sie ihr Land lieben, damit sie sich um die Sicherheit anderer Menschen scheren, damit sie andere Menschen nicht weiterhin töten, nur weil diese anders sind oder vielleicht ihre Religion anders ausüben. Wie können wir das erreichen? Ehrlich gesagt ist mir noch keine Antwort eingefallen, aber ich denke jeden Tag darüber nach und bete dafür.

Kürzlich erzählte mir ein Taxifahrer in Bagdad eine erschreckende Geschichte. Eines Tages stieg ein freundlich aussehender junger Mann ein. Als der Taxifahrer ihn fragte, wohin er ihn bringen solle, antwortete der junge Mann: „Wohin Sie wollen. Ich habe noch etwas Zeit und Sie können einfach durch die Stadt fahren. Das bezahle ich Ihnen auch."

Das hörte sich nach einem guten Geschäft für den Taxifahrer an. Er konnte den Fahrgast einfach herumfahren und würde dafür gut bezahlt. War das denn nichts?

Nach etwa einer halben Stunde meinte der Fahrgast schließlich: „Okay, das reicht. Halten Sie bitte an."

Er bezahlte den Taxifahrer und sagte dann noch: „Schade, dass es heute nicht passiert ist. Sie und ich hätten heute mit dem Propheten Mohammed zu Tisch sitzen sollen."

Mit diesen Worten schob er kurz sein T-Shirt hoch und der Taxifahrer konnte sehen, dass er eine Sprengstoffweste trug. Hätten sie auf der Straße Polizisten oder eine amerikanische Patrouille gesehen, hätte er die Bombe gezündet und sie alle umgebracht. Und er war einzig darüber enttäuscht, dass er an diesem Tag nicht bei Mohammed sein würde. Wie muss sich dieser Taxifahrer gefühlt haben!

Auf solche Einstellungen stoßen wir heute noch in Teilen des Iraks, aber ich muss sagen, dass es schon besser geworden ist. Ja, es gibt immer noch Rebellion, und ja, es gibt immer noch Menschen, die sich für eine religiöse oder politische Sache selber in die Luft jagen würden. Doch Freiheit und Demokratie sind ein sehr großer Ansporn, und die Menschen fangen langsam an zu entdecken, dass Freiheit etwas ist, wofür es sich zu leben lohnt.

Mit Freiheit leben

Wie überrascht waren doch die Menschen darüber, dass sie sich offen gegen den Präsidenten und den Ministerpräsidenten aussprechen dürfen. Sie können Leserbriefe an die Zeitung schreiben und sagen, was sie wollen. Das ist ein ganz wunderbares Geschenk Amerikas an das irakische Volk. Das geht ihm jetzt so allmählich auf und das genießt es sehr.

So ähnlich wird es auch in den 1980er Jahren in der Sowjetunion und in Osteuropa gewesen sein. Die Bewohner dieser Länder konnten im Fernsehen beobachten, wie andere Menschen sagen und tun konnten, was sie wollten. Sie sahen sich amerikanische Filme an und hörten amerikanische Musik. Sie liebten die Blue Jeans, Stereoanlagen und Rock-Musik und wollten das alles auch haben. Sie dachten, wenn Frieden und Demokratie das alles mit sich brachten, wollten sie noch mehr davon. Und als sie das erst entdeckt hatten, war es nur noch eine Frage der Zeit, bis sie ihre Freiheit einforderten. Danach war es nur noch eine Frage der Zeit, bis die Berliner Mauer fiel.

Beim irakischen Militär geschieht gerade etwas sehr Interessantes. Unsere Soldaten benehmen sich allmählich wie Nato-Soldaten.

Wenn z. B. ein belgischer Militärpolizist die Hand hebt, um ein Auto anzuhalten, tut er es energisch und mit Autorität. Es besteht keinerlei Zweifel, dass er meint: „Sofort anhalten!" Das ist ganz anders als die Art, wie irakische Polizisten das vor dem Krieg gemacht haben. Doch jetzt passen sie sich den amerikanischen Polizisten an. Sie tragen Fliegerbrillen und Drillichhosen, die genau nach GI-Muster angefertigt wurden – und sie polieren ihre Stiefel mit Spucke. Plötzlich sehen sie wie echte Soldaten aus und verhalten sich auch so, was für einen alten Soldaten ein eigenartiger Anblick ist.

Sehr auffällig sind natürlich auch die Teenager und jüngeren Jungen, die sich bei den Soldaten auf der Straße aufhalten. Die GIs sind sehr nett – sie schenken den Kindern Süßigkeiten und Limonade und Kaugummi. Manchmal schicken sie die Jungen für sie einkaufen und geben ihnen dafür ein hübsches Trinkgeld. Man sieht diese Zwölf-, Dreizehnjährigen also ihre Dollar zählen und vor Stolz über ihr eigenes Geld strahlen. Wo immer zwei oder drei Amerikaner Streife gehen, Wache stehen oder sich nur an ihren gepanzerten Fahrzeugen ausruhen, sieht man mindestens ein Dutzend irakischer Jungen mit ihnen reden – in erstaunlich gutem Englisch.

Die Jungen lernen ja so schnell Englisch – aber leider auch die schmutzigen Wörter. Ich habe zu den amerikanischen Generälen gesagt: „Wir freuen uns, dass unsere Jungen von den Soldaten Englisch lernen, aber bitte sagen Sie doch Ihren Männern, dass sie ihnen nicht die schlimmen Wörter beibringen!"

Natürlich ging es unter Soldaten schon immer so zu. Aber diese jungen Iraker lernen gerade den Wert ihres eigenen Lebens schätzen. Sie lernen, Menschen zu mögen und zu respektieren, die anders sind als sie. Und das Beste ist: Sie lernen, dass keine Religion oder politische Ideologie es wert ist, sich dafür in die Luft zu sprengen.

Die meisten dieser jungen Menschen werden von der westlichen Lebensweise angezogen. Wir haben jetzt Fernseh- und Radiostationen, die von Voice of America betrieben werden. Sie sehen diese Dinge also die ganze Zeit und werden davon in ihrem Denken und

Glauben beeinflusst. Es wird noch dauern, bis der Übergang ganz abgeschlossen ist, aber er wird gewiss kommen. Und selbst eine Kultur wie die unsrige, die so wenig Erfahrung mit Freiheit und Demokratie hat, kann sich zum Besseren ändern.

Es schockiert mich, wie schnell sich die Menschen hier Satellitenfernsehen angeschafft haben. Überall im Irak sieht man die Schüsseln. Zum ersten Mal im Leben können sich die Menschen in ihr eigenes Wohnzimmer setzen, mit der Fernbedienung von Kanal zu Kanal zappen und sehen, wie der Rest der Welt lebt. Nachrichten, Sport, Filme, Comedy, alles was man sich vorstellen kann – manches gut, anderes nicht so gut. Und im Großen und Ganzen schauen sie sich nicht mehr Al Iraqiya Television Network oder Al Jazeera an. Natürlich gibt es welche, die anti-westlich eingestellt sind und die sich diese Sender anschauen, doch die sind heutzutage in der Minderheit.

Im Allgemeinen sind die Menschen auf der richtigen Spur. Jetzt ist es an der Zeit, dass sie sich entscheiden, welchen Weg sie einschlagen wollen. Genau das musste ich auch, als ich 1964 als junger Flieger zum ersten Mal nach Amerika kam. Ich entdeckte, dass Amerika in allem die Nase vorn hatte. Sie sind auf Platz Eins im Militärwesen, in der Wissenschaft, Technik, Kunst und Kultur und so weiter. Sie sind auch auf Platz Eins mit Drogen, Gewalt und Sex. Die wahre Charakterprüfung besteht also darin zu erkennen, was man übernehmen und wovon man die Hände lassen soll.

Ein junger Amerikaner kann sich entscheiden, ob er sich einer Bande anschließt, Drogen verkauft und alle möglichen Straftaten begeht, festgenommen wird und den Rest seines Lebens im Gefängnis verbringt. Oder ob er hart und kreativ arbeitet, tüchtig lernt, einen Beruf ergreift, eine Familie gründet und eines Tages Millionär wird, wenn er hart genug daran arbeitet. Jeder Junge, jedes Mädchen in Amerika kann solche Entscheidungen treffen. Bis vor kurzem standen irakische Jungen und Mädchen nicht vor solchen Entscheidungen, heute sehr wohl. Unsere Menschen bekommen zunehmend solche Wahlmöglichkeiten. Das kann man ruhig als Wunder bezeichnen.

Worauf es ankommt

Es gibt viel Gutes, das die Iraker von den Engländern, Italienern und Amerikanern lernen können, aber es gibt auch Schlechtes, was sie lieber meiden sollten. Ich möchte, dass unser Volk kluge Entscheidungen trifft. Aber ich möchte auch, dass es an unserer eigenen Kultur und am Respekt gegenüber unserer einzigartigen Geschichte und den Traditionen festhält. Beispielsweise haben wir im Irak großen Respekt gegenüber unseren Müttern und Vätern. Das sollten wir beibehalten. Ich muss leider gestehen, dass das in Amerika nicht immer der Fall ist – jedenfalls nicht so, wie es einst war. Unsere jungen Menschen müssen also erkennen, dass dies eine wunderbare irakische Tradition ist, an der wir festhalten sollten.

Wir haben eine Tradition, die Gefühle anderer zu respektieren. Mein Bruder ist Raucher, aber er raucht niemals in meiner Gegenwart, weil er weiß, dass ich es nicht mag. Außerdem sind wir im Blick auf unsere Frauen und Mädchen, vor allem ihre Kleidung, viel konservativer. Im Irak tragen nicht mehr viele Frauen einen Schleier – in dieser Hinsicht sind wir westlicher eingestellt als viele Länder des Mittleren Ostens. Aber warum sollte eine Frau einen Großteil ihres Körpers entblößen, wie es westliche Teenager tun? Jeder Junge würde sich am Anblick eines so leicht bekleideten Mädchens erfreuen, doch darauf ist unsere Kultur nicht vorbereitet. Zurückhaltung ist gut und ich hoffe, wir werden sie nie verlieren.

Eine weitere wichtige Tradition ist, dass wir unsere Nachbarn und Verwandten respektieren. Ich liebe meine Nachbarn und würde alles für sie tun – im Zweifelsfall sogar sterben. Im Irak stehen wir den Menschen sehr nahe, die neben uns wohnen, genau wie wir unseren Verwandten nahe stehen. Wenn jemand aus der Familie krank wird, kommen fünfzig Leute zu Besuch. Und wir bieten ihnen unsere Hilfe an – Kinder betreuen, Haus in ihrer Abwesenheit versorgen, oder was auch immer vonnöten ist. So sind wir eben. Und so wollen wir auch bleiben.

Wir möchten mehr über Technik lernen. Wir möchten unsere Fähigkeiten verbessern, unser Militär, unsere Polizei, unsere Beamten und all unsere Berufe. Wir möchten uns auf vielen Gebieten verbessern, aber wir möchten nicht die Traditionen und Werte verlieren, die unsere Kultur doch so einzigartig machen. Im Irak wie in Deutschland brauchen die Menschen moralisches Urteilsvermögen, um gute Entscheidungen zu treffen. Durch manche Entscheidungen, die die Menschen heute treffen können, werden sie sich selber vernichten. Wir wären dumm, wenn unsere Entscheidungsfreiheit zu dem trojanischen Pferd würde, das uns eines Tages zum Verhängnis wird.

Ob wir es mögen oder nicht – wir haben im Irak mehr Freiheit, als wir heute richtig einzusetzen wissen. Mit der Verbreitung von Satellitenfernsehen in Millionen Haushalten sehen die Menschen Dinge, von denen sie sich nicht vorstellen konnten, dass man so etwas im Fernsehen zeigen kann. Aus Europa und Amerika bekommen wir Programme, die sehr unanständig sind. Wie kann man dem Einhalt gebieten? Man wird es nicht los – also muss man lernen, richtig damit umzugehen.

Selbst wenn man versucht, die vulgären Bilder loszuwerden, werden manche immer noch Möglichkeiten finden, sie sich anzuschauen, da sie verlockend sind und natürlich da sie in der Vergangenheit verboten waren. Mit der Freiheit brauchen wir also auch Charakterstärke und ein gutes, moralisches Urteilsvermögen. Das kann man zu Hause lehren und in der Schule fördern. Auch dieser Herausforderung werden wir uns in den kommenden Jahren stellen müssen.

In meiner Kirchengemeinde sind wir stolz darauf, dass wir unseren Kindern Zurückhaltung und moralisches Urteilsvermögen beibringen. Wir sind die kleinste Denomination aller christlichen Kirchen im Irak – die Chaldäischen und die Östlich-Orthodoxen Gemeinden sind viel größer –, doch wir haben mit 430 regelmäßigen Besuchern die größte Sonntagsschule. Wir haben zwölf Gemeindebusse, die wir mit Hilfe aus dem Ausland leasen konnten. Junge Leute sind heutzutage anscheinend immer in Bewegung. Das macht ihnen Spaß und sie kommen aus vielen verschiedenen Kreisen. Manche sind Chaldäer, andere Orthodoxe, wieder andere gehören zur Assyrischen Kirche des Ostens oder zu anderen Konfessionen. Doch alle sind sie willkommen, und sie lernen, anderen gegenüber Respekt zu zeigen.

Es ist schön: Sie singen Lieder. Sie lernen Verse auswendig. Sie kennen Jesus und sie machen viel gemeinsam. Manchmal beschweren sich andere Gemeindeälteste, dass wir ihnen die Kinder wegnehmen, doch das tun wir nicht. Wir bitten sie nicht, sich unserer Gemeinde anzuschließen oder die Konfession zu wechseln. Ich habe schon viele Briefe von Eltern erhalten, die sich dafür bedanken, dass wir uns ihrer Kinder auf so ganzheitliche Weise annehmen.

Ein Vater schrieb mir jüngst: „Meine Familie und ich sind Chaldäer und wir lieben unsere Gemeinde. Doch ich bin froh, dass mein Sohn in Ihre Sonntagsschule geht. Er lernt so viel und hat so viel Spaß dabei. Daher möchte ich mich bei Ihnen bedanken."

Solche Reaktionen erhalten wir, doch sollten wir nicht die einzigen sein, die so handeln. Alle Kirchen und Moscheen sollten sich nach den Kindern ausstrecken. Alle sollten wir unseren Kindern das beibringen, worauf es wirklich ankommt. Wir haben doch schon so viel, was uns Sorgen bereitet.

2. Saddams Aufstieg zur Macht

Saddam Hussein hatte sich bereits einen Namen als zäher Bursche gemacht, lange bevor er seinen wohl kalkulierten Weg von der Armut zum Zentrum der Macht antrat. Er arbeitete sich hoch – vor allem als Verbrecher –, von der Zeit an, als er ein kleiner Junge im Dorf Al Ouja war. Er war kein sehr guter Schüler und kam aus schwierigen familiären Verhältnissen. Sein Vater – wer auch immer das gewesen sein mag – starb, als die Mutter mit Saddam schwanger war. Der Junge wuchs als Halbwaise auf. Er fing später als die anderen Kinder mit der Schule an, war also immer der Größte und Älteste in der Klasse. Schließlich haute er auf den Straßen Tikrits auf den Putz und erwarb sich einen Ruf als Schläger und Verbrecher.

Die Gegend um Tikrit gilt noch immer als unwirtlich, die Bewohner sind hart wie Stahl. Sie sind gute Kämpfer: Schon im Ottomanischen Reich brachte die Stadt die grimmigsten Streiter in diesem Teil der Welt hervor. Einmal arbeitete ich als Kommandeur auf der Basis von Tikrit – selbst da hörte ich Geschichten über Saddam und seine Familie. Er war ein Verbrecher, ein Ganove. Die Menschen aus der Gegend gingen ihm aus dem Weg.

Khairallah Tulfah, Saddams Onkel, galt ebenfalls als gewalttätiger, gefährlicher Mensch. Bei ihm wuchs der junge Saddam auf, gemeinsam mit seinem Cousin Adnan Khairallah, der später Verteidigungsminister unter Saddam wurde. Saddam galt als gescheiter, wagemutiger junger Mann, aber er war auch weithin gefürchtet. Oft ging sein Temperament mit ihm durch und es machte ihm nichts aus, jemanden zu foltern oder umzubringen, wenn er ihm im Wege stand. Damals wussten wir, dass Saddam so oder so seine Spuren in der Welt hinterlassen würde.

Ein solcher Mann war ein wertvolles Werkzeug für skrupellose Menschen wie die Anführer der Sozialistischen Baath-Partei, die dauernd Racheakte oder sinnlose Zerstörung planten. Saddam war noch keine zwanzig, als sie ihn bereits als Vollstrecker einsetzten und er 1959 den Anschlag auf Präsident Abdel-Karim Kassem anführte. Saddam hätte eigentlich noch die Schule besuchen müssen, als er gebeten wurde, den Mord durchzuführen. Er hatte noch keinen Schulabschluss und hätte sehr wahrscheinlich auch nie einen bekommen, da sein Schulbesuch unregelmäßig und seine Noten schlecht waren. Aber er hatte andere, nützlichere Fähigkeiten.

Als Saddam und seine Schurkenbande das Feuer auf den Wagen des Ministerpräsidenten in der Al Tashid Straße mitten im Zentrum Bagdads eröffnete, durchsiebten sie das Fahrzeug mit Kugeln aus Schnellfeuerwaffen. Damit Kassem auch wirklich ums Leben käme, rannte Saddam zu dem Wagen und feuerte von allen Seiten seine Maschinenpistole auf das Fahrzeug ab. Doch wie durch ein Wunder blieb der Präsident am Leben. Er war verwundet, aber er überlebte den Angriff und blieb drei weitere Jahre im Amt.

Kassems Leibwächter und die Polizei hatten sofort zurückgeschossen, aber mehrere Angehörige des Sicherheitstrupps wurden bei der ersten Salve getötet. Doch die Personenschützer schafften es, dem Morden Einhalt zu gebieten. Als die Angreifer sich zurückzogen, wurde Saddam von einer Kugel im Bein getroffen. Die Attentäter flüchteten in ein vorbereitetes Versteck. Aber Saddam brauchte unbedingt einen Arzt, der ihm die Kugel aus dem Bein entfernte. Allerdings waren sie gesuchte Straftäter, das heißt sie konnten nicht so einfach in ein Krankenhaus gehen, und sie kannten auch keinen Arzt, der zu ihnen kommen würde. Also griff Saddam schließlich nach seinem Messer und entfernte die Kugel selber.

Sobald Saddam wieder laufen konnte, flüchtete er über die Grenze nach Syrien, wo er sich die nächsten vier Jahre versteckt hielt.

Trotz des Umsturzversuchs von 1959 blieb Kassem noch bis zum 8. Februar 1963 im Amt. Dann wurde er endgültig von den Baathis mit Abdel-Salaam Aref und Ahmed Hassan al-Bakr gestürzt. Bakr war ein ehemaliger Brigadegeneral der irakischen Armee. Doch jetzt amtierte er als Generalsekretär der Baath-Partei und Saddam Hussein galt als einer seiner engsten Vertrauten. Beide kamen sie aus derselben Stadt, demselben Stamm und derselben Tikriter Familie. Bakr meinte, sich auf Saddam verlassen zu können, denn der galt als mutig und skrupellos. Doch hatte er keine Ahnung, wie skrupellos Saddam wirklich war.

Unzumutbare Forderungen

Damals waren unzumutbare und gefährliche Forderungen gang und gäbe. Am 8. März 1963 gab es für mich wieder einmal eine frühmorgendliche Überraschung, als mich Soldaten durch heftiges Klopfen an meine Tür weckten. Ich hatte keine Ahnung, worum es ging, aber ich hörte jemand brüllen: „Sie müssen mitkommen. Der Base Commander will Sie sofort sprechen!"

Ich zog mich rasch an und eilte ins Hauptquartier zu General Hardan al-Tikriti, der damals mein Kommandeur auf unserem Luftwaffenstützpunkt in der Nähe von Mosul war. Als ich in sein Büro kam, war er augenscheinlich sehr angespannt und sagte, ich solle einen ungewöhnlichen Auftrag ausführen. Ich sollte einen Luftangriff auf Aleppo im äußersten Nordwesten Syriens fliegen.

„Was? Ich soll Aleppo angreifen?", fragte ich. „Nicht die Stadt, Georges", antwortete er, „den Luftwaffenstützpunkt. Sie sollen den Flugplatz treffen."

„Warum denn?", fragte ich. „Wir befinden uns doch nicht im Kriegszustand mit Syrien, oder?"

„Nein", antwortete al-Tikriti. „In Syrien hat es eine Revolution gegeben. Der halbe Flugplatz ist in den Händen der Baath-Partei, die andere Hälfte wird noch von der alten Regierung kontrolliert. Es herrscht gerade ein Kampf um die Kontrolle über den Flugplatz und sie haben uns um Hilfe gebeten."

„Welchen Teil werden wir angreifen", fragte ich. Er antwortete:

„Die westliche Hälfte ist in den Händen unserer Freunde (der Baath-Partei), die östliche Hälfte hat die Opposition. Ich möchte also, dass Sie den östlichen Teil angreifen."

Ich dachte über die Risiken einer solchen Mission nach und überschlug rasch, dass es von Mosul nach Aleppo mindestens 400 Flugmeilen sein müssten. Unsere Formation würde es sehr wahrscheinlich nicht bis dorthin und zurück schaffen. Daher wandte ich ein: „Ich glaube, mit dem Treibstoff in den MiG-17 schaffen wir es nicht zurück zum Stützpunkt." Doch er bellte schier zurück: „Es ist mir egal, ob Sie es zurückschaffen oder nicht. Wenn die Triebwerke ausfallen, benutzen Sie eben den Schleudersitz!"

Da ich merkte, dass es hier nichts mehr einzuwenden gab, salutierte ich und sagte: „Jawohl, Herr General."

Ich ging zum Telefon und ließ die Maschinen bereit machen zum Angriff. Den Technikern gab ich Anweisung, Bomben zu laden, und überprüfte den Füllstand der Abwurfbehälter. Mein Copilot Ahmed Khairi eilte auf mich zu und ich unterrichtete ihn über die Lage. An der Akademie waren wir Klassenkameraden gewesen. Doch ich war sein Vorgesetzter und befehligte den Verband, der den Namen „Black Formation" hatte.

Sobald alles fertig war, starteten wir und stiegen rasch auf Flughöhe. Doch kaum hatten wir Kurs auf Aleppo genommen, da war die Stimme des Fluglotsen über Funk zu hören: „Black Formation, kehren Sie um zum Stützpunkt. Unsere Freunde haben den Flugplatz übernommen."

Ich konnte es kaum fassen! Wir waren bereit für den Einsatz und niemand wird je erfahren, ob wir ihn hätten ausführen können oder nicht. Doch jetzt brauchten wir nicht los und ich flüsterte einfach: „Danke, Jesus!"

Das Unmögliche tun

Zur Zeit der Revolution von 1963 hatten wir im Irak ein MiG-21-Geschwader. Wir hatten achtzehn der neuen Düsenjäger bestellt, doch mit der ersten Lieferung waren nur sechs gekommen. Wie üblich waren russische Techniker mit dabei. Sie hatten zwei Maschinen bereits zusammenbauen lassen und flugbereit gemacht. Beide waren von einem russischen Piloten überprüft und an der Flugbahn abgestellt worden. Doch keiner der irakischen Piloten war mit der MiG-21 vertraut – sie hatte eine neue Flugelektronik und -hydraulik, die wir nie zuvor gesehen hatten.

Geplant war, dass die Techniker alle sechs Maschinen zusammenbauen und eine nach der anderen überprüfen lassen. Danach würden die russischen Piloten den ersten Flug machen und entscheiden, ob sie unseren Flugausbildern übergeben werden könnten. Das würden sie natürlich mit allen achtzehn Jets machen, bis unser MiG-21-Geschwader vollständig wäre. Damals gab es noch kein Ausbildungsmodell mit zwei Sitzen – einem für den Schüler, einem zweiten für den Ausbilder. Also müssten uns die Ausbilder alles anhand der älteren MiG-15 erläutern.

Doch bevor das Ganze abgeschlossen war und unsere Piloten auf den neuen 21ern geschult waren, kam die Revolution und mit ihr die Baathis, die entschieden anti-kommunistisch waren. Damit wurden alle russischen Piloten und Techniker unverzüglich heim nach Russland geschickt. So saßen wir nun mit zwei brandneuen Düsenjägern auf der Startbahn, doch kein Pilot war dazu ausgebildet und fähig, sie zu fliegen.

Als die Baathis die Regierungsgeschäfte übernahmen, wurde General Hardan al-Tikriti – eben jener, der mir Befehl erteilt hatte, Aleppo anzugreifen – zum Commander of the Air Force befördert. Und er war schier versessen darauf, dass einer seiner Piloten eine MiG-21 fliegt. Er wollte damit angeben, dass unsere irakischen Piloten nicht auf russische Hilfe angewiesen seien: Wir konnten es selber.

Die beiden besten Piloten der Luftwaffe sollten also zur Al Raschid Air Base in Bagdad gebracht werden, wo die MiGs standen. Dieser Befehl führte zu meiner überstürzten Versetzung nach Bagdad, gemeinsam mit meinem Kollegen Oberleutnant Hamid al-Dhahi.

Wir kamen an einem Mittwochmorgen im April 1963 auf dem neuen Stützpunkt an und meldeten uns wie befohlen beim Base Commander. Ich hatte die MiG-15 und 17 geflogen, Hamid die britischen Hawker-Hunter. Doch der Air Force Commander sagte uns: „Bis Samstag will ich diese Maschine in der Luft sehen. Und ich erwarte, dass einer von euch beiden sie fliegt."

Das war's. Er entließ uns und ein Unteroffizier geleitete uns hinaus zum Flughafen.

Ich wusste nicht, was ich von den Worten des Commanders halten sollte. Ich war noch ein junger Leutnant. Ich wusste, dass ich ein guter Pilot war – ich war auf MiG-Kampfflugzeugen in Russland ausgebildet worden. Aber dieses Flugzeug war so viel stärker und ausgefeilter als alles, was ich bisher gesehen hatte. Im Vergleich zu den Maschinen, die ich geflogen hatte, sah sie aus wie ein Raumschiff am Boden. Sie war vollkommen anders, riesig, glänzend, einschüchternd. Hamid und ich gingen um die Maschine herum und betrachteten sie von innen und außen, hatten aber keine Ahnung, wo wir am besten mit der Arbeit anfangen sollten.

Ich fragte einen Unteroffizier auf der Flugbahn, ob es jemanden gebe, der sich mit der MiG-21 auskenne. Er verneinte und sagte, wenn sich jemand auskenne, dann wäre er in Russland. Als ich ihn fragte, ob es ein zweisitziges Modell gebe, verneinte er wieder. Ich setzte mich ins Cockpit und schaute mir die Instrumente an. Sie waren vollkommen anders als in den MiGs, die ich geflogen hatte. Einige Messgeräte ähnelten denen der MiG-17, aber sie waren anders angeordnet oder sie hatten neue Merkmale, die ich nie zuvor gesehen hatte.

Als Hamid sich die Maschine anschaute, reagierte er total anders als ich. Er sagte: „Das ist also eine MiG-21." Sie bejahten. Er sagte: „Ich bin kein MiG-Pilot. Ich fliege Hawker-Hunter."

Sie erwiderten: „Ja, schon, aber der Commander hat gesagt ...“

Doch Hamid unterbrach den Feldwebel und sagte: „Nein, ich bringe mich doch nicht um in dieser Maschine. Tut mir Leid, aber das kann Georges machen. Ich gehe wieder nach Habbaniya auf meinen Stützpunkt.“ Damit war Hamid weg.

Soweit ich wusste, konnte mir niemand helfen. In nur drei Tagen musste ich alles lernen, um diese unglaubliche Maschine starten und landen zu lassen. Doch Gott allein wusste, ob ich dazu in der Lage sein würde.

Nun denn. Ich betete im Stillen und fragte den Feldwebel vom Dienst: „Wie viele Ihrer Techniker haben in Russland einen Wartungskurs für die MiG-21 gemacht?“

„Alle“, erwiderte er.

Das war doch wenigstens ein Anfang. Also bat ich ihn: „Bringen Sie alle hierher.“

Ich wusste nicht, ob das mein Problem lösen würde, aber ich würde sicherlich die für Treibstoff, Hydraulik, Triebwerksreparaturen, Luftfahrtelektronik, Flugwerk, Instrumente und alles mögliche zuständigen Techniker und Mechaniker treffen. Wenn sie mir sagen konnten, wofür die ganze Ausrüstung gut war und wie sie funktionierte, wüsste ich doch schon wenigstens etwas. Also schickten sie die acht Männer zu mir und bald schon begann der Unterricht.

Die nächsten beiden Tage nahm ich an dem ungewöhnlichsten Unterricht meines Lebens teil. Die acht Schüler wurden meine Lehrer und erzählten mir alles, was sie über dieses Flugzeug wussten – oder zumindest genug, um mir zu zeigen, wie die Instrumente und die Steuerung zu bedienen waren, wie Sauerstoff und Schleudersitz funktionierten und wofür all die Knöpfe, Schalter und Lampen gut waren. Von morgens früh bis abends spät hörte ich zu und lernte. Wenn ich keine Fragen stellte, las ich Handbücher. Und wir gingen dauernd wieder zur Maschine hin, um einen Blick auf die Instrumentenbretter zu werfen und ein Gefühl dafür zu bekommen.

Ein Düsenjäger ist ungeheuer leistungsstark. Der Pilot muss so viel wissen – nicht nur über Waffensysteme und Treibstoffkapazität, sondern auch, wie er diese Leistungsstärke beim Start und bei der Landung kontrollieren kann. Wie viel Kraft braucht man zum Abheben? Wie hoch ist die empfohlene Fluggeschwindigkeit für die Landung, welche Brems- und Stoppsysteme gibt es für mittlere und kurze Pisten? Lauter Dinge, die über Leben und Tod entscheiden.

Bei so einem Luftfahrzeug ist die Startgeschwindigkeit weniger kritisch als die Landegeschwindigkeit, aber keiner meiner Lehrer konnte mir dabei helfen. Doch wie sich herausstellte, gab es auf dem Stützpunkt noch einen Piloten, der denn auch auf der MiG-21 in Russland ausgebildet worden war. Er fiel durch und wurde nach Hause geschickt, doch würde er mir ganz sicher einiges sagen können. Ich ließ den Mann kommen und fragte ihn nach Abhebe- und Landegeschwindigkeit. Dadurch gewann ich eine ganz gute Vorstellung davon, was ich beim Abheben und Aufsetzen tun und wie lang die Piste sein müsste. Bei einer Piste von 3 Kilometern und einem Hochleistungs-Luftfahrzeug waren das durchaus lebensnotwendige Fragen, wie ich nur allzu bald merken sollte.

Adrenalin Marsch

Die ganze Zeit stand ich unter Hochspannung! Ich sah bestimmt aus wie ein Alien von einem anderen Planeten. Ich schaute mir das Luftfahrzeug von allen Seiten innen und außen ganz genau an, und die ganze Zeit gaben meine Lehrer alles, um mit mir Schritt zu halten. Ich war ausgelaugt und lebte nur noch von Kaffee. Zeitweilig war ich, wie ich zu meiner Schande gestehen muss, so reizbar und leicht aufgebracht wie ein russischer Bär. Doch als der Samstag kam, gab es keinen Aufschub mehr. Ich stand zeitig auf, duschte, zog mich an, trank eine letzte Tasse Kaffee und ging zum Hangar.

Alle warteten bereits auf mich: Das Bodenteam, die Techniker, die Feldwebel und viele der anderen Piloten. Ich machte eine kurze Inspektion, setzte den Helm auf, zog mich die Leiter hoch und setzte mich ins Cockpit. Instrumente an? Check. Treibstoff? Check. Kabinendach unten und verriegelt? Check. Und Schritt für Schritt überprüfte ich alles, zündete das Triebwerk, löste die Bremse und rollte erstmals die Piste entlang und wieder zurück. Wie durch ein Wunder funktionierte alles und ich bediente das Flugzeug.

Dann rollte ich zum Abflugpunkt ganz am anderen Ende der Piste, setzte das Bugrad genau auf die Linie und war startbereit. Ich zitterte wie Espenlaub, doch bevor es los ging, betete ich kurz: „Jesus, lass du sie fliegen. Ich kann das nicht allein. Du weißt, dass ich nicht weiß, was ich hier tue. Deshalb hilf mir bitte."

Das war alles. Ich murmelte schnell noch „Amen", zog mein Visier herunter, schob die Steuersäule vor und beschleunigte maximal.

Die Techniker und der durchgefallene Pilot hatten mir gesagt, ich müsse schneller werden als 135 Meilen pro Stunde, um abheben zu können. Also behielt ich die Anzeige im Auge und beschleunigte die Piste entlang. Als sie bei 135 ankam, zog ich die Säule zurück und nichts passierte. Wenn man den Knüppel zurückzieht, weiß man, ob die Maschine abhebt; als ich ihn aber zurückzog und sich die Rumpfspitze nicht hob, merkte ich, dass ich es nicht schaffte und die Strecke vor mir nur noch sehr kurz war.

Zu allem Übel war am Ende der Piste ein riesiger Erdwall. Wenn ich den traf, wäre sowieso alles vorbei. Ich sagte: „Mein Gott, ich rase gleich über die Piste hinaus!" Irgendwie musste ich die Maschine stoppen.

Ich löste den Bremsschirm am Heck aus und trat heftig auf die Bremse. Als ich schließlich ganz zum Stehen kam, war ich nur noch zehn, zwölf Meter von dem Erdwall entfernt. Ich weiß nicht, wie ich das geschafft habe, aber ich riss mich zusammen, wendete langsam die Maschine und rollte auf den Anfang der Startbahn zu. Meine Hände zitterten wie verrückt und der Schweiß lief mir das Gesicht hinab. Das Schlimmste war jedoch die Demütigung, dass ich die Maschine nicht in die Luft bekommen hatte. Ich hätte aussteigen und zum Vorfeld zurückgehen können, doch eine innere Stimme sagte mir: *Nein, Georges, das geht nicht. Bring sie zurück und versuch es noch einmal.*

Also beschloss ich, sie zurück zu rollen und in die Luft zu bringen, und wenn es mich das Leben kostete.

Vor meinem nächsten Startversuch musste ich mir jedoch einen neuen Bremsschirm einbauen lassen, da ich den anderen bei meinem ersten Startversuch gebraucht hatte. Ich rief also den Tower und sagte: „Die Jungs sollen mir einen neuen Bremsschirm besorgen."

Ein paar Feldwebel kamen mit dem Schirm angerannt. Sobald die Maschine wieder startklar war, rollte ich erneut zum Abflugpunkt. Da saß ich nun und munterte mich selber auf: „Diesmal geht sie hoch und nichts wird mich aufhalten!"

Erneut löste ich die Bremse, gab Vollgas und raste die Piste entlang. Bei 136 Meilen pro Stunde zog ich fest an der Säule. Die Nase zögerte kurz, dann ging sie wie eine Rakete ab. Ich holte sofort das Fahrwerk ein, um den Luftwiderstand zu verringern, und sie stieg auf wie eine Eins. Als ich nach unten schaute, um die Fluggeschwindigkeit zu überprüfen, traute ich meinen Augen nicht. Innerhalb von Sekunden hatte ich bereits die Höchstgeschwindigkeit der alten MiG-17 überschritten und war noch nicht am Ende der Fahnenstange.

Als ich mich auf der Instrumententafel umschaute, merkte ich, dass ich zitterte wie Espenlaub. Meine Beine führten praktisch einen Tanz auf. „Schäm dich, Georges", rief ich mich zur Räson. „Du bist Jagdpilot. Reiß dich zusammen." Das versuchte ich dann auch. Als ich jedoch wendete und wieder auf den Stützpunkt zu flog, lag unter mir ein winziger Streifen Beton und Asphalt, sodass ich dachte: *Oh mein Gott, wie soll ich denn da landen?!*

Die 21 ist geflogen

Die Sicht war unglaublich schön. An diesem Aprilmorgen war der Himmel über Bagdad ganz klar. Als ich auf sechstausend Fuß stieg, breitete sich die ganze Stadt vor meinen Augen aus – das hügelige Umland, der Tigris und ganz im Westen die Wüsten. Überall um mich herum war der unglaublich dunkelviolette Horizont, der uns umgibt. Ich war überwältigt von Freude und von der sehr einzigartigen Erfahrung, die ich hier machen konnte.

Jeder Pilot kennt solche Gefühle. Doch als junger Flieger mit so wenigen Stunden auf Hochleistungs-Luftfahrzeugen überschritt ich meine Fähigkeiten und war mir dessen wohl bewusst. Es war falsch von meinem Commander, mich mit dieser Maschine in die Luft zu lassen ohne Ausbildung, ohne Einführung, ohne wirkliche technische Kenntnisse von der Maschine. Nur wegen seiner eigenen Prahlerei und seines eitlen Stolzes setzte ich hier mein Leben aufs Spiel. Doch vielleicht war ich zu jung und zu unerfahren, um mir darüber viele Gedanken zu machen. Fürs erste musste ich die MiG in einem Stück wieder auf die Erde bringen.

Als ich mich dem Stützpunkt näherte und der Flugplatz in Sicht kam, auf dem ich landen sollte, sah ich bloß einen winzigen schwarzen Strich. Aus der Luft sah der Landestreifen, der kaum 50 Meter breit war, aus wie ein Bindfaden. Wieder wusste ich, dass ich mich am Riemen reißen und mich auf den Sinkflug und die Landung vorbereiten musste. „Na gut, probiere ich mal ein paar Rollen", sagte ich mir. Ich schob also den Knüppel nach rechts und drehte blitzschnell eine 360-Grad-Rolle. Ich war perplex. So hatte das mit der MiG-17 nie funktioniert. Dort hatte ich die Säule sehr fest drücken und sie praktisch zu einer Rollbewegung zwingen müssen. Doch diese MiG-21 rollte wie von Zauberhand. Sie war wie ein Sportwagen am Himmel.

Das versuchte ich noch drei, vier Mal und fühlte mich wesentlich besser, denn ich merkte, ich hatte die Maschine im Griff und die Rollbewegungen waren mir gut gelungen. Zu der Zeit kam mir nicht in den Sinn, was die Menschen am Boden sahen. Später erfuhr ich, dass ganz Bagdad mir zuschaute und die Menschen außer Rand und Band gerieten, als ich die Rollen machte. Sie schlugen sich auf die Brust und sagten: „Das ist unser Pilot! Das ist unsere Maschine! Das ist ein irakischer Pilot!"

Als ich wieder die Treibstoffanzeige überprüfte, merkte ich, dass mir nicht mehr viel Zeit blieb. Ich musste bald zum Stützpunkt fliegen. Jetzt fühlte ich mich viel besser, doch vor der Landung musste ich die Fluggeschwindigkeit noch zurücknehmen. Und ich sollte wissen, wie es ist, wenn das Fahrwerk ausgefahren ist. Ich klappte also das Fahrwerk aus, um ein Gefühl für den Luftwiderstand zu bekommen. Sobald ich das einigermaßen im Griff hatte, begann ich mit dem Landeanflug.

Ich versuchte mich zu erinnern, was mir die Techniker und der durchgefallene Pilot gesagt hatten. Doch als ich näher heran flog, war meine Geschwindigkeit noch zu hoch. Ich hatte schon ein zu großes Stück Piste überflogen, als ich bereit war zum Aufsetzen, und es gab keine Möglichkeit, die Maschine zum Halten zu bringen. Ich startete durch und flog erneut an – und es passierte dasselbe. Noch drei Mal. Beim letzten Mal leuchtete bereits die Warnlampe für den Treibstoff. Da konnte ich nicht noch einmal durchstarten, sondern musste landen, so oder so.

Wieder sagte ich: „Jesus, hilf mir bitte." Ich brachte die Maschine in Landehöhe und näherte mich mit ausgefahrenen Landeklappen. Sobald ich merkte, dass die Räder den Pistenbelag berührten, öffnete ich den Bremsschirm, trat sofort auf die Bremse und brachte die MiG zum Stehen. Es war nicht die weltbeste Landung, aber ich lebte noch.

Von allen Seiten der Landebahn rannten Leute auf mich zu, um mir zu gratulieren. Sie waren in einem Freudentaumel und ich ließ mich davon mitreißen.

Während dieses kurzen Fluges von fünfunddreißig Minuten brachte ich mir im Grunde genommen selber bei, wie man eine

MiG-21 fliegt. Auf diese Aufgabe war ich nicht vorbereitet gewesen. Ohne Gottes Hilfe hätte ich dabei jederzeit umkommen können. Doch irgendwie schaffte ich es und von da an war mein Name im ganzen Irak bekannt. „Leutnant Georges Sada ist die MiG-21 geflogen und er brauchte keine Russen, um sich das beizubringen." Das sagten sie und waren alle ganz stolz auf mich.

Doch es kam noch besser. Bei meinem Fehlstart im ersten Versuch hatte keiner gemerkt, dass ich nicht genug beschleunigt hatte. Und über die vier Landeanflüge waren die Menschen begeistert. Sie dachten, ich böte ihnen eine tolle Show! Hätten sie die Wahrheit gekannt, hätte sich die Geschichte anders angehört.

Die größte Überraschung kam natürlich später, als ich herausbekam, dass man die MiG-21 nicht ohne Nachbrenner abheben lassen durfte. Ich hatte die Techniker und den durchgefallenen Piloten gefragt, ob ich den Nachbrenner benutzen müsse, doch sie waren sich nicht sicher. „Verwenden Sie ihn bei der MiG-17?", fragten sie. „Nein, dafür brauche ich ihn nicht", antwortete ich. Sie schauten sich an, zuckten die Achseln und sagten: „Hm, tja, dann verwenden Sie ihn auch nicht auf der 21."

Doch das erwies sich als ganz schlechter Rat. Wenn ich das gewusst hätte!

Und bei meinem ersten Landeversuch konnte ich die Maschine überhaupt nur zum Stehen bringen, weil ich allen Treibstoff verbraucht und das Gewicht der Maschine reduziert hatte ...

Während ich die Maschine in Parkposition brachte, rief der Fluglotse den Air Force Commander General Hardan an. Er stürmte zu uns und gratulierte allen. Er brüllte begeistert in die Menge: „Die 21 ist geflogen!", als wäre er selber der Held des Tages. Aber niemand hatte eine Ahnung, was ich alles durchgemacht hatte. Als ich aus der Maschine stieg, waren alle da, um mich zu begrüßen: der Base Commander, der Luftwaffenchef, viele weitere Offiziere und Piloten von dem Stützpunkt sowie alle Techniker und der durchgefallene Pilot, die mir all das beigebracht hatten, was sie wussten.

Nachdem ich mich ein paar Minuten ausgeruht und mich in den Glückwünschen gesuhlt hatte, war ich so zuversichtlich, dass ich dem Befehlshaber sagte, ich sei bereit, noch einmal abzuheben. Doch er meinte: „Ja, aber nicht in der hier. Die andere 21 ist betankt und fertig, die können Sie nehmen und sehen, wie sie fliegt." „Gute Idee", erwiderte ich, trank mein Gläschen starken arabischen Tee, den *Stikan*, aus und machte mich auf zu meinem zweiten Flug des Tages.

Den Widrigkeiten trotzen

Am nächsten Tag, einem Sonntag, machte ich zwei weitere Flüge, am Montag noch einmal zwei. Nach den ersten fünf Flügen hatte ich die Maschine im Griff. Ab dem sechsten spielte ich etwas herum. Wenig später teilten sie unserem Geschwader wieder Ausbilder zu. Als die Fluglehrer herausfanden, dass ich die MiG-21 geflogen hatte, waren sie schockiert. „Wie haben Sie das geschafft? Niemand kann die MiG-21 ohne Ausbildung fliegen!"

Empört fragten sie den Base Commander, warum er einem so unerfahrenen Leutnant mit so wenigen Flugstunden einen Überschalldüsenjäger überlassen hätte. Und als sie hörten, dass ich ohne den Nachbrenner gestartet war, waren sie doppelt schockiert. „Was? Unmöglich!", sagten sie. „Die MiG-21 darf man nicht ohne Nachbrenner fliegen."

Trotz ihrem Entsetzen über unsere Verantwortungslosigkeit erkannten die Ausbilder, dass ich ein guter Pilot war, und ich glaube, sie bekamen Respekt vor mir. Wir wurden gute Freunde und sie brachten mir alles bei, was ich nicht von den Technikern gelernt hatte. Vor allem zeigten sie mir, was im Notfall zu tun ist. Während dieser ersten sechs Flüge war mir überhaupt nicht in den Sinn gekommen, über meine Reaktionen nachzudenken, wenn etwas schief laufen würde. Wahrscheinlich war das auch gut so. Vielleicht wäre ich versucht gewesen, irgendetwas auszuprobieren.

Es ist natürlich eine Schande, dass die Commander lediglich damit angeben können wollten, dass einer ihrer Piloten eine MiG-21 geflogen hatte, ohne daran zu denken, dass die Maschine verunglücken und der Pilot ums Leben kommen könnte. Für sie war es dasselbe, als wäre ich Auto gefahren – als hätte ich früher einen Käfer gehabt und solle jetzt auf einen Porsche 911 umsteigen. So unrealistisch war ihr Denken. Gott sei Dank half er mir, die Maschine zu fliegen und sie heil wieder nach unten zu bringen.

Wegen diesem außergewöhnlichen Flugereignis so früh in meiner Laufbahn kannte jeder im Irak meinen Namen und ich wurde als „Vater der MiG-21" bekannt. Ich bin mir sicher, dass mein späterer Erfolg von diesem Geschehen beeinflusst war. Und während meiner gesamten Laufbahn vom Leutnant bis hoch zum Generalmajor hatte ich immer die Möglichkeit, weiterhin zu fliegen.

Die Revolution von 1968

Die Anführer der Baath-Partei waren skrupellose Männer. Bakr und Saddam wussten, dass sie aus eigener Kraft keine breit angelegte weitere Revolution mehr in die Wege leiten würden. Also hielten sie Ausschau nach Gelegenheiten, sich gegen Aref und seine Anhänger zu stellen. Schließlich konnten sie den Chef des militärischen Nachrichtendienstes, Abdurazzaq al-Nayif, den Führer der Republikanischen Garde, Oberst Rahman Ibrahim al-Daud, und den Befehlshaber der Palastgarde und der Panzertruppen, Oberst Sadun Ghaidan, davon überzeugen, sich ihrer Sache anzuschließen.

Diese drei Männer sollten sich als sehr wichtig für den Umsturz herausstellen, denn sie waren die einzigen, die sicherstellen konnten, dass die Armee nicht eingreifen würde. Saddam war bei diesen Treffen anwesend und es wurde beschlossen, dass Ahmed Hasan al-Bakr Präsident und Abdurazzaq al-Nayif Ministerpräsident würde. Ibrahim wurde der Posten des Verteidigungsministers angeboten.

Der Umsturz begann in den frühen Morgenstunden des 17. Juli 1968. Ich war in dieser Nacht ranghöchster diensthabender Pilot auf der Raschid Air Force Base – Assistant Commander von Geschwader 11, einer MiG-21-Einheit zum Schutz Bagdads. Damals war ich ein achtundzwanzigjähriger Hauptmann, doch ich war der erfahrenste Pilot und flog die MiG-21 bereits seit 1963. Der Kommandant des Geschwaders hatte erst kurz zuvor vom britischen Hawker-Hunter auf die MiG umgesattelt und war längst nicht so erfahren wie ich.

Die Nacht verlief ohne besondere Vorkommnisse, doch gegen 3 Uhr früh fuhren an den Toren des Stützpunkts sechs Kampfpanzer und Schützenpanzerwagen auf. Sie drohten nicht mit dem Einsatz ihrer Waffen, aber sie wiesen die Wachen an, den Weg freizugeben. Dann fuhren sie geradewegs zum Hauptquartier des Stützpunkts, wo ich arbeitete. Sie stellten die Panzer auf die Rollbahn und blockierten damit jede Startmöglichkeit. Zusätzlich drohten sie, jedes Flugzeug unter Beschuss zu nehmen und den Piloten zu erschießen, das unerlaubt einen Start versuchen würde.

Bei mir in der Kommandozentrale war Hauptmann Hamza, Staffelführer in einem MiG-17-Geschwader, als das Telefon klingelte. Hamza nahm ab: Es war Präsident Abdel-Rahman Aref. Sobald sich der Präsident zu erkennen gegeben hatte, sagte Hamza: „Ich gebe Ihnen meinen Vorgesetzten, Hauptmann Georges Sada." Damit hielt er mir rasch den Hörer hin.

Nach der Begrüßung fragte mich der Präsident: „Sagen Sie, Georges, was passiert gerade auf Ihrem Stützpunkt?"

„Sechs Panzer und Schützenpanzerwagen sind vorhin auf den Stützpunkt gekommen", erklärte ich ihm, „und sie haben gesagt, falls jemand zu starten versucht, erschießen sie den Piloten und zerstören die Maschine."

Darauf meinte Aref: „Nun, mein Junge, warum sollten Sie es riskieren, dass Sie umgebracht werden und Ihr Flugzeug zerstört wird? Bleiben Sie weg von den Maschinen."

Dann fragte er: „Hat der Air Force Commander Sie nicht angerufen?"

Ich antwortete: „Nein, diese Nacht hat niemand angerufen." Worauf er meinte: „Okay, dann nehme ich jetzt Kontakt zu ihm auf und er wird sich gleich bei Ihnen melden." Ich bedankte mich und legte auf.

Zehn Minuten später läutete das Telefon erneut. Diesmal war es Generalmajor Jassam Mohammed al-Shahir, der Air Force Commander mit seinem üblichen „Hallo Georges, wie geht es Ihnen?"

Damals gab es in der irakischen Luftwaffe nur zwei MiG-21-Geschwader. Sie waren unsere besten Kampfflugzeuge. Daher kannte General Jassam mich sehr gut. „Georges, was ist denn da bei Ihnen los?"

Also wiederholte ich, was ich gerade zuvor dem Präsidenten erzählt hatte, und er fragte: „Sind die Soldaten jetzt da?"

„Ja", antwortete ich, „zwei Offiziere sitzen hier bei mir im Zimmer."

„Sagen Sie ihnen, dass der Air Force Commander jetzt in seinem Büro ist. Wenn sie mit mir reden wollen, sollen sie hierher kommen. Ich bin bereit, mit ihnen zu sprechen."

Die beiden Offiziere, Offizierstellvertreter Kamel Yassin und Major Daud al-Tikriti, hatten zugehört, wie ich mit dem Commander telefoniert hatte. Ich machte ihnen mit einer Hand Zeichen, ob sie mit dem Befehlshaber sprechen wollten. Sie gaben zu verstehen, dass sie es jetzt nicht wollten. Also sagte ich zu General Jassam, dass ich es ihnen ausrichten werde. „Danke, Georges", antwortete er. „Ich sage jetzt dem Base Commander, dass er Sie anrufen soll."

Helden der Revolution

Der Base Commander war ein berühmter Offizier namens General Hassan Arem. Er war ein etwas älterer Offizier, der sehr lebhaft erzählen und mich mit seinen Geschichten stundenlang zum Lachen bringen konnte. Er rief etwa zehn Minuten später an und fragte ebenfalls, was denn auf dem Stützpunkt los sei. Also wiederholte ich die ganze Geschichte noch einmal und er sagte: „Okay, Georges, ich komme gleich vorbei." Aber er kam nie.

Etwas später, noch bevor die Sonne aufgegangen war, klingelte das Telefon erneut. Es war Abdurazzaq al-Nayif, der bald neuer Ministerpräsident werden sollte. Er fragte, wer am Apparat sei. „Hier spricht Hauptmann Sada." Da er mich sehr gut kannte, begrüßte er mich herzlich. Dann sagte er: „Georges, ich brauche unverzüglich eine MiG-21-Formation, die für die Revolution fliegen soll."

„Was meinen Sie damit", fragte ich.

„Bilden Sie eine hübsche Formation", erwiderte er, „und fliegen Sie über Bagdad, damit jeder sehen kann, dass die Luftwaffe und die Armee uns unterstützen."

„Ja, verstehe", sagte ich. Dann fügte ich vorsichtig hinzu: „Aber die Piloten hier sind noch neu und haben die MiG-21 noch nie in Formation geflogen. Wäre es auch in Ordnung, wenn ich es alleine machen würde?"

Er antwortete: „Oh nein, Georges. Wir wollen, dass eine schöne Formation über die Stadt fliegt." Nun merkte ich, dass es ihm ernst war, und sagte: „Also gut, irgendwie schaffen wir das schon."

Zwei meiner Männer, Leutnant Shihab Ahmad und Leutnant Mohammed Abdulaziz, waren früher bereits mit mir geflogen, aber in Formationen mit der MiG-21 hatten sie keine Erfahrung. Man braucht Übung und Erfahrung für einen Überflug. Außerdem muss der Pilot wissen, wie man sich nach dem Leitflugzeug ausrichtet. Und beim Überfliegen einer Großstadt in geringer Höhe muss er jederzeit die Augen offen haben. Damals konnte man nie wissen, wer gerne auf uns zielen wollte. Darum war ich etwas nervös.

Darüber hinaus wusste ich nicht, wer Dienst hätte, wenn wir wieder auf dem Stützpunkt würden landen wollen. Ich wusste, Abdurazzaq al-Nayif sprach als Chef des militärischen Nachrichtendienstes offiziell auch für die amtierende Regierung. Die beiden

Offiziere, die in der Nacht ins Hauptquartier gekommen waren und noch immer hier saßen, gehörten beide zur Baath-Partei. Daher fragte ich mich: *Ziehen sie alle an einem Strang? Wollen sie alle diesen Formationsflug über die Stadt? Oder bringen sie uns bei erstbester Gelegenheit um?*

Ich überdachte die Optionen und kam zu dem Schluss, dass es am besten wäre, einer militärischen Anordnung Folge zu leisten und die Formation zu fliegen. Aber ich legte auch fest, dass wir kein mit Waffen bestücktes Luftfahrzeug einsetzen würden. Meist waren die MiG-21 mit Flugkörpern und Raketen ausgerüstet. Aber ich dachte mir, für einen Demonstrationsflug wäre es viel besser, keine scharfen Waffen an Bord zu haben. Natürlich konnte niemand wissen, ob wir bewaffnet waren oder nicht, aber bei unerfahrenen Piloten wäre das sicherer.

Ich erteilte beiden Piloten gründlich Anweisung, welche Manöver wir fliegen würden. Sie hätten meinen ausdrücklichen Befehlen zu folgen. Nach dem Start schaltete ich meinen Funk um auf die zivile Frequenz von Radio Bagdad, um zu hören, was gesagt wurde. Als wir von West nach Ost über den Fluss flogen, sagte der Sprecher, alle sollten mal nach oben schauen und die Helden der Luftwaffe für die Revolution fliegen sehen. Alle sollten wissen, dass das Militär den Umsturz unterstütze.

Noch während ich die Ansage hörte, gab es ein Klickgeräusch auf der militärischen Frequenz. Das bedeutete, dass jemand ganz in unserer Nähe flog. Da es keiner meiner jungen Piloten war, fragte ich: „Hallo, wer ist da? Wer ist in der Luft?" Ich wusste nicht, ob es Freund oder Feind war. Daher wiederholte ich meine Aufforderung etwas lauter: „Wer fliegt da? Bitte identifizieren Sie sich!"

Beim zweiten Versuch antwortete schließlich jemand: „Wer ist da?"

Ich entgegnete: „Wer sind Sie?"

Und er wieder: „Wer sind Sie?"

So kamen wir nicht weiter. Der Typ hatte Angst, sich zu erkennen zu geben. Ich saß in einer MiG-21, dem schnellsten Flugzeug am Himmel. Ich brauchte mir keine Sorgen zu machen, egal wer es war. Also beschloss ich, mich zu erkennen zu geben: „Hier ist Hauptmann Georges Sada auf dem Flug von …"

Noch bevor ich den Satz beenden konnte, hörte ich ihn sagen: „Hallo Georges, wie geht's? Hier ist Oberstleutnant Hamid Shaiban."

Hamid war ein guter Freund. Er war Befehlshaber des Stützpunkts Habbaniya und ein paar Dienstgrade höher. „Hallo, vielen Dank. Aber ich wusste nicht, dass noch eine weitere Formation in der Luft ist. Dürfte ich Sie bitten zu landen?"

Er merkte wohl, dass die Sache ernst war, denn er diskutierte nicht mit mir. Er war Tikriter und von Bakr beauftragt worden zu fliegen. Das gab zwei Formationen – eine von der Baath-Partei, die andere von der Luftwaffe. Doch Oberstleutnant Hamid landete liebend gern.

Wir beendeten unseren Flug und kreisten noch ein letztes Mal über der Stadt. Aus Spaß an der Freude überflog ich im Tiefflug mein Haus in Al Mansour, um meine Frau und meine Familie wissen zu lassen, dass ich es war, und dann kehrten wir um zum Stützpunkt. Alles in allem waren wir eine Stunde lang oben gewesen. Doch vor der Landung überprüfte ich sehr genau das Gelände um den Flugplatz, weil man in so einer Lage niemals weiß, ob nicht jemand hervorspringt und einen beschießt. Am Boden ist selbst der beste Düsenjäger der Welt hilflos – jeder, der eine Kalaschnikow besitzt, kann einem den Tag vermiesen. Doch ich konnte nichts erkennen. Also landeten wir. Sobald wir die Triebwerke aus hatten, kamen Menschen auf uns zu gerannt. Sie wollten uns für den Überflug danken und sie jubelten, als wären wir die Helden der Revolution.

Später erfuhren wir, dass die Revolution ohne einen einzigen Schuss vonstatten gegangen war. Es gab keinen Widerstand. Darum nennt man die Revolution von 1968 heute die Weiße Revolution. Armee und Luftwaffe unterstützten den Umsturz. Das einzige, was sich

damit änderte war, dass wir einen neuen Präsidenten und einen neuen Air Force Commander hatten. Außerdem wurde auch der Befehlshaber unseres Stützpunkts, General Arem, ersetzt. Darum war er
damals nicht mehr zu mir gekommen.

Als ich General Arem das nächste Mal begegnete, waren bereits
über zehn Jahre vergangen. Er kam zu mir und begrüßte mich herzlich, doch ich schaute ihm in die Augen und sagte: „Herr General,
1968 wollten Sie zu mir ins Hauptquartier kommen, und darauf warte ich heute noch!"

Doch er entgegnete: „Ach Georges, lassen Sie gut sein! Sie wissen
doch, was passiert ist." Das wusste ich allerdings.

Verrat und Betrug

Die Revolution von 1968 geschah nur, weil hochrangige Offiziere
und ein gemeiner Verbrecher überzeugt werden konnten, gemeinsam
mit Bakr und Nayif den Coup durchzuführen. Der eine befehligte
die Palastgarde, der zweite war bei der republikanischen Armee, der
dritte war der höchste Offizier des Geheimdienstes. Und mit Saddam
Hussein kam der Gangster hinzu. Warum nun haben sich diese Männer zusammengetan? Es ist eindeutig. Die Anführer der Baath-Partei
wussten, dass sie es nicht ohne den Geheimdienst und die Republikanischen Brigaden schaffen könnten. Hätte auch nur eine Gruppe
allein versucht, die Regierung ohne die anderen zu übernehmen,
wäre das einem Selbstmord gleichgekommen. Damals wussten sie es
alle noch nicht, aber dass Männer dieser Statur ihre Kräfte mit einem
Schurken wie Saddam vereinten, war schier verrückt.

Sie wussten, von welchem Schlag dieser Mann war, aber sie waren
machthungrig und malten sich unentwegt aus, wie die Zukunft sein
könne. Abdel-Salaam Aref war Präsident gewesen, doch sein Hubschrauber war abgeschossen worden und ausgebrannt. Ihm folgte
sein Bruder Abdel-Rahman Aref ins Amt. Doch war von Anfang an

klar, dass er nicht der richtige Mann dafür war. Er war ein Gentleman und ein guter Mensch, aber er war auch schwach und vollkommen unvorbereitet auf die Anforderungen eines solchen Jobs in einem Land wie dem Irak.

Also ging Saddam einen Handel mit der Republikanischen Garde ein – und das ist der wahre Hintergrund des Staatsstreichs von 1968. Das Problem war, dass diese Gruppen alle ganz verschieden waren, mit unterschiedlichen Plänen und Vorstellungen, und dass eine Zusammenarbeit auf Dauer nicht klappen konnte. Saddam sah in dieser Schwäche seine Chance. Also trat er vor und übernahm das Kommando. Am dreißigsten Juli, gerade einmal dreizehn Tage nach dem ersten Staatsstreich, stürzte er seine eigenen Verbündeten, machte Bakr zum Präsidenten und sich selbst zu seinem Stellvertreter.

Damals wurde der Versuch eines Gegenputschs unternommen. Wäre er gelungen, sähe die Geschichte des Iraks ganz anders aus. Doch leider kam es nicht so weit. General Ibrahim al-Ansari, der nicht der Partei angehörte, war der Stabschef. Er war ein guter Mensch und hatte erkannt, dass Saddam und seine Verbündeten den Irak ins Verderben führen würden. Daher ging er heimlich zu Hardan al-Tikriti, dem ehemaligen Air Force Commander und jetzigen Verteidigungsminister und sagte: „Es wird höchste Zeit, dass wir uns die Jungs schnappen und sie loswerden. Ich brauche lediglich drei Bataillone meiner Brigade und schon habe ich Saddam, Bakr und all die anderen. Wir werden das System viel besser machen, aber jetzt ist es an der Zeit zu handeln."

Hardan, ein Tikriter und Baathi, war ein Freund von Ansari und ich glaube, er gab ihm innerlich Recht. Aber er war misstrauisch und fürchtete, Saddam und Bakr benutzten Ansari, um seine Loyalität zu testen und ihn in die Falle zu locken. Er dachte: *Ich fürchte, wenn ich diesem Plan zustimme, erweist er sich als Trick und ich habe Bakr und Saddam am Hals.* So beschloss er, seine Loyalität zu beweisen, indem er zu Saddam ging und ihm erzählte: „Ibrahim al-Ansari ist heimlich zu mir gekommen und bat mich um Hilfe für einen Gegenputsch."

Das kam für Saddam vollkommen überraschend. Hardan al-Tikriti hatte nicht mit Ansari intrigiert, doch wegen seiner Angst und seines Misstrauens machte er den größten Fehler seines Lebens. Was er letztendlich auch damit bezahlte.

Damit war Ansaris geheimer Plan aufgedeckt und Saddam feuerte ihn als Stabschef. Aber Hardan al-Tikriti war ihnen auch nicht lieber. Oft gerieten Hardan und Saddam bei Kabinettssitzungen aneinander. Hardan gehörte zwar der Partei an, war aber nicht wie die anderen – nicht so käuflich oder bestechlich wie sie. Als erstes versetzten sie ihn bei der Armee in den Ruhestand und machten General Shanshal, der schwach und gefügig war, zum Stabschef der Armee.

Als Nächstes schickten sie Hardan nach London ins Exil, dann ernannten sie ihn zum Botschafter in Schweden und waren ihn eine Weile los. Doch Hardan mochte gar nicht gern von der Bildfläche verschwinden. Daher ging er nach Kuwait, von wo aus er einen Staatsstreich gegen Bakr und Saddam einzufädeln versuchte. Als Saddam das mitbekam, rief er den irakischen Botschafter für Kuwait zu sich und trug ihm auf, Hardan aufzuspüren und zu erschießen. Genau so geschah es dann auch.

Die nukleare Bedrohung

Kaum war der Staatsstreich von 1968 ausgeführt, dachte Saddam schon wieder darüber nach, wie er die nächste Gruppe loswerden und seine Macht vergrößern konnte. Abdurazzaq al-Nayif, Sadun Ghaidan und Ibrahim al-Daud waren noch da. Doch am 30. Juli 1968 ging Saddam mit einem Gewehr ins Arbeitszimmer von Ministerpräsident Nayif und sagte ihm, dass er die Macht übernehmen werde: „Entweder ich bringe Sie gleich hier um, oder Sie sind erledigt. Suchen Sie sich aus, wohin Sie reisen wollen."

Traurig und verblüfft schaute Nayif Saddam an und fragte: „Saddam, warum tun Sie das?"

Doch Saddam entgegnete bloß: „Sparen Sie sich das. Es ist vorbei." Saddams Leute riefen bereits auf dem Al Muthana Airport an, wo eine Antonov-12 aus russischer Produktion mit Namen Ukraina bereitstand. Die sollte den Ministerpräsidenten bringen, wohin auch immer er wollte. Er wählte London.

An diesem Tag wurde Ahmed Hassan al-Bakr Präsident, Ministerpräsident und Verteidigungsminister, Saddam Hussein war sein Stellvertreter. Wenn man bedenkt, wie rasch das alles vonstatten ging: Am siebzehnten Juli 1968 führten sie einen erfolgreichen Staatsstreich aus. Weniger als zwei Wochen später, am dreißigsten Juli, ging Saddam zu Ministerpräsident Abdurazzaq al-Nayif ins Arbeitszimmer, hielt ihm ein Gewehr an den Kopf und sagte ihm, er sei erledigt. Saddams Handlanger fuhren Nayif an den Flughafen und setzten ihn in eine Maschine nach London, wo er nicht lange danach von seinem eigenen Militärattaché auf offener Straße erschossen wurde – auf Saddams Anweisung.

Saddam wusste genau, was er da tat. Er war nicht damit zufrieden, lediglich Stellvertreter von Bakr zu sein. Allerdings brauchte er Zeit für all seine Pläne. Die nahm er sich auch und beließ Bakr noch eine Weile im Amt. Bakr war Generalsekretär der Baath-Partei und Saddam amtierte als sein Stellvertreter, doch eigentlich hielt Saddam bereits alle Fäden in der Hand. Nach einer gewissen Zeit teilte er dem Präsidenten mit, er brauche einen militärischen Rang, um die Regierungsgeschäfte regeln zu können. Also machte der ihn zum Vier-Sterne-General und verlieh ihm sogar noch das Rote Band der Absolventen der Generalstabsakademie, was all die schockierte, die dieses Band legitim erhalten hatten.

Doch damit noch nicht genug. Saddam war zwar vom Titel her Stellvertreter des Präsidenten, doch er beharrte darauf, dass er ihm gleichgestellt würde und alle offiziellen Urkunden mit abzeichne. Wollte man dem Präsidenten gratulieren, gratulierte man nicht nur Bakr. Man sprach seine Glückwünsche Bakr und „seinem hervorragenden Stellvertreter Saddam Hussein" aus. Viele Leute nannten das

Zwei-für-einen. Zwei Präsidenten für einen. Das hielt von 1968 bis 1979 an – bis Saddam schließlich Bakr sagte, wenn er weiter leben wolle, müsse er den Stuhl räumen. Natürlich kannte Bakr Saddam bis dahin gut genug, dass er unverzüglich den Hut nahm.

Nachdem Bakr geflüchtet war, gab es von heute auf morgen keine Doppelspitze mehr. Saddam machte sich selbst zum Präsidenten und Ministerpräsidenten und suchte sich lauter schwache Abgeordnete aus, die für ihn arbeiteten. Es war seine Absicht, größer und mächtiger zu werden, während alle um ihn herum kleiner und schwächer wurden. Über kurz oder lang hatte er sich zum absoluten Diktator des Iraks gemacht. Keiner wagte es, sich ihm zu widersetzen, denn alle wussten, dass er ein skrupelloser Killer war. Und so wurde Saddam sehr mächtig, während die ganze Nation weiter verfiel.

Das war das Schlimmste: Er entzog dem Land Reichtum und Kraft und steckte alles in seine Paläste, seine persönlichen Vergnügungen und seine eigene Macht. Er erweiterte das Militär auf 6.400 Panzerfahrzeuge, 40 Artillerieregimenter, über 1.000 Kampfluftfahrzeuge und modernste Waffen für alle Militärbereiche. Hinzu kamen rund siebzig Luxuspaläste im ganzen Land. Er stellte sicher, dass alle Gewinne aus den Ölfeldern letztlich ihm zuflossen. Und er zögerte nicht, mit dem Staatsvermögen immer mehr Raketen zu bauen, die mit chemischen Waffen ausgerüstet waren.

Saddam versuchte auch, moderne Atomwaffen zu bauen. Das war für ihn zwar eine schwierige Aufgabe, denn es gab ja eine recht intensive Überwachung durch Europa, Amerika und die Vereinten Nationen. Doch er brachte zahllose Atomwissenschaftler ins Land. Ich glaube, er hätte es geschafft, atomare Sprengköpfe herzustellen und an irakischen Flugkörpern zu befestigen, wenn er nicht gestört worden wäre – zuerst durch den Golfkrieg, schließlich durch die Operation Iraqi Freedom.

Keine moralischen Beschränkungen

Saddams Ehrgeiz war riesig und er glaubte, er könne sich durchmogeln und tun, was immer er wolle. Als er Scud-Raketen kaufte, durften diese nur auf eine Reichweite von 290 Kilometern ausgelegt sein. Das verärgerte ihn enorm, denn er wollte Scuds mit einer Reichweite von 600 Kilometern. Also schuf er seine eigene Organisation für Militärische Industrialisierung (MIO) und holte die besten Wissenschaftler und Ingenieure – nicht nur aus dem Irak, sondern auch aus Europa und vielen Teilen des Mittleren Ostens –, die mit ihm ein Waffenarsenal erschaffen sollten, mit dem er die gesamte Region erobern konnte.

Die Zielvorgabe war, neue Waffen zu entwickeln und die bestehenden Waffen so zu verändern, dass sie schlagkräftiger wurden oder eine größere Reichweite hatten. Wenn er beispielsweise ein Luftfahrzeug mit einer Reichweite von nur 300 Kilometern hatte, bestand er darauf, dass sie auf 600 Kilometer erweitert wurde. Hatten wir Scuds, die nur 250 Kilometer weit flogen, sagte er: „Damit erreichen wir nicht einmal Israel! Macht sie größer!"

Und dann befahl er zwei Dinge: Erstens sollten die Ingenieure die Größe der Treibstofftanks verdoppeln, sodass die Rakete 600 Kilometer weit fliegen konnte, zweitens ließ er sie Abschussvorrichtungen an der Westgrenze des Iraks bauen, die sie 400 Kilometer näher zum Ziel brachten. Damit hatte er die Reichweite, die er brauchte, und konnte diese Flugkörper verwenden, wo immer er wollte.

Das Geheimnis, das hinter dem allen steckte, hieß Geld. Um immer mehr Macht zu bekommen, brauchte Saddam Geld zum Kaufen, Stehlen und Bestechen. Brauchte er Wissenschaftler mit einem ganz bestimmten Fachwissen, kaufte er sie sich. Ob aus Amerika, Frankreich oder Deutschland – alles kein Problem. Er konnte mit Millionen von Dollar hantieren und er fand heraus, dass selbst beste Wissenschaftler und Techniker käuflich waren. Und das war natürlich längst nicht alles. Wenn sein skrupelloser und leichtlebiger Sohn

Udai eine große Party mit einer hübschen Frau haben wollte, holte er sie in den Irak und schenkte ihr einen Gutschein über eine Million Fass Öl. War sie nicht hübsch genug, brachte sie zwei oder drei andere mit, die sehr hübsch waren. Wie ihr Vater gingen Udai und Kusai mit dem Reichtum des Landes um, als wäre er ihr eigener. Als wäre der Irak ihr persönlicher Spielplatz. Sie waren die Eigentümer und das irakische Volk war ihr Diener.

Oftmals schon haben Leute versucht, Saddam umzubringen, doch er war gerissen und außerdem immer von mehreren Schutzschichten umgeben. Die eine war die Partei. Eine andere war das Militär und hier besonders seine eigenen Palastwachen, die Republikanischen Brigaden. Er hatte eine spezielle Einheit von Bodyguards – ganz ähnlich der prätorianischen Wachen bei den Römern. Ihre einzige Aufgabe war es, diesen Mann zu bewachen. Die meisten dieser Leibwächter kamen aus Saddams Heimatstadt Tikrit, und sie waren absolut korrupt.

Abd Hamoud, Saddams oberster Leibwächter, war ebenfalls kein regulärer Offizier. In der Armee hatte er den Rang eines Oberstabsfeldwebels erdient. Einer der Tikriter, ein Jurist namens Fares, entließ Abd Hamoud aus seinem Job, weil er ihn so schlecht erledigt hatte. Also ging Abd Hamoud zum Palast und bat Saddam um eine Aufgabe. Kurz darauf machte er ihn zum Leutnant der Garde, dann stieg er auf zum Drei-Sterne-General mit Befehlsgewalt über die Republikanische Brigade und noch viel mehr. In dieser Position durfte er entscheiden, wer zu Saddam vorgelassen wurde und wer nicht. Wann immer es ihm passte, schirmte er Saddam vor Ministern, Politikern, Offizieren oder ausländischen Beamten ab. Und genau wie sein Herr und Gebieter kannte er keine moralischen Grenzen.

Der Baath-Untergrund

Im damaligen Irak war die Baath-Partei überall und man konnte nie sicher sein, wer sich als Handlanger der Partei entpuppte. Einmal erzählte mir ein Freund, dass ihm an der medizinischen Fakultät von Bagdad immer ein ganz bestimmter Hausmeister über den Weg lief. Mein Freund versuchte ihm auszuweichen, doch der rüde, lästige Hausmeister war immer und überall da. Als dieser Medizinstudent im sechsten und letzten Jahr seines Studiums war, hielt ihn der Hausmeister im Gang an und sagte: „Junge, ich mag es nicht, wie du mich anschaust."

Der junge Mann erwiderte: „Warum sagen Sie das? Ich habe viel zu tun. Ich bin Student."

Darauf raunzte der Hausmeister: „Ja, aber denke daran, dass nicht der Dekan darüber entscheidet, ob du die Prüfung bestehst. Ich bin von der Partei. Wenn ich sage, du bestehst, dann bestehst du. Und wenn ich sage, du fällst durch, dann fällst du durch."

Plötzlich ging meinem Freund auf, dass dieser Mann ein hohes Tier bei der Partei war und dass dieser Hausmeister erheblichen Einfluss auf den Dekan und die gesamte Fakultät nehmen konnte. Als mein Freund mir das erzählte, wusste ich bereits, dass so ein System existierte. Aber ich hätte nicht gedacht, dass es schon so weit gekommen war, dass ein Hausmeister über die Zukunft von Medizinstudenten und deren Professoren zu entscheiden hatte.

Meinem Freund war seitdem klar, dass es im Irak der Hausmeister war, der die Macht hatte, über Wohl und Wehe seiner künftigen Medizinerlaufbahn zu bestimmen. Die Geschichte veranschaulicht sehr deutlich das System des Iraks zu jener Zeit. Selbst beim Militär war es oft ein Stabsfeldwebel oder ein Unteroffizier, der bestimmte, wer befördert und wer übergangen wurde, selbst bei Offizieren höchsten Ranges. In der Baath-Partei spielte es keine Rolle, welchen Rang man außerhalb bekleidete oder wie fähig man war. Alles, worauf es ankam war, dass man loyal gegenüber der Partei war.

Als Generalmajor und Offizier im Generalsrang habe ich oft über die menschlichen Aspekte meiner Arbeit nachgedacht. Ein General kann ein hoher Vorgesetzter sein und er kann sein ganzes Leben lang Führungserfahrung und Berufskenntnisse gesammelt haben, aber er ist immer noch Soldat. Er mag seinen Männern in Rang und Befugnissen übergeordnet sein, aber niemals in menschlicher Hinsicht. Da ist ein schmaler Grat zwischen der Pflicht, Männer in den Kampf zu schicken – wohl wissend, dass man sie damit womöglich auch in den Tod schickt – und der Pflicht, diese Soldaten, Seeleute und Flieger die ganze Zeit als menschliche Wesen zu respektieren. Ich bin mir sicher, dass jeder Befehlshaber, der seinen Rang verdient hat, sich hin und wieder solche Gedanken macht.

Doch diese wichtige Beziehung aufs Spiel zu setzen, indem man ungelernten Arbeitern die Vollmacht gibt, kritische Entscheidungen über Laufbahnen und Aufgaben zu treffen, ist schier verrückt. Eine Armee ist keine politische Organisation. Sie ist ein Instrument des politischen und diplomatischen Arms der Regierung, ausgestattet, die Interessen des Landes zu schützen und zu verteidigen. Doch in Saddams Irak war es genau umgekehrt. Mit der Zeit wurde die Armee komplett politisiert und, wie ich auch sagen muss, nutzlos.

Außerdem schuf Saddam etwas, das er als Volksarmee bezeichnete. Er wollte die ganze Nation militarisieren. Selbst Frauen und Kinder sollten lernen, wie man kämpft und Saddams Befehle ausführt. Wie pervers! Ein Volk von 27 Millionen Menschen, die in eine militärische und politische Organisation verwandelt wurden, bloß um den Machthunger und die Gier des Präsidenten zu stillen.

So funktioniert das nicht in einer zivilisierten Nation. Die beste Art, ein Land vor Angriffen ausländischer Aggressoren zu schützen, besteht darin, einen fortschrittlichen politischen und diplomatischen Apparat zu haben, mit Beamten, die Spannungen entschärfen können, bevor sie explosiv werden. Dann können die Minister, Botschafter und die obersten ausführenden Organe in gutem Glauben und zuversichtlich verhandeln, wohl wissend, dass sie immer noch ein gut ausgebildetes und ausgerüstetes Militär haben, wenn alles andere scheitert.

Die schlimmste Art von Regierung ist jedoch eine durch und durch militärische und gewalttätige, die ständig ihrem Volk und ihren Nachbarn durch Einschüchterung ihren Willen aufzwingt. Traurigerweise hatten wir genau so eine Regierung unter Saddam.

Im Irak gab es keinen Auslandsgeheimdienst, wie man ihn von westlichen Ländern kennt. Es gab nur den Muchabarat, den staatlichen Geheimdienst. Er war wie eine Kombination aus CIA und FBI, einem militärischen Geheimdienst und einem staatlichen Fahndungsdienst. Er war nicht nur befugt, Informationen über Bürger zu sammeln, sondern auch, Bürger aufzuspüren und zu bestrafen, wenn ihnen Untreue oder Verrat vorgeworfen wurden. Das bedeutete, dass keiner im auswärtigen Dienst war – innerhalb des Iraks oder in einer Botschaft weltweit –, der nicht voll und ganz ein Muchabarat war. Daher konnte Saddam den irakischen Botschafter nach Kuwait beordern, um Hardan al-Tikriti umzubringen: Denn der Botschafter war in allererster Linie ein Agent des Muchabarat.

Aufgrund dieser Methoden schuf Saddam etwas, was das übelste Außenamt der ganzen Welt sein musste; denn keiner unserer Botschafter war Beamter des Auswärtigen Amtes. Sie waren alle Spione. Natürlich arbeiten in jeder Botschaft auch Geheimdienstbeamte. Doch die Botschaft sollte sich nicht nur aus Spionen zusammensetzen. In einigen Fällen ist der rechtlich Verantwortliche für den Auslandsgeheimdienst der Militärattaché. Er ist Diplomat, doch im Wesentlichen ist er ein Spion mit dem Titel Militärattaché. Und in jedem Fall arbeitet er für den Botschafter, der niemals eine militärische oder politische Position innehat. Er ist in der Regel ein distinguierter Mensch, der zum Botschafter des guten Willens und Sprachrohr seines Landes bestimmt wurde. Zumindest sollte es so sein.

Grenzstreitigkeiten

Zwei Dinge kann ich über Saddam Hussein sagen, denn ich kannte diesen Mann. Erstens verstand er sich wie kein anderer auf das Wesen der Macht und darauf, wie man andere Menschen ausbeutet, um seine Ziele durchzusetzen. Er wusste, wie man sie manipulierte und einen gegen den anderen ausspielte. Wie man eine Atmosphäre des Chaos schafft, in der nur er den Knoten lösen und Ordnung schaffen könnte. Und zweitens war er ein Genie darin, Böses zu tun. Er war verschlagen und brutal und außerordentlich begabt, die schlimmsten Sachen zu tun, die man sich nur vorstellen kann.

Manchmal gab er Macht an die Baath-Partei ab, indem er ihr bestimmte Vergünstigungen und Privilegien zugestand. Dann wieder entriss er ihr die Macht und gab sie dem Militär. Und wenn es ihm passte, gab er dem Volk selber Macht. So spielte er immer einen gegen den anderen aus. Hatte er das Gefühl, das Militär würde zu mächtig, wiegelte er das Volk und die Partei gegen das Militär auf. Dachte er jedoch, die Partei werde zu mächtig, brachte er die Armee und die Nation gegen die Partei auf. Durch solcherlei Manipulationen konnte er sicherstellen, dass er allein die Regierungsgewalt in Händen hielt.

Von 1968 bis 1979 war Saddam genau genommen Stellvertreter von Ahmed Hassan al-Bakr. Tatsächlich machte er sich jedoch zum „Ko-Präsidenten" und Bakr konnte nichts ohne ihn tun. Unterschrieb Bakr irgendeinen Verwaltungserlass, konnte man sicher sein, dass es in irgendeinem Paragrafen hieß, dies geschehe durch das kluge Mitwirken des geschätzten stellvertretenden Ministerpräsidenten Saddam Hussein.

Als Saddam 1979 selber an die Macht kam, indem er Bakr stürzte, stellte er sicher, dass er unbegrenzte Macht ohne jegliche Einmischung ausüben könne. Jedoch ging etwa zur selben Zeit im Iran eine große Revolution vonstatten, in der der Schah von Persien, Mohammed Reza Pahlawi, gestürzt und ins Exil geschickt wurde. Doch die beiden Revolutionen – im Iran und im Irak – hatten wirklich nichts miteinander zu tun bis auf ihr zeitliches Aufeinandertreffen. Saddams Vorteil war, dass das Auge der Weltöffentlichkeit auf den Iran gerichtet war.

Saddam hatte allerdings Angst, dass die Unruhen im Iran, die von dem radikalen Geistlichen Ajatollah Ruhollah Khomeini von Paris aus genährt wurden, auf sein Land überschwappen könnten. Wie im Irak besteht der Großteil der Bevölkerung des Irans aus Schiiten. Saddam befürchtete, dass ein schiitischer Aufstand im Iran auch im Irak zu einem Aufstand führen könnte.

Als der Präsident mir befahl, ihn in militärischen Angelegenheiten zu beraten, sagte ich ihm immer: „Kämpfen Sie nicht gegen den Iran. Das macht keinen Sinn."

Doch ich glaube, ihm spukte immer etwas im Hinterkopf herum und er hatte Angst, dass es schlecht um ihn bestellt sein würde, wenn der islamische Fanatismus vom Iran in den Irak käme. Denn immerhin schmuggelten Agitatoren hunderte Bänder mit Gewaltpredigten aus dem Iran zu uns. Man brachte sie bei der schiitischen Bevölkerung im Süden in Umlauf. Sie riefen nach einer islamischen Revolution in der ganzen Region. Saddam beschloss, alles zu unternehmen, um ein solches Denken auszurotten. Das ist, glaube ich, einer der Gründe für die groß angelegte brutale Unterdrückung der Schiiten während seiner dreißigjährigen Amtszeit.

1980 machte die Dawa al-Islamiya – Die Islamische Verkündigung, der politische Arm der Islamistenbewegung – Saddam Ärger. Früher oder später, vermutete Saddam, würden sie versuchen, ihn aus dem Amt zu jagen und die Regierungsgewalt zu übernehmen. Nachdem Saddam diese Schlussfolgerung gezogen hatte, wusste er, er würde alles verlieren, wenn er nicht radikal gegen sie vorging. Da erschütterte er das Land und die gesamte arabische Welt, indem er die Ermordung von Großajatollah Mohammed Baqr al-Sadr und dessen Schwester Amina, einer bekannten Bürgerrechtsaktivistin und Frauenrechtlerin, anordnete.

Das Geschwisterpaar wurde am 8. April 1980 getötet. Es war ein gewaltiger Schock für die Bevölkerung. Doch Saddam hatte sich durchgesetzt und das Volk wusste genau, was das zu bedeuten hatte: Niemand, nicht einmal ein Großajatollah, kann sich diesem Mann in den Weg stellen. Nichts und niemand darf seine Pläne durchkreuzen oder seine Macht bedrohen.

Der Ajatollah war ein Schia gewesen und das schiitische Volk im Südirak verstand, dass die Ermordungen eine Botschaft Saddams an sie war. Einige Anführer der Schia wollten sich gegen ihn wehren und unternahmen einen Versuch, ihre Kräfte mit denen der Schiiten im Iran zu vereinen. Als Saddam jedoch davon erfuhr, beschloss er, erst zuzuschlagen und später nachzufragen. So begann der Iranisch-Irakische Krieg.

3. Betrug und Rache

Anfang 1978 begann ich, mich auf meine Beförderung zum General vorzubereiten, 1980 wurde mir schließlich der erste Stern verliehen. Zuvor hatten wir eine Generalstabsakademie zur Ausbildung von Offizieren höheren Ranges gehabt, aber kein War College und kein National Defense College. Die Generalstabsakademie bringt Offizieren ab Majorsrang bei, wie man Routineaufgaben des Stabes handhabt und wie man als Offizier in einer Division auftritt. In einer Armee gibt es viele Brigaden, Divisionen, Korps und andere Bestandteile sowie Zivilisten in hohen Führungspositionen. Um Führungskräfte auf dieser Ebene vorzubereiten, muss es ein War College und ein National Defense College geben, um die Offiziere in die Tiefe und Komplexität all dieser Einheiten einzuführen.

Zehn Jahre lang unterrichtete ich an allen drei Militärakademien, doch gab es nur einen Mann im Rang eines Generals, der nicht das National Defense College besuchen bzw. dort Abschlüsse machen durfte: General Georges Sada. Und zwar, weil ich nicht Mitglied der Baath-Partei war. Mein Wissen und auch meine Qualifizierung, so hieß es, seien umfangreich genug, um Vorlesungen zu halten; aber ich durfte nie selber das National Defense College besuchen. Also unterrichtete ich die Offiziere, die es besuchen durften.

Studierende am National Defense College hatten bereits das Äquivalent zum Magister an der Generalstabsakademie erworben und bekamen am Ende der Ausbildung das Äquivalent zum Doktortitel in Militärwissenschaften. Wegen dieses hohen Niveaus der Studierenden mussten die Ausbilder Offiziere höchsten Ranges der jeweiligen Teilstreitkräfte sein. Mit anderen Worten sollte der Ausbilder für Struktur, Taktik und Strategien der Luftwaffe der Oberbefehlshaber der Luftwaffe sein.

Doch die „Vorlesung des Air Chief" wurde nie von dem Air Chief gehalten, denn das wäre peinlich für ihn geworden. Studenten dieses Niveaus stellen Fragen und der Lektor muss sie beantworten können. Er muss eine Einschätzung der tagesaktuellen Bedrohung aus der Luft in jedem Einsatzbereich sowie den Status der militärischen Einsatzbereitschaft abgeben können. Und wenn der Ausbilder den Studenten diese Informationen liefert, könnten sie ihn durchaus fragen, wie mit einer solchen Bedrohung umzugehen ist – und darauf sollte er wohlweislich eine Antwort parat haben.

Doch unsere Air Chiefs hatten solche Angst davor, dass sie die Fragen nicht beantworten könnten, dass sie die Vorlesungen niemals hielten. Stattdessen sagten sie: „Lass Georges das mal machen." Und das tat ich natürlich auch, und zwar für drei Air Chiefs: Mohammed Jassam, Hamid Shaiban und Muzahim Hassan al-Tikriti, der jetzt im Gefängnis sitzt. Offen gestanden habe ich das sehr gerne gemacht und die Studenten kamen gerne in meine Vorlesungen. Sie riefen mich herbei, denn mit meinen Vorlesungen motivierte ich sie.

Auf diesem Niveau zu unterrichten ist eine Kunst. Man muss die Studenten beschäftigen, aber man muss auch wissen, wie man sie herausfordert, damit sie sich an den Diskussionen beteiligen. Am War College und am National Defense College ist es nicht nur der Lehrer, der die Schüler benotet, sondern die Studenten füllen auch einen Bewertungsbogen für den Lehrer aus, der hier Director of Staff genannt wird. Ich unterrichtete als Experte der Luftwaffe alle Teilstreitkräfte – Luftwaffe, Marine und Heer – sowie Zivilisten auf Ministerebene. Und nicht nur Iraker, sondern Studenten aus allen arabischen Ländern. Sie kamen in den Irak, weil unsere Standards sehr hoch waren und auch bei den Amerikanern und Briten einen sehr guten Ruf genossen. Ursprünglich war unsere Akademie denn auch 1929 von den Briten gegründet worden.

Den Feind kennen

1990 war General Muzahim einmal an der Reihe, diese Fächer zu unterrichten. Alle hochrangigen Würdenträger – vom Präsidenten und Verteidigungsminister abwärts – erhalten ein Vorlesungsverzeichnis der Akademie. So können sie sehen, wer zu einem bestimmten Thema liest, und dann entscheiden, ob sie zuhören wollen oder nicht.

Es war keine Überraschung, eines Tages in den Hörsaal zu kommen und dort Saddam oder den Stabschef oder den Stellvertreter des Präsidenten, Izzat Ibrahim al-Douri, oder den Verteidigungsminister dort sitzen zu sehen. Sie sahen vielleicht ein Thema, das sie interessierte, wie beispielsweise „Die Bedrohung des Iraks aus der Luft", Dozent General Georges Sada, und dann kamen sie. Es brachte mich nie aus der Fassung, einen von ihnen dort sitzen zu sehen. Vielmehr freute ich mich darüber, denn ich war gespannt, welche Fragen sie stellen würden. Auf der anderen Seite erschreckte den Air Chief diese Möglichkeit. Er dachte: *Was ist, wenn Saddam herausfindet, was ich alles nicht weiß!?* Also sagte er immer: „Na los, Georges, halte du diese Vorlesung", was ich dann auch gerne tat.

In jenem Semester hielt ich eine Vorlesung über Flugzeugträger. Bald schon merkte ich, dass die Zuhörer keine Vorstellung von der Kampfkraft eines Flugzeugträgers hatten. Doch Saddam hatte verlauten lassen, er wolle mit allen Mitteln, dass unsere Armee in der Lage sei, mindestens einen Flugzeugträger zu versenken. Aber ich musste ihnen sagen: „Daran brauchen Sie keinen Gedanken zu verschwenden. Sie wissen ja nicht, wovon Sie da reden."

Ich erklärte ihnen, dass die Planung und Durchführung eines erfolgreichen Angriffs auf einen amerikanischen Flugzeugträger jenseits aller Möglichkeiten der irakischen Luftwaffe liege.

Es gibt Geheimnisse, die eigentlich keine sind. Das gilt besonders für Amerika und Russland. Denn selbst wenn man weiß, dass sie eine bestimmte Ausrüstung an einem bestimmten Ort haben, kann man nichts dagegen tun. Die Amerikaner fürchteten sich nicht davor, dass die irakische Luftwaffe herausfände, dass sie einen Flugzeugträger an einer bestimmten Stelle im Golf hatten. Der Irak ist nicht Russland. Die Russen haben atomare Sprengköpfe und Flugkörper, die ein solches Ziel treffen könnten, aber wir brauchten an so etwas nicht einmal zu denken.

Während einer Vorlesung war Izzat al-Douri, der stellvertretende Ministerpräsident, anwesend. Er hörte gespannt zu, als ich die Möglichkeiten eines amerikanischen Flugzeugträgers beschrieb. Ich erzählte, wie viele Decks es gab, wie viele Stockwerke über Wasser das Schiff hat und wie viele Aufzüge an Bord waren. Dann erläuterte ich, wie viele Luftfahrzeuge unter Deck sind und wie man sie auf den Flugweg bringt. Dann ging ich ins Detail über die Bewaffnung und darüber, wie die Kampfflugzeuge in die Luft katapultiert und bei der Landung mit mächtigen elastischen Haltetrossen wieder eingefangen werden. Die ganze Zeit hörte Douri absolut gebannt zu.

Als ich um Fragen bat, meinte einer der Offiziere: „Was braucht man, um so ein Schiff zu treffen?" Das sei sehr schwierig, antwortete ich. Sie sind gut geschützt, sie haben ausgezeichneten Zielerfassungsradar „over-the-horizon" und Satellitenverbindungen an Bord und außerdem werden sie unterstützt von mehreren Arten Aufklärungsflugzeugen. Ich erläuterte, dass jedes Luftfahrzeug oder Schiff, das sich im Umkreis von dreihundert Meilen über oder unter der Oberfläche dem Flugzeugträger nähert, aufgefordert wird, sich als Freund oder Feind zu identifizieren. Tut es das nicht, wird unmittelbar gegen das Fahrzeug vorgegangen. Ist es in der Luft, schicken die Amerikaner einen oder mehrere F-14 Tomcat Abfangjäger hoch. Das Radar des Tomcat kann innerhalb der Reichweite von 200 Kilometern vierundzwanzig unbekannte Objekte gleichzeitig abtasten und identifizieren. Sie steigen rasch und können gleichzeitig sechs feindliche Luftfahrzeuge oder andere Ziele in der Luft mit ihren Phoenix-Raketen angreifen.

Außerdem wird jeder Flugzeugträger von einem kompletten gemischten Gefechtsverband aus Zerstörern, Fregatten und anderen Schiffen, die U-Boote oder alles andere unter Wasser angreifen können, sowie einem Hubschrauberverband eskortiert. Und all diese Schiffe haben Flugabwehrsysteme, Marschflugkörper, weitreichende Geschütze und ein wahnsinniges Waffenarsenal.

Saddam wollte unbedingt einen dieser Flugzeugträger angreifen und unsere Leute wollten nur allzu gerne wissen, wie das vonstatten gehen könne. Doch ich machte ihnen klar, dass das jenseits unserer Möglichkeiten liege. Selbst wenn wir ihn mit einer Exocet-Rakete treffen könnten, die unsere stärkste Waffe war, könnte der Flugzeugträger den Angriff auf seine stark gepanzerte Schulter nehmen und der Flugkörper würde sehr wahrscheinlich kaum etwas oder gar nichts anrichten.

Ein Offizier und Gentleman

Wenige Tage nach dieser Vorlesung ließ Saddam mich zu sich rufen, aber ich wusste nicht warum. Wenn man von einem Mann wie Saddam herbeizitiert wird, fragt man sich als erstes: *Was habe ich angestellt? Habe ich etwas Falsches gesagt?* Mir wurde kein Grund mitgeteilt, warum Saddam mich zu sehen wünschte. Ich ging in den Palast, sagte den Wachen, dass der Präsident mich einbestellt hatte, und wurde ins Büro von Hamid Yousif Hamadi, Saddams persönlichem Sekretär, vorgelassen.

„Hallo Georges", sagte Hamid. „Nehmen Sie Platz. Der Präsident wird gleich da sein." Wie er das so sagte, wusste ich, dass ich nichts zu befürchten hatte. In seiner Stimme war nichts Drängendes oder Verängstigtes. Als ich mich setzte, sagte der Sekretär: „Der Verteidigungsminister kommt auch in ein paar Minuten. Dann können Sie beide hinein gehen."

Jetzt wusste ich: Worüber der Präsident auch immer mit mir reden wollte, es betraf mich und Adnan Khairallah, der sowohl Cousin als auch Schwager Saddams war – Saddam hatte seine Schwester Sajida geheiratet.

Fairerweise muss gesagt werden, dass dieser Mann ein echter Offizier war und nicht bloß einer, dem Saddam den hohen Rang verliehen hatte. Er war ein Offizier und Gentleman, ein Absolvent der Militärakademie und eine fähige Führungspersönlichkeit. Er arbeitete sich selbstständig hoch zum Oberst und wurde danach von Saddam zum Vier-Sterne-General ernannt. Natürlich ist das ein großer Sprung. Trotzdem war für alle, die ihn kannten, offensichtlich, dass Adnan Khairallah im Irak eine wichtige Rolle zu spielen hätte und schließlich Verteidigungsminister werden würde.

Er war eine gute Führungspersönlichkeit und hatte die richtigen Verbindungen. Nicht nur, weil seine Schwester mit Saddam verheiratet war, sondern auch, weil Khairallahs Frau die Tochter von Ahmed Hassan al-Bakr war, Saddams Vorgänger im Amt des irakischen Präsidenten.

Er stand Saddam privat zwar nahe und ich bezweifle nicht, dass er vieles von dem wusste, was Saddam und seine bösartigen Söhne taten. Aber von allen Statuen von Saddam und anderen irakischen Führungspersönlichkeiten, die in meinem Land errichtet worden waren, steht heute nur noch eine einzige, nämlich die von General Adnan Khairallah, weil die Menschen ihn auch noch heute bewundern. Und noch andere Dinge sind nach ihm benannt – wie das Märtyrer-Krankenhaus in Bagdad.

Ein gutes Beispiel für den Charakter dieses Mannes ist ein Ereignis kurz vor Ende des Iranisch-Irakischen Krieges. General Khairallah nahm mich mit nach England, wo wir den neuen anglo-französischen Jaguar, ein Überschall-Kampfflugzeug für den Bodenkampf (Ground Attack Fighter), ausprobieren und sehen sollten, ob wir so ein Flugzeug würden kaufen wollen oder nicht. Wir waren befugt, 120 Luftfahrzeuge mit den modernsten Waffen zu kaufen – und ich war der Pilot, der diese Maschinen fliegen und bestimmen durfte, welche die beste für unsere Systeme war.

Ich habe diese Geschichte nie zuvor erzählt, aber als ich den Jaguar geflogen hatte, sagten unsere britischen Gastgeber, sie seien sehr zufrieden damit, wie ich mit dem Flugzeug umgegangen sei. Daraufhin gab der britische Verteidigungsminister ein besonderes Abendessen für General Khairallah und mich. Die ganze Zeit unterhielten sich die Offiziere darüber, wie ich die Jaguar geflogen hatte. General Khairallah war offensichtlich sehr zufrieden, wie einer seiner Piloten gelobt wurde.

Am nächsten Abend sagte er zu mir: „Georges, das haben Sie gestern prima gemacht. Ich bin so froh, dass ich Sie mitgenommen habe, und ich möchte mich bei Ihnen erkenntlich zeigen. Der englische Verteidigungsminister war so beeindruckt von Ihren Fähigkeiten und wie Sie die Maschine im Griff hatten. Daher möchte ich Ihnen einen maßgeschneiderten Anzug aus London kaufen."

„Vielen Dank", sagte ich. „Ich habe zwar schon viele gute Anzüge, aber es ist mir eine Ehre, Ihr Geschenk anzunehmen."

Ich fühlte mich geschmeichelt von so viel Ehre. Kurz später erhielt ich einen eleganten und sehr teuren maßgefertigten Anzug von Savile Row, den ich noch heute im Schrank hängen habe. Er hat die breiten Schultern und das riesige Revers, die damals sehr in Mode waren, sodass man ihn heute sowieso nicht mehr tragen kann. Doch ich muss sagen, er ist richtig edel.

Das Wichtige an dieser Episode war nicht der Anzug oder die Reise, sondern das Vertrauen, das sich zwischen uns entwickelte. Der Erfolg unserer Reise nach London knüpfte ein starkes Band der Freundschaft zwischen General Khairallah und mir. Als er im Sommer 1980 Verteidigungsminister wurde, war ich einer der Ersten, denen er von seiner neuen Position erzählte. Und sein Arbeitszimmer stehe mir jederzeit offen. Er gab mir gegenüber vertrauliche Informationen preis, die später sehr ernste Folgen für ihn haben sollten.

Geheime Information

1984 rief mich General Khairallah eines Tages zu einem geheimen Treffen zu sich. „Georges", sagte er, als ich ankam, „ich möchte etwas mit Ihnen besprechen, das aber nicht zu Saddam durchsickern darf."

Ich erwiderte: „Verstehe. Ich versichere Ihnen, dass es auch auf jeden Fall unter uns bleiben wird."

Er bedankte sich und schüttelte mir die Hand. Dann überraschte er mich mit einer Frage: „Georges, erinnern Sie sich, wie wir den Iran angegriffen haben?"

Ich bejahte.

„Erinnern Sie sich", fragte er weiter, „dass man uns erzählt hatte, dass der Iran seinen Luftraum abgeriegelt hatte und dass dies darauf hindeute, dass das Land sich auf einen Angriff auf uns vorbereite?"

Wieder bejahte ich.

Er fragte: „Georges, stimmte das?"

Ich entgegnete: „Nein, natürlich nicht. Damals habe ich gesagt, dass das bloße Abriegeln des Luftraums nicht unbedingt bedeutet, dass man sich auf einen Angriff vorbereitet. Dafür kann es mehrere Gründe geben."

Ich zählte ein paar Gründe auf und sagte dann: „Es gibt noch etwas, woher ich weiß, dass das der Fall ist. Wie Sie wissen, nahmen wir im Krieg viele iranische Piloten gefangen. In den Befragungen habe ich sie besonders darauf angesprochen: ‚Warum hat Ihr Land den Luftraum geschlossen?'"

Die Piloten erzählten mir, dass sich eine Gruppe von Offizieren in der iranischen Luftwaffe gegen das Khomeini-Regime aufgelehnt hatte. „Als der Plan aufflog, wurden viele von ihnen umgebracht. Doch einige der Aufständischen versuchten zu entkommen. Sie schnappten sich alle Maschinen, derer sie habhaft werden konnten, und flohen damit. Um dem ein Ende zu bereiten, beschloss Khomeini, den iranischen Luftraum abzuriegeln. Alle Flugzeuge, die ohne Genehmigung aus dem und in den Iran flogen, sollten vom Militär abgeschossen werden."

Das bedeutete, dass jeglicher Flugverkehr, ob militärisch oder zivil, eingestellt wurde. Doch wegen Saddams Paranoia kam dies, wie ich vermute, im Irak als Kriegshandlung an – als das erste Zeichen, dass das iranische Militär einen Angriff auf uns vorbereite. Das Ganze geschah am 17. September 1980. Fünf Tage später erhielten wir Befehl, einen Erstschlag gegen den Iran auszuführen.

Das erzählte ich General Khairallah während unseres Treffens. Daraufhin sagte er: „Georges, ich möchte, dass Sie mir einen Bericht schreiben. Sie dürfen alle militärischen Quellen nutzen, die Sie brauchen. Ich will mir ganz sicher sein, ob die Iraner versucht haben uns anzugreifen oder nicht. Können Sie das?"

Ich sagte ihm, es sei mir eine Ehre. Daraufhin fragte er: „Wie wollen Sie vorgehen?"

„Das wird nicht allzu schwierig sein", antwortete ich. „Ich mache einen Fragebogen und befrage so viele der Piloten, die wir gefangen genommen haben, wie ich kann. Ihre Antworten werden mir Aufschluss darüber geben, ob sie für einen Angriff auf den Irak bereit waren."

Entsprechend ging ich nun vor. Als alle Formulare gesammelt und ausgewertet waren, war klar zu erkennen, dass kein iranischer Pilot vorbereitet gewesen war, Einsätze gegen den Irak zu fliegen. Es hatte keine Übungen gegeben, keinen Einsatzplan, keine Ausstattung der iranischen Kampfflugzeuge mit Kampfausrüstung, und vom Air Command Center war keine Warnung ausgegeben worden, die darauf hätte schließen lassen, dass ein Krieg bevorstand.

Als ich General Khairallah diese Informationen vorlegte, war er offensichtlich sehr besorgt. Er schaute mich nur an und fragte: „Georges, warum glaubte unser Air Force Commander, dass wir angegriffen würden? Und warum ordnete er an, dass wir den Erstschlag durchführen sollten?"

Ich sagte ihm, darauf wisse ich keine Antwort, aber vielleicht hatte Saddam ihn gezwungen, einen negativen Bericht abzuliefern, um seine Entscheidung, den Iran anzugreifen, zu legitimieren.

Offenbar fühlte Saddam sich von Ajatollah Khomeini und dem Schiitenregime in Teheran bedroht. Hätte Khomeini seine verbalen Angriffe gegen die säkulare Regierung des Iraks fortgesetzt, hätte er womöglich die große schiitische Bevölkerung im Süden des Iraks überzeugen können, sich einer Revolution gegen Saddam anzuschließen. Das wollte er verhindern. Daher war ein Präventivschlag gegen den Iran zumindest aus seiner Sicht die naheliegende Lösung.

Als General Khairallah klar wurde, dass der Krieg eigentlich vom Irak ausgegangen war, war er zutiefst betrübt. Ich weiß es nicht, aber vielleicht hat er ja auch mit seinem Cousin Saddam darüber geredet und seine Enttäuschung über das Vorgehen des Iraks zum Ausdruck gebracht. Wie bereits gesagt, hatte Adnan Khairallah das Temperament, den Charakter und die moralische Autorität einer Führungspersönlichkeit. Wahrscheinlich hatte Saddam genau deswegen beschlossen, diesen Mann loszuwerden, bevor auch er seine Macht bedrohen könnte. Das irakische Volk liebte ihn und Khairallah war der einzige, der tatsächlich Saddams Stelle hätte einnehmen können. Doch leider sollte es nie so weit kommen.

Vertrauliche Quellen

Ich wartete vor Saddams Arbeitszimmer noch ein paar Minuten auf Khairallah. Als er schließlich eintraf, meldete der Sekretär den Verteidigungsminister und mich bei Saddam an. Doch Saddam ließ zuerst nur Khairallah zu sich. „General Sada soll noch einen Augenblick warten."

Ich fragte mich, wie lange ich würde warten müssen. Doch bereits nach zehn Minuten klingelte das Telefon des Sekretärs: Saddam bat mich zu sich. Ich ging also hinein und salutierte vor dem Präsidenten. Als ich mich anschickte, Platz zu nehmen, sah ich, dass mehrere Stühle in unterschiedlichem Abstand zum Schreibtisch des Präsidenten aufgereiht waren. Ich ging in eine der hinteren Reihen. Doch augenblicklich protestierte Saddam: „Nein, nein, Georges, kommen Sie hier nach vorne."

Er zeigte auf einen Stuhl ganz nah an dem Tisch, zwischen sich und General Khairallah. Dorthin setzte ich mich also.

General Khairallah sprach mich direkt an: „Georges, der Präsident wird Ihnen einige Fragen stellen. Ich möchte, dass Sie sie so beantworten, wie wir es von Ihnen gewohnt sind."

Plötzlich machte ich mir Sorgen um das, was jetzt wohl kommen würde. Allmählich hörte sich das Treffen mehr nach einer Befragung an als nach einem Gespräch über militärische Angelegenheiten. Ich hatte Angst, Saddam werde beispielsweise nach der London-Reise fragen. Vielleicht wollte er wissen, ob Khairallah mir geheime Informationen über den Iran-Irak-Krieg oder irgendeine persönliche Angelegenheit anvertraut hatte.

Doch Khairallah fuhr fort: „Georges, selbst wenn der Präsident Sie nach Adnan Khairallah befragt, sollen Sie offen und ehrlich antworten, wie ich es von Ihnen kenne."

Das verwirrte mich nun vollends. Ich konnte mir nicht vorstellen, was mich Saddam würde fragen wollen. Doch ich entsann mich des Gesprächs mit General Khairallah, als er mich gebeten hatte zu untersuchen, ob wir den Iran ohne Provokation angegriffen hatten. Damals hatte er mich zur Geheimhaltung verpflichtet.

Das bereitete mir besonderes Kopfzerbrechen, denn einerseits sagte er mir, ich solle aufrichtig gegenüber dem Präsidenten sein, hatte mich andererseits zuvor aber schwören lassen, dass ich keinem – vor allem nicht Saddam – erzählen würde, was ich herausgefunden hatte. Wenn Saddam mich dazu befragen würde, müsste ich sagen, dass ich nichts darüber wüsste. Das konnte sehr wohl auch eine Falle sein. Doch ich hatte General Khairallah mein Wort als Jagdpilot gegeben, das ich nicht brechen würde, auch wenn ich dafür getötet werden sollte.

Doch Gott sei Dank befragte er mich nicht dazu. Seine erste Frage kam mir denn auch sehr seltsam vor: „Warum nennt General

Khairallah Sie Georges, während ich Sie Gyorgyes nenne?" Saddam sprach meinen Namen assyrisch aus, woraufhin ich lächelte und sagte: „Der Name bleibt derselbe. Er ist, wie Sie wissen, unter den Assyrern sehr beliebt und er leitet sich ab von dem Heiligen Georg." Dann fügte ich hinzu: „Wenn General Khairallah mich Georges nennt, benutzt er einfach die europäische Form, die etwas herzlicher ist."

Saddam sagte: „Tja, wenn Georges die herzlichere Version ist, dann nenne ich Sie auch Georges."

Ich lächelte und bedankte mich und dachte erleichtert: Gott sei Dank, er hat heute gute Laune. Vielleicht bringt er mich jetzt doch nicht an den Strang!

Rebellen ausschnüffeln

Dann fragte Saddam: „Georges, können Sie sich denken, warum ich Sie habe rufen lassen?"

„Nein, überhaupt nicht."

„Aber haben Sie sich nicht mit dem Verteidigungsminister verständigt, bevor Sie zu mir gekommen sind?"

„Nein", antwortete ich, „ich habe General Khairallah lediglich kurz gesehen, als er vor wenigen Minuten hier ankam. Wir haben uns begrüßt und der Minister hat mich gefragt, wie es mir gehe. Das war alles."

Dann stellte Saddam mir eine Frage und ich merkte, worauf er hinaus wollte. Damals gab es Leute in der Stadt Mosul oben im Norden, die immer mächtiger wurden. Saddam hatte Angst, dass sie zu mächtig werden könnten. Während des Iran-Irak-Krieges kamen viele Offiziere des militärischen Kommandostabs aus Mosul, und fast alle waren sie sunnitische Muslime.

Darüber hinaus waren der Stabschef des Heeres, der Geheimdienstchef, der Chef des Nachrichtendienstes der Luftwaffe, sechs von acht hochrangigen Air Force Commander und die meisten Befehlshaber der Korps, Divisionen, Brigaden und Verbände der irakischen Armee allesamt Sunniten aus eben jener Gegend um Mosul. Im Arabischen heißen diese Leute *Muslawis*. Aber in dieser Gegend leben auch die meisten irakischen Assyrer, speziell in den Bergregionen nördlich von Mosul. Auch meine Familie kommt von dort. Doch offensichtlich hatte Saddam in seiner alles-verzehrenden Paranoia sich darüber zu wundern begonnen und gemerkt, dass die Muslawis leicht eine für ihn bedrohliche Koalition bilden könnten.

Saddam tat natürlich alles, um an der Macht zu bleiben. Daher wollte er herausbekommen, ob irgendeiner dieser Leute für ihn zur Bedrohung werden könnte. Plötzlich ging mir auf, dass der Besuch von General Khairallah und mir zu Saddams persönlicher Faktenforschung gehörte. Saddam sagte zu mir: „Georges, wie kommt es, dass diese Sunnis aus Mosul all die hohen Posten beim Militär innehaben?"

„Das ist ganz einfach", antwortete ich. „Wir wissen doch, dass die Schiiten keine Chance haben, beim irakischen Militär Führungspositionen zu erlangen. Da wir ständig gegen den Iran kämpfen, der von den Schiiten dort kontrolliert wird, ist es nur natürlich, dass die Mehrheit derer, die bei uns das Sagen haben, gut ausgebildete Sunniten aus Mosul und dem Norden sind – und da sind dann zufälligerweise auch unsere besten Militärakademien."

Mir fiel zwischendurch ein, dass die Armee vor einigen Jahren einen neuen Base Commander in Basra, also im Süden, gesucht hatte. Dafür kam entweder ich in Frage, ein assyrischer Christ aus Mosul, oder ein anderer Offizier auch aus Mosul, aber Sunnit. Der Stabschef sagte, dass er jedem von uns mehr traue als jedem schiitischen Offizier, der in dem Gebiet lebte. Sie wussten, wir wären immer loyal gegenüber dem Militär und nicht bloß Marionetten der politischen und religiösen Gruppen im Süden.

Saddam hob leicht den Kopf und rümpfte die Nase. Dann fragte er mich: „Haben Sie an diesen Offizieren und Befehlshabern von Armee und Luftwaffe keinen üblen Gestank wahrgenommen? Roch es nicht nach einer geplanten Rebellion der Muslawis gegen uns?"

„Nein", sagte ich ganz ernst, „davon habe ich nie etwas mitbekommen."

Darum ging es bei unserem Gespräch damals im Wesentlichen. Zum Glück fragte er mich nicht nach der Loyalität oder dem Liebesleben von Adnan Khairallah. Und auch nicht nach meinen Forschungen über den Krieg. So wurden die beschwörenden Worte des Generals, unsere Unterredung vertraulich zu behandeln, niemals auf die Probe gestellt.

Allerdings ließ Saddam kurz nach dem Ende des Iranisch-Irakischen Krieges zahlreiche hochrangige Befehlshaber, allesamt aus Mosul und dem Norden, hängen. Und als diese Exekutionen tatsächlich ausgeführt wurden, waren auch zwei Piloten darunter: General Salem, Deputy Air Force Commander und General Hassan, Director of Operations der Luftwaffe. Beide waren sie gute, aufrichtige Männer gewesen, auch wenn ich in vielem nicht mit ihnen übereinstimmte. Wieder einmal dachte Saddam sich nichts dabei, unschuldige Menschen umzubringen, um zu seinen Zielen zu gelangen.

Wenn es um seine eigene Macht ging, war Saddam skrupellos. Wenn er meinte, es bestehe auch nur die geringste Möglichkeit, dass sich jemand gegen ihn verschwor, erledigte er ihn, ohne mit der Wimper zu zucken – egal ob Sunni oder Schia. Teilweise deswegen, weil Saddam nicht religiös war. Er kam aus einem sunnitischen Stamm, aber Saddams einzige Religion war Saddam, und sein persönlicher Ruhm war die einzige höhere Macht, die er anerkannte. Gegen Ende seines Regimes, als er das irakische Volk davon überzeugen wollte, dass er ein guter Muslim sei, ließ Saddam sich auf einem Gebetsteppich fotografieren, wie er gen Mekka betete. Doch jeder wusste, dass das nur Schau war. Der Islam war ihm mehr als egal. Religion war – wie alles andere auch – lediglich ein Werkzeug, das er einsetzen konnte, wann immer es seinen Zwecken diente.

Verfolgt man diesen Gedankengang weiter, erkennt man bald, dass Saddam der Baath-Partei nicht treuer ergeben war als dem Islam. Er diente nie in der Armee. Als er Präsident wurde, erklärte er sich selber zum Fünf-Sterne-General – um sich mit General Eisenhower gleichzusetzen, der der ranghöchste Befehlshaber der Alliierten im Zweiten Weltkrieg gewesen war.

Wollte Saddam einem seiner handverlesenen Schützlinge etwas Gutes tun, dann verlieh er ihm einen hohen Rang beim Militär oder einen anderen Titel, der ihm gerade einfiel. Am auffallendsten tat er das vielleicht mit Izzat al-Douri, den er in den Rang eines Vier-Sterne-Generals erhob. Um das in seiner vollen Bedeutung zu erfassen, muss man wissen, dass Izzat der Eisblockverkäufer von Dour war, einem Dorf gegenüber von Tikrit, wo Saddam geboren wurde.

Aus einer Laune Saddams heraus wurde Izzat verantwortlich für mehrere Divisionen irakischer Soldaten. Zuletzt hieß es, Izzat sei sehr schwer an Leukämie erkrankt. Manche meinten, er könnte eine leitende Funktion bei der Revolte im Irak gehabt und daran mitgewirkt haben, Angriffe auf Amerikaner zu planen und die neue Regierung zu destabilisieren. In Wirklichkeit ist er nicht klug genug, um irgendjemanden in eine Schlacht zu führen. Doch war er unglaublich loyal gegenüber Saddam, der so viel Vertrauen zu ihm hatte, dass er ihn in eine so hohe Position beförderte.

Während unseres Treffens versicherte ich Saddam so gut ich konnte, dass nichts im Gange war. Es gab keine Verschwörung und keine Verschwörer. Es gab damals auch keinen Aufruhr beim Militär, aber offensichtlich konnte ich ihn nicht überzeugen. Die Verschwörer hätten mir nämlich sowieso niemals erzählt, wenn es eine Verschwörung oder einen geheimen Plan zum Sturz Saddams gegeben hätte. Als Christ war ich ein Außenseiter. Außerdem stand ich in dem Ruf, die Wahrheit zu sagen. Darum hatte Saddam mich in erster Linie zu sich gerufen, weil sowohl er als auch General Khairallah wussten, dass ich ein aufrichtiger Mann bin. Aber nach meinem besten Wissen hat es damals keine Umsturzpläne gegeben.

Das war noch so ein Beispiel für die Persönlichkeit Saddams. Er war paranoid und fackelte nicht lange, jemandem den Kopf abzuschlagen, wenn er das Gefühl hatte, derjenige ist gegen ihn eingestellt. Das galt besonders, wenn der Verdächtige ein hochrangiger Offizier oder ein Kabinettsminister war, der Saddams Autorität ernsthaft hätte in Frage stellen können. Und Saddam konnte seine Feinde auf tausenderlei Weise umbringen.

Eines der tragischsten Beispiele war eine Geschichte, die ich sehr gut kannte, weil sie mich selbst zutiefst berührte. Es gab einen hervorragenden Sanitätsoffizier namens Dr. Raji al-Tikriti, mit dem ich mich anfreundete. Er war Spezialist für Wirbelsäulenverletzungen und beriet die Luftwaffe bei der Gestaltung von Schleudersitzen und ähnlichen Dingen. Er hatte seine Facharztausbildung zum Neurochirurgen in England gemacht. Damit war er nicht nur ein bestens ausgebildeter Arzt, sondern er wurde schließlich auch zum Befehlshaber des Sanitätsbereichs der irakischen Armee.

Während meiner gesamten militärischen Laufbahn war ich Jagdpilot. Ich flog und testete alle Überschall-Flugzeuge der Luftwaffe. Das ist sehr anstrengend für den Köper – man muss also stark sein und in guter körperlicher Verfassung. Aber einmal, als ich starken Beschleunigungskräften ausgesetzt war, spürte ich Unbehagen und Verkrampfungen im Rücken. Also ließ ich mich von Dr. Raji untersuchen.

Das tat er dann auch und sagte mir, ich habe einen ungewöhnlichen Oberkörper. Von den Schultern bis zur Hüfte habe ich den Körperbau eines Mannes, der sieben bis zehn Zentimeter größer sein sollte, als ich es bin. Meine Beine und mein Oberkörper seien unproportioniert, was typisch ist für die Bergbewohner des Iraks. Ich bin Assyrer und in den Bergen aufgewachsen – das kam mir also alles sehr logisch vor.

Wenn ich in ein Flugzeug steige, muss ich als erstes den Sitz ein ganzes Stück niedriger stellen. Sonst stoße ich mit dem Helm an die Decke. Manche Leute, die größer sind als ich, müssen den Sitz höher stellen. Doch meine Proportionen sind ungewöhnlich. Und das war mein Problem. Jeder mit einer verlängerten Wirbelsäule wie meine hat mehr Belastungen auszuhalten, wenn das Flugzeug hohen Beschleunigungskräften ausgesetzt ist, was wir als G-Force („G" für Gravitation) bezeichnen. Dr. Raji diagnostizierte mein Problem, gab mir eine Kombination von Medikamenten und einige Ratschläge, wie ich die Belastung meiner Wirbelsäule reduzieren könne, und danach hatte ich nie wieder Probleme.

Das Denken eines Sadisten

Ich respektierte und bewunderte Dr. Raji aufrichtig. Genau wie ich gehörte auch er nicht zur Baath-Partei, was bedeutete, dass auch er die Karriereleiter nur bis zu einer bestimmten Stufe erklimmen konnte. Trotzdem schaffte er es bis zum Befehlshaber des Sanitätsdienstes. Eines Tages saß er mit anderen Ärzten zusammen und machte eine verächtliche Bemerkung über Saddam: „Wer ist denn schon Saddam Hussein? Er ist in Tikrit auf der Straße aufgewachsen. Er ist ungebildet und wurde nur deshalb Präsident, weil er vor nichts zurückschreckt."

Leider war es in Saddams Irak unklug, so offen zu reden. Jemand, der in Dr. Rajis Nähe gesessen hatte, konnte seinen Mund nicht halten. Ein paar Wochen später hatte Dr. Raji dienstlich in Jordanien zu tun und war zufällig beim irakischen Botschafter in Jordanien, Nouri al-Weis, der auch aus Tikrit kommt. Sie waren in der irakischen Botschaft in Amman, als ein Anruf aus dem Palast in Bagdad kam. Als der Botschafter abnahm, staunte er sehr, dass Saddam selber am Apparat war. Sie plauderten kurz, dann sagte Saddam: „Soweit ich weiß, ist Dr. Raji al-Tikriti in Jordanien. Haben Sie ihn schon gesehen?"

„Ja, selbstverständlich", erwiderte der Botschafter. „Er sitzt gerade hier bei mir." Darauf meinte Saddam: „Nouri, was auch immer Sie gerade machen, lassen Sie ihn nicht fort. Geben Sie ihm Ihren Wagen und schicken Sie ihn so schnell wie möglich zu mir. Ich muss ihn dringend sehen."

Das verblüffte Nouri, aber sobald er aufgelegt hatte, sagte er: „Raji, Sie müssen umgehend zurück nach Bagdad. Der Präsident will Sie dringend sprechen."

„Ja, natürlich", entgegnete Raji. „Ich hole nur mein Gepäck und kehre sofort um." Das tat er dann auch. Er dachte sich nichts dabei. Wenn jemand im Palast einen Notfall hatte, würde er gerne zu Hilfe kommen. Vielleicht dachte er auch, dass es etwas Einfacheres wäre. Wie dem auch sei – der Botschafter brachte Dr. Raji noch am selben Abend zurück nach Bagdad.

Als er in den Palast kam, begrüßte Saddam ihn nicht und er merkte bald, dass kein medizinischer Notfall vorlag. Stattdessen wurde er in einen großen Raum im Untergeschoss gebracht, wo die Elitegarde des Präsidenten ihr Hauptquartier hatte. Er war von vielleicht fünfzig oder sechzig der größten, muskulösesten Wachen der ganzen Armee umringt. Sie trugen Uniform und große, schwere Stiefel.

An einer Seite saß Saddam mit übereinander geschlagenen Beinen auf einem Stuhl. Er nahm sich eine große Havanna-Zigarre und zündete sie an. Dann sagte er zu den Soldaten: „So, los jetzt."

Einige Soldaten holten aus und schlugen Dr. Raji zu Boden. Die anderen kamen sogleich mit ihren Nagelschuhen herzu, stampften und sprangen auf ihm herum, zermalmten und traten ihn auf dem Fußboden zu Tode. Und die ganze Zeit saß Saddam dabei und rauchte seine Zigarre.

Als die Soldaten ihr grausiges Tun beendeten, öffnete einer die Tür zu einem Zwinger und ließ ein Rudel Hunde heraus, das seit Tagen hungerte. Die Hunde verzehrten den Körper dieses armen Mannes und leckten sein Blut vom Boden auf. Er war Arzt gewesen, General, ein Tikriter aus Saddams eigener Heimatstadt, und ein

Muslim, doch Saddam hatte diese grässliche Brutalität und den Mord angeordnet, weil Dr. Raji es gewagt hatte, sich unfreundlich über ihn zu äußern.

Das war der wahre Saddam Hussein. Man muss sich fragen, was für ein Mensch so jemand war. Aber er hatte auch zwei Söhne, Udai und Kusai, die noch hundertmal schlimmer als Saddam waren. Kusai, der jüngere der beiden Söhne, kam am 24. Januar 1991 zu mir und sagte, dass die Piloten der Koalitionsstreitkräfte, die wir während des Golfkriegs gefangen genommen hatten und jetzt als Kriegsgefangene hielten, hingerichtet werden sollten. Später werde ich mehr darüber berichten und veranschaulichen, mit welcher Brutalität und Gewalt wir unter Saddam zu leben hatten.

Alte Rechnungen begleichen

Der in Russland hergestellte Bomber mit dem Spitznamen „Blinder" ist ein Überschallflugzeug, das schwere Atomwaffen mitführen kann. Als der Irak es erhielt, war es nur für konventionelle Waffen ausgestattet. Doch es war ein großes Luftfahrzeug mit Langstreckentauglichkeit und Saddam wusste, dass es ihm eines Tages sehr nützlich sein würde.

Im Frühjahr 1980 versuchte eine Gruppe namens „Al Dawah für den Islam", deren Mitglieder überwiegend Schiiten mit Verbindung zum Iran waren, Tarik Aziz zu ermorden, als er zu einem Vortrag an die Al-Mustansiriya-Universität von Bagdad gekommen war. Bei dem Granatenangriff wurde eine junge Frau namens Ferial getötet und mehrere andere verwundet, doch Tarik Aziz kam mit kleineren Blessuren davon. Als Saddam davon erfuhr, entbrannte sein Zorn, denn es war dieselbe Gruppe, die ein Jahr zuvor versucht hatte, den Informations- und Kulturminister Latif Nsayif Jasim zu töten.

In einer ersten Reaktion ließ Saddam die Anhänger von Al Dawah im Irak von der Republikanischen Garde zusammentreiben und Tausende in den Iran deportieren. Später ordnete er die Hinrichtung von Ajatollah Mohammed Baqr al-Sadr und seiner Schwester Amina an, die ebenfalls Verbindungen zu Al Dawah hatten. Als der Krieg zwischen dem Irak und dem Iran begann, meinte er, er müsse sich noch deutlicher ausdrücken. Er rief also den Luftwaffenchef zu sich und sagte ihm, er wolle einen guten Piloten für die TU-22, die bis zu neun Tonnen Bomben transportieren konnte, um die Universität von Teheran, der Hauptstadt des Irans, an einem Tag zu zerstören, an dem alle Studenten in den Hörsälen sein würden.

Und das erklärte er so: Nach arabischer Tradition verlangt der Vater der Braut eine Mitgift, die *Mahar*, von der Familie des Bräutigams. Man kann sie in Gold, Bargeld, Vieh oder was auch immer vereinbart wird entrichten. Saddam sagte nun: „Die Mitgift für Ferial muss sehr hoch gewesen sein!" Die Iraner hatten versucht, seinen Stellvertreter umzubringen, sagte er, und dafür müsse irgendjemand bezahlen. Darum beschloss er, die Studenten anzugreifen. Die Perversität eines solch kriminellen Denkens ist nicht zu begreifen.

Was dann wirklich geschah, muss wohl ein Akt Gottes gewesen sein. Sie legten den Tag fest, beluden die Bombenabteile mit neun Tonnen Sprengstoff – dann hob der Pilot ab, um seine Mission zu erfüllen. Ich kannte diesen Piloten. Er war Oberstleutnant und früherer Jagdbomberpilot, der aber auf die TU-22 umgesattelt hatte, weil für dieses Modell hochqualifizierte Leute gebraucht wurden. Doch als er Richtung Iran flog, traten plötzlich Schwingungen um die Längsachse auf, das heißt es ruckelte so heftig, dass man nicht weiter fliegen konnte. Die Gleichgewichtsregler waren nutzlos. Die Maschine musste jetzt auf Autopilot geschaltet werden, denn auf diese Art kann eine solche Anomalie häufig behoben werden.

Doch nach wenigen Minuten merkte der Pilot, dass die Selbststeuerung keine Auswirkungen auf die Vibrationen hatte und die Maschine unkontrollierbar ruckelte. Er dachte daran, den Schleudersitz zu betätigen. Doch gleichzeitig wusste er, wenn er lebend da herauskäme, würde er Saddam Rede und Antwort stehen müssen. Und das wäre ausgesprochen schlecht. Nicht zuletzt, weil Pilot, Navigator und Bombenschütze allesamt Schiiten waren, und da sie eine schiitische Stadt im Iran angreifen sollten, würde Saddam ihnen Verrat vorwerfen. Doch es war zu spät, um sich darüber Sorgen zu machen – in vermeintlich letzter Sekunde betätigten sie den Schleudersitz.

Eine Verwechslungskomödie

Was dann passierte, ist schriftlich verbürgt. Als die drei Männer aus dem Flugzeug geschleudert wurden, lösten sich die Kabinenhauben und fielen ab. Im selben Moment wurde das Flugzeug wieder stabil und flog unbemannt über eine Stunde lang weiter. Jemand vom Luftwaffenhauptquartier rief mich an und sagte: „Georges, kommen Sie, schnell!"

„Warum?", fragte ich. „Was ist denn los?"

„Eine TU-22 fliegt ohne Piloten. Sie ist mit Bomben beladen, die für Teheran bestimmt sind."

Ich raste zum Führungsstab und wir blieben der Maschine die nächste Stunde auf der Spur. Sie flog nach Osten Richtung Teheran. Dann muss sie in starke Gebirgswinde geraten sein, denn sie drehte ab und machte einen Bogen und flog geradewegs über Bagdad hinweg. Gott sei Dank stürzte sie nicht über Bagdad ab, sondern flog weiter Richtung Ramadi. Ich sagte zum Air Chief: „Sie müssen Saddam anrufen und ihn unterrichten."

Er schaute mich an, als habe ich den Verstand verloren. Seine Augen waren weit aufgerissen und er sagte: „Nein, Georges! Das kann ich nicht!"

„Hören Sie", erwiderte ich, „Sie wissen nicht, wo die Maschine abstürzt. Was denken Sie, was Saddam mit Ihnen macht, wenn Sie ihn nicht anrufen, bevor etwas passiert!"

Das sahen sie ein und riefen im Palast an. Saddam war erwartungsgemäß außer sich: „Was?! Das Flugzeug ist ohne Piloten unterwegs?"

„Ja, aber wir haben General Sada angerufen und er hat alles unter Kontrolle."

„Ist er jetzt da?", fragte Saddam. Sie bejahten und reichten mir rasch den Hörer.

Saddam fragte mich: „Georges, was unternehmen Sie in dieser Sache?"

„In diesem Fall gibt es nur eine mögliche Maßnahme, und dazu habe ich zwei unserer besten Piloten eingesetzt. Jeder hat vier Fernlenkraketen dabei. Sie sollen die TU-22 abschießen, sobald sie können, aber natürlich möglichst über unbewohntem Gebiet."

Damit war Saddam erst einmal zufrieden. Ich kehrte zurück in den Funkraum, um mit den Jagdbomberpiloten zu reden. Sie sagten mir, das Objekt fliege nun in über zweiundzwanzigtausend Fuß Höhe, in der Gegend tobe ein Gewitter und sie könnten mit ihren Waffen keine Zielaufschaltung vornehmen und das Flugzeug abschießen.

Es hätte richtig witzig sein können, wäre die Lage nicht so ernst gewesen. Doch schließlich löste sich das Problem von selber, denn die TU-22 zerschellte in einem vollkommen unbewohnten Gebiet in der westlichen Wüste am Boden. Da die Bomben im Bombenabteil nicht scharf gemacht waren, bestand kein Explosionsrisiko, aber alles war zertrümmert. Als die Rettungsmannschaften hinkamen, fanden sie bloß noch Schrott. Es war ein Totalverlust, aber es war ein Anschauungsunterricht, den Saddam niemals vergessen würde, wie ich hoffte.

Leider war der Fall noch nicht erledigt. Ein paar Tage später erhielt ich einen Anruf, dass die Piloten, die sich mit dem Schleudersitz gerettet hatten, in Haft waren und ein Untersuchungsgericht einberufen worden war. Auch hier war klar, dass sie fest entschlossen waren, alle drei zu hängen. „Ein Untersuchungsgericht?", fragte ich. „Wieso das denn? Ich bin zuständig für die Flugsicherheit und ich führe alle Nachforschungen durch. Das muss alles über meinen Tisch laufen, und nur wenn ich glaube, es gebe auch nur eine Spur von krimineller Absicht, wird es ein Untersuchungsgericht geben!"

Ich griff zum Telefon und rief den Präsidenten an: „Tut mir Leid, aber bei den Untersuchungen läuft etwas verkehrt. Es darf kein Untersuchungsgericht geben, bis der Sicherheitsdirektor festgestellt hat, das kein mechanisches Problem vorlag. Wenn ich herausfinde, dass es kein Problem mit der Maschine gab oder dass ein Versuch der Befehlsverweigerung beabsichtigt war, dann überstelle ich den Fall dem Untersuchungsgericht."

„Gut, Georges", erwiderte Saddam. „Sie haben Recht. Führen Sie Ihre Nachforschungen durch und lassen Sie mich wissen, was Sie herausgefunden haben."

Ich bedankte mich, legte auf und ließ das Untersuchungsgericht unverzüglich beenden. Ich machte mich an meine Arbeit und fand heraus, dass ein russischer Offizier im Hauptquartier war. Er war Experte für das Flugwerk der TU-22 – also bat ich darum, dass er meinem Team zugeteilt würde.

Als wir alles durchgingen, fanden wir heraus, dass Längsvibrationen zu den bekannten Baumängeln der TU-22 gehörten, was vielfach auch schon von anderen Piloten gemeldet worden war. Wir konnten uns auf die spezielle Seite und den Paragrafen beziehen, wo es heißt, dass Piloten, die sich mit diesem Problem konfrontiert sehen, zuerst den Autopiloten ausprobieren sollen. Zeige das keine Wirkung, sollten sie den Schleudersitz betätigen, wie es ja unsere Piloten getan hatten. Ich war befugt, in solchen Fällen die endgültige Entscheidung zu treffen, und ich durfte über eine besondere Leitung direkt mit dem Präsidenten telefonieren, wenn solche Konflikte auftraten. Ich zog den Schluss, dass die Piloten unschuldig seien und freigelassen werden sollten.

Ich schrieb rasch einen Bericht und schickte ihn dem Präsidenten. Er stimmte zu und ordnete an, dass seine Sicherheitsbeamten die Piloten freiließen. Doch alle drei wurden vom Dienst suspendiert und in den Ruhestand versetzt. Später kamen sie zu mir und bedankten sich, dass ich ihnen das Leben gerettet hatte. Ich sagte ihnen, ich hätte nur meine Pflicht getan. Doch leider muss ich sagen, dass es damals nur wenige Leute beim Militär gab, die in Kriegszeiten zu Saddam gegangen wären, nur um irgendjemandes Leben zu retten.

Blick zurück

Wie man es auch betrachtet – der Iran-Irak-Krieg war verheerend. Er dauerte acht elende Jahre und alle hatten zu leiden. Aus all der Zerstörung und den Verlusten von Menschenleben ging niemand als Sieger hervor. Doch als er vorüber war, waren unsere beiden Länder monatelang mit komplexen Verhandlungen über besetztes Land, Kriegsgefangene, Reparationsleistungen für zerstörtes Eigentum und Material und viele andere Dinge beschäftigt. Dazu gehörte auch eine Vereinbarung, den Schatt al-Arab, die Wasserstraße zwischen dem Iran und dem Irak, von beiden Seiten zu nutzen. Das Problem war einer der Auslöser der Auseinandersetzung gewesen. Doch in diesem Krieg gab es keine Gewinner. Nur Verlierer.

Einmal glaubte ich, sie würden mich ins Gefängnis stecken, denn ich wagte es, eine Frage zu stellen, die sonst niemand fragen zu wollen schien: „Wir haben jetzt acht Jahre gegen die Iraner gekämpft. Danach haben wir uns zu Verhandlungen entschlossen. Durch die Verhandlungen konnte jede Seite hunderte von Problemen regeln, die ihr wichtig waren. Wäre es nicht viel besser gewesen, das Verhandeln an den Anfang der Auseinandersetzungen zu stellen anstatt ans Ende? Das wäre viel einfacher gewesen und es wären so viele Menschen im Irak wie im Iran am Leben geblieben."

Niemand wagte es natürlich, die Wahrheit so auszusprechen, aber alle wussten, dass ich Recht hatte. Über eine Million Menschenleben hätten gerettet werden können, unser aller Leben und die wirtschaftliche Lage wäre weitaus besser und alle wären viel glücklicher.

Doch wir im Irak hatten ein großes Problem, nämlich Saddam Hussein. Das Problem war, dass Saddam keinen Frieden wollte und es ihn nicht kümmerte, wie viele Menschen seinem Machtrausch

zum Opfer fielen. Doch selbst hier würde ich sagen: Wenn das irakische Volk nicht mehr darüber nachgedacht hätte, was gerade passierte, also vorausschauend geplant hätte, anstatt darauf zu warten, dass
das Unglück eintrat, dann hätten wir einen Mann wie Saddam niemals zum Herrscher über unser Land werden lassen. Die Deutschen
hatten ihren Hitler; die Russen hatten ihren Stalin; wir hatten unseren Saddam. Doch wie viel besser wäre es gewesen, wenn wir diese
Männer hätten aufhalten können, bevor sich ihre Gier nach der ganzen Welt entfesselte.

Einige Leute, vermute ich, erkannten die Risiken von Saddams
kleinem Abenteuer im Iran. Am 22. September 1980, kurz nach Ausbruch des Krieges, veröffentlichte die *London Times* eine Karikatur:
Saddam tritt Ajatollah Khomeini ins Hinterteil. Der Witz war, dass
Saddam versuchte, seinen Stiefel aus Khomeinis Rückfront zu ziehen, der aber feststeckte. Trotz der plakativen Darstellungsweise
brachte es der Cartoon auf den Punkt: Saddam könne zwar einen
Krieg gegen den Iran anzetteln, aber es würde sehr schwer, ihn wieder zu beenden. Das erwies sich als sehr prophetische Darstellung.

Ich kann mich erinnern, dass einige Getreue Saddams über die
Zeichnung spotteten, als sie sie erstmals sahen: „Die Engländer wissen doch nicht, wovon sie reden. Wir sind in vierzehn Tagen wieder
da raus!"

Doch acht Jahre später kämpften wir noch immer im Iran. Der
Tribut war irrsinnig hoch: Hunderttausende wurden getötet und
verstümmelt. Es ist schwierig, eine genaue Zahl der Gefallenen anzu-
geben, doch die meisten Untersuchungen gehen von einer Million
Toten und Verwundeten aus. Selbst nach Regierungsquellen wurden
eine halbe Million Iraner und 200.000 bis 300.000 Iraker getötet.
Letztendlich war es Saddams Entscheidung, nach Kuwait einzumarschieren, die ihn dazu bewog, einer schnellen Beilegung und einem
Verhandlungsfrieden zuzustimmen, der sich für den Irak als sehr,
sehr unvorteilhaft erwies.

Am Tag des Kriegsendes, dem 8. August 1988, fuhr ich zufälligerweise zum Armeestützpunkt Al-Sanjar nordwestlich von Mosul, wo mein Sohn sich darauf vorbereitete, als Sanitätsoffizier in den Krieg zu ziehen. Saddam hatte gesagt: „Was nutzen uns Ärzte oder Ingenieure, wenn der Irak zerstört wird?"

Daher hatte Saddam angeordnet, dass all unsere Medizinstudenten und Ärzte zu Soldaten ausgebildet werden sollten. Mein Sohn war ein hervorragender Student und ein guter Soldat und üblicherweise besuchte ich ihn jedes Wochenende, um zu sehen, wie es ihm ging. Im Sommer lebten und arbeiteten sie draußen in Feldlagern, sodass ich ihm Kuchen, Kekse und anderes Essen von seiner Mutter und seiner Schwester mitbringen konnte. Als ich an jenem Tag zum Feldlager fuhr, hörte ich im Autoradio, dass der Krieg vorüber sei.

Ich wusste, dass die Verhandlungen noch im Gange waren, aber ich freute mich für meinen Sohn, dass er nicht in den Krieg musste. So viele Piloten, Offiziere und Soldaten hatten in diesem Krieg ihr Leben verloren. Doch die Statistiken sagen nichts darüber aus, was wir aufgrund dieses Krieges zu erleiden hatten. Außerdem besagen die offiziellen Zahlen in den Regierungsverlautbarungen nichts über die Tausende, die von Saddam abgeschlachtet und in Massengräbern beigesetzt wurden. Man wird nie erfahren, wie viele weitere Menschen auf diese Weise umkamen.

Ich war also sehr froh, dass mein Sohn nicht in den Krieg musste und sein Medizinstudium fortsetzen konnte. Die Lebensbedingungen hatten sich während des Krieges furchtbar verschlechtert und unsere Währung war nahezu wertlos. Doch mit dem Tag des Kriegsendes stieg der Dinar allmählich wieder und auch unser Lebensstandard verbesserte sich drastisch. Ein irakischer Dinar war früher über drei US-Dollar wert. Im Krieg bekam man fast nichts mehr dafür. Für uns war es daher wunderbar, unser Geld wieder verwenden zu können.

Gott sei Dank sprudelten die Ölquellen noch und wir hatten reichlich davon. Nach dem Krieg liefen also die europäischen und andere westliche Schiffe wieder unsere Häfen an. Die Kuwaitis waren bereit, unserer Regierung 10 Milliarden Dollar für den Wiederaufbau unseres Landes zu leihen, die Russen und Franzosen verkauften uns Waffen – so viel wir wollten. Innerhalb einiger Monate waren unsere Vorratskammern und unsere Waffenarsenale wieder aufgefüllt und es lag Euphorie in der Luft.

4. Ein Neubeginn

Im Jahr 1986 wurde ich mit nur sechsundvierzig Jahren auf dem Höhepunkt meiner Karriere unfreiwillig aus dem Dienst entlassen. Ich war einer der wenigen hochrangigen Offiziere beim irakischen Militär, die nicht der Baath-Partei angehörten. Nach der Revolution von 1963 hatte man mich gebeten, der Partei beizutreten, doch ich lehnte ab. Ich wollte nicht zu der Baathi-Organisation gehören. Ich schloss mich nie einer Partei an und übernahm auch sonst nicht ernsthaft irgendeine Verpflichtung, da ich mich als Berufssoldat der Luftwaffe verpflichtet fühlte, die mich ausgebildet und mich mit Führungsaufgaben betraut hatte, und nicht einer politischen Gruppierung.

Es gibt ein altes Sprichwort: „Die Armee gehört dem König." Das soll heißen, dass das Militär der Nation gehört und sich nicht auf politische Aktivitäten einlassen sollte. Doch als die Baath-Partei 1968 an die Macht kam, politisierte sie als erstes die Armee, die Luftwaffe und die Küstenschutz-Marineeinheiten des Iraks. Ziel war es, dafür zu sorgen, dass alle – vom frischen Rekruten bis zum ranghöchsten Offizier – der Partei angehörten und den Herrschern des Landes treu ergeben waren.

Ein arabisches Sprichwort lautet: „Die arabische Nation ist ein Mutterland mit einer ewigen Botschaft." Was bedeutet das eigentlich? Michel Aflaq, Gründer der Sozialistischen Baath-Partei, erläuterte: „Der Leib der Nation ist arabisch und die Seele der Nation ist islamisch."

Wann immer die Baathisten mich also anriefen und baten, ihrer Partei beizutreten, fragte ich sie: „Wie können Sie erwarten, dass ich mich einer Partei anschließe, deren Leib arabisch und deren Seele der Islam ist, wenn ich doch weder Araber noch Muslim bin? Ich bin assyrischer Christ – ich gehöre also eindeutig nicht in so eine Partei."

Doch sie entgegneten bloß: „Kommen Sie, Georges, Sie sind ein sehr guter Pilot, Sie machen eine steile Karriere – warum treten Sie nicht der Partei bei?" Doch ich sagte nein. Meine Vorfahren sind die Ureinwohner dieses Landes. Über zwanzig Jahrhunderte, lange bevor die Araber hierher kamen, herrschten die Assyrer über dieses Land. Meine Vorfahren waren die Herrscher von Ninive und Babylon. Ich bin der echte Iraker. Erst seit dem Jahre 634, als die Araber das Land eroberten, gibt es hier Araber – warum sollte ich also vorgeben, etwas zu sein, das ich nicht bin?

Eine königliche Vorstellung

Armee und Sicherheitskräfte des Iraks sind seit dem Aufbau des modernen Militär im Jahre 1921 in den Händen sunnitischer Offiziere und Befehlshaber. Und besonders seit dem Aufstand durch den kurdischen Nationalistenführer Mustafa Barzani Mitte der 1940er Jahre wurden nur wenige Kurden an den Militärakademien zugelassen. Es war immer schwierig für Kurden, einen hohen militärischen Rang zu erreichen. Die Kurden haben natürlich ihre eigenen Milizen, aber genau wie die Bevölkerungsmehrheit, die Schia, waren sie nie mehr als ein kleiner Bruchteil unserer Streitkräfte.

Die Baath-Partei versuchte, die Unterschiede zwischen den verschiedenen religiösen und ethnischen Gruppen herunterzuspielen, doch alle im Irak kannten die Unterschiede. Vor allem haben sich diese Gruppen gegenseitig nie gemocht und einige von ihnen bekriegen sich seit Jahrhunderten. Es gab auch Unterschiede zwischen Muslimen und Christen und es gab Zeiten, in denen es ein Hindernis sein konnte, Christ zu sein oder einen christlichen Namen zu haben. Das traf auch einmal auf mich zu, als ich gebeten wurde, eine bestimmte Kunstflugvorführung zu machen.

Das war 1968, als der Emir von Bahrain, Scheich Issa Ibn Salman al-Khalifa, der Vater des derzeitigen Königs, zu einem offiziellen

Staatsbesuch in den Irak kam. Mein Base Commander rief mich an und sagte, es werde jemand für eine Kunstflugdemonstration in niedriger Höhe gesucht. Damals kannte ich mich mit der MiG-21 sehr gut aus und war der einzige irakische Pilot, der Kunstflüge mit diesem Hochleistungsflugzeug im Tiefflug machte.

Ich sollte also ihr Pilot sein. Doch als sie mich dem Emir vorstellten, sagten sie nicht meinen richtigen Namen, sondern: „Das ist Hauptmann Laith."

Ich war ganz offensichtlich verblüfft. Warum nannten sie mich Laith und nicht Sada? Ich entfernte mich ein paar Schritte von dem Emir und sagte zu dem Offizier, der mich vorgestellt hatte: „Warum haben Sie gesagt, ich heiße Laith? Sie wissen doch, dass das nicht mein Name ist!"

Nun ja, alle bekamen mit, wie aufgebracht ich war. Der Ministerpräsident, der Air Force Commander und viele andere Würdenträger waren da und wollten wissen, warum ich mich mit diesem Mann stritt.

Der Offizier sagte einfältig: „Georges, Sie wissen, dass Sie einen christlichen Namen haben. Der Emir könnte beleidigt sein, wenn wir einen Christen die Vorführung fliegen lassen."

Das war in vielerlei Hinsicht ein großer Fehler. Erstens gab es im Bahrain damals hunderte britischer Offiziere und ganz zweifellos hießen viele von ihnen George. Das ist ein weit verbreiteter englischer Name. Auf jeden Fall dürfte es dem Emir mehr als egal gewesen sein, ob der Pilot einen arabischen oder einen christlichen Namen trug. Daher sagte ich zu dem Offizier: „Gut, wenn Sie es so wollen, dann suchen Sie sich einen Piloten mit einem Namen, der Ihnen besser gefällt. Ich fliege nicht."

Er schaute mich bestürzt an: „Was soll das heißen? Sie müssen fliegen. Es ist doch alles geplant. Sie können den Emir und den Ministerpräsidenten, der ebenfalls hier ist, nicht enttäuschen."

„Wenn ich nicht meinen richtigen Namen verwenden kann, fliege ich nicht."

Der Ministerpräsident sah uns streiten und rief: „Warum schreit der Hauptmann so?"

Der Geschwaderchef erklärte es ihm: „Der Hauptmann ist ein sehr guter Pilot, aber er regt sich gerade auf, weil er dem Emir nicht mit seinem richtigen Namen vorgestellt wurde." Ich sollte dazusagen, dass der Ministerpräsident mich sehr gut kannte, denn er war ein Stellvertreter meines Schwiegervaters gewesen, dem Regimentskommandeur der irakischen Kavallerie.

„Was soll das heißen, Sie haben ihn nicht mit seinem richtigen Namen vorgestellt?", fragte er den Offizier. Er antwortete: „Er wurde als Hauptmann Laith anstatt als Hauptmann Sada vorgestellt."

König der Luftwaffe

Als der Ministerpräsident das hörte, wurde er wütend: „Warum haben Sie das gemacht? Warum haben Sie ihn als Hauptmann Laith vorgestellt, wenn er doch eigentlich Sada heißt? Sie sagten, er ist ein sehr guter Pilot und der beste Mann für den Kunstflug. Warum haben Sie dann dem Emir und dem Prinzen nicht seinen richtigen Namen gesagt? Schämen Sie sich. Los, regeln Sie das."

Der Geschwaderchef kam zu mir und sagte: „Georges, der Ministerpräsident steht auf Ihrer Seite und er ist sehr wütend. Gott allein weiß, was er wegen dieser Beleidigung mit dem Base Commander und dem Air Chief machen wird."

Da sagte ich: „Na gut, ich mache es."

Ich sprach im Stillen ein Gebet, denn ich wusste, dass ich sehr gefährliche Tiefflüge vor mir hatte. Dann startete ich und legte den Würdenträgern eine wirklich hervorragende Show hin. Alles lief glatt und das spürte ich auch. Die MiG-21 ließ sich perfekt bedienen und es hätte einfach nicht besser laufen können. Als ich landete, meldete sich der Fluglotse über Funk und sagte mir, ich solle das Flugzeug in Parkposition bringen und dann geradewegs zur Paradeabnahmetribüne gehen, weil der Emir und der Ministerpräsident mir die Hand schütteln wollten.

Ich dachte: *Oha! Da hat sich etwas getan!* Das war ein Riesenunterschied – erst nicht mit dem richtigen Namen vorgestellt zu werden und dann herbeigerufen zu werden, um Glückwünsche entgegenzunehmen. Als ich oben war, sagte der Air Chief zu dem Emir: „Als wir Ihnen diesen Piloten vorhin vorgestellt haben, erwähnten wir nicht seinen richtigen Namen, sondern nannten ihn Hauptmann Laith."

Im Arabischen bedeutet *laith* Löwe – sie erklärten also dem Emir und dem Ministerpräsidenten, dass sie mich Laith genannt hatten, denn „er ist ‚Der König der Luftwaffe' und unser tollster Pilot."

Was? Meines Wissens hatte mich nie zuvor jemand bei der Luftwaffe als Löwe bezeichnet, doch das gefiel mir. Ich war erst achtundzwanzig und wusste, dass so eine Einführung meiner Laufbahn als Jagdflugzeugpilot nur förderlich sein konnte. Nachdem ich also einen Augenblick darüber nachgedacht hatte, war ich froh, dass sie es so gemacht hatten.

Nachdem sie alles erläutert hatten, nahm der Emir meine Hand und sagte: „Mein Sohn, Sie sind ein Löwe der Luftwaffe und ein Adler der Araber. Wenn Sie nach Bahrain kommen, möchte ich nicht, dass Sie ins Hotel gehen. Sie kommen in meinen Palast und sind mein Gast."

Dann fügte er hinzu: „Bevor ich hierher gekommen bin, habe ich ein paar Geschenke für die Leute hier ausgesucht. Doch nachdem ich Sie jetzt fliegen gesehen habe, ist mir klar, dass diese Geschenke Ihrer nicht würdig sind. Wenn ich wieder in meinem Land bin, suche ich Ihnen etwas aus, das Ihnen besser gefallen wird." Und er fragte mich: „Sie sind doch verheiratet, oder?"

Ich bejahte. Darauf sagte er: „Dann schulde ich Ihnen zwei Geschenke – eins für Sie und eins für Ihre Frau."

„Vielen Dank, das ist sehr freundlich von Ihnen", erwiderte ich. „Gott segne Sie."

Ein paar Wochen später erhielt ich tatsächlich ein Päckchen aus Bahrain. Leider entdeckte ich, dass jemand anderes es geöffnet hatte. In der Schachtel war eine wunderschöne goldene Omega-Uhr, aber es war nicht die des Emirs. Ein hoher Beamter erzählte mir später, dass die eigentlichen Geschenke für meine Frau und mich von einem Angehörigen der Luftwaffe gestohlen worden waren.

Die Uhr, die der Emir mir geschenkt hatte, hatte auf der Drei, der Sechs, der Neun und der Zwölf jeweils einen eingearbeiteten Diamanten. Sie muss enorm teuer gewesen sein. Und für meine Frau hatte er eine wunderschöne Kette mit Perlen aus dem Golf von Bahrain geschickt. Doch beides bekam ich nie zu Gesicht. Stattdessen bestellte der Base Commander eine neue goldene Omega für mich, aber nichts für meine Frau. Ich habe keine Ahnung, wo die Geschenke des Emirs gelandet sind, aber es war dennoch eine unvergessliche Erfahrung.

Fakten und Fraktionen

Ein Grund, warum ich diese Geschichte erwähne ist, dass uns immer erzählt wurde, im Irak gebe es keinen Unterschied zwischen Sunniten, Schiiten, Kurden und Christen. Wir seien alle gleich, sagten sie, aber das stimmte nicht ganz. Womöglich gab es im Irak weniger Verfolgung als in anderen Ländern, aber die Unterschiede lagen immer auf der Hand. Es stimmt, dass von Zeit zu Zeit ein Angehöriger einer Minderheit in eine einflussreiche Position aufrücken konnte. Tarik Aziz ist ein gutes Beispiel dafür. Er stammt aus einer chaldäischen katholischen Familie aus Mosul. Ursprünglich hatte er einen christlichen Namen, aber er musste ihn ändern, um seine Karrierechancen zu verbessern.

Doch auch so bekam er manchmal Probleme. Ich erinnere mich, dass sein Sohn Ziad aus irgendeinem Grund im Gefängnis landete und Tarik Aziz ängstlich darum bemüht war, ihn wieder herauszuholen. Man hätte meinen sollen, er als stellvertretender Ministerpräsident hätte leichten Zugang zum Präsidenten gehabt. Doch aus irgendwelchen Gründen ließ ihn Abd Hamoud, Saddams oberster Leibwächter, nicht zum Präsidenten vor. Ihm wurde sechs Monate lang der Zugang verwehrt, doch eines Tages wurde Tarik Aziz zu einem Gespräch auf höchster Ebene in den Palast gerufen. Er kam in Saddams Nähe zu sitzen und schob ihm einen Notizzettel zu.

Darauf stand: „Mein Sohn Ziad ist schon seit sechs Monaten im Gefängnis. Wenn es Ihnen beliebt, müsste ich dringend mit Ihnen darüber reden."

Als Saddam das las, fragte er: „Was soll das heißen? Warum sind Sie nicht früher zu mir gekommen?"

Tarik Aziz erwiderte: „Abd Hamoud, Ihr Leibwächter, hat mich nicht zu Ihnen gelassen."

Als Saddam das hörte, wandte er sich an Hamoud und sagte: „Ich will, dass Ziad morgen um diese Zeit mit seinem Vater zu Mittag isst."

Das wars. Und am nächsten Tag wurde Ziad aus dem Gefängnis entlassen. Es stimmte schon, dass Ziad sich auf illegale Machenschaften mit Devisen und Geldumtausch oder etwas in der Art eingelassen hatte. Doch da Tarik Aziz Christ war, durfte er sich nicht für seinen Sohn verwenden. Ziad kam schließlich nur frei, weil Saddam sich eingemischt hatte. Wenn es also heißt, es gebe im Irak keinen Unterschied zwischen Muslimen und Christen, stimmt das nicht immer so.

Selbst unter den Sunniten gab es Splittergruppen. Wenn sie nicht loyal gegenüber Saddam waren, kam sie das manchmal teuer zu stehen. Und das galt auch für die Bewohner seiner Heimatstadt Tikrit. Wenn sie dem Präsidenten nicht treu ergeben waren, wurden sie bestraft. Vielfach bekam ich mit, wie hochrangige Offiziere, darunter auch Offiziere im Generalsrang aus Tikrit, bestraft oder getötet wurden, weil sie laut etwas gesagt hatten, was dann jemand so auslegte, dass es gegen Saddam und sein Regime gerichtet sei. So etwas war ganz und gar nicht ungewöhnlich.

Verteidigungsmaßnahmen

Aber ich sollte noch einen Vorfall erwähnen, der einige dieser religiösen und ethnischen Unterschiede in ein etwas anderes Licht rückt. Während des Iranisch-Irakischen Krieges flog ich viele Kampfeinsätze, offensive wie defensive. Einmal lautete mein Auftrag, vier MiG-21 in die Nähe von Al Kut zu bringen, das ist im Osten des Iraks, auf halbem Wege zwischen Bagdad und Basra und ganz nah an der Grenze zum Iran. Wir hatten Geheimdienstinformationen, wonach eine Gruppe von Kämpfern aus dem Iran ausgeschickt worden war, um unseren Stützpunkt in dieser Region anzugreifen.

Wir patrouillierten dieses Gebiet und hielten Ausschau nach iranischen Luftfahrzeugen, als ein Anruf von unserer Radarstation kam: „General Sada, kommen Sie so schnell wie möglich zurück nach Bagdad. Wir werden wahrscheinlich gleich von Phantoms angegriffen."

Sie hatten die Maschinen bereits auf dem Radar und sie wollten augenscheinlich unsere Raffinerien im Osten von Bagdad angreifen. Wir hatten noch genug Treibstoff, aber der Rückweg war lang. Ich wies daher die anderen an, den Nachbrenner anzumachen, damit wir diese Maschinen einholten, bevor sie Schaden anrichten konnten.

Ich dachte, es würde ein ordentlicher Kampf, aber ich wusste auch, dass sich die F-4 Phantom in der Regel nicht auf Luftkämpfe einlässt. Dafür ist sie nicht ausgestattet. Wenn sie also von einem anderen Kampfflugzeug angegriffen wird, lässt sie normalerweise die Bomben ab, wo auch immer sie sich gerade befindet, und macht sich im Tiefflug davon. Diese Maschine fliegt ganz toll in niedriger Höhe und ein guter Pilot kann über neunhundert Kilometer weit unter zwanzig Meter über Grund fliegen. Und da das deutlich unter dem Radar liegt, können sich Infrarotraketen nicht darauf ausrichten und sie abschießen.

Als wir nach Bagdad kamen, ging die Sonne bereits unter und ich sah eine riesige schwarze Rauchsäule im Osten aufsteigen. Ich dachte: *Oh nein, wir kommen zu spät. Er hat die Raffinerie schon zerstört.*

Doch als ich näher kam, konnte ich die Raffinerie sehen – sie war unbeschädigt. Dahinter war ein Kraftwerk, das mit Öl betrieben wurde, das wiederum in mehreren großen Tanks gelagert war. Und das hatte der iranische Pilot getroffen. Er hatte einen großen Fehler gemacht. Dadurch gab es zwar viel Rauch und Flammen, aber das Kraftwerk war nicht betroffen und es würde überhaupt kein Problem sein, die Öltanks zu ersetzen.

Als ich merkte, was passiert war, schaute ich Richtung Osten und erkannte, dass der Pilot versuchte zu entkommen. Ich überprüfte meine Anzeigetafeln: Der Treibstoff war fast leer. Allerdings hätte ich nur einmal zu wenden brauchen und ihn verfolgen und ohne Probleme auf ihn zielen können. Doch bevor ich drehen konnte, bekam ich einen Funkspruch aus der Kommandozentrale: „Sie können zum Stützpunkt zurückkehren. Unsere Bodeneinheit hat die Phantom erwischt; wir haben sie mit einer SAM-3-Rakete getroffen und sie ist jetzt am Boden."

„Bin gleich da", sagte ich.

Ich sprach mich sofort mit den anderen Piloten ab und wir kehrten zum Stützpunkt zurück. Gerade als wir landeten, sah ich den Hubschrauber mit dem gefangenen iranischen Piloten ankommen. Dann, als ich das Flugzeug in den Unterstand rollen ließ, rief der Tower wieder an: „General Khairallah hat angeordnet, dass nur Sie den iranischen Piloten befragen und keiner sonst mit ihm redet, bevor Sie ihn nicht verhört haben."

„Gut. Lassen Sie ihn beim Station Commander, bis ich da bin", erwiderte ich.

Das Gesicht des ganzen Islam

Als ich aus dem Flugzeug stieg, wartete ein Auto auf mich. Sie fuhren mich geradewegs ins Büro des Station Commander, wo sich der Pilot befand. Er war noch ein Junge, ein junger Hauptmann, der zitterte und offenbar zu Tode erschrocken war. Daher sagte ich: „Beruhigen Sie sich doch, mein Junge."

Ich sprach ihn auf Englisch an, denn ich wusste, dass er als Pilot Englisch sprechen würde. Sowieso ist das üblich, wenn Iraker mit Iranern reden. Die Iraker sprechen Arabisch, die Iraner Farsi. Wir verstehen uns also nicht, außer wenn wir Englisch, Französisch oder sonst eine gemeinsame Sprache verwenden.

Ich wandte mich an ihn: „Niemand wird Ihnen jetzt weh tun. Aber eins sage ich Ihnen: Wenn ich Sie da oben erwischt hätte, hätte ich Sie in Sekundenbruchteilen abgeschossen. Und zwar ganz sicher. Aber jetzt sind Sie hier, als Kriegsgefangener. Vor einer Viertelstunde hätte ich Sie umbringen können, ohne mit der Wimper zu zucken. Aber ich habe nichts gegen Sie persönlich. Sie werden fair behandelt, gemäß der Genfer Konvention."

Wir hatten gerade Pfirsiche aus Europa da liegen, von denen ich dem Jungen einen anbot: „Hier, bitte. Entspannen Sie sich. Essen Sie einen Pfirsich."

Doch er nahm ihn nicht an. Also brachte ich ihm eine Tasse traditionell irakischen Tee, aber auch den nahm er nicht. Vielleicht dachte er, er sei vergiftet, oder er befolgte einfach die Anweisung, von denen, die ihn gefangen halten, keine Gastfreundschaft entgegenzunehmen. Jedenfalls sagte ich: „Na gut, trinken Sie meinen Tee und ich trinke Ihren."

Als ich ihn fragte, woher er komme und wo er fliegen gelernt habe, antwortete er, dass er im Iran an der Luftwaffenakademie war und dann an der Lackland Air Force Base in Texas, wo er zum Jagdflugzeugpiloten ausgebildet wurde. Das war eine schöne Überraschung, denn ich hatte ja auch einen Teil meiner Ausbildung in Lackland gemacht. Wir hatten also etwas gemein. Wir unterhielten uns ein wenig und er glaubte schließlich, dass wir ihn nicht foltern würden. Daher entspannte er sich etwas.

Ich sagte zu ihm: „Junger Mann, Sie sind jetzt Gast in dem Land von Ali ibn Abi Talib."

Diese schiitische Gruppierung des Islams ist die herrschende Gruppierung im Iran. Es heißt, Ali, der Cousin und Nachfolger Mohammeds, sei im Irak gestorben. Der Pilot sollte wissen, dass er in einem sicheren Land sei. Er war nicht in Gefahr und sein Leben war verschont geblieben. Wenige Augenblicke später schaute er mich an und fragte: „Darf ich etwas sagen?"

„Selbstverständlich", erwiderte ich. „Was immer Sie wollen."

Er sagte: „Wenn ich Sie anschaue, blickt mich aus Ihrem Gesicht der ganze Islam an."

Darüber musste ich lächeln. Da ich freundlich zu ihm gewesen war, meinte der junge Pilot, in meinem Gesicht den ganzen Islam sehen zu können.

Leutnant Hakim, der Saddam nahe stand, war Befehlshaber dieses Stützpunkts. Ihm entging die Ironie in den Worten des jungen Mannes nicht. Auf Arabisch sagte er: „Blödmann! Du bist so doof, dass du den Islam in dem Gesicht des einzigen Kerls hier erkennen willst, der kein Muslim ist!"

Wir mussten alle herzhaft lachen. Doch da ich einen höheren Rang bekleidete als Leutnant Hakim und er ein früherer Schüler von mir war, sagte ich: „Lassen Sie es gut sein, Hakim, ja?! Der Junge redet nicht von Christen oder Muslimen. Er meint nur, den Geist des Islams in der Art zu spüren, wie ich ihn behandle!"

Darauf sagte Hakim: „Gut, ich bringe ihn jetzt zu den Geheimdienstoffizieren. Wisst ihr, was ich ihm sagen werde? Ich werde ihm sagen: ‚Tja, mein Junge, bisher warst du in den Händen des Islams. Aber jetzt gebe ich dich in die Hände der Christen. Warte nur, wie die dich behandeln!"

Er meinte natürlich, dass die Geheimdienstoffiziere ihn schlagen würden, um mehr Informationen aus ihm herauszubekommen. Das würde ihn lehren, wie die Christen mit einem guten muslimischen Jungen umgingen. Wieder mussten alle lachen, bis ich befahl: „Hakim, halten Sie den Mund! Sagen Sie ihm das nicht!"

Die letzte Verteidigungslinie

Als ich für die Befragung von Gefangenen zuständig war – sowohl in diesem Krieg, als auch im Golfkrieg Jahre später – war es mir wirklich mehr als egal, ob die Piloten Christen oder Muslime oder sonstwas waren. Ich wollte nur meinen Job machen, alle Informationen herausholen, die unserer Seite zum Erreichen ihrer Ziele dienlich sein konnten, aber dabei die Gefangenen gerecht behandeln. Ich war sehr darauf bedacht, die Genfer Konvention einzuhalten und, wichtiger noch, die noch grundlegenderen Regeln menschlichen Anstands.

Doch das wussten nicht alle zu schätzen. Einige Offiziere aus meiner Einheit in Bagdad schrieben zu Beginn des ersten Golfkriegs augenscheinlich einen Bericht, dass ich die Gefangenen der Koalitionsstreitkräfte besser behandelte als andere, weil sie Christen waren. Sie sagten, das ginge so weit, dass ich nur noch mit ihnen scherzte. Doch das stimmt nicht.

Der Grund für diesen Bericht war etwas, das passierte, nachdem wir den amerikanischen Piloten Leutnant Jeffrey Zaun am ersten Kriegstag gefangen genommen hatten. Zaun war noch sehr jung. Er war ein netter Kerl, aber sehr freimütig – viel zu freimütig für einen Kriegsgefangenen. Doch er erkannte an meiner Uniform, dass ich sowohl General, als auch Pilot war. Daher fragte er mich: „Sind Sie General?"

Ich antwortete: „Ja, ganz richtig."

Danach fragte er: „Sind Sie Pilot?"

Ich bejahte erneut. Darauf er: „Darf ich Sie fragen, was für ein Flugzeug Sie fliegen?"

Da lachte ich und sagte: „Schauen Sie, Leutnant Zaun, Sie sind Kriegsgefangener und keineswegs befugt, mich nach meinem Rang oder nach meiner Fliegerpraxis zu fragen!"

Das war's. Doch das war die Grundlage für den negativen Bericht, den sie gegen mich verfassten. Sie dachten, ich scherze mit den Piloten, was aber nicht stimmte. Ich glaubte, wenn ich die Gefangenen dazu brachte, sich zu entspannen, würden sie mir bereitwilliger antworten, wenn ich ihnen wichtige Fragen über militärische Angelegenheiten stellte.

Eine unvermeidliche Schlussfolgerung

Die Befehlshaber der Luftwaffe und des Militärs baten mich unablässig, der Baath-Partei beizutreten, und von Zeit zu Zeit bekam ich zu hören, meine Karriere werde darunter zu leiden haben, wenn ich nicht beiträte. 1986 fand ich dann heraus, was sie damit meinten. Ich wurde zu einem Treffen gerufen mit dem Chef des Geheimdienstes, dem Vorsitzenden der Baath-Partei beim Militär sowie zwei anderen Piloten, die auch Offiziere im Generalsrang und Freunde von mir waren. Sie sagten: „Georges, diesmal bitten wir Sie nicht, sich der Partei anzuschließen, aber wir möchten wissen, warum Sie nicht beitreten wollen."

„Na gut", sagte ich, „ich sage es noch mal. Aber soll ich die Wahrheit sagen, oder soll ich sagen, was Sie hören wollen?"

„Unbedingt die Wahrheit", entgegneten sie. „Das habe ich zwar schon einmal gemacht", antwortete ich, „aber lassen Sie es mich vereinfacht darstellen. Sie sagen, der Leib der Partei ist arabisch, der Geist ist islamisch, und auf mich trifft keines dieser Merkmale zu. Ich bin kein Araber – ich bin Assyrer. Ich bin kein Muslim – ich bin Christ. So ist es. Ich versuche nicht, jemanden an der Nase herumzuführen, und ich lüge nicht. Das ist der wahre Grund, warum ich der Partei nicht beitreten kann."

Sie verstanden das und wussten, dass ich Recht hatte. Damals war ich der zweithöchste Offizier der irakischen Luftwaffe. Und sie entschieden, wer zum nächsten kommandierenden General befördert würde. Was sie mir damit sagen wollten war: Da ich es wiederholt abgelehnt hatte, der Partei beizutreten, konnten sie mich unter gar keinen Umständen für diese Aufgabe auswählen. Darüber hinaus bedeutete das, dass es für mich nur eine Möglichkeit gab, da ich nicht weiter aufsteigen konnte: den Ruhestand.

Das sagten sie denn auch: „Georges, da Sie bei der Luftwaffe nicht weiter aufsteigen können, könnten Sie doch genauso gut jetzt in den Ruhestand gehen und allen eine Menge Ärger ersparen."

„Okay, wenn Sie das so wollen", erwiderte ich. „Sie wissen, ich bin ein junger General, erst sechsundvierzig. Und Sie haben mir oftmals gesagt, ich sei der beste Pilot der Luftwaffe. Es gibt kein Flugzeug, das ich nicht fliegen kann. Es gäbe noch viel für mich zu tun, aber wenn Sie sagen, ich soll in den Ruhestand gehen, mache ich das auch."

Sie waren bestürzt: „Hören Sie, wir sind nicht böse auf Sie, Georges. Sie waren als Soldat immer treu und gewissenhaft und haben seit 1963 in jedem Krieg und jedem Konflikt gedient. Sie haben ein exzellentes Dienstzeugnis, aber Ihnen war gewiss klar, dass Sie vorzeitig in den Ruhestand geschickt würden."

„Ja", sagte ich, „darüber habe ich schon nachgedacht und es ist in Ordnung. Ich hatte eine wunderbare Laufbahn, war an der Luftwaffenakademie und habe die besten und schnellsten Düsenjäger der Welt fliegen gelernt. Ich bin also zufrieden."

Das stimmt, ich hatte eine wunderbare Laufbahn – abgesehen von dem offensichtlichen Problem, in einem Land zu leben, das von einem Putsch nach dem anderen durchgeschüttelt wird und das mit einem Tyrannen wie Saddam Hussein als Oberbefehlshaber endet! Aber in welcher anderen Laufbahn hätte ich so viel Fortbildung in Russland, Amerika, England, Italien und Frankreich machen und an so vielen anderen Orten arbeiten können? Ich habe Könige und Prinzen kennen gelernt, ich habe Geschichte mitgeschrieben. Ich wurde als Pilot anerkannt und respektiert und ich war mit vierzig bereits General.

Worüber hätte ich mich beklagen sollen? So ist das beim Militär: Man arbeitet hart, man steigt rangmäßig auf, man dient seinem Land treu, und dann geht man in den Ruhestand. Ich war nicht überrascht oder schrecklich enttäuscht. Zumindest konnte ich verstehen, warum sie mich baten, in den Ruhestand zu gehen. Ich glaubte noch immer nicht, dass sich das Militär in die Politik einmischen sollte, doch ich akzeptierte die Entscheidung und ging zu meiner Einheit zurück. Einen Monat später erhielt ich meine Entlassungspapiere: Ich war vom aktiven Dienst befreit und erhielt mein Ruhegeld in voller Höhe.

Ein „Gentleman Farmer"

Damals konnten Offiziere noch mit ihrem vollen Sold in den Ruhestand gehen. Was ich also am letzten Tag meines Dienstes verdiente, würde ich fortan auch beziehen. Das einzige, das sich wirklich änderte war, dass ich zum Einkaufen nicht mehr zum Post Exchange – „PX" – zu gehen brauchte. Generäle im aktiven Dienst müssen selbst zum PX gehen, wenn sie etwas kaufen wollen, aber wenn sie im Ruhestand sind, kommt der PX zu ihnen. Ein Lieferwagen kommt vors Haus und der General oder seine Frau können fast alles kaufen, was sie brauchen – Lebensmittel, Kleidung, Zeitschriften, Sportausrüstung und alles mögliche sonst noch. Das war eine bequeme Vergünstigung im Ruhestand.

Ich sagte mir selber, dass mir nichts verloren ging. Ich war nicht zur Luftwaffe gegangen, um anderen etwas zu stehlen oder mich zu bereichern. Ich hatte kein Interesse daran, politische Macht zu gewinnen oder in ein hohes öffentliches Amt berufen zu werden; ich war zum Dienen da. Wenn sie meinen Dienst nicht wollten, würde ich eben in den Ruhestand gehen. Ehrlich gesagt war ich begeistert, denn ich wusste schon, was ich tun wollte.

In den Jahren zuvor hatte ich schon einiges über wissenschaftlichen Landbau gelesen. Die Vorstellung, mit moderner Technik und Anbaumethoden den Ernteertrag zu maximieren, war faszinierend. Das war eine wunderbare Zusammenarbeit zwischen Natur und

Wissenschaft: Nur Gott kann das Getreide wachsen lassen, aber wenn wir verstehen, wie das vonstatten geht, können wir auf sehr kreative Weise daran teilhaben. Das wollte ich unbedingt probieren.

Immer, wenn ich als junger Mann mit Landwirtschaft in Berührung kam, fand ich das sehr interessant. Ich war fasziniert von der Vorstellung, das Korn auszusäen, es zu düngen und zu wässern, um dann im Herbst die Ernte einzubringen. Doch natürlich wusste ich auch, dass das Land vielerorts karg ist und es nicht immer genug regnet. Daher ist es wichtig, einen Dünge- und Bewässerungsplan zu haben – und daran war ich wirklich interessiert.

Als ich mich daran machte, mein neues Leben außerhalb des Militärs anzupacken, schrieb ich meiner Schwester, die in Chicago lebt, und bat sie um Literatur über bestimmte Getreidearten, die im Irak gut gedeihen würden. Und insbesondere wollte ich Informationen darüber, wie ich sie nach wissenschaftlichen Gesichtspunkten anbauen könnte. Außerdem schrieb ich meinem Bruder, der leitender Ingenieur in Kuwait ist. Auch er liebt die Landwirtschaft und ist über moderne Anbaumethoden bestens informiert. Daher bat ich auch ihn, mir die besten Bücher zu schicken, die er auftreiben konnte, und er schickte mir vier dicke Bände.

Die nächsten paar Monate las ich Dinge wie: *Wie man amerikanischen Mais anbaut; Wie man Sonnenblumen anbaut; Wie man Sommerweizen anbaut;* und sogar *Wie man Gerste und Malz anbaut.* Ich hatte also alles, was ich brauchte. Schritt für Schritt wurde ich angeleitet, fast wie in einem Backrezept. Sobald meine Versetzung in den Ruhestand offiziell durch war, beantragte ich bei den Regierungsbehörden einen Bauernhof. Ich brauchte ein gutes Stück Land, um mit so einem Projekt anzufangen. Da die irakische Regierung ein sozialistisches Gebilde war, gehörte der Regierung alles Land, und Leute wie ich mussten sich um das Eigentum bewerben, das sie haben wollten. Sie wiesen mir einen großen Hof mit über 4000 Hektar Fläche zu, und zwar in der Nähe der Stadt Aziziya gut hundert Kilometer südlich von Bagdad, direkt am Tigris, so wie ich es mir erhofft hatte.

Glücklicherweise war der Hof früher ein staatlicher Hof gewesen und mit Bewässerungskanälen aus Beton ausgestattet, die direkt mit dem Tigris verbunden waren. Ich hatte Vorratsschuppen aus Metall, Düngerbehälter und alles, was ich brauchte, um mit meinem Projekt zu beginnen. Es machte richtig Spaß, alles zu organisieren und die Arbeit zu planen und dann im Frühjahr auf die Felder zu gehen und das erste Getreide zu pflanzen.

Es ist ehrlich wahr, dass ich im ersten Jahr zum Experten für wissenschaftliche Landwirtschaft wurde. Ich las ein Buch nach dem anderen. Ich verschlang diese und andere. Dabei erfuhr ich, dass das beste Getreide für den Boden und das Klima in diesem Teil der Erde genau das war, was ich anbauen wollte – Sonnenblumen, Mais, Weizen und Gerste. Sie gediehen in warmem, trockenen Klima. Damit legte ich also los. Ich hatte Sonnenblumen, neun Sorten amerikanischen Mais, Sommerweizen und eine Gerstenart, die normalerweise zum Bierbrauen genommen wird. Sie entpuppten sich als die perfekten Getreidesorten. Im Irak haben wir viel Sonnenschein und nicht viel Regen. Aber ich hatte ein erstklassiges Bewässerungssystem und große offene Anbauflächen. Alles lief also bestens.

Hang zum Geschäftemachen

In dem ganzen ersten Jahr betätigte ich mich als Landwirt. Ich bereitete den Boden vor und pflanzte die Saat. Es war aufregend, die ersten zarten Sprossen hervorlugen zu sehen. Ich verwendete den besten organischen Dünger und natürlichen Insektenschutz. Ich sorgte dafür, dass genügend Wasser zur rechten Tageszeit da war. Als dann die Zeit für unsere erste Ernte gekommen war, merkte ich plötzlich, dass wir in größeren Maßstäben denken mussten. Also ließ ich zwei Traktoren von Volvo per Schiff kommen. Ich erstand zwei neue Lieferwagen und drei schöne Claas-Erntemaschinen aus Deutschland. Alles kam aus Europa und es war großartig. Es waren lauter brandneue Maschinen, und zwar genau die, die ich brauchte, um die Ernte einzubringen.

Die ganze Ausrüstung und die Maschinen waren natürlich sehr teuer. Und selbst mit staatlichen Subventionen hatte ich noch eine Menge Geld selbst beizusteuern. Die meisten großen landwirtschaftlichen Betriebe meines Landes wurden vom Staat unterstützt, aber ich musste einen großen Teil der Kosten aus meiner eigenen Tasche bezahlen. Doch als wir dann die erste Ernte einfuhren, merkte ich, dass ich das Geheimnis von Reichtum entdeckt hatte. An dem Tag, als der erste große Scheck aus dem Verkaufserlös der Ernte kam, sagte ich: „Aha, so wird man also Millionär!"

Wir arbeiteten sehr hart von morgens früh bis abends spät ausschließlich mit modernen wissenschaftlichen Methoden. Zu Beginn meiner landwirtschaftlichen Betätigung lernte ich, dass die typische Getreideernte einer irakischen Farm etwa 250 Kilo pro Acre (ein Acre sind 4046,8 qm) erbrachte. Die erste Ernte meines Betriebs brachte 1.250 Kilo pro Acre – also die fünffache Menge. Weil ich es nämlich richtig gemacht habe. Ich habe den Boden geprüft und ihn mit chemischen Mitteln angereichert, bevor wir gepflanzt haben. Beim ersten Mal haben mich alle anderen Landwirte ausgelacht. Sie sagten: „Schaut euch diesen verrückten Christen an! Er wirft Chemie in den Boden."

Andere Landwirte pflanzten die Saat und verteilten erst chemische Mittel auf den Boden, wenn das Getreide zu sprießen begann. Doch in den Büchern, die meine Geschwister mir geschickt hatten, stand, man soll erst den Boden düngen und dann die Saat einpflanzen. Wenn die Saat gleich von Anfang an genug Nährstoffe und Wasser bekäme, würde sie stärker und größer und brächte einen viel größeren Ertrag hervor. So machte ich es auch. Und hatte die beste Ernte im ganzen Land.

Jeder reife Maiskolben hatte genau 1.460 Körner. Sie waren riesig. An jedem Stängel wuchsen zwei Kolben. Entsprechend fiel daher der Ertrag aus. Meine Sonnenblumen-Hybriden aus Amerika hatten an jedem Stängel eine riesige Blüte mit einem Durchmesser von etwa fünfundzwanzig Zentimetern. Hundert Kilo Sonnenblumen ergaben siebenunddreißig Kilo Öl – im Vergleich zur typischen Sonnenblumenernte, aus der sich nur etwa zwölf Kilo Öl pressen ließen.

So gestaltete sich also mein Leben die nächsten vier Jahre. Ich war ein „Gentleman Farmer", was mir sehr gut gefiel. Ich brauchte die Schlagzeilen nicht mehr zu verfolgen. Ich beobachtete die politische Lage nicht mehr so intensiv, wie ich es als Offizier getan hatte. Aber ich bekam natürlich mit, was auf der Welt passierte, und wusste, dass wir am Rande eines neuen Krieges standen. Saddam verlegte Heer und Luftwaffe nach Süden; er hatte eindeutig etwas Gefährliches, Dummes vor. Doch das war nicht meine Sache. Es streifte mein Interesse nur am Rande. Der Sommer war bald vorbei und ich bereitete mich auf die größte Ernte meiner neuen Laufbahn vor.

Auch wenn ich offiziell im Ruhestand lebte, merkte ich doch bald, dass niemand jemals voll und ganz von dem Dienst für Saddam befreit ist. Jeder im Irak, ich eingeschlossen, lebte an der kurzen Leine. Ich musste also auch in meinen Jahren als Landwirt bei mehreren Gelegenheiten Dienst tun oder beratend tätig werden.

Eine neue Richtung

Nach der Befreiung des Iraks wurde ich zu einem Treffen mit Vertretern des US-Militärs und Außenministeriums gebeten und ich berichtete von vielen Problemen des irakischen Militärs unter Saddam. Ich erzählte auch von den Einsätzen und Aufträgen, an denen ich als Pilot teilnahm. Deshalb haben sie mich, glaube ich, gebeten, mich einem multinationalen Team anzuschließen, das bei der Planung eines neuen Verteidigungsministeriums im Irak helfen sollte.

Sie luden mich zu einer Reihe von Besprechungen in Bagdad ein. Bei einer Gelegenheit sagte ein hochrangiger Offizier zu mir: „Georges, alle hier reden von Ihnen – Sunniten, Schiiten, Kurden. Alle scheinen Sie zu kennen und ich freue mich, dass sie Ihnen vertrauen. Wir hätten gerne, dass Sie mit uns zusammenarbeiten und uns helfen, das neue irakische Militär zu gestalten."

Natürlich freute ich mich, bei so einer Mission um Hilfe gebeten zu werden. Nicht nur aufgrund meiner Erfahrung in der Luftwaffe und an der Generalstabsakademie, sondern weil ich die Ursachen der Probleme im Irak kannte. Außerdem kannte ich viele Männer, die ihren Dienst mit Auszeichnung erfüllt hatten und die ich nun für Positionen in der neuen Regierung empfehlen konnte.

Einer der Männer war ein sehr guter Pilot, Oberst Allaā Attayeh, der von Saddam beinahe gehängt worden wäre. Kennen gelernt habe ich ihn 1989, als Saddam mir auftrug herauszufinden, was bei zwei unterschiedlichen Unfällen geschah, in einen von denen Oberst Attayeh verwickelt war. An dem ersten Unfall war Saddams Neffe Fadhil Dham beteiligt, der Flugschüler an der Luftwaffenakademie war. Er hatte eine L-39 Albatros geflogen, ein sehr anspruchsvolles tschechisch-russisches Schulflugzeug. Etwas ging schief und die Maschine stürzte mit zwei Piloten an Bord ab.

Als Saddam davon erfuhr, wurde er sehr wütend, denn er glaubte, es handele sich um einen weiteren Anschlag auf seine Familie. Er ließ alle verhaften, die irgendwie mit dem Flug zu tun hatten, einschließlich Techniker, Bodenpersonal, Mechaniker und selbst die Lehrer der Akademie. Sie sollten alle im Gefängnis bleiben, bis Saddam herausbekommen hätte, was geschehen war. Als er die Geheimdienstleute zur Absturzstelle schickte, sagte Saddam zu ihnen: „Niemand darf etwas anrühren. General Sada soll herausfinden, was passiert ist."

Damals trug ich seit drei Jahren keine Uniform mehr, sodass jemand ihm sagte: „Sie wissen ja, dass Georges jetzt im Ruhestand ist."

„Natürlich weiß ich das", entgegnete Saddam, „aber ich will ihn."

Seine Leute hielten überall nach mir Ausschau – in meinem Haus, im Haus meines Bruders, auf meinem Hof und was ihnen so einfiel. Schließlich fanden sie mich. „Georges, Georges! Kommen Sie, schnell. Saddam will Sie sehen!", brachten sie aufgeregt hervor – jetzt würde Saddam nicht böse auf sie sein. Ich suchte also den Präsidenten in seinem Arbeitszimmer auf. „Georges", sagte er, „ich weiß, dass Sie sehr gut die Black Box lesen können. Daher habe ich Sie rufen lassen. Wie Sie wissen, hatte mein Neffe Fadhil einen schweren Unfall. Sie sollen herausfinden, ob es ein Unfall oder ein Mordversuch war."

Von der Besprechung fuhr ich geradewegs zur Absturzstelle und untersuchte das Wrack. Wir bargen die Black Box, die ich zum Hauptquartier mitnahm, wo ich die Daten detailliert untersuchen konnte. Bald schon stand fest, dass es sich nicht um versuchten Mord oder Sabotage handelte. Vielmehr waren mehrere unterschiedliche Dinge während des Fluges schief gelaufen.

Erstens gab es in großer Höhe ein mechanisches Versagen und eine Explosion in der Brennkammer. Doch da gab es noch ein weiteres Problem. Die Maschine war ein Schulflugzeug mit zwei Sitzen. Laut Flughandbuch soll der Fluglehrer, der etwas erhöht auf dem Rücksitz sitzt, in einem unvermeidbaren Notfall als erster den Schleudersitz betätigen. Wenn der Pilot vorne zuerst den Schleudersitz betätigt, könnten die Raketen anfangen zu brennen und womöglich die Person auf dem Rücksitz töten.

Doch da der Pilot Saddams Neffe war, traute sich der Fluglehrer hinten nicht, als erster den Schleudersitz zu betätigen. Wenn er sicher herunter gekommen wäre, der Schüler es jedoch nicht geschafft hätte und mit der Maschine abgestürzt wäre, hätte Saddam ihn umgebracht. Aus den Daten des Stimmenrekorders ging hervor, dass der Lehrer seinen Schüler wiederholt gebeten hatte, den Schleudersitz zu betätigen, was der wiederum nicht tat. Sie versuchten also eine Bruchlandung in der Wüste. Als sie den Boden berührten, rutschte die Maschine eine ganze Strecke, überschlug sich dann und fing Feuer.

Pilotenfehler

Ich fand heraus, dass Fadhil den Schleudersitzhebel zog, als die Maschine anfing zu rutschen. Dabei wurde er nach oben befördert, aber nur so geringfügig, dass sich sein Schirm nicht ganz öffnen konnte und sein Körper in den Boden rammte. Der Aufprall war so stark, dass er sich jeden größeren Knochen brach. Der Fluglehrer steckte in der Maschine fest, aber die Rettungskräfte waren so schnell dort, dass sie ihn herausschneiden konnten. Fadhil wurde in schlimmer Verfassung ins Krankenhaus gebracht. Er erhielt über zwanzig Liter Blut, aber das nützte nichts mehr und er starb kurz darauf.

Niemand brachte den Mut auf, Saddam anzurufen und ihm zu sagen, dass sein Neffe gestorben war. Kein Regierungsbeamter, kein Offizier oder Krankenhausmitarbeiter wollte derjenige sein, der ihm die schlechte Nachricht überbrachte. Daher drängten sie mich, es zu tun. Es machte mir nichts aus, diesen Anruf zu tätigen. Ich hatte Saddams private Telefonnummer bei mir und musste mich nicht von irgendjemandem durchstellen lassen. Es war im Irak so üblich, wenn ein Flugzeug abstürzte und der Pilot getötet wurde, dann musste ich Saddam direkt anrufen und ihm Bericht erstatten. Also rief ich an.

Saddam wartete begierig auf Neuigkeiten. Er nahm sogleich ab und sagte: „Ja, Georges, was haben Sie herausgefunden?"

Jedoch musste ich sagen: „Mein herzliches Beileid – Ihr Neffe ist tot. Die Ärzte im Krankenhaus haben sich sehr um ihn bemüht und ihm sogar über zwanzig Liter Blut gegeben. Doch es war zu spät. Er ist vor wenigen Minuten verstorben."

Saddam war außer sich. „Was?", brüllte er. „Wie konnten sie das zulassen? Haben sie nicht gewusst, dass dieser Junge der Neffe des Präsidenten war?"

„Doch", erwiderte ich, „das war allen bekannt und es tut mir auch sehr Leid. Doch wenn Sie es wünschen, komme ich zu Ihnen und erkläre Ihnen alles."

Doch da brüllte er nur noch lauter: „Ich will nicht, dass Sie hierher kommen. Machen Sie einen Eilbericht und schicken Sie ihn mir unverzüglich!"

Das tat ich also. Ich stellte in zwölf Punkten alle Informationen zusammen, die ich bekommen hatte. Er muss es verstanden haben, denn ich habe nichts mehr davon gehört und die Techniker und Fluglehrer wurden aus dem Gefängnis entlassen und durften weiter arbeiten.

Der zweite Vorfall, den ich untersuchen sollte, passierte am Morgen des 2. Juli 1989. Saddam hatte dem Air Force Commander gesagt, ein paar unserer Piloten sollten einen Scheinangriff auf sein Familienanwesen in Al Ouja fliegen, dem Dorf in der Nähe von Tikrit, wo er geboren wurde. Offenbar hatte er Geheimdienstinformationen erhalten, wonach die Israelis dieses Haus angreifen wollten, während er sich darin befand – ein Geschwader von dreißig ihrer besten Jagdflugzeuge würde von Westen her einen Tiefflugangriff durchführen.

Damit unsere Leute herausfinden konnten, wie man so einen Angriff zurückschlägt, hatte Saddam dem Base Commander vor Ort befohlen, ein Geschwader irakischer Jagdflugzeuge im Tiefflug aus derselben Richtung über das Haus fliegen zu lassen. Auf diese Art, so sagte er, würden sie die Wirksamkeit unserer Luftabwehr überprüfen und sicherstellen, dass er nicht getroffen würde.

Der Befehlshaber schickte neun *Sukhoi*-Kampfflugzeuge los. Saddam war die ganze Zeit dabei, damit er alles beobachten konnte. Das Wetter war an dem Tag nicht sehr gut, doch die Piloten bildeten eine Formation und die Düsenjäger kamen niedrig und schnell von Westen her. Doch plötzlich setzte der Motor einer Su-25 aus, sodass der Pilot keine andere Wahl hatte, als sich in letzter Sekunde mit dem Schleudersitz zu retten.

Die Maschine stürzte ab, doch glücklicherweise nicht auf Saddams Haus. Allerdings nah genug, dass Saddam davon überzeugt war, der Pilot habe versucht ihn umzubringen. Also ließ er den Offizier mitsamt seiner Bord- und Bodenmannschaft unverzüglich verhaften. Es war ganz sicher, dass er gehängt würde, gäbe es auch nur den geringsten Hinweis darauf, dass der Pilot versucht hatte, den Präsidenten umzubringen. Doch bevor er den Exekutionsbefehl erließ, schickte Saddam nach mir, damit ich die Untersuchung durchführen, das Wrack inspizieren und ihm sagen konnte, was sich wirklich zugetragen hatte.

Dem Beispiel folgen

Nach dem Absturz steckte der Pilot ernsthaft in der Klemme – es war klar, dass seine Hinrichtung schon vorbereitet war. Sobald er mir gesagt hatte, dass er Oberst Attayeh heißt, wusste ich, wer er war. Sein Vater hatte der kommunistischen Partei angehört, sein Bruder war in der Al Dahwa Partei. Beide hatten sie einen hohen Preis für ihren Dissidentenstatus gezahlt. Der Vater war gehängt worden, der Bruder saß eine lebenslange Haftstrafe ab. Doch ich wusste auch, dass Attayeh ein verlässlicher Offizier und ein guter Pilot war, denn er war an der Operational Conversion Unit (OCU) ein Schüler von mir gewesen. Er hatte immer hervorragende Noten bekommen. Daher wollte ich unbedingt herausfinden, was schief gelaufen war.

Als ich am Stützpunkt ankam, um mit meiner Untersuchung zu beginnen, nahm ich im Warteraum Platz. Nach wenigen Minuten kam ein General, den ich nie zuvor gesehen hatte, den Flur entlang. Da ich offiziell im Ruhestand war, war ich nicht in Uniform. Vielmehr trug ich ein T-Shirt und eine Freizeithose. Offenbar erwartete dieser General, der abgestellt worden war, um mir bei meinen Untersuchungen zu helfen, jemanden in Uniform, denn er kam zu mir und fragte: „Entschuldigung, können Sie mir sagen, ob General Sada hier ist?"

„Ja", erwiderte ich, „das kann ich Ihnen sagen. Wer sind Sie, bitte?" Er sagte mir seinen Namen und ich antwortete: „Ich bin General Sada."

Er war offenkundig erstaunt. Doch er setzte sich und erzählte mir ungefragt alles über den familiären Hintergrund des Piloten und seine Mutmaßungen über den Aufruhr, den er angezettelt habe. Für ihn war der Fall schon erledigt. Er hatte sich selbst zum Richter und Geschworenen gemacht; mein ehemaliger Schüler würde ohne weitere Nachforschungen für schuldig erklärt werden.

Ich schaute ihn bloß an und fragte: „In welcher Waffengattung tun Sie Dienst, Herr General?" Er sagte mir, er sei Infanterieoffizier. Darauf fragte ich: „Sind Sie Pilot?" Er verneinte. Daher hakte ich nach: „Kennen Sie sich mit der mechanischen Konfiguration, der Flugwerkintegration, dem Zellzusammenbau oder der Flugelektronik der *Sukhoi* aus?"

„Nein, überhaupt nicht", erwiderte er. Er war augenscheinlich verblüfft über diese Frage. „Na dann", fuhr ich etwas bestimmter fort, „müssen Sie ja Ingenieur sein, um bereits so viel über den Unfall zu wissen."

Unsicher antwortete er: „Nein, ich bin Geheimdienstoffizier, kein Ingenieur."

Da stand ich auf und sagte: „Na gut, dann sage ich Ihnen hiermit, was Sie jetzt tun. Sie gehen zu Ihrem Befehlshaber oder wer auch immer hier für den Geheimdienst zuständig ist und sagen ihm, dass General Sada Sie nicht will."

„Was?", fragte er. „Was meinen Sie damit?"

Ich sagte: „Sagen Sie Ihrem Befehlshaber, dass ich für meine Untersuchungen keinen Infanterieoffizier will, der nichts von Flugzeugen versteht. Er soll mir einen Piloten schicken, oder einen Ingenieur, oder einen Spezialisten, der sich mit der Mechanik eines Düsenjägermotors auskennt. Und sagen Sie ihm, ich hätte gesagt, Sie wären ungeeignet."

Mechanische Probleme

Der Mann war zwar gedemütigt, doch er ging zu seinem Vorgesetzten und erstattete Bericht. Zwischenzeitlich erzählte mir ein Feldwebel, der in dem Büro arbeitete, dass eine Gruppe russischer Offiziere gerade dort beschäftigt sei und sich im Moment in der Cafeteria aufhalte. Also ging ich in die Cafeteria und sah ein paar Männer, offensichtlich Russen, an einem Tisch sitzen. Ich ging zu ihnen und sprach sie auf Russisch an. Ich stellte mich vor und sie freuten sich sehr, dass ich ihre Sprache konnte.

Ich erzählte ihnen von dem Absturz und dem ungewissen Schicksal meines früheren Schülers. Sie fragten mich, ob sie mir bei der Klärung einiger mechanischer Fragen helfen könnten, um einen Überblick zu bekommen, was an jenem Tag geschah. Sie versicherten mir, dass sie alles über die Flugelektronik, Hydraulik, Leistungsdaten und andere mechanische Eigenschaften dieses Flugzeugs wussten. Sie würden gerne helfen herauszufinden, was genau schief ging und warum der Motor der *Sukhoi* ausgefallen war.

Genau das hatte ich mir erhofft. Mit der Versicherung, dass ich Zugang zu Expertenmeinungen hätte, ging ich zu dem Raum, in dem der Pilot festgehalten wurde. Ein Geheimdienstoffizier begleitete mich hinein. Der Pilot war sichtlich erschüttert und in Tränen aufgelöst. Er schluchzte: „Niemand kann mein Leben retten außer Gott und Ihnen! Sie wissen, dass ich nichts getan habe. Sie müssen mir glauben!"

Ich wusste, wie er sich fühlte, aber sein Weinen war unangemessen. Daher tadelte ich ihn: „Lassen Sie das und hören Sie mir zu. Sie sind Jagdpilot und hochrangiger Offizier. Ich möchte nicht, dass Sie sich so aufführen. Hören Sie mich?"

„Ja", sagte er, „ich verstehe." Er mag mich wohl verstanden haben, aber an seinem Benehmen änderte sich nicht viel und seine Tränen flossen weiter. Also fragte ich ihn: „Erzählen Sie mir, was genau passiert ist. Welche Position hatten Sie in der Formation?"

„Ich war in meiner Position und wir hatten gerade abgedreht und fingen an mit dem Überflug. Sobald ich die Maschine ausgerichtet hatte, fielen die Motoren aus."

Ich sagte: „Ja, aber dieses Flugzeug hat doch zwei Motoren. Wollen Sie mir sagen, dass beide Motoren gleichzeitig ausfielen?" Er bejahte.

„Wie hoch war der Treibstoffstand?", fragte ich. Er antwortete, dass die Anzeige noch reichlich Treibstoff angab und jeder Abwurfbehälter mindestens 1.100 Liter fasste.

Das machte mich hellhörig, denn zu dem Zeitpunkt hätte unter keinen Umständen noch so viel Treibstoff in den Tanks sein dürfen. Die Su-25 ist so konstruiert, dass zuerst der Treibstoff in den Abwurfbehältern verbraucht wird und danach erst auf die bordeigenen Haupttanks zugegriffen wird. Ich bat ihn, mir nochmals zu sagen, welche Füllhöhe angezeigt wurde, und er wiederholte genau das, was er auch beim ersten Mal gesagt hatte.

Daher entgegnete ich: „Machen Sie sich keine Sorgen mehr. Das hört sich nach einem mechanischen Versagen an und Ihre Abwurfbehälter haben nicht richtig funktioniert. Das erklärt auch die hohe Füllstandsanzeige. Statt Treibstoff von den außenliegenden Tanks zu nehmen, hatten die Motoren bereits auf den internen Vorrat umgeschaltet. Als sie dann in den Tiefflug übergegangen sind, fielen sie einfach aus."

Ich fragte ihn: „Wenn die Abwurfbehälter dieser Maschine nicht funktionieren, welches Warnsignal erwarten Sie dann im Cockpit?"

Er sagte, es gebe drei kleine grüne Lampen unten in Höhe seines Beins, und wenn die Treibstofftanks nicht funktionieren, blinken sie vier Mal und gehen dann aus. „Haben Sie sie blinken gesehen?", fragte ich. Er verneinte.

„Und an welcher Position waren Sie bei dem Flug?", wollte ich nun genauer wissen.

„An fünfter", antwortete er. „Ich war sehr dicht am Grund, unter und hinter dem führenden Flugzeug."

Ein naheliegender Schluss

Da verstand ich, was passiert war. Die Maschinen kamen von Westen und hatten die Sonne genau geradeaus vor sich, was bedeutete, dass die Anzeigentafel des Cockpits normalerweise im Schatten lag. Es war zehn Uhr vormittags, doch die Sonne war die meiste Zeit hinter den Wolken – genau wie zu dem Zeitpunkt, als sie mit ihrem Manöver begannen. Außerdem sah der Pilot, der an fünfter Position war, dicht über Grund flog und zu der führenden Maschine hinauf schaute, niemals die grünen Lichter unten in Beinhöhe blinken.

Also rief ich den Geheimdienstoffizier an: „Holen Sie den Mann hier aus diesem Raum und lassen Sie ihn im Pilotenraum sitzen."

Er entgegnete: „Nein, das kann ich nicht. Die Anweisung, ihn hierher zu bringen, kam von der obersten Kommandostelle des Geheimdienstes."

„Okay", sagte ich, „jetzt hören Sie mir gut zu. Ich bin verantwortlich für die Untersuchung dieses Falles und der einzige Mensch über mir ist der Präsident. Wenn Sie dem Präsidenten nicht unbedingt erläutern wollen, warum Sie meinen Befehlen nicht Folge leisten, dann sollten Sie diesen Mann hier jetzt lieber unverzüglich in den Pilotenraum bringen!"

Das kapierte er und man brachte den Mann in den Aufenthaltsraum der Piloten. Seine Stimmung hellte sich deutlich auf. Doch ich musste noch mit einem Hubschrauber zur Absturzstelle fliegen und nachschauen, was es da gab. Ich musste mit den Arabern aus der Umgebung sprechen, um herauszukommen, was sie gesehen hatten. Die Dorfbewohner haben immer Angst vor diesen offiziellen Untersuchungen und sie möchten in nichts hineingezogen werden. Ich musste also eine Weile mit ihnen reden und ihnen versichern, dass alles in Ordnung sein würde. Ich sagte ihnen, dass ich vom Präsidenten geschickt worden sei und wenn jemand bei dem Absturz irgendeinen Verlust erlitten hätte, würde ich für Entschädigung sorgen.

Plötzlich wurden sie alle sehr gesprächig. Alle hatten sie etwas zu berichten und einer erzählte mir: „Als dieses Flugzeug am Boden aufschlug, ergoss sich ein See von Treibstoff und Öl über unser Vieh. Und jetzt sterben die Tiere."

Als ich mich umschaute, um zu überprüfen, ob der Mann die Wahrheit sagte, brüllte er zu seinem Sohn hinüber, er solle mir doch die Kühe zeigen. Tatsächlich waren sie von Treibstoff überzogen. Die Leute hatten schon versucht, alles abzuwaschen, doch ein paar Kühe waren bereits verendet und sie zeigten mir die Kadaver.

Jetzt wusste ich, dass meine Theorie zutraf. Ich betete im Stillen: *Danke, Jesus*, dann zahlte ich den Bauern eine Entschädigung aus. Natürlich erkannten sie das als Chance, zu etwas Geld zu kommen. Daher sagte mir ein Mann, er habe zwölf Kühe verloren. Ich schaute ihm in die Augen: „Ach ja, zwölf Kühe?!"

Er antwortete: „Naja, wenn Sie mir sechs bezahlen, geht das schon klar."

Ich wusste, es waren nur zwei, aber ich bezahlte ihm sechs Kühe. Ich war froh, dass mir diese Informationen bestätigt worden waren.

Ich kehrte zur Kommandostelle der Luftwaffe zurück, stellte meinen Bericht zusammen und schrieb Saddam einen Brief. Ich erzählte, was ich herausgefunden hatte, und schrieb: „Ich kenne diesen Mann. Er ist ein guter Pilot und ein guter Offizier. Wenn Sie etwas über seinen Vater und seinen Bruder erfahren, trifft das alles zu, doch hat es nichts mit dem zu tun, was hier passiert ist."

Ich erläuterte, dass es sich um ein mechanisches Versagen handelte, das bei diesen Flugzeugtypen bereits früher aufgetreten war. Der Fehler lag am Design.

„Wenn jemandem ein Verschulden vorzuwerfen ist", schrieb ich, „dann sind es die russischen Ingenieure, die nur drei kleine grüne Lämpchen als Warnsignal für den Piloten eingebaut haben für den Fall, dass das Treibstoffsystem nicht funktioniert, anstatt einen Piepton oder eine Hupe oder ein anderes hörbares und besser sichtbares Signal einzubauen. Außerdem", fuhr ich fort, „bitte ich um Erlaubnis, zu General Amir Rashid zu gehen und darum zu bitten, dass die

Rüstungsindustrie Änderungen vornimmt, die dieses Problem lösen."

Wir hatten etwa fünfzig dieser Maschinen und es gab keinen Grund, auch nur eine weitere aufs Spiel zu setzen.

Kurz nachdem Saddam meinen Bericht erhalten hatte, gratulierte er den Befehlshabern zu meinen Erkenntnissen. Er ließ den Piloten und die anderen, die vom Geheimdienst festgehalten wurden, auf freien Fuß setzen. Den Air Force Commander wies er an, sich nach meinen Empfehlungen zu richten und ein neues Warnsystem in die *Sukhois* einbauen zu lassen, damit sich ein solcher Unfall niemals wiederholte. Und zu meiner großen Überraschung ließ er mir ein besonderes Geschenk zukommen: zehntausend Dollar und eine goldene Uhr.

Saddam war froh, dass er nicht das Ziel seiner eigenen Piloten war. Dennoch befahl er dem Befehlshaber jenes Stützpunkts, den Piloten aus dem Dienst zu entlassen. Er wollte ihn nicht mehr in der Luftwaffe haben – also wurde der junge Mann in den Ruhestand versetzt. Doch angesichts der Optionen, nämlich Tod durch den Strang oder Versetzung in den Ruhestand, war er mit dieser Lösung gewiss mehr als zufrieden. Als ich später gebeten wurde, zur Bildung des neuen irakischen Verteidigungsministeriums im Jahre 2003 beizutragen, schlug ich diesen Mann als Stellvertreter des Air Force Commander vor. Oberst Attayeh wurde also zum General befördert und war eine Zeit lang sogar stellvertretender Befehlshaber der Luftwaffe.

Während meines vierjährigen Ruhestands gab es viele solcher kurzfristigen Aufträge, doch 1990 sah ich schwere Gewitterwolken am Horizont auftauchen. Eigentlich hätte mich Saddams nächster Anruf nicht überraschen dürfen. Was er dieses Mal für mich auf Lager hatte, setzte meinem Dasein als Landwirt allerdings ein Ende und erwies sich als eine der größten Herausforderungen meines Lebens.

TEIL 2

5. Plötzliche Änderung von Plänen

Als ich am 2. August einen dringenden Anruf aus dem Hauptquartier der Luftwaffe in Bagdad erhielt, wurde mir mitgeteilt,
dass Saddam gerade die Invasion Kuwaits angeordnet hatte. Man
sagte, General Georges Sada sei der erste Offizier, den Saddam in den
aktiven Dienst zurückbeordert hatte. Außerdem wurde mir mitgeteilt, dass ich ein Treffen mit dem Präsidenten habe und dass ich
wahrscheinlich zum Berater der Luftwaffe berufen würde.

Was sollte ich tun? Das irakische Recht besagte, wenn man zum
aktiven Dienst zurückbeordert würde und nicht anträte, würde man
gehängt. Da würden keine Fragen gestellt. Also ging ich hin. Im
Hauptquartier der Luftwaffe traf ich mich mit General Muzahim
Hassan al-Tikriti, der früher einmal mein Schüler gewesen war. Ich
war sein Fluglehrer und Major gewesen und hatte ihm 1971 zu seinem ersten Alleinflug in der MiG-21 verholfen. Damals war ich sein
Befehlshaber gewesen, doch jetzt war er Oberbefehlshaber der Luftwaffe – teilweise deswegen, weil er ein Cousin von Saddam Hussein
war.

Als ich mich zum Dienst meldete, sagte mir General Muzahim,
dass er drei Dinge von mir wolle. Erstens sollte ich die Leistungsfähigkeit der Koalitionsstreitkräfte herausbekommen – das heißt der
Amerikaner, der Briten und aller anderen, die aktiv gegen den Irak
vorgehen würden. Zweitens wollte er die Zerstörungskraft und Genauigkeit der Marschflugkörper der US-Marine wissen. Und drittens
wollte er die verbundene Leistungsfähigkeit der fünf amerikanischen
Flugzeugträger wissen, die im Roten Meer und im Persischen Golf,
den wir im Irak als Arabischen Golf bezeichnen, stationiert waren.

Von allen Aufgaben, die Muzahim mir hätte zuweisen können,
war diese hier mir am liebsten. All das hatte ich zehn Jahre lang an allen drei Militärakademien – der Stabsakademie, der War Academy

und dem National Defense College – unterrichtet, wo ich Stabschef war. Zu meinem Verantwortungsbereich gehörte der Unterricht genau dieser Themen. Also hatte ich das Material bereits teilweise und konnte mir den Rest leicht beschaffen.

Das einzige, worum ich den militärischen Nachrichtendienst bat, war eine aktuelle Lagebeurteilung zu Anzahl und Standard von Flugzeugen der Amerikaner und der Koalitionsstreitkräfte in der Region. Sie sagten mir, welche Geschwader in Oman stationiert waren und wie viele Kampfflugzeuge sie einsetzen konnten, wie viele in Saudi-Arabien waren und so weiter, und sie lieferten mir eine Schätzung, wie viele von jedem Flugzeugtyp in der Region waren – Tornados, Harrier, Black Hawks, Jaguar, F-16 und so weiter. Schließlich stellte sich heraus, dass es sich um 2.700 Kampfflugzeuge handelte, voll bewaffnet und einsatzbereit.

Meine Aufgabe war es nun, zu analysieren und einen Bericht anzufertigen, welche Schäden diese Flugzeuge anrichten könnten. Diese Aufgabe war nicht schwer: Das war über viele Jahre mein tägliches Brot gewesen. Würden all diese Flugzeuge in die Luft geschickt, konnte ich einen Bericht über ihre genaue Leistungsfähigkeit abgeben. Eine ähnliche Einschätzung erstellte ich über die Marschflugkörper, die mehr als wahrscheinlich entweder von den vier Flugzeugträgern im Persischen Golf abgeschossen würden, oder von der *USS Saratoga*, die im Roten Meer lag. Zusätzlich zu den Raketen konnten einige Träger siebzig oder achtzig Flieger in die Luft schicken. Eine Analyse dieser Art sollte ich also erstellen.

Außer den statistischen Daten hatte ich mehrere Videos, die alle diese Waffen detailliert beschrieben und ihr Zerstörungspotenzial aufzeigten. Das Traurige daran war, dass ich diesen Auftrag am 2. August 1990 erhielt, nachdem irakische Panzer, Hubschrauber und Flugzeuge bereits die kuwaitische Grenze überschritten hatten. Trotzdem machte ich mich gleich an den Bericht und war zuversichtlich, dass ich ihn vorlegen konnte, wann immer ich dazu aufgefordert würde.

Ein gefährlicher Plan

Mittlerweile waren die Spannungen in der internationalen Gemein-schaft hinsichtlich der Invasion und der wahrscheinlichen Auswir-kungen weiter gewachsen und die Vereinten Nationen verabschiede-ten alle möglichen Resolutionen. Anscheinend war auch klar, dass Amerika und Großbritannien eine Offensive vorbereiteten, um die irakische Armee aus Kuwait zu vertreiben. Im November 1990 mach-te ich eine Furcht erregende Entdeckung: Saddam hatte der Luft-waffe den Befehl erteilt, mit der Planung eines großen Luftangriffs auf Israel zu beginnen. Sollten die Amerikaner ihn angreifen und zwingen, Kuwait aufzugeben, sagte er, dann wären unsere Piloten in der Lage, Israel anzugreifen, sobald die ersten Raketen einschlügen, und der Preis würde hoch sein. Sie würden zwei massive Angriffe mit drei chemischen Waffen starten: dem Nervengas Tabun, sowie mit Sarin 1 und Sarin 2.

Bei der Mission sollten achtundneunzig unserer besten Jagdflug-zeuge zum Einsatz kommen – russische Sukhois, französische Mira-ge und MiGs, die mit Treibstoff und Ausrüstung versorgt waren, um über Jordanien und Syrien nach Israel vorzudringen, jedoch ohne diese Länder vorher in Kenntnis zu setzen. Das wäre eindeutig ein unerlaubtes Eindringen in syrischen und jordanischen Luftraum mit einer Nutzlast aus todbringenden Giften. Ich war erschüttert, dass so eine Anordnung erteilt werden könnte; aber eins wusste ich: Sollte dieser Auftrag je ausgeführt werden, wäre die Verletzung von Luft-raumgrenzen unser geringstes Problem.

Wenige Tage, nachdem ich erstmals von den Plänen erfahren hat-te, wurde ich in den Palast bestellt. Saddam wollte mich persönlich sehen, und zwar jetzt gleich in seinem Arbeitszimmer. Also hatte ich ein weiteres Zusammentreffen mit dem Präsidenten, und ich war er-staunt, dass sich bei meinem Eintreffen bereits der vollständige Ge-neralstab im Konferenzraum eingefunden hatte.

Saddam hatte bereits mehrfach mit mir zu tun gehabt, und ich glaube, er respektierte mich. Ich weiß, warum er mir traute: Er konnte bei den meisten seiner Generäle nicht darauf bauen, dass sie ihm die Wahrheit sagten aus Angst vor ihm und wegen ihrer Bindung an eine Religion oder ein politisches Programm. Sie sagten entweder, was Saddam hören wollte, oder sie sagten etwas, das für ihre eigenen Leute von Vorteil war. Daher sagte er oft zu mir: „Wenigstens wird Georges mir die Wahrheit sagen." Und selbst Saddam brauchte von Zeit zu Zeit ein offenes Wort.

Ich wusste damals nicht, warum er mich herbeizitiert hatte, aber ich wusste, dass es etwas sehr Wichtiges sein musste. Etliche der anwesenden Offiziere bekleideten einen höheren Rang als ich, aber es war alles so arrangiert, dass ich genau vor Saddam zu sitzen kam. Von Rechts wegen hätte ich in der zweiten Reihe sitzen müssen, aber er hatte seine Helfer angewiesen, mich in die erste Reihe zu setzen. Also saß ich da.

Als alle Platz genommen hatten, machte er ein paar einleitende Bemerkungen, schaute mich dann an und fragte: „Georges, wissen Sie, warum Sie hier sind?"

Ich sagte: „Nein, aber es ist mir eine große Ehre."

Darauf er: „Ich habe beschlossen, dass die Luftwaffe Israel angreifen wird."

Plötzlich wusste ich, was das alles sollte. Zwar wusste ich nicht, worauf das Gespräch hinauslaufen sollte, aber klar war, dass Saddam eine Rechtfertigung für eine Entscheidung suchte, die er bereits getroffen hatte.

Daher fragte ich: „Israel angreifen?"

Und er bestätigte das: „Ja, genau."

Er ließ mich einen Augenblick darüber nachdenken und stellte mir dann alle möglichen Fragen.

Die erste war verblüffend: „Georges, wer ist stärker – Israel oder der Irak?"

Ich wusste, was er von mir hören wollte, doch musste ich realistisch bleiben. Schließlich hatte Saddam mich einbestellt, weil er wusste, dass ich ihm offen und wahrheitsgemäß antworten würde. Ich hielt also einen Moment inne und sagte dann: „Sie reden hier über den Unterschied zwischen Blinden und Sehenden."

Er schaute mich fragend an: „Was meinen Sie damit?"

Ich entgegnete: „Es gibt zwei Gruppen: die Blinden und die Sehenden. Beide bereiten sich auf den Kampf vor."

„Ja", sagte er, „und welche ist welche?"

„Leider", erwiderte ich, „sind wir die Blinden und die Israelis sind die Sehenden."

Saddam fuhr auf: „Warum das denn?"

Mir war durchaus bewusst, dass ich mich auf dünnem Eis befand. Viele gute Menschen waren schon für weniger beleidigende Worte als diese hier ums Leben gekommen. Saddam persönlich hatte bereits hochrangige Offiziere an Ort und Stelle erschossen. Andere waren wegen Gedanken oder Taten hingerichtet worden, die er sich bloß eingebildet hatte. Bevor ich die Frage also beantwortete, entschloss ich mich zu einem weiteren Verteidigungsmanöver: „Wenn ich Ihnen jetzt die Wahrheit sage, werden Sie mich dann nach arabischer Sitte frei reden lassen, mit Immunität?" Mit anderen Worten: Versprechen Sie mir, den Überbringer der Nachricht nicht zu erschießen?

Saddams Blick war bedrohlich, aber er wusste, was ich meinte. Worum ich ihn bat, war eine jahrhundertealte Tradition der arabischen Wüstenbewohner, ein Schwur der Stammesfürsten, den Boten frei ausreden zu lassen, ohne dass er fürchten musste, umgebracht zu werden.

Saddam verschränkte die Arme vor der Brust. „Ja, ich gewähre Ihnen Immunität", sagte er und fügte energischer hinzu: „Nun reden Sie schon!"

Mir blieb keine andere Wahl, als ihm zu antworten. Ich wusste sehr wohl, dass er anderen unter den gleichen Umständen auch Immunität zugesagt hatte, doch sie wurden gehängt. Für mich war es jedoch eine Sache der Ehre, die Wahrheit zu sagen. Im Stillen seufzte ich, Herr, gib mir den Mut zu reden, und dann redete ich.

Von Anfang bis Ende dauerte meine Antwort hundert Minuten. Als Generalmajor der Luftwaffe hatte ich mich detailliert mit diesen Fragen beschäftigt und verfügte daher über umfassende Kenntnisse über die militärische Schlagkraft der Streitkräfte unserer Region sowie derjenigen in Europa und Nordamerika. Auf diese Themen konnte ich also ausführlich eingehen. Doch kaum war ich fertig, bekam Saddam erneut einen Wutanfall. Zum Glück richtete sich sein Zorn diesmal nicht gegen mich, sondern gegen die anderen, die ihm diesbezüglich nicht die Wahrheit gesagt hatten.

Die meisten dieser Männer waren eifrig darum bemüht, Saddam zu versichern, dass zwei plus zwei neun ergibt, denn sie wussten, dass er das hören wollte. Aber Gott sei Dank hörte Saddam mir zu – das allein war schon ein Wunder. Er hörte sonst nie jemandem zu. Er hatte seine eigenen Vorstellungen und er wollte nie mit Fakten konfrontiert werden, wenn sie ihn daran hindern würden, etwas zu tun, was er längst beschlossen hatte.

Als Beispiel dafür, wie weit er gehen würde, schickte Saddam mich einmal zu einer Mission nach England, mit der erklärten Absicht, die Einstellung der Engländer und Amerikaner ihm gegenüber zu beeinflussen. Er selber wollte sich in keiner Weise ändern; er wollte England und Amerika ändern. Saddam gehörte zu den Menschen, die glauben, sie können tun, was immer sie wollen. Schließlich konnte Saddam im Irak mit einer einzigen Handbewegung Generäle und Kommandeure und Regierungsbeamte machen – so war er sich sicher, dass er den Engländern und Amerikanern befehlen konnte zu glauben, er sei eine gute, großzügige Führungspersönlichkeit, und dass sie das dann auch tun würden. Bei einer anderen Gelegenheit sprach ich mit Saddam über die Stärke unseres Militärs und erwähnte ganz nebenbei, dass Amerika die einzige verbliebene Supermacht war. Augenblicklich unterbrach er mich und sagte: „Georges, sagen Sie das nie wieder. Das will ich nie wieder von Ihnen hören."

Und so ging es immer. Wenn die Fakten Saddam nicht gefielen, klammerte er sie einfach aus. Das betraf nicht nur militärische Angelegenheiten; genauso hielt er es mit der Wirtschaft, mit staatlichen Statistiken und mit allen möglichen anderen Zahlen. Er leugnete Tatsachen, die so klar auf der Hand lagen, dass sie zum Allgemeinwissen gehörten, häufig indem er sagte, diese Dinge seien bloß Ansichtssache, oder sie seien Glaubensangelegenheiten. Natürlich war er alles andere als ein spiritueller Mensch. Doch Saddam lebte jeden Tag in einer erfundenen Welt eigener Machart.

In einem Augenblick gab er sich als glühendster Muslim im Irak aus und ließ sich beim Beten fotografieren, wie er auf dem Gebetsteppich kniete oder den *Ihram*, ein Pilgergewand, trug. In Wirklichkeit war er weit entfernt, ein guter Muslim oder sonst irgendetwas zu sein. Er nutzte und missbrauchte seine Macht und verstieß bedenkenlos gegen den Islam, wenn es ihm beliebte. Und seine Söhne waren unermesslich viel schlimmer als er.

Darum war es so schwierig, mit Saddam zu reden, ihm wichtige Informationen zu liefern. Wenn man offen und ehrlich über irgendein Thema zu ihm sprach, wusste man nie, welche Folgen das haben würde. Unzählige Menschen waren gestorben, einfach weil sie ihm die Wahrheit gesagt hatten.

Entmutigende Worte

Als ich Saddam sagte, ein Angriff auf Israel bedeute, dass der Blinde den Sehenden angreift, war der gesamte Generalstab anwesend. General Amir Rashid Ubaidi, der Deputy Air Force Commander for Technology and Engineerin, neigte sich zu seinem Kollegen hinüber und raunte ihm zu: „Georges wird hier auf der Stelle umgebracht. Man wird ihm den Kopf abtrennen."

Ich konnte das natürlich nicht hören, aber später haben sie es mir erzählt.

General Amir war übrigens ein wahres Genie. Sein Studium an der Universität London, wo er der Jahrgangsbeste war, schloss er als Dr. Ing. ab. Nach dem Golfkrieg wurde er von den Amerikanern in Gewahrsam genommen und in ein irakisches Gefängnis gesteckt. Er war für das „Superwaffen"-Programm zuständig gewesen, machte jedoch geltend, dass der Irak nie irgendwelche chemischen oder Massenvernichtungswaffen gehabt habe – das stimmte natürlich nicht, und wenn das einer wusste, dann er.

Jedenfalls erläuterte ich Saddam, warum ich diesen Vergleich gebraucht hatte: Die Israelis konnten mit ihrem hoch entwickelten Radar über 200 Kilometer weit jede Richtung überblicken. Auf der anderen Seite stammten über 75 Prozent der irakischen Luftfahrttechnik aus russischer Hand und die Reichweite des Radar in unseren Kampfflugzeugen betrug nur knapp fünfundzwanzig Kilometer. Das bedeutete, die israelischen Kampfflugzeuge konnten unsere Flieger bereits mindestens 175 Kilometer früher sehen, bevor wir überhaupt merkten, dass sie da waren.

Und das war noch nicht das Schlimmste. Ihre lasergelenkten Waffen konnten unsere Kampfflugzeuge aus über hundert Kilometern Entfernung ins Visier nehmen, während wir keine Ahnung hätten, dass überhaupt feindliche Kampfflugzeuge unterwegs wären. Dann könnten die israelischen Piloten ihre weittragenden Raketen aus mindestens achtzig Kilometern abfeuern und unsere Piloten würden niemals erfahren, wer sie getroffen hätte.

Nun fragte ich Saddam: „Finden Sie nicht auch, dass dies ein Kampf zwischen Blinden und Sehenden ist?"

Ein paar Sekunden lang starrte Saddam einfach geradeaus. Dann drehte er den Kopf ruckartig nach links zu General Amir und brüllte: „Amir, was will uns Georges damit sagen?"

Mit anderen Worten, Saddam fragte seinen Waffenexperten: Warum haben Sie mir das nicht schon früher erzählt? Das ist Ihr Gebiet und Sie sind persönlich verantwortlich dafür, mir so etwas mitzuteilen.

Ich änderte meinen Gesichtsausdruck nicht, sondern schaute Saddam weiterhin an. Doch dann ging mir auf: *Oh nein! So tapfer ist General Amir auch wieder nicht. Ich fürchte, er wird Saddam nicht die Wahrheit erzählen und mir oder einem anderen die Schuld zuschieben wollen.* Ich wandte rasch meinen Kopf um und schaute Amir direkt in die Augen, sodass er erkennen konnte, dass ich es sehr ernst meinte.

Nach dem Treffen kam General Amir zu mir und sagte: „Ich wusste, Georges, als Sie sich zu mir umdrehten und mir diesen Blick zuwarfen, dass Sie mir damit etwas sagen wollten."

Und genau das war meine Absicht. Ohne Worte bedeutete ich ihm, die Wahrheit zu sagen, denn wir sprachen beide direkt mit Saddam Hussein. Wenn er mir nicht zustimmte oder sich durch Lügen herauswinden wollte, hätte ich schon klare Worte gefunden, um mich zu verteidigen. General Amir wusste genau, was ich meinte.

Gott stand mir bei, denn General Amir sagte zu Saddam: „Was Georges über den Unterschied zwischen der israelischen Luftwaffe mit hoch entwickelter amerikanischer und europäischer Technik und unserer von Russen hergestellten Luftwaffe mit nicht so hoch entwickelter Technologie gesagt hat, ist ganz richtig."

Dann erklärte er es ihm mit detaillierten ingenieurtechnischen Begriffen und erzählte Saddam alles über die Technologie der verschiedenen Jagdflugzeuge.

Amir wusste, dass Saddam sich nicht im Geringsten für diese Details interessierte; er stärkte sich nur selbst den Rücken. Was aber letztendlich dabei herauskam war, dass er ihm sagte: Georges hat Ihnen die Wahrheit über unsere Jagdflugzeuge erzählt und wir können es nicht mit den Israelis aufnehmen.

Als er geendet hatte, saß Saddam einfach ganz ruhig da und starrte geradeaus. Über eine Minute lang hätte man eine Stecknadel fallen hören können. Und eine Minute Stille in Gegenwart von Saddam Hussein kann einem fürwahr wie eine Ewigkeit vorkommen. Es waren mindestens neunzig Personen anwesend, allesamt Generäle und hochrangige Befehlshaber, und niemand gab einen Mucks von sich.

Kriegsspiele

Es war offensichtlich, dass Saddam zornig war. Mir ging durch den Kopf, er könne denken, ich male so ein negatives Bild, weil ich Christ bin. Bei mehr als einer Gelegenheit hatten meine muslimischen Kollegen gesagt, Christen seien schwach. Vielleicht dachte Saddam ja, ich hätte Angst, in den Krieg zu ziehen. Wann immer ein anderer Offizier so etwas sagte, hob ich normalerweise hervor, dass ich ein paar gute Generäle benennen könne – wie Montgomery, George Washington, Douglas MacArthur und sogar Erwin Rommel, den Wüstenfuchs – die alle Christen waren und von denen die meisten Leute sagen würden, dass sie ganz gute Kämpfer waren.

Dennoch änderte sich Saddams Gesichtsausdruck eine ganze Zeit lang nicht. Daher sagte ich: „Alles, was ich Ihnen gesagt habe, stimmt. Das bedeutet jedoch nicht, dass wir nicht kämpfen werden. Ein guter Soldat kämpft, wann immer er den Befehl dazu von seinem Kommandeur erhält. Wenn Sie noch immer wollen, dass wir kämpfen, dann werden wir kämpfen – das versichere ich Ihnen. Wer weiß, was dann geschieht. Als guter Offizier kann ich Ihnen lediglich meinen besten Rat geben und zu der Entscheidung des Befehlshabers beitragen helfen. Meine Aufgabe ist es, Ihnen nach bestem Wissen und Gewissen die Wahrheit zu sagen und dann Ihre Entscheidung abzuwarten. Das habe ich hiermit getan."

Am Ende der Versammlung konnte ich mir lediglich sicher sein, dass Saddam mir zugehört hatte und dass er wusste, dass ich ihm nach bestem Wissen die Wahrheit gesagt hatte. Ich hatte keine Ahnung, welche Entscheidung er treffen würde, aber zumindest hatte er mich angehört und verstanden, was ich gesagt hatte. Dann, Mitte Dezember, weniger als einen Monat vor dem Ultimatum, das die

Vereinten Nationen Saddam für den Abzug unserer Streitkräfte aus Kuwait gesetzt hatten, wurde mir mitgeteilt, der Präsident sei bereit, seine Entscheidung mitzuteilen.

Am 17. Dezember erhielten wir die Nachricht, die wir erwartet hatten. Saddams Worte auf Arabisch waren wohlgesetzt, fast schon poetisch und sollten den Eindruck großer Ernsthaftigkeit und Bedeutung erwecken. Sie lauteten: „Uwafiq Tunafath Ala Barakatalah", das heißt grob zusammengefasst: „Ich stimme dem Angriff zu und wir werden mit Allahs Segen angreifen."

Es war, als hätte Nebukadnezar gesprochen. Doch letztlich sagte Saddam damit, dass wir Befehl hatten, Israel massiv mit chemischen Waffen anzugreifen. Und das in zwei Wellen, einmal durch Jordanien und das andere Mal durch Syrien.

Offenbar hatte Saddam lange und gründlich über diese Invasion nachgedacht, die, wenn wir sie tatsächlich ausführten, der skandalöseste Akt seines gesamten Regimes würde. Zweifellos würde es in der arabischen Welt einige geben, die Saddam lobten, weil er etwas erreicht hätte, das keine andere Nation zuvor geschafft hätte. Schließlich waren Syrien, Ägypten, Jordanien, Saudi-Arabien und der Irak in der Vergangenheit gescheitert und hatten demütigende Niederlagen erlitten bei dem Versuch, Israel zu bezwingen. Aber so, mit achtundneunzig Kampfflugzeugen und verbotenen Waffen anzugreifen, würde es einen ohrenbetäubenden Aufschrei der zivilisierten Welt hervorrufen.

Selbst wenn es zehn Prozent unserer Flugzeuge bis nach Israel schafften und mit chemischen Waffen an Bord abgeschossen würden, wäre der Verlust an Menschenleben enorm. Tausende Israelis würden beim Erstschlag getötet, und wenn die Chemikalien ihre Wirkung verbreiteten, würden Tausende Todesopfer folgen. Saddam genügte das. Das wäre ein Sieg für ihn und über die Folgen machte er sich keine Sorgen.

Er glaubte, in der arabischen Welt würde er als Held gefeiert werden. Nach dem Golfkrieg prahlte er damit, Scud-Raketen mitten auf Israel geschossen zu haben. Er sagte: „Der Irak hat neununddreißig Marschflugkörper auf Israel abgefeuert. Wer sonst hat so eine Meisterleistung geschafft? Wer bringt es auf vierzig?"

So dachte er eben. Selbst wenn wir den Krieg verloren, war die Tatsache, dass er neununddreißig Raketen auf diese verhasste Nation gefeuert hatte, schon Sieg genug. Er sagte gerne: „Uns brauchen die Araber nicht zu helfen. Gebt mir nur ein Stück Land an der Grenze zu Israel und ich werde euch schon zeigen, wozu die Iraker imstande sind."

Doch obwohl ich wusste, was Saddam im Sinn hatte, fühlte ich mich genötigt, nochmals im Palast anzurufen und ein Gespräch mit Saddam anzuberaumen. Diesmal war ich alleine da. Als er mir das Wort erteilte, sagte ich: „Ich habe die Befehle zum Angriff auf Israel gesehen und wir wissen alle, was das zu bedeuten hat. Doch es gibt noch etwas, das ich Ihnen sagen muss, und ich möchte sichergehen, dass es jemand getan hat. Die Israelis haben sehr fortschrittliche Frühwarnsysteme und sie können jedes Flugzeug, das von Osten kommt, zerstören, noch bevor es die Grenze passiert."

Ich fuhr fort: „Möglicherweise können ein paar Flugzeuge von uns durch die Maschen schlüpfen, wenn sie Löcher im Radar ausnutzen und in ausreichender Zahl angreifen. Selbst wenn Sie Flugzeuge mit chemischen Waffen hinschicken, kommen womöglich ein paar tatsächlich durch. Aber ich versichere Ihnen, dass es die meisten nicht schaffen. Sie werden zerstört, und zwar nicht über Israel, sondern über Jordanien und Syrien. Und wenn das geschieht, wird die ganze Welt sagen, dass Sie nicht Israel angegriffen haben, sondern Ihre arabischen Brüder in diesen Ländern."

Saddam hörte zu, sagte aber nichts. Also fuhr ich fort: „Sie sind der Befehlshaber, doch Sie sollen wissen, dass es die meisten unserer Flugzeuge nicht nach Israel schaffen werden. Möglich, dass zehn die Grenze überfliegen. Dann wird Chaos herrschen und die Israelis werden ohne jeden Zweifel mit Atomwaffen zurückschlagen. Sie haben sie, und wenn wir auf diese Weise angreifen, können Sie sicher sein, dass sie nicht zögern werden, sie auch gegen uns anzuwenden."

Gegen jeglichen gesunden Menschenverstand

Ich wusste, dass es stimmte, was ich da sagte, denn ich hatte die Pläne gesehen. Die Israelis besaßen Pershing Missiles, die sie von den Amerikanern gekauft hatten. Sie hatten sie so umgebaut, dass sie nukleare Sprengköpfe tragen konnten. Die Marschflugkörper waren bereits auf Mosul, Bagdad und Basra ausgerichtet, die drei größten Städte im Irak. Wenn Israel mit chemischen Waffen angegriffen würde, hätte es nach allen Regeln der Logik auch das Recht, so zurückzuschlagen, wie es wollte – und wenn es mit Atomwaffen wäre.

Ich wusste, dass israelische Militärstrategen bereits drei unserer Städte im Visier hatten, aber wer wusste schon, ob es nicht gar sechs oder acht waren? Zweifelsohne hatten die Israelis Pläne, alle arabischen Länder anzugreifen. Sie waren bereit, jeweils eins anzugreifen oder auch alle auf einmal, wenn es sein musste. Ihre Waffentechnik war (und ist noch) auf dem modernsten Stand.

Militärisch gesehen war das auch nur sinnvoll, denn wenn es jemals einen Kampf zwischen Israel und irgendeinem arabischen Land gegeben hätte, hätten sich die anderen arabischen Länder eingemischt. Das geschah während des arabisch-israelischen Krieges 1973. Der Irak war nicht gebeten worden, sich der Allianz von Ägypten und Syrien anzuschließen, doch Saddam wollte auf jeden Fall eingreifen. Also schickte er unsere Truppen und Flugzeuge ohne jede Abmachung oder Vollmacht dorthin. Die Israelis wissen, dass es so gekommen ist. Sie sind darauf vorbereitet, nicht nur gegen ein arabisches Land zu kämpfen, sondern gegen alle, wenn es sein muss.

All das erzählte ich Saddam, doch er ließ sich nicht umstimmen. Der Irak sollte unter allen Umständen Israel angreifen, ungeachtet

der Folgen. Und um sicherzugehen, dass es kein Zurück gab, machte er eine weitere dramatische Ankündigung. Er rief erneut alle militärischen Befehlshaber zusammen und sagte ihnen: „Wir werden
angreifen – seien Sie also bereit. Doch ich fürchte, unsere Feinde werden jemanden finden, der so aussieht und sich so anhört wie ich.
Den werden sie im Fernsehen und Radio verbreiten lassen, Sie sollten nicht angreifen. Aber hören Sie mir genau zu: Wenn das eintritt,
glauben Sie ihnen nicht! Selbst wenn mir etwas zustößt, dürfen Sie
nicht aufhören. Sie müssen angreifen und Sie müssen alle Pläne ausführen, die ich Ihnen gegeben habe. Denn diese Aufgabe ist heilig
und sie muss ausgeführt werden."

Als diese Anweisung die Befehlshaber draußen erreichte, waren sie
verblüfft. Ängstlich fragten sie sich, was als Nächstes passieren würde. Und gleich tags darauf kam der Befehlshaber des Mirage-Ge-
schwaders, das unsere Piloten für den Angriff einsetzen würden, mit
Tränen in den Augen zu mir und sagte: „Das können unsere Piloten
nicht. Sie können die Mission so keinesfalls ausführen, denn die
Lasten, die wir tragen sollen, sind zu schwer. Die Piloten werden die
Maschinen nicht in Formation halten können. Sie müssen den gesamten Flug mit voller Leistung machen und haben nichts mehr in
Reserve."

Er schaute mich erbarmungswürdig an: „Ach, bitte, können Sie
denn nichts daran machen? Lassen Sie uns doch zumindest unter diesen Umständen fliegen üben."

Das war wohlgemerkt mehrere Tage nach dem 17. Dezember, als
Saddam den ersten Befehl zum Angriff gegeben hatte, und weniger
als einen Monat vor dem Stichtag 15. Januar 1991, den die Vereinten
Nationen festgelegt hatten. Für diesen Tag erwartete ich auch einen
Angriff der von Amerikanern angeführten Koalitionsstreitkräfte gegen den Irak. Hier befanden wir uns also: weniger als einen Monat
von einem Angriff der Alliierten entfernt. Die Befehlshaber der
Luftwaffe hatten Order erhalten, sich auf einen massiven Chemiewaffenangriff auf Israel vorzubereiten, doch sie hatten die Piloten

nicht einmal zu Flügen unter solchen Bedingungen ausgebildet. Also traf ich mich mit dem Air Force Commander General Muzahim, meinem ehemaligen Schüler, um ihn über das Vorgehen zu unterrichten. Ich erzählte ihm, was ich von den Oberstleutnants erfahren hatte. Er war bestürzt. „Georges", sagte er, „sind Sie sicher?"

Ich bejahte und fügte hinzu: „Warum rufen Sie den Major nicht hierher und erzählen es ihm selber?"

Das tat General Muzahim denn auch und fragte den Major: „Stimmt es, was Georges mir erzählt hat? Ihre Piloten sind nicht für einen Angriff mit den Spezialwaffen ausgebildet?"

Der Major bestätigte das und fragte: „Wie können unsere Piloten diese schweren Bomben tragen, wenn ihnen niemand gezeigt hat, was sie tun sollen? Und wie kann man von ihnen erwarten, dass sie den Angriff durchführen, die Sprengladung abwerfen und dann zum Stützpunkt zurückkehren, wenn sie nicht einmal im Flug betankt werden können?"

Saddams Erlass

Hier gab es also noch etwas, das niemand bedacht hatte. Mit so schweren Lasten hätten die Kampfflugzeuge rasch ihren Treibstoff verbraucht. Selbst wenn sie ihre Ziele mit ihrem bordeigenen Treibstoffvorrat erreichen könnten, würden sie niemals zurückkehren können. Irgendwie müssten sie also im Flug nachbetankt werden. Doch wie soll das bei so einem riskanten Kampfeinsatz gehen? Sie konnten keine Tankflugzeuge einsetzen, denn das Nachtanken findet in sehr großer Höhe statt, was eindeutig vom Abwehrradar entdeckt würde und der Überraschungsvorteil ginge verloren. Sie könnten höchstens von anderen Kampfflugzeugen wie der Mirage betankt werden, die so umgebaut würden, dass sie keine Waffen trugen, sondern Treibstoff und Vorrichtungen zum Nachtanken der Bomber in der Luft. Das war ungewöhnlich, aber machbar.

Das war ein weiterer kritischer Teil des Einsatzes, für den die Piloten nie ausgebildet worden waren. Wenn sie nicht vor dem Eindringen in den israelischen Luftraum erfolgreich betankt werden konnten, käme das einem Selbstmordkommando gleich. Sie würden niemals zum Stützpunkt zurückkehren können, das heißt wir würden Piloten und Maschinen verlieren. So brutal Saddam auch im Umgang mit dem Militär war, wäre selbst er nicht willens, das Leben all seiner Jagdpiloten auf diese Weise aufs Spiel zu setzen. Immerhin wollte er zwei voll beladene Schwärme aus insgesamt achtundneunzig Kampfflugzeugen losschicken und darauf spekulieren, dass es mindestens zehn davon bis nach Israel schafften!

Irgendwie gelang es mir, dass der Befehlshaber aufmerksam zuhörte. Er wies seine Offiziere an, ihre Piloten umgehend zu schulen, dass sie ihren Einsatz unter solchen Bedingungen durchführen konnten. Es war bereits der zwanzigste Dezember, wenige Wochen vor dem Stichtag der UNO, und unsere Piloten begannen, sich auf einen Einsatz vorzubereiten, den sie auf jeden Fall würden ausführen müssen – koste es, was es wolle. Saddams Befehl ließ ihnen keine andere Wahl.

Alle in der Armee und der Luftwaffe waren wochenlang aufs Höchste angespannt. Es gab kein Zurück. „Selbst wenn im Fernsehen jemand auftritt, der aussieht wie ich", hatte Saddam gesagt, „glauben Sie ihm nicht. Sie müssen angreifen."

Heute wissen wir, dass den Koalitionsstreitkräften bewusst war, dass Saddam versuchen könnte, Saudi-Arabien anzugreifen. Später – mehrere Wochen nach dem Krieg – erfuhr ich, dass sogar auf CNN und anderen Sendern gemeldet worden war, dass Saddam Panzerdivisionen an die Grenze zu Saudi-Arabien schickte und in der Gegend offenbar einen Angriff plane. Die meisten jedoch hatten keine Ahnung, was er in Israel vorhatte. Erst jetzt soll diese ganze Mission aufgedeckt werden.

Was die Welt allerdings sah, war Saddams Versuch, Scud-Raketen auf Tel Aviv, Haifa und andere israelische Ziele in Reichweite zu schießen. Die Amerikaner waren gekommen und hatten überall Bataillone mit Patriot-Raketen verteilt. So konnte man in den USA und in Europa diese dramatischen Ereignisse aktuell am Fernsehbildschirm verfolgen. Die Patriot-Raketen waren nicht sonderlich genau, wissen wir heute. Doch waren sie treffsicher genug, viele von Saddams Scud-Raketen aufzuhalten. Und schon allein zu wissen, dass sie da waren, schien die schlimmsten Befürchtungen der Menschen in Israel und im Westen zu beruhigen. Hätten sie gewusst, was Saddam alles im Sinn hatte, hätten sie sich, glaube ich, nicht ganz so sicher gefühlt.

Als nämlich die Offiziere in Bagdad den Angriff auf Israel Anfang Dezember 1990 planten, stand der Einsatz von Scud-Raketen überhaupt nicht zur Debatte. Die Ereignisse vom 12. Januar 1991 – nur drei Tage vor Ablauf des UN-Ultimatums und fünf Tage vor dem Angriff –, als ich in der Einsatzzentrale eine Lagebesprechung hatte, waren sehr wichtig und ich möchte auch davon erzählen. Doch zuerst von den Angriffen auf Israel.

Auf dem Plan, den Saddam unterzeichnete, stand oben quer in Saddams eigener Handschrift: „Ich stimme einem Angriff zu und wir werden mit Allahs Segen angreifen."

Die Idee, zwei Länder gleichzeitig anzugreifen, war schon bemerkenswert genug. Zumal eins (Israel) als Feind betrachtet wurde, das andere (Saudi-Arabien) jedoch nicht nur kein verfeindetes Land war, sondern es war ein arabisches Land an unserer südlichen Grenze, mit dem der Irak angeblich eng verbunden war. Außerdem war Saudi-Arabien ein islamisches Land, das Land, in dem Mekka liegt, ein Heiligtum für alle Muslime. Dennoch war Saddam arrogant genug, diese Worte auf den Befehl zu schreiben. Teil seines Plans war es, beide Länder anzugreifen.

Saddam glaubte tatsächlich, Gott werde ihn segnen, wenn er Israel mit chemischen Waffen angriff. Und gleichzeitig glaubte er an den Segen Allahs, wenn er Saudi-Arabien angriff! Was für eine Boshaftigkeit – so etwas zu tun und dabei zu glauben, Gott werde seinen

Plan segnen! Ich wünschte, ich hätte eine Kopie dieses Dokuments behalten, das ich hier hätte abdrucken können. Leider habe ich das nicht. Aber so dachte er.

Bei der Vorbereitung seines Angriffs gegen Israel sagte Saddam: „Falls uns die Amerikaner im Januar angreifen, versetzen wir Israel einen sehr schweren Schlag."

Das Schlüsselwort damals für alle, die die Verhandlungen verfolgten, war das Wörtchen *falls*, denn unter den Befehlshabern galt es als ausgemacht, dass Amerika (das heißt natürlich die Koalitionsstreitkräfte) nicht angreifen würde. Unter Clinton schlug Amerika nie zurück, wenn ihre Schiffe oder Stützpunkte oder Staatsbürger angegriffen wurden. Sie schickten vielmehr Außenministerin Madeleine Albright, um sich lautstark zu beschweren und mit ihren Papieren zu rascheln. Doch das Militär machte nichts. Kein Befehlshaber im Mittleren Osten konnte so eine Reaktion respektieren, vor allem nach einer so starken Provokation. Daher sagten unsere Befehlshaber: „Seht ihr? Die Amerikaner sind schwach. Sie haben Angst zu kämpfen und sie werden uns niemals angreifen."

Das glaubten sie alle, doch ich sagte zu ihnen: „Die Streitkräfte der Amerikaner und der Koalition, die hier im Golf und im Roten Meer in Bereitschaft stehen, sind sehr teuer in der Unterhaltung. Das kostet die Amerikaner Milliarden von Dollar. Unter gar keinen Umständen werfen sie das Geld zum Fenster hinaus. Wie sollen sie denn dem amerikanischen Volk erklären, dass sie Armee, Luftwaffe, Seestreitkräfte und Marines für Milliarden von Dollar in den Mittleren Osten geschickt haben, nur damit sie Däumchen drehen? Die Medien würden sie in Stücke reißen. Erzählen Sie mir also bitte nicht, dass sie nicht angreifen werden."

Sinnlose Prahlerei

Mitte Januar 1991 war alles unglaublich hektisch. Unsere Armee war in Kuwait und ließ alles mitgehen, was in Reichweite war. Die Nachrichten hörten sich nicht gut an. Die Welt hatte Saddam und die Invasion Kuwaits verurteilt. Die Menschen waren verunsichert, das Militär dementierte. Als General Shanshal, der Verteidigungsminister, für den 12. Januar – drei Tage vor Ablauf des UN-Ultimatums, Kuwait zu verlassen – den Generalstab einberief, dachte ich, wir könnten der Sache endlich auf den Grund gehen.

Ich setzte mich neben den Air Force Commander und schaute mich um, wer sonst noch da war: der Verteidigungsminister, der Air Force Commander, die Geheimdienstleute, die Stabschefs und ihre Stellvertreter sowie General Shanshal, der viele Jahre lang Stabschef gewesen war. Eigentlich waren alle da, außer Saddam selber. General Shanshal war 1990 zum Verteidigungsminister ernannt worden. Er war ein kluger Mensch und er war Klassenbester seines Jahrgangs an der Generalstabsakademie gewesen. Daher freute ich mich, ihn zu sehen.

Sein einziges Problem war, dass er vor Saddam Angst hatte und alles tat, was Saddam von ihm wollte. Wie Tarik Aziz, der stellvertretende Ministerpräsident, hatte auch General Shanshal Kenntnisse und Fertigkeiten, doch war er unfähig, von sich aus etwas zu tun, ohne sich zuvor mit Saddam abzustimmen. Und wenn Saddam um Informationen bat, die ihm nicht ins Konzept passten, erzählte General Shanshal, was immer Saddam zu hören wünschte. In dieser Hinsicht war er nicht tapfer, doch Saddam mochte ihn, weil er niemals nein sagte.

Den Reigen der Reden eröffnete ein Sprecher von Air Force Commander General Muzahim. Ihm folgte ein Offizier nach dem anderen. Ich muss sagen, das waren die schlimmsten Reden, die ich je gehört habe. Wäre es nicht so ernst gewesen, hätte man es als komisch bezeichnen können. Sie hatten keine Ahnung, wovon sie sprachen.

Der Sprecher sagte: „Kein Flugzeug der Koalitionsstreitkräfte wird in den irakischen Luftraum eindringen können." Er meinte tatsächlich: „Keine Stubenfliege dringt in unseren Luftraum ein, ohne von unseren Jagdflugzeugen abgefangen zu werden."

Ich konnte mir kaum das Lachen verbeißen. Weiterhin sagte er: „Wir haben das beste Radar, die besten Jagdflugzeuge, die besten Raketen, und wir löschen jedes Flugzeug aus, das versuchen sollte, unsere Grenze zu überschreiten."

So ging das immer weiter und er brachte Beispiele, was geschehen würde, wenn uns vierzehn, zwanzig oder dreißig Flugzeuge aus unterschiedlichen Richtungen erreichten und wie wir reagieren würden. Sie dachten wie Saddam. Es waren reine Hirngespinste, kein einziges Wort davon entsprach der Realität.

Im Verlauf der Beiträge meldete sich General Shanshal und fragte: „Herr General, darf ich eine Frage stellen?" General Muzahim antwortete: „Ja, bitte, fragen Sie nur." Darauf Shanshal: „Meinen Sie, unsere Armee und unsere Marine können sich nach eigenem Gutdünken fortbewegen, ohne Angst vor einem Angriff aus der Luft haben zu müssen?"

Die Frage war hervorragend und ich wartete gespannt auf die Antwort. Muzahims Sprecher sagte im Brustton der Überzeugung: „Ja, das stimmt. Sie können Operationen durchführen, ohne auch nur im geringsten Angst vor Bedrohungen aus der Luft zu haben."

Hatte ich mich da verhört? So ein unglaublicher Schwachsinn! Die eigentliche Überraschung war jedoch, dass General Shanshal nicht unverzüglich sagte: „Halten Sie den Mund und setzen Sie sich!" Er sagte kein einziges Wort. Da konnte ich nicht länger an mich halten und sagte zum Air Force Commander: „General Muzahim, hören Sie bitte mit diesem Unsinn auf!"

Er schaute mich an und sagte: „Georges, wenn Sie bitte nicht stören würden. Seien Sie jetzt ruhig."

Doch ich konnte nicht einfach dasitzen und sagte: „Bei allem gebotenen Respekt – Sie wissen, dass das falsch ist!" Ich fürchte, ich war etwas zu laut, doch die Darstellung war so lachhaft, dass ich meine Gefühle nicht bändigen konnte. „Schauen Sie, ich bin nur ein Berater", sagte ich, „und das wissen Sie hier alle. Offiziell bin ich nicht befugt, anzuzweifeln, was Sie sagen. Doch ich muss Ihnen mitteilen, dass ich mit keiner Ihrer Äußerungen einverstanden bin. General Muzahim, Sie sind der Air Force Commander und somit verantwortlich für die Schlagkraft der Luftwaffe und das Luftabwehrkommando. Sie sind verantwortlich für das Leben unserer Soldaten und die Sicherheit unseres Landes. Seien Sie doch vernünftig."

Da beugte sich General Muzahim zu mir hinüber und flüsterte: „Georges, warum sind Sie so schwierig? Ich muss das hier sagen – das wissen Sie auch. Und überhaupt: Warum machen Sie sich Sorgen? Es wird keinen Angriff geben."

Schließlich verstand ich, was hier betrieben wurde. Wieder einmal lebten diese Männer in der Annahme, Botschafterin Glaspie habe Saddam versichert, die Amerikaner würden sich nicht einmischen und wir könnten vorgehen, wie es uns beliebt. Diese ganze Prahlerei und Angeberei waren also bedeutungslos – die reine Show.

Taktische Irrtümer

Trotzdem hielt ich eine unrealistische Darstellung für gefährlich, denn die anwesenden Heeresoffiziere mussten wissen, welche Luftunterstützung die Bodentruppen bekommen und welche Verteidigungsanlagen sie im Falle eines amerikanischen Angriffs brauchen würden. Daher sagte ich: „Ich verstehe Sie ja, Muzahim. Sie können vor Saddam prahlen, so viel Sie wollen, aber Sie können vor Offizieren nicht so eine Darstellung abgeben."

General Shanshal schaute zu uns herüber und sah, dass General Muzahim und ich ein ernstes Gespräch führten, aber er sagte nichts. Kurz darauf meldete ich mich. Er nickte mir zu und fragte: „Haben Sie etwas zu sagen, Georges?"

„Ja", erwiderte ich, „ich habe eine Menge zu sagen."

„Unterscheidet es sich wesentlich von dem, was wir gerade von der Luftwaffe gehört haben?", fragte er. Jetzt wusste ich, dass auch Shanshal alles für lächerlich hielt, was Muzahims Sprecher gesagt hatte. Ich antwortete: „Ja, es ist genau entgegengesetzt."

„Also gut, Georges", sagte General Shanshal. „Fahren Sie fort."

Ich ging nach vorne, schaute jeden einzelnen der Versammelten an und sagte: „Ich stehe hier vor Ihnen, weil ich beauftragt wurde, eine Untersuchung durchzuführen und die Antwort auf drei Fragen zu finden. Erstens: Wie ist die Schlagkraft der feindlichen Luftwaffe? Zweitens: Wie ist die Zerstörungskraft und -genauigkeit ihrer Fernlenkraketen? Und drittens: Wie ist die Kampfkraft der fünf Flugzeugträger, die im Persischen Golf und im Roten Meer stationiert sind? [Nach anderen Quellen lagen vier Träger im Persischen Golf, zwei im Roten Meer; Anm. d. Übers.] Meine Informationen stammen von General Sabir, der, wie Sie alle wissen, Befehlshaber der militärischen Geheimabwehr ist."

Wenn ich gegenüber diesen Offizieren lediglich meine Einschätzung auf der Grundlage meiner eigenen Kenntnisse darlegte, würden sie mir natürlich nicht glauben. Doch wenn ich sie wissen ließ, dass sich alles, was ich entdeckt hatte, auf Informationen unserer Geheimdienstoffiziere stützte, dann wüssten sie, dass es nicht nur meine eigene Meinung war, sondern die offizielle Bewertung unserer besten Militäranalysten.

Ich beschloss, die selben Beispiele anzuführen wie General Muzahim. Erst einmal die vierzehn Flugzeuge, die von Westen her Kurs auf den Irak nahmen. Nach Darstellung der Luftwaffe würden alle vierzehn zerstört. Und zwar, sagte er, würden 25 Prozent in einem Luft-Luft-Kampf abgeschossen, 25 Prozent von Boden-Luft-Raketen, 25 Prozent würden durch die Luftabwehr zerstört und nur zwei Maschinen würden es in den irakischen Luftraum schaffen, würden aber wegen der Flak und der Luftabwehrfeuer ihre Ziele nicht erreichen. Im Endeffekt würden sie also keine Zerstörung anrichten.

Meine Analyse war deutlich anders: „Von den vierzehn Flugzeugen aus dem Beispiel, das wir eben gehört haben, kann ich Ihnen versichern, dass alle vierzehn unsere Grenzen überschreiten und ihre Angriffe erfolgreich ausführen. Und zwar weil diese Jagdflugzeuge nicht als erstes kommen. Sie kommen erst, nachdem die Marschflugkörper Hauptziele getroffen haben. Außerdem erhalten diese Flugzeuge Unterstützung von AWACS-Aufklärern über ihnen, nämlich eine detaillierte Karte von allen Geschehnissen am Boden und in der Luft um sie herum, sodass sie sich taktisch herausziehen und die Gefahrenstellen meiden können.

„Viele von ihnen", fuhr ich fort, „haben HARM-Raketen dabei. Diese Waffen zielen auf Radar. Das heißt: Sobald sie aus irgendeiner Richtung ein Radarsignal entdecken, können sie die elektromagnetische Welle des Radars bis zu ihrem Ursprung verfolgen und die Verfolgungsstation zerstören. Selbst wenn die Techniker den Radar abstellen sollten, sind die Koordinaten der Anlage bereits im Computergedächtnis der Rakete gespeichert. Sie setzt ihren Weg zu ihrem Ziel fort und zerstört es.

„Und wenn diese vierzehn Flugzeuge unseren Verfolgungsradar zerstört haben", erklärte ich weiter, „können die irakischen Jagdflugzeuge nicht starten, denn sie sind praktisch blind. Sie können die feindlichen Flieger, die sie eigentlich angreifen sollten, nicht sehen, bis es zu spät ist."

„Jedes irakische Jagdflugzeug", sagte ich, „das unter solchen Umständen einen Luft-Luft-Kampf führt, ist für die Piloten der Koalitionsstreitkräfte ein nicht zu verfehlendes Ziel. Es hat keine Chance. Die amerikanischen Tomcats haben ein Forward-Scanning Radar mit einer Reichweite von über 150 Meilen, während unser bestes Radar nicht mehr als 15 Meilen vorwärts schauen kann. Außerdem kann die Tomcat vierundzwanzig Ziele gleichzeitig abtasten und dann punktgenau auf sechs Ziele zur selben Zeit feuern. Wenn die Flugzeuge der Koalition aufsteigen", erklärte ich ihnen, „werden sie in unseren Luftraum eindringen. Und wenn sie in unseren Luftraum eindringen, dann seien Sie versichert, werden sie ihre Ziele treffen."

Krieg der Worte

Als ich innehielt und Gelegenheit zum Nachfragen bot, konnte ich erkennen, dass niemand gerne hörte, was ich zu sagen hatte. Der Stabschef des Heeres knurrte mich an: „Georges, wollen Sie uns Angst einjagen?"

„Nein", entgegnete ich, „das will ich nicht. Ich erzähle Ihnen nur nach bestem Wissen die Wahrheit."

Er hatte nicht mit einer Erwiderung gerechnet; diese Männer waren es gewohnt, die Menschen mit ihren Wutausbrüchen einzuschüchtern. Doch war ich mir sicher, dass wir angegriffen würden, und es wäre unmoralisch gewesen, sie nicht zu warnen. Also blieb ich hartnäckig.

Da es keine weiteren Fragen gab, beschloss ich über ein Thema zu reden, das Saddam häufig erwähnt hatte: Mehr als alles andere wollte er einmal einen amerikanischen Flugzeugträger zerstören. Er hatte keine Ahnung, wie schwierig das wäre, aber Saddam ließ sich niemals durch Fakten von etwas abbringen. Die Chancen, dass wir auch nur annähernd in Treffweite an die US-Flugzeugträger herankämen, waren gleich Null. Leider hielten manche Befehlshaber einen Flugzeugträger für ein Fischerboot. Sie hatten keine Ahnung, dass ein Träger eigentlich eine schwimmende Stadt ist – eine stark gepanzerte, gefährliche schwimmende Stadt.

Doch als ich erläuterte, wozu ein Träger fähig ist, seine Größe, die Ausrüstung seiner Geleitflotte und all die Waffen, die er geladen haben kann, staunten die meisten meiner Zuhörer. Ich sagte: „Will man einen Flugzeugträger angreifen, muss man mindestens siebenundneunzig Jagdflugzeuge auf ihn ansetzen, wohl wissend, dass sechsundneunzig davon bereits zerstört sind, bevor sie in seine Nähe kommen." Genau das hatte ich Saddam in einer vorangegangenen

Besprechung erzählt – dass wir nämlich sechsundneunzig Jagdflugzeuge verlieren würden für die winzige Chance, dass eins durchkommt – und er war bereit, es trotzdem zu wagen, selbst wenn es so viele Menschenleben kostete. So viel scherte er sich um seine Männer.

Weiter erläuterte ich den Generälen: Wenn das Radar eines Trägers ein feindliches Flugzeug aus einer bestimmten Richtung entdeckt, kann der Kapitän ein automatisches Programm zum Auslösen von Waffen in Gang setzen, das ankommende Raketen entdeckt und im Flug zerstört, vom Meeresspiegel bis zu dreitausend Fuß – etwa tausend Meter – über der Oberfläche. Im Gegensatz dazu war unsere beste Rakete, die Exocet, nicht sehr groß. Und selbst wenn eine von ihnen die gepanzerte Schulter eines amerikanischen Trägers treffen sollte, hätte das in etwa denselben Effekt, als streife eine Stubenfliege die Schulter eines Elefanten.

Darüber war General Hussein al-Rashid, ein Verwandter Saddams, sehr erbost. Er warf mir einen finsteren Blick zu und sagte: „Okay, Georges, was ist denn die Lösung? Was sollen wir tun?"

„Ganz einfach", erwiderte ich. „Wir schicken ein Heer mit einem Blatt Papier nach Kuwait und wir können es mit einem Blatt Papier wieder heraus holen. Präsident Bush hat gesagt, wenn wir unsere Streitkräfte vor dem 15. Januar abziehen, passiert gar nichts."

Dann fügte ich hinzu: „Wenn wir nicht vorbereitet sind, Krieg gegen Amerika zu führen, sollten wir unseren Streitkräften befehlen, schleunigst abzuziehen."

Damit brachte ich eine Bombe zum Platzen. Jemand brüllte mich an: „Georges, das haben Sie jetzt einmal gesagt, aber wenn Sie das ein zweites Mal sagen, sitzt Ihr Kopf nicht mehr auf der Schulter!"

Ich sagte: „Schlagen Sie mir meinetwegen den Kopf ab, aber lassen Sie mein Volk am Leben! Wenn wir unbedingt in Kuwait bleiben wollen, wird unser Land zerstört, das können Sie mir glauben."

Alle haben gehört, was ich zu sagen hatte, und erinnern sich bis zum heutigen Tag daran. Viele derjenigen, die damals dabei waren, sind mittlerweile tot, noch viele mehr sind im Gefängnis und warten auf ihren Prozess. Doch bin ich mir sicher, dass ihnen in der Gefängniszelle meine Worte wieder und wieder im Kopf herum gehen, denn ich habe die Wahrheit gesagt und sie wussten es alle.

Wie dem auch sei – irgendjemand sagte: „Gut, Georges, wir haben Sie angehört und wir möchten, dass Sie jetzt aufhören."

Also hörte ich auf. General Muzahim schaute mich an und sagte: „Georges, ich weiß ja nicht, warum Sie immer so reden müssen. Ihre Worte sind so hart. Können Sie keine weicheren Töne anschlagen?"

„Nein", erwiderte ich, „ich kann keine weicheren Töne anschlagen. Eher im Gegenteil. Wir sollten dem irakischen Volk unsere Lage erklären, so gut wir können, denn ich habe mir das alles nicht ausgedacht. Alles, was ich gesagt habe, ist die Wahrheit, und das wissen Sie auch. Genau das wird eintreten, wenn wir unsere Soldaten jetzt nicht abziehen."

Ich konnte erkennen, dass er das Gespräch beenden wollte, doch ich fügte hinzu: „Herr General, Sie haben ein eine Million Mann starkes Heer. Sie sind alle im Süden stationiert – ob in Kuwait, Basra oder an anderen Orten. Das sind diejenigen, die das meiste abbekommen, wenn die Amerikaner eintreffen. Das mindeste, was wir als Generäle tun können ist, ihnen die Wahrheit zu sagen." Doch General Muzahim hörte schon nicht mehr zu. Er war, genau wie Saddam, überzeugt, dass der Angriff niemals stattfinden würde.

Selektiver Gedächtnisschwund

Vor dieser Versammlung hatte ich im Stillen gebetet: *Bitte, Gott, hilf mir, offen zu reden und die Wahrheit zu sagen. Ich werde ihnen alles sagen und dann bereitwillig hinnehmen, was mit mir geschieht.* Ich konnte den Gedanken nicht ertragen, unsere Truppen, unsere Piloten, unser Volk zu belügen. Es war, als litten all unsere Befehlshaber an selektivem Gedächtnisschwund. Wenn keiner bereit war, aufzustehen und die Wahrheit zu sagen, gab es keine Hoffnung für uns.

Ich bin davon überzeugt, dass Gott mein Gebet erhört hat und mir den Mut gab, die Wahrheit zu sagen. Von Natur aus bin ich nicht so tapfer. Es ist nicht einfach, gegen den Strom zu schwimmen, wenn alle anderen vorgaben, alles werde gut.

Ich war mit der Maßgabe aus dem Ruhestand geholt und wieder in die Uniform gesteckt worden, dass ich alles beobachten und den Generalstab in allem beraten solle, dass mir allerdings keine Kommandogewalt übertragen werde. Ich war nicht Mitglied der Baath-Partei, wie alle anderen hier. Warum also war ich dazu auserwählt, über Dinge zu reden, die kein anderer anzusprechen wagte? Ich wüsste nicht, dass es so etwas je zuvor im Irak gegeben hätte. Doch als ich da stand, wurde mir bewusst, dass mir ein ganz besonderes Privileg gegeben war und ich war entschlossen, meine Pflicht ehrenvoll zu erfüllen.

Es gibt ein arabisches Sprichwort: „Sei kein stummer Satan." Das bedeutet, wenn man wichtige Informationen hat, die jemandem in einer schwierigen Situation helfen könnten, dann soll man etwas sagen. Sei kein Teufel, halt nicht den Mund, wenn du etwas sagen kannst, das einem anderen hilft. Wenn ich sie jetzt nämlich nicht über die Risiken für unser Militär gewarnt hätte, wäre ihnen das nach der Invasion mit Sicherheit eingefallen und sie wären zu mir gekommen und hätten mich gefragt: „Georges, warum haben Sie uns nicht erzählt, was Sie wussten?"

Sie wollten nicht hören, was ich damals zu sagen hatte, aber sie würden mir niemals vorwerfen können, ich hätte meinen Mund gehalten, als ich wusste, dass all unsere Streitkräfte in Gefahr waren.

Ich bin davon überzeugt, dass Jesus mir den Mut gab zu sagen, was ich zu sagen hatte. Und heute wissen alle, dass ihnen damals, als die Zeit zu reden da war, nur ein Mann die Wahrheit gesagt hat, denn es kam die Invasion und alles trat so ein, wie ich es gesagt hatte. Doch an ihrer Denkweise gab es zwei große Probleme. Erstens hatte Saddam verbreitet, wir bräuchten uns keine Sorgen zu machen, denn uns werde niemand angreifen. Und zweitens – ich wiederhole mich: Wenn Saddam wollte, dass zwei plus zwei neun ergibt, sagten sie alle bereitwillig, es ergebe neun.

Das habe ich nicht getan und ich habe auch mit meinen Einschätzungen nicht aufgehört. Ich berichtete ihnen von den Flugzeugträgern, den Marschflugkörpern, der weit reichenden Artillerie und all den anderen Waffen, die die Amerikaner gegen uns einsetzen könnten. Mittendrin unterbrach General Raschid mich erneut und fragte: „Georges, übertreiben Sie da nicht mit den Fähigkeiten der Amerikaner und der Genauigkeit ihrer Waffen?"

Die Frage erzürnte mich und ich hatte keinen Respekt für diesen Mann übrig. Er war jünger als ich, bekleidete aber einen höheren Rang, einfach weil er ein Verwandter von Saddam war. Daher sagte ich recht unhöflich: „Nein, ich übertreibe nicht. Das stimmt alles ganz genau. Das können die Waffen, und glauben Sie mir: Die Koalitionsmächte wissen genau, wie man sie einsetzt."

Ich wusste, was drei Tage später passieren würde. Es gab also keinen Grund, höflich zu sein. Doch ich wandte mich an alle: „Wenn Sie weitere Fragen haben, werde ich sie gerne beantworten."

Doch es gab keine Fragen mehr.

Bevor wir den Raum verließen, sagte ich noch etwas zu ihnen: „Sie sollen wissen, dass alles, was ich Ihnen erzählt habe, aus Geheimdienstquellen stammt, nämlich von General Sabir, dem Chef des militärischen Abwehrdienstes."

General Sabir saß schweigend da. Ich schaute zu ihm hinüber, doch er sagte kein Wort. Er wusste, dass alles stimmte, was ich gesagt hatte.

Das Hindernis aus dem Weg räumen

Am 14. Januar, einen Tag vor Ablauf des UN-Ultimatums, sollte es ein weiteres Treffen geben, und zwar in Saddams Befehlszentrale. Alle Truppenbefehlshaber sollten anwesend sein und ihm ihre Einschätzungen darlegen. Das wären die letzten Berichte vor der Mobilmachung.

Doch als ich am Vorabend an meinem Vortrag saß, kam ein Anruf vom Hauptquartier der Luftwaffe: Präsident Saddam habe mich für eine spezielle Mission vorgesehen. Am Morgen des Vierzehnten sollte ich nach Mosul fliegen, um den jordanischen Piloten unseres gemeinsamen Jagdbombergeschwaders Bericht zu erstatten. Sie sollten zu ihren Stützpunkten zurückbeordert werden und bereiteten sich darauf vor, an diesem Tag aus dem Irak nach Amman heimzukehren.

Etwa ein Jahr zuvor hatten Jordanien und der Irak die Einrichtung einer Reihe nationaler Geschwader vereinbart – was im Grunde genommen bedeutete, dass sie die „arabischen Nationen" verteidigen sollten. Jedes Geschwader sollte sich aus zehn irakischen und zehn jordanischen Piloten zusammensetzen. Der Irak stellte die Flugzeuge, doch die Piloten kämen aus beiden Ländern. Damals hatten wir zwei solcher Geschwader. Am Abend des Dreizehnten schickte König Hussein von Jordanien ein C-130 Hercules Transportflugzeug, um seine Piloten am nächsten Tag nach Hause zu bringen. Für mich war das ein weiterer Hinweis, dass etwas Großes passieren würde.

König Hussein unterhielt immer enge Beziehungen zum Westen. Er wusste, was auf uns zukommen würde. Er wollte nicht, dass seinen jungen Piloten etwas zustieß. Darum ließ er sie unverzüglich heimkehren. Dadurch verhärtete sich mein Verdacht eines unmittelbar bevorstehenden Angriffs umso mehr. Der König wusste offenbar etwas, das Saddam nicht wusste oder nicht glauben wollte. Saddam wollte, so sagte man mir am Telefon, dass ich mit den Piloten zusammentraf, bevor sie das Land verließen. Ich sollte ihnen für ihren

Dienst im Irak danken und jedem von ihnen eine stattliche neue Pistole schenken – als besonderes Geschenk von Präsident Saddam. Als die Operationszentrale mich anrief, erzählten sie mir, Saddam habe gesagt: „Ich brauche einen guten, hochrangigen Offizier, der mich vertritt."

Saddams persönlicher Flieger, eine JetStar für neun Passagiere mit allen Annehmlichkeiten, sollte mich hinbringen. Saddams Republikanische Flugbereitschaft unterhielt vier Flugzeuge, die ausschließlich vom Präsidenten genutzt wurden. Auf Saddams Befehl schickten sie ein Auto, das mich zum Flugplatz bringen sollte. Ich erreichte Saddams viermotorige Maschine, die auf der Rollbahn stand. Jemand sagte: „General Sada, Sie sollen diese Pistolen offenbar den Piloten überreichen." Dann luden sie die Kisten mit den Waffen in den Passagierraum.

Ich überreichte den jordanischen Piloten gerne die zwanzig Pistolen, doch ich war enttäuscht, dass ich nicht dabei sein würde, um Saddam mein großes Geschenk zu überreichen: In drei dicken Ordnern hatte ich die Untersuchungsergebnisse der letzten Monate zusammengestellt. Doch augenscheinlich wollten mich die Befehlshaber von Armee und Luftwaffe nicht dabei haben, denn sie wussten, dass ich Saddam die Wahrheit sagen würde. Ich hätte ihm gesagt, dass zwei plus zwei vier ist, aber das war das Letzte, was sie gewillt waren, ihn hören zu lassen.

Also reiste ich nach Mosul und nahm Oberst Riadh Abdul Majid al-Tikriti mit, einen früheren Schüler von mir, der zufälligerweise aus Tikrit stammte. Er war denn auch ein Verwandter von Saddam. Ich erklärte ihm, dass ich nicht allein nach Mosul wollte und dass es gut wäre, wenn er mich begleitete. Dadurch bekäme er die Chance, die Piloten zu treffen, wenn ich die offizielle Geschenkübergabe vornahm, bevor sie sich auf den Heimflug nach Amman machten. Das taten wir also. Wir flogen hin, trafen die Piloten und hatten ein nettes Abendessen. Der Base Commander hatte ein großes Abschiedsessen für die Jordanier arrangiert, auf dem ich dann die Geschenke verteilte. Ich dankte ihnen im Namen des Präsidenten für das Jahr, das sie mit uns in dem neuen nationalen Geschwaderprogramm verbracht hatten. Danach bestiegen sie ihre C-130 und waren weg.

Rückkehr zur Realität

Als ich nach Bagdad zurück kam, ging ich geradewegs in die Operationszentrale im Hauptquartier. Kaum war ich da, zogen mich mehrere junge Offiziere zur Seite und sagten: „General Sada, das Treffen mit Saddam war noch schlimmer als das vom Zwölften, bei dem Sie auch anwesend waren. Sie haben ihm noch mehr vorgelogen und niemand wagte etwas zu sagen."

Sie hatten Saddam sogar erzählt, dass unsere Techniker eine Vielzahl von Boden-Boden-Raketen so verändert hätten, dass sie für Boden-Luft-Angriffe auf amerikanische AWACS und B-117 Stealth Flugzeuge geeignet wären. Das war natürlich vollkommen absurd. In unserem Arsenal hatten wir keine Waffen, die auch nur annähernd an diese High Altitude Aircraft, die in sehr großer Höhe fliegenden Maschinen, herankamen. Doch Saddam trat im irakischen Fernsehen auf und erzählte seinem Volk: „Kein Iraker muss sich vor den ‚Stealth'-Flugzeugen fürchten. Wir haben die Waffen, um sie zu zerstören."

Ich fragte den Offizier: „Wer war das?" Er nannte mir General Yaseen. Zu ihm ging ich nun also und fragte ihn: „General Yaseen, können Sie mir bitte erklären, wie Sie bitteschön die AWACS Aufklärer und die B-117 Stealth Bomber, die in über dreißigtausend Fuß Höhe fliegen können, mit ihren abgeänderten Boden-Luft-Raketen treffen wollen?"

Natürlich konnte er mir nicht antworten und er versuchte es erst gar nicht. Das war eine Lüge zum Wohle von Saddam. Anstatt zu antworten, fragte er mich: „Georges, warum sind Sie immer so negativ? Alle fanden meine Präsentation gut und Saddam war sehr froh über die Dinge, die ich ihm erzählt habe." Ich schüttelte nur den Kopf und verließ das Zimmer. Das war die Mentalität der Menschen, mit denen Saddam sich umgeben hatte.

Ich war mir sicher, es war nur noch eine Frage der Zeit, bis wir von Raketen und Marschflugkörpern getroffen würden sowie von vielen anderen Waffen, die die Koalitionsmächte von ihren Flugzeugen auf uns abwerfen würden. Ganz sicher.

Doch der Fünfzehnte kam und ging und nichts passierte. Ich muss sagen, ich war mehr als nur ein bisschen überrascht. Am nächsten Tag sah es so aus, als hätte ich falsch gelegen. Alle in der Luftwaffe lachten mich aus. Einige Offiziere, die bei den Unterredungen dabei gewesen waren, auf denen ich meine Überzeugung so energisch vorgebracht hatte, feixten: „Na, Georges, haben Sie nicht gesagt, die Amerikaner werden uns angreifen? Wo sind denn die Bomben, Herr General?"

Manche Offiziere nannten mich General Katalog, denn ich hatte alle Daten und Fakten beisammen, wie in einem Katalog. Sie wussten, ich ging nicht gern an die Arbeit ohne ein breites Sortiment an wichtigen und verlässlichen Geheimdienstdaten. Natürlich war es mir peinlich, dass ich so zuversichtlich über den bevorstehenden amerikanischen Angriff gesprochen hatte, während in Wirklichkeit aber nichts geschah. Ich stand vor den anderen dumm da und fühlte mich sehr mies dabei.

Ich ging reihum zu allen Offizieren des Generalstabs und entschuldigte mich für meinen Irrtum: „Es tut mir Leid, aber ich habe mir alle Hinweise angeschaut und alle Geheimdienstdaten analysiert, die ich von General Sadir erhalten habe, und ich war mir sicher, wir würden angegriffen. Sieht so aus, als hätte ich mich geirrt. Tut mir Leid, wenn Sie sich meinetwegen aufgeregt haben."

Ich bestand auch darauf, zu General Muzahim, dem Air Force Commander zu gehen und ihm zu sagen: „Entschuldigung, ich habe mich geirrt und Sie hatten Recht. Doch ich hoffe, Sie wissen, dass ich ernsthaft geglaubt habe, dass wir angegriffen würden."

Ich fuhr fort: „Die ausländische Presse, die Geheimdienstdaten, alles ließ denselben Schluss zu. Doch offen gestanden bin ich froh, dass ich mich geirrt habe. Aber sagen Sie bitte den jungen Offizieren, dass sie sich nicht mehr über mich lustig machen sollen. Es ist unklug, wenn sich diese Männer über einen General lustig machen, zumal ich mein Bestes getan habe und Ihnen die bestmöglichen Informationen über eine drohende Invasion geliefert habe."

General Muzahim schüttelte mir die Hand, klopfte mir auf die Schulter und versicherte mir, den jungen Männern zu sagen, sie sollten mich in Ruhe lassen.

Gemischte Botschaften

Ich war mir hundertprozentig sicher, dass es einen Angriff geben würde. Diese Botschaft versuchte ich zu vermitteln. Leider kamen die meisten meiner Kollegen zu dem Schluss, Saddam habe mit den Amerikanern ein geheimes Abkommen getroffen. Sie sagten, die amerikanischen Streitkräfte seien an den Golf gekommen, um ihre Macht zu demonstrieren und der Welt zu zeigen, dass sie nicht guthießen, was wir in Kuwait machten. Doch in Wirklichkeit gebe es eine Vereinbarung zwischen Saddam und der amerikanischen Botschafterin. Jeder wusste, Saddam dürfe tun, was immer er wollte, ohne dass die Amerikaner eingriffen.

Das Treffen zwischen Saddam und Botschafterin April Glaspie wurde damals über Satellit in die ganze Welt ausgestrahlt. Im Irak wusste jeder, was Glaspie zu Saddam gesagt hatte: „Wir beziehen nicht Position zu Ihren inner-arabischen Konflikten wie Ihrem Streit mit Kuwait. Außenminister Baker hat mich beauftragt, die Mitteilung zu bekräftigen, die der Irak erstmals 1990 erhalten hat, nämlich dass das Thema Kuwait nicht Sache der Amerikaner ist."

Deutlicher ging es nicht mehr. Eine amerikanische Botschafterin sagte einem irakischen Diktator, dass er tun könne, was immer er wolle. Und zu dem Zeitpunkt wollte er Kuwait in die neunzehnte Provinz des Iraks verwandeln.

An dem Tag, als die Sendung im irakischen Fernsehen ausgestrahlt wurde, zog man Kopien und schickte sie an alle Truppenkommandeure. Sie sahen die Sendung, verstanden die Botschaft und freuten sich unbändig, etwas tun und die Befehle des Präsidenten ausführen zu können. Manche Kommandeure meinten, Präsident Bush habe Frau Glaspie zu uns geschickt, um uns auszutricksen. Mit anderen Worten, die Amerikaner hätten bereits beschlossen, den Irak anzugreifen. Nun wollten sie Saddam in eine bestimmte Position hineinmanövrieren, damit sie wiederum die Koalitionsmächte auf uns hetzen könnten. Ich wusste offen gestanden nicht, was ich davon halten sollte, doch ich sah, was Botschafterin Glaspie gesagt hatte und war mir sicher, dass sie Saddam definitiv nicht gewarnt hatte, unverzüglich aufzuhören und Kuwait zu verlassen.

Als ich mich an jenem Tag zum Dienst meldete, nachdem ich als Berater für den Generalstab wieder eingesetzt worden war, war ich bereit zu tun, was ich konnte, um meinem Land in einer Zeit großer Schwierigkeiten und Anspannungen zu dienen. Doch ich musste nicht beim Militär sein, um zu verstehen, was passieren würde. Wenn wir Kuwait nicht umgehend verließen, würden wir von den Amerikanern angegriffen. Da war ich mir sicher und erzählte jedem, der es in jenen paar Tagen hören wollte, dass wir einen Krieg mit dem Westen nur vermeiden könnten, wenn wir sofort innehielten, aus Kuwait abzögen und unsere Streitkräfte nach Hause holten.

Ich machte mir Sorgen um mein Land und mein Volk, wenn Saddam nicht auf die Vernunft hörte. Doch er sorgte sich nicht im Geringsten. Saddam hatte keine Angst vor den Folgen für den Irak, sollte dieses Abenteuer fehlschlagen. Er hatte gesagt, wenn ihm etwas zustieße oder wenn er nicht mehr Präsident sei, könne es ihm doch gleichgültig sein, was mit dem Irak passierte. Oftmals hatte ich ihn sagen hören: „Wenn mir jemand dieses Land wegnimmt, überlasse ich es ihm nicht so, wie es jetzt ist. Ich übergebe es ihm vollkommen zerstört!" Das hatte er sogar im irakischen Fernsehen geäußert und jeder Iraker wusste das.

So einem Mann konnte man mit Vernunft nicht beikommen. Und anscheinend wollte das im Irak auch niemand versuchen.

6. Die Folgen des Krieges

Die Jahre zwischen dem Iran-Irak-Krieg und dem ersten Golf-krieg waren die beiden schönsten, an die ich mich entsinnen kann. Im Norden waren die Kämpfe beendet, die Invasion Kuwaits hatte noch nicht begonnen. Wir waren so froh, dass der Krieg hinter uns lag. Nur leider fing 1990 alles wieder an zu eskalieren: Saddam behauptete, Kuwait stehle uns Öl, indem es schräge Bohrungen in unsere unterirdischen Ölvorräte vornahm. Niemanden im Irak scherte das – es war doch genug für alle da. „Natürlich gehört Kuwait zu uns", fing Saddam jetzt plötzlich an. „Es ist kein eigenes Land, sondern die neunzehnte Provinz des Iraks."

Das traf womöglich zu, als die Briten hundert Jahre zuvor das Land aufteilten. Noch mehrere Jahrhunderte früher gehörten alle arabischen Gebiete im Mittleren Osten den Assyrern, doch man kann Geschichte und Diplomatie nicht über den Haufen werfen, weil man das Land seines Nächsten begehrt. Die Geschichte ändert den Lauf der Dinge. Man kann sie nicht zurückdrehen. Aber Saddam suchte nur eine Ausrede, um wieder einmal einen Krieg anzuzetteln – und Kuwait, eines der reichsten Länder der Erde, war zum Objekt seiner Begierde geworden.

Saddam argumentierte teilweise damit, dass Kuwait den Welt-markt mit so großen Ölmengen überflutet hätte, dass es damit den irakischen Preis in den Keller zwang. Damals führte der Irak 3,5 Millionen Barrel täglich aus, doch der Preis war so stark gefallen, dass Saddam schätzte, er habe mindestens 10 Milliarden Dollar verloren. Er sagte, Kuwait sei schuld und es müsste dem Irak die Differenz er-statten.

Der Streit eskalierte, sodass die beteiligten Länder zu dem Schluss kamen, sie müssten Bevollmächtigte zu einer Konferenz nach Saudi-Arabien entsenden, um ihre Meinungsverschiedenheiten beizulegen und zu einer gerechten Einigung zu gelangen. Saddam schickte seinen Stellvertreter Izzat al-Douri. Prinz Abdullah war der Bevollmächtigte des saudischen Regenten König Fahd, Scheich Saad vertrat sein eigenes Land Kuwait. Die Geschichte von dem Zusammentreffen in Riad ist bemerkenswert, um es noch vorsichtig auszudrücken. Mir wurde später Folgendes berichtet:

Das Treffen war für den 31. Juli und 1. August 1990 anberaumt. Doch bevor Izzat al-Douri nach Riad aufbrach, hatte Saddam eine vertrauliche Unterredung mit ihm: „Was immer sie auch tun, Izzat, nehmen Sie auf gar keinen Fall deren Angebot an. Was auch geschieht, finden Sie auf jeden Fall eine Möglichkeit, jegliche Lösung abzulehnen, die Scheich Saad Ihnen anbietet."

Mit dieser Anweisung immer im Hinterkopf zog Izzat al-Douri also nach Riad. Die ersten Worte, die gleich zu Beginn der Unterredung aus seinem Mund kamen, lauteten: „Scheich Saad, ich verlange, dass Sie meiner Regierung 10 Milliarden Dollar in bar auszahlen."

Das war eine merkwürdige Gesprächseinleitung, doch so begann es. Es wurde viel diskutiert und debattiert und Douri wurde gebeten, seine Forderung zu erläutern. Schließlich sagte Scheich Saad: „Gut, Herr Douri, ich nehme Ihre Forderung an. Aber wir zahlen Ihnen nicht 10 Milliarden Dollar. Wir zahlen nur 9 Milliarden Dollar."

Der Wortbrüchige

Das war selbst für Kuwait eine ganze Menge Geld. Doch der Grund dafür, dass Scheich Saad sich weigerte, den gesamten Betrag zu zahlen, hatte nichts mit der Höhe der Forderung zu tun. Es hatte damit zu tun, das Gesicht zu wahren – die arabische Tradition, *Sukrah* genannt, bedeutet, dass der Feilschende keine Niederlage erlitten hat, da er ein besseres Geschäft herausschlagen konnte.

Allerdings lehnte Douri sein Angebot ab, weil nämlich genau dies eintreten sollte. Er schob geräuschvoll seinen Stuhl vom Tisch weg und sagte: „Na gut, Scheich Saad, wenn Sie mir nicht die gesamten 10 Milliarden Dollar zahlen wollen, dann wird das wohl Ihre Antwort sein. Sie wissen hoffentlich, dass das Gespräch hiermit beendet ist und ich jetzt gehe."

Prinz Abdulla, damals noch saudischer Kronprinz, der seinem Halbbruder 2005 auf den Königsthron folgte, bekam das alles hautnah mit. Als ihm klar wurde, dass Izzat al-Douri gehen wollte, ohne dass die Angelegenheit beigelegt war, sagte er: „Halt, halt! Bitte, meine Herren, nehmen Sie doch Platz. Warten Sie noch einen Augenblick. Ich will mit Seiner Majestät, dem König, reden." Damit rief er im Palast an und unterrichtete König Fahd über die Vorkommnisse.

Er sagte: „Majestät, die beiden Parteien haben Übereinstimmung erzielt, dass Kuwait dem Irak 10 Milliarden Dollar zahlt. Doch Scheich Saad will nicht so viel bezahlen. Er will nur 9 Milliarden Dollar zahlen. Was sollen wir tun?" Ohne zu zögern antwortete der König: „Sag dem Iraker, dass wir die 1 Milliarde Dollar zahlen. Sag ihm, dass ich jetzt umgehend Saddam Hussein anrufen werde. Ich werde ihm mitteilen, dass innerhalb der nächsten Stunde ein Flugzeug mit 1 Milliarde Dollar in bar auf dem Weg nach Bagdad sein wird."

Da war nun das Geld, das Douri gefordert hatte – neun Milliarden von Kuwait, eine Milliarde von Saudi-Arabien. Jeder wusste, das war die reine Erpressung von Saddam Hussein, doch sie wollten dem Tyrannen keinen weiteren Vorwand liefern, um Ärger zu machen. Scheich Saad war zufrieden, und um ihr Übereinkommen zu besiegeln, schlug er vor, dass sich alle die Hand reichten und ihr Glas – Saft oder Tee oder was immer zur Verfügung stand – auf den Erfolg erheben sollten.

Als sie die paar Schritte vom Verhandlungszimmer zum Getränketisch gingen, sagte Scheich Saad: „So, Herr Douri, ich denke, wir sind beide jetzt zufrieden und die Sache ist erledigt. Doch ich hoffe, Sie kommen nicht in sechs Monaten wieder und beschweren sich über die Grenzen zwischen unseren Ländern, wie Sie es schon so häufig getan haben. Wir haben ein Übereinkommen erzielt und alles zwischen uns geregelt."

Er hätte es wissen müssen, dass er diesen alten Disput jetzt besser nicht aufgebracht hätte – genau auf diese Worte hatte Douri zweifellos gewartet. Er hatte Angst gehabt, er hätte nach Bagdad zurückkehren und Saddam berichten müssen, er habe das Angebot des Scheichs angenommen – zumal Saddam seinen Cousin, den berüchtigten „Chemie-Ali", in der Delegation mitgeschickt hatte, um alles, was dort geschah, zu beobachten und zu berichten. Izzat al-Douri mochte zwar die 10 Milliarden Dollar bekommen haben, doch Saddam würde ihn in der Luft zerreißen. Zuerst würde Saddam ihn demütigen: „Hör mal, du Eisblockverkäufer, habe ich dir nicht gesagt, du sollst dir etwas einfallen lassen, damit du nicht mit denen da übereinstimmst? Du hast meine Befehle nicht befolgt. Weißt du, was ich mit Leuten mache, die meine Befehle nicht befolgen?"

Doch jetzt würde dieses Gespräch niemals stattfinden, weil Scheich Saad Izzat al-Douri einen perfekten Vorwand geliefert hatte.

„Oh nein, Scheich Saad", sagte Douri, „lassen Sie doch bitte die Grenzfrage beiseite! Die steht doch auf einem ganz anderen Blatt. Die hat hiermit nichts zu tun! Und Sie wissen ganz genau, dass wir das Grenzproblem beilegen müssen, bevor es jemals Frieden zwischen uns geben kann."

Scheich Saad blieb abrupt stehen. Er traute seinen Ohren nicht, dass Douri so etwas sagte, nachdem er und König Fahd dem Irak eine so ansehnliche Ausgleichssumme zugesagt hatten. „Herr Douri, was sagen Sie da?", fragte er. „Wir haben Ihnen gerade 10 Milliarden Dollar gegeben, um die Sache zu beenden, und Sie wollen weiter über Grenzen streiten?"

Douri schüttelte den Kopf und brüllte zurück: „Gut, Scheich Saad, vergessen Sie es! Jetzt weiß ich, wie der Hase läuft."

Er gab sich den Anschein, sehr zornig zu sein, doch im Innern lachte er und wusste, dass er jetzt zurückkehren und Saddam erzählen konnte, dass er alles so ausgeführt hatte, wie es ihm aufgetragen worden war. Rasch scharte er seine Delegation um sich und sagte: „Meine Herren, die Unterredung ist beendet. Ich gehe."

Das war es.

Das Treffen endete spätabends und Izzat al-Douri kam irgendwann nach ein Uhr nachts am 2. August 1990 nach Bagdad zurück. Er war kaum aus dem Flugzeug, schon rief er Saddam an und erzählte ihm: „Es ist prima gelaufen. Wir haben keine Einigung erzielt."

„Izzat, wie immer sind Sie der Getreue", freute sich Saddam. „Das ist wahrlich eine gute Neuigkeit!"

Saddam legte den einen Hörer auf, nahm einen anderen zur Hand und war mit der Einsatzzentrale des irakischen Stützpunkts südlich von Basra verbunden, wo sein Field Commander General Hussein al-Majid bereits wartete. Saddam sagte zu ihm: „Hussein, schicke die Jungs hinein."

Das war alles. Und mit diesen verwerflichen Worten begann die Invasion Kuwaits.

Ein Kriegsvorwand

Hussein Kamel Hassan al-Majid war Saddams Schwiegersohn, verheiratet mit seiner ältesten Tochter Raghad. Saddam hatte ihn in das Amt des Verteidigungsministers, Industrieministers und ein halbes Dutzend weiterer Ämter, darunter das des Ölministers, eingesetzt. Als das Gespräch mit dem Präsidenten beendet war, griff Hussein al-Majid erneut zum Hörer und rief den Befehlshaber seines Hubschraubergeschwaders an. Er bellte ihn an: „Herr General, was habe ich Ihnen gesagt, wie viele Hubschrauber Sie startklar haben sollen?"

„Hundert", antwortete der Befehlshaber.

„Sind sie fertig?", fragte Hussein.

„Ja, sie sind fertig", kam die Antwort. Darauf befahl Hussein: „Lassen Sie sie fliegen."

Der Befehlshaber hatte zwar seine Hubschrauber und Piloten bereit stehen, zumindest rein technisch. Doch war er nicht darauf eingestellt, dass sie nachts würden fliegen müssen. Daher antwortete er auf Hussein al-Majids Flugbefehl: „Aber es sind doch nicht alle Piloten für Nachtflüge geschult."

Husseins Zorn war rasch entflammt und er brüllte zurück: „Was soll das heißen, sie sind nicht für Nachtflüge geschult? Wo liegt denn der Unterschied zwischen Nacht und Tag? Ich fahre meinen Mercedes nachts genauso gut wie am Tag. Wieso können sie dann einen Hubschrauber nicht nachts fliegen?"

So wenig Ahnung hatte dieser unausgebildete militärische Befehlshaber von Einsatzlogistik. Er war in der Armee nie über den Rang eines Unteroffiziers hinaus gekommen. Da er Saddams Schwiegersohn war, war er plötzlich General mit Befehlsgewalt für eine Invasion – und er kannte nicht den Unterschied zwischen einer Autofahrt und einem Hubschrauberflug bei Nacht.

Leider war das nicht alles, was er nicht wusste. Er kannte auch nicht den Weg nach Kuwait. Er hatte die Karten nicht gesehen und wusste nicht, welche Richtung die Piloten einschlagen sollten. Die irakischen Piloten waren nicht über Hindernisse unterwegs unterrichtet worden oder wann sie niedriger fliegen sollten und wann sie aufsteigen und an Höhe gewinnen sollten. Da sie keine Ahnung hatten, was ihnen bevorstand, und da sie kaum oder keine Erfahrung mit Nachtflügen hatten, verloren wir in dieser Nacht siebenundvierzig Hubschrauber und vier Jagdflugzeuge.

Warum wir sie verloren haben? Weil Piloten ohne angemessene Ausbildung, Anleitung oder Ausrüstung in niedriger Höhe die Grenze passierten und geradewegs in die Hochspannungsdrähte parallel zur kuwaitischen Grenze flogen. Jeder Hubschrauber beförderte zwischen sechzehn und vierundzwanzig Angehörige des Sonderkommandos, die alle umkamen.

Andere Hubschrauber gingen verloren, als sie versuchten, die kuwaitischen Radio- und Fernsehstationen zu orten und zu zerstören.

In jedem Hubschrauber saß ein ortskundiger Führer, um ihnen den Weg zu den Stationen zu zeigen. Doch die Araber, die sich bei Tageslicht gut am Boden auskannten, hatten absolut keine Ahnung, wonach sie beim Blick aus einem Hubschrauber bei Nacht Ausschau halten sollten. Sie flogen also im Kreis, schauten nach rechts, links, oben und unten, flogen hierhin und dorthin und versuchten, die Station zu finden. Bei Tagesanbruch konnten kuwaitische Maschinengewehrschützen einen nach dem anderen vom Himmel holen.

Mindestens 50 Prozent der irakischen Luftfahrzeuge, die nach Kuwait geschickt worden waren, gingen in den ersten Stunden des Angriffs verloren, und zwar wegen der Dummheit unserer Befehlshaber. Und am Boden war die Lage genauso schlimm. Wenn sich eine Armee heutzutage auf einen Angriff vorbereitet, sollte es Einsatzbefehle geben mit Details zur Marschroute, zu den Angriffsmethoden, den einzusetzenden Waffen und Ausrüstungsgegenständen, zur Anzahl der Männer, die in den jeweiligen Gebieten eingesetzt werden sollen, sowie klaren Beschreibungen der Ziele. Und für die meisten guten Pläne gibt es einen Plan B oder ein Alternativziel, falls die Offensive auf unerwartete Hindernisse oder Widerstand stößt.

Doch unser Einsatzbefehl lautete: „Hussein, schicke die Jungs hinein." Das war alles. Zuerst kamen irakische Düsenjäger und griffen die beiden Flughäfen an, sodass die kuwaitischen Jets nicht abheben konnten. Darauf folgte ein Bodenangriff unter Führung der Republikanischen Garde. Es gab vier Kolonnen aus Panzern, Lastwagen und Schützenpanzerwagen – Tausende von Militärfahrzeugen, die auf Kuwait zu rollten. Die Hauptverkehrsstraße war so mit Autos, Lastwagen und Panzern verstopft, dass sich schon bald ein riesiger Stau bildete.

Doch nicht alle kuwaitischen Piloten ließen sich von den Bombardierungen aufhalten. Einer von ihnen, Mohammed Mubarak Sultan Mubarak, schaffte es, eine voll bewaffnete A-4 Skyhawk vom Flugplatz zu entfernen und auf eine Nebenstraße zu bringen. Wie durch ein Wunder konnte er abheben und den MG-Salven entkommen. Sobald er in der Luft war, griff er alle vier Kolonnen irakischer Fahrzeuge mit Panzerabwehrraketen und Maschinengewehren an, und bevor alles vorbei war, hatte er achtunddreißig Panzer, Dutzende Autos, Lastwagen und Schützenpanzerwagen zerstört und Hunderte Soldaten getötet.

Anschließend flog der Kuwaiter nach Dhahran und blieb dort bis zum Ausbruch des Luftkrieges am 17. Januar 1991. Kurz darauf wurde sein Flugzeug abgeschossen und er selbst gefangen genommen. So lernte ich ihn kennen. Als Saddam von Mubaraks Taten erfuhr, bestand er darauf, er sei ein Kriegsverbrecher und müsse hingerichtet werden. Doch ich musste einfach den Mut und die Fähigkeiten dieses tapferen, einfallsreichen Piloten bewundern. Ich war zwar Offizier der irakischen Luftwaffe, doch beeindruckte mich die Zähigkeit jedes Piloten, der sich nicht von einer zerstörten Piste aufhalten ließ. Nach dem Krieg wurde er freigelassen und er kehrte in sein Land zurück. Von da an diente er im Stab des amerikanischen Befehlshabers (Chef des US-Zentralkommandos) General John Abizaid in Katar.

Strafe, Plünderung und Zerstörung

Als die irakischen Streitkräfte nach Kuwait einmarschierten, übernahmen sie nicht einfach den Palast und erklärten den militärischen Sieg. Wegen des von Saddam entfachten Hasses kamen die Soldaten als Diebe, Plünderer, Räuber und Vergewaltiger und gaben sich alle Mühe, das ganze Land zu zerstören. Sie ließen alles mitgehen, was ihnen in die Hände fiel – aus staatlichen Gebäuden, Geschäften, Kaufhäusern und speziell aus Privathäusern. Sie nahmen Geld, Gold, Schmuck, Möbel, Kleidung, Autos, persönliche Gegenstände, ja einfach alles mit, was nicht niet- und nagelfest war.

Außerdem hatte Saddam den Ministern aller staatlichen Ressorts verordnet, dass sie alles, was sie tragen konnten, aus dem kuwaitischen Gegenstück konfiszieren sollten – einschließlich allem, was

„nagelfest" war. Mit anderen Worten: Der irakische Bildungsminister sollte dem kuwaitischen Bildungsminister alles wegnehmen – Möbel, Ordner, Computer, Bücher, Bilanzen, einfach alles. Ärzte und Zahnärzte machten es ebenso: Sie nahmen sich die OP-Tische, Zahnarztstühle, Krankenhausbetten und selbst die Nachttöpfe. Und aus dem Islam-Ministerium holten sie kistenweise den Koran weg und verteilten ihn an die Bürger Bagdads.

Wie ist so etwas möglich? Dadurch, dass Saddam Hass, Eifersucht und Rachegelüste gegen eine Nation hegte, die ihm nur geholfen hatte: Sie hatte ihm Geld, einen Zugang zu einem Tiefseehafen und vieles mehr gegeben. Energisch machte er sich daran, den irakischen Soldaten Hass gegen die Kuwaitis einzupflanzen. Er behauptete sogar, die kuwaitischen Soldaten sagten, man könne sich die Gunst einer irakischen Frau für fünf Dinar erkaufen. Das sagte er, weil er wusste, dass solche Beleidigungen die Männer nur zu noch schlimmeren Gewalttaten anstacheln würden.

Es war kein sauberer Krieg. Es war kein Krieg, um Gebiete zurückzufordern oder einen alten Streit beizulegen. Es war ein einziges Strafen, Plündern und Zerstören – und das alles, um Saddams üble Wünsche zu erfüllen. Ich wurde erst in den aktiven Dienst zurückbeordert, nachdem die Invasion begonnen hatte, sodass ich bis dahin von alledem keine Ahnung hatte. Doch als ich mir Einsatz- und Geheimdienstberichte über die aktuellen Gräueltaten in Kuwait anschaute, wurde ich zornig und bekam Schuldgefühle für mein Land. Zweifelsohne machte unsere Armee Fehler – strategisch, taktisch und in jeder erdenklichen Weise. Doch am schlimmsten war, dass sie sich nicht wie die Berufssoldaten aufführten, die sie einst waren.

Das Dümmste von militärischer Warte aus war, dass Saddam und seine Befehlshaber die gesamte irakische Armee, die gesamte Reserve und die gesamte Volksarmee an der kuwaitischen Grenze, ganz im Süden unseres Landes konzentrierten, fast 600 Kilometer von der Hauptstadt entfernt. Dadurch blieb die gesamte Nation schutzlos zurück. Ich fragte daher: „Was ist, wenn uns jemand von Syrien oder Jordanien her angreift?"

Die Antworten waren bestürzend.

Binnen achtundvierzig Stunden kämpften wir nicht allein gegen Kuwait; wir kämpften gegen die ganze Welt. Blitzartig eskalierte es. Die Vereinten Nationen verurteilten umgehend Saddams Vorgehen; ebenso verurteilte Amerika, die einzige Supermacht der Welt, die Invasion. Großbritannien und andere europäische Staaten drohten mit viel größerem Kriegsgeschehen, sollte unsere Armee Kuwait nicht unverzüglich verlassen. Hätte damals auch nur ein Land beschlossen, Truppen zu entsenden, wäre der ganze Irak schutzlos ausgeliefert gewesen.

Saddam war kein Dummkopf. Wie bereits mehrfach betont, war er ein Genie im Ausdenken von Untaten. Doch wie lässt sich ein solcher strategischer Irrtum erklären, alle Mann und das ganze Material an einem Ort zur selben Zeit zu konzentrieren? Die einzige Antwort, die hier einen Sinn ergibt ist, dass Saddam davon überzeugt war, Botschafterin April Glaspie habe ihm einen Freibrief ausgestellt, nach Kuwait einzumarschieren und zu tun, was ihm beliebe. Wer vorhat, ein Land zu bestrafen, auszuplündern und zu zerstören und dabei glaubt, da sei niemand, der einen aufhalte, hat keinen Grund, auch nur einen einzigen Soldaten in Reserve zu behalten.

Jeder, mit dem ich gesprochen habe, jeder Befehlshaber und jeder Soldat im Einsatz war davon überzeugt, dass er sich um nichts zu sorgen brauche. „Keine Sorge, Georges", sagten sie. „Es ist alles gut vorbereitet. Niemand wird kommen und Kuwait verlangen. Niemand wird den Irak angreifen."

Das war ihre feste Überzeugung bis zum 17. Januar 1991, als der amerikanische Angriff begann. Niemand hatte je in Erwägung gezogen, auch nur einen kleinen Teil unserer Armee zurückzuziehen, um den Rest unseres Landes zu verteidigen. Und das war vielleicht die größte Dummheit überhaupt.

Ein böses Erwachen

Am 12. Januar erstattete ich, wie oben beschrieben, den Generälen Bericht über die Leistungsfähigkeit der amerikanischen Kriegsschiffe, Flugzeugträger und Waffen. Als sie mich fragten: „Georges, was ist denn die Lösung?", gab ich ihnen zur Antwort: „Abzug aus Kuwait – das ist die einzige Lösung."

Doch sie hörten nicht zu. Als ich am 16. Januar, dem Tag, an dem das UN-Mandat ablief, im Kommandozentrum ankam, erwartete ich noch immer einen irgendwie gearteten Angriff. Daher wollte ich bleiben und den Funkverkehr verfolgen, solange ich gebraucht wurde. Ich wollte versuchen, zwischendurch irgendwo auf einem Sofa oder einem Feldbett ein paar Stunden zu schlafen.

Als General Muzahim, der Air Force Commander, das mitbekam, sagte er: „Georges, ich möchte, dass Sie mein Appartement nehmen."

Einige Jahre zuvor, als ich noch Pilot war, war ich Muzahims Vorgesetzter gewesen. Dann jedoch, als ich wieder im aktiven Dienst war, war es umgekehrt. Doch er erinnerte sich, dass ich ranghöher war als er und behandelte mich respektvoll. Sein Appartement in der Kommandozentrale war klein, doch es hatte ein Wohnzimmer, ein Schlafzimmer, Bad und Dusche. Es war bescheiden, aber gemütlich und ideal geeignet für jemanden, der an langen Planbesprechungen teilnehmen musste.

Das Angebot nahm ich als Zeichen des Respekts, lehnte aber dankend ab. Doch Muzahim hielt dagegen: „Doch, Georges, Sie können mein Appartement gern benutzen. Das haben Sie sich verdient. Außerdem wäre ich froh, wenn Sie in der Nähe des Operations Center wären und die Kommunikation überwachen und über die Geschehnisse im Feld auf dem Laufenden bleiben."

Damit war ich einverstanden. Ich ging wieder in den Fernmelderaum und arbeitete dort bis weit nach Mitternacht. Um 1.30 Uhr am Morgen des 17. Januar fiel ich mit meiner Uniform aufs Bett und schlief sofort ein. Doch genau um 2.30 Uhr (0.30 Uhr MEZ; Anm.

d. Übers.) erwachte ich aus einem tiefen Schlaf. Ich schaute auf die Uhr und dachte: *Ich gehe mal in den Fernmelderaum zu Oberst Bahnam und sehe nach, was da los ist.*

Ich stand also auf und ging rasch in den Fernmelderaum. Ich rechnete nicht mit etwas Besonderem, aber irgendwie hatte ich ein komisches Gefühl. Oberst Bahnam war zufälligerweise einer der wenigen Christen in der Armee. Ich fragte, ob etwas auf dem Radar zu erkennen war oder ob es über Funk etwas Neues gab von den Stützpunkten im Süden.

Unser Radar verfolgte rund um die Uhr sämtliche Bewegungen im erfassbaren Luftraum. Es bestand also immer die Chance, dass der Offizier vom Dienst etwas über Kuwait, den Golf oder andere Gebiete an den irakischen Grenzen erfuhr. Doch genau in dem Moment, als ich den Fernmelderaum betrat, begann die Erde unter meinen Füßen zu beben. Es waren mindestens drei dumpfe Schläge in schneller Folge zu hören – bumm, bumm, bumm –, dann schüttelten uns wie bei einem Erdbeben heftige Nachbeben durch.

Mir war sofort klar: Wir werden angegriffen. Dann plötzlich erschütterte die nächste Explosion die Kommandozentrale, die ich gerade betreten hatte. Die Explosion war so gewaltig, dass sie das gesamte Gebäude durchrüttelte und die Stromversorgung augenblicklich unterbrach. Ich verlor den Halt. Als die Notstromaggregate angingen, stieben Funken in alle Richtungen. Stromkabel waren aus der Wand gerissen und überall war Feuer und Qualm.

Mühsam kam ich auf die Füße und rannte zurück zum Appartment, wo ich ja kurz zuvor noch geschlafen hatte. Aus den Leitungen sprudelte das Wasser wie aus Geysiren, zwischen den durchtrennten Starkstromleitungen flogen die Funken. Plötzlich war alles voller Staub, Schutt und Rauch. Höchste Zeit, so schnell wie möglich wegzulaufen, solange ich noch konnte. Es war ein Albtraum, die reinste Hölle. Nur mit größter Anstrengung schafften wir es, den Zustand unserer Geräte und Anlagen herauszufinden. In der ganzen als Bunker ausgebauten Kommandozentrale herrschten totales Chaos und Verwirrung.

Später erzählte mir jemand, dass ABC-Nachrichtenmoderator Peter Jennings gerade ein Interview mit einem Korrespondenten in Bagdad führte, als die Raketen einschlugen. Der Reporter, der gerade aus seinem Zimmer im Hotel Al Raschid schaute, erzählte Jennings, dass er Lichtblitze aus dem Al Mansour-Viertel sah, „wie Feuerwerk am Nationalfeiertag, nur hundertfach stärker!". Der Anblick muss Ehrfurcht gebietend gewesen sein. Was auch immer die Zuschauer aus der sicheren Entfernung tausender von Kilometern an ihren Fernsehern in Amerika gesehen haben mögen – es verblasste im Vergleich zu dem, was wir innerhalb des Bunkers mitten während des Angriffs sahen.

Siebzehn Sekunden bis zur Ewigkeit

In dem Moment, als die Marschflugkörper einschlugen, wusste ich, was los war. Und ich wusste auch, dass ich mich doch nicht geirrt hatte. Ironie des Ganzen: Eine der ersten Raketen auf Bagdad war so nah an mich und alle anderen in der Kommandozentrale heran gekommen, dass sie uns hätte töten können. Gott sei Dank habe ich überlebt und kann nun davon berichten.

Als ich den Schaden untersuchte, bemerkte ich, dass der erste Marschflugkörper mitten in dem kleinen Apartment eingeschlagen war, wo ich geschlafen hatte. Genauer gesagt traf er mein Bett. Eine der ersten Cruise Missiles, die auf Bagdad trafen, ging exakt durch die Stelle, an der ich nur Sekunden vorher noch gelegen hatte. Sie drang durch das Gebäude, durchschlug die Betonarmierungen und explodierte genau da, wo ich gewesen wäre, wenn ich nicht rechtzeitig aufgewacht wäre.

Hätte ich in dem Bett gelegen, hätte ich nie erfahren, was mich getroffen hatte. Betonbrocken waren wie Spielzeug umhergeschleudert worden und einer davon lag auf dem zusammengebrochenen Bettrahmen. Eine solche Explosion hätte niemand überleben können. Doch Gott sei Dank war ich aufgewacht und hatte beschlossen, im Funkraum nach dem Rechten zu sehen. Heute weiß ich, dass das kein Zufall war: Ich bin davon überzeugt, dass Gott mich aufgeweckt und in Sicherheit gebracht hat. Nur so konnte mein Leben gerettet werden.

Mein erster Gedanke, als ich die Explosion hörte, war komischerweise: *Aha, hatte ich doch Recht! Die Amerikaner haben angegriffen.* Doch unmittelbar darauf dachte ich: *Oh mein Gott! Mein Land wird zerstört.* Die Genugtuung, die ich für den Bruchteil einer Sekunde empfunden hatte, wurde rasch ersetzt durch die Sorge um meine irakischen Mitmenschen, die in dieser Nacht getötet und deren Häuser zerstört würden.

Als ich den Flur entlang ging, um zu sehen, wo der Marschflugkörper explodiert war, stoppte ich auf meiner Uhr die Zeit, die der Gang vom Appartement zum Funkraum dauert. Ich wollte wissen, wie bald nach Verlassen des Raumes die Cruise Missile tatsächlich eingeschlagen hatte. Es waren genau 17 Sekunden vom Schlafzimmer zum Radarraum, wo ich stand, als der Marschflugkörper explodierte. So nah war ich dem Tod in jener Nacht gekommen – siebzehn Sekunden.

Ich schaute mich nach den anderen um und betete laut: „Danke, Jesus, dass du mir das Leben gerettet hast.“

Sekunden später brüllte jemand nach mir: „Wo ist General Sada? Wo ist General Sada?“ Ich ging auf das Rufen zu und rief zurück: „Wer ruft da? Was wollen Sie?“

Ein junger Offizier kam auf mich zu gerannt und sagte: „Der Air Chief möchte Sie sofort sprechen.“

Ich ging mit ihm zu einem sichtlich erschütterten Air Force Commander. „Georges, ist mit Ihnen alles in Ordnung?“, fragte er.

„Ja, danke“, erwiderte ich.

Darauf er: „Ich habe gehört, dass Ihr Schlafzimmer getroffen wurde.“

„Ja“, bestätigte ich, „das stimmt. Es wurde von dem Marschflugkörper völlig zerstört.“

Er fragte besorgt nach: „Aber Sie waren nicht da?"

„Es war ganz knapp", entgegnete ich. „Irgendetwas in mir sagte mir Sekunden vor dem Einschlag, ich solle zu Oberst Bahnam gehen."

Konsterniert fragte er zurück: „Und das Apartment wurde völlig zerstört?" Und ich bestätigte: „Ja, alles. Komplett zerstört."

Als ich das aussprach, ging uns beiden auf, wie genau die Geheimdienstinformationen der amerikanischen Piloten gewesen waren. Sie schickten einen lasergelenkten Marschflugkörper ganz genau an die Stelle, wo eigentlich der Air Force Commander hätte schlafen sollen. Später zogen mich natürlich ein paar Piloten damit auf und sagten, General Muzahim habe gewusst, dass die Amerikaner sein Apartment angreifen würden, und dass er es deswegen mir gegeben habe. Ich weiß nicht, ob ihm der Gedanke jemals gekommen ist, aber er hatte zu den lautesten Gegnern meines Berichts gehört und stolz behauptet, wir würden niemals angegriffen. Vielleicht steckt doch ein Funken Wahrheit darin.

Verhängnisvolle Entscheidung

Die Genauigkeit des Angriffs entging niemandem. Und nach der ersten ereignete sich eine ebenso ernüchternde zweite Explosion. Am hintersten Ende des Bunkers waren zwei kleine Kammern mit jeweils einer Fläche von knapp einem Quadratmeter. Hier liefen alle Kabel für die militärische Fernmeldeübertragung zusammen. Von da aus liefen sie zur Vermittlungsstelle in einem unterirdischen Bunker auf der anderen Straßenseite. Derselbe Angriff, der das Apartment des Befehlshabers an dem einen Ende des Gebäudes zerstörte, traf mit zwei weiteren Raketen diese beiden Schaltschränke, wodurch jegliche militärische Kommunikation unverzüglich außer Gefecht gesetzt wurde.

Damit auch von der Vermittlungsstelle keinerlei Befehle mehr kämen, belegten die Amerikaner sie ganz präzise mit drei weiteren Marschflugkörpern – einer in den darunter liegenden Bunker, die beiden anderen in das Gebäude, in dem die Kabel und Verbindungen zusammen kamen. Nun mussten wir auf unsere Notsysteme zugreifen, die alt und unzuverlässig waren. Tatsächlich hatten wir erst eine Stunde nach Ausbruch des Krieges wieder eine behelfsmäßige Kommunikation.

Als wir in beinahe kompletter Dunkelheit da standen, legte General Muzahim mir die Hand auf die Schulter und sagte: „Gott sei Dank ist Ihnen nichts passiert."

Doch dann fragte er mich mit vollem Ernst: „Georges, was sollen wir jetzt machen?"

Ich hatte Mühe, die Haltung zu bewahren. „Tut mir Leid", sagte ich, „jetzt können Sie nichts mehr machen. Es ist zu spät. Sie werden sich erinnern, dass ich Ihnen auf dem Treffen am Zwölften gesagt habe, dass genau dies passieren werde. Nun ist es passiert. Ab jetzt können wir nichts mehr machen. Sie können höchstens die Berichte unserer Anlagen im ganzen Land verfolgen und Sie werden merken, dass sie eine nach der anderen außer Gefecht gesetzt werden."

„Ich bin mir sicher", fuhr ich fort, „dass jede einzelne Kommandozentrale in allen fünf Militärsektoren in Kürze berichten wird, dass sie genauso hart getroffen wurde wie wir."

Es war gegen 2.33 Uhr früh, nur wenige Minuten nach dem ersten Angriff auf unseren Kommandobunker. Wenn die Amerikaner es geschafft hatten, diese Kommunikationszentrale mit so punktgenauer Treffsicherheit anzugreifen, dann würden sie auch die anderen anzugreifen wissen.

General Muzahim schaute mich an und sagte: „Gut, dann schicken wir die Kampfflugzeuge in die Luft!"

Ich schüttelte den Kopf: „Nein, tun Sie das nicht! Sie würden sie alle verlieren, das verspreche ich Ihnen. Und zwar entweder auf der Piste oder in der Luft, denn es gibt weder Radar noch Funkverbindungen für die Piloten."

„Woher wissen Sie das, Georges?", fragte er.

Ich entgegnete: „Genau in dem Moment, wenn Sie den Radar einschalten, spüren die Harm-Raketen unsere Radarstationen auf, erfassen sie und schicken den Marschflugkörper los, der sie zerstört. Darauf warten sie ja nur."

Plötzlich wurde General Muzahim sehr zornig und brüllte mich an: „Georges, diese Antwort akzeptiere ich nicht! Wie können Sie mir sagen, ich soll gar nichts tun, wenn die Amerikaner uns genau in diesem Augenblick angreifen? Wir müssen die Kampfflugzeuge losschicken!"

„Hören Sie, Herr General", bat ich, „Sie wollen die besten Piloten in die Luft schicken, ohne Radarunterstützung, mitten in der Nacht, ohne Aktionsplan. Wie viele Piloten haben Sie, die dazu ausgebildet sind? Falls Sie es vergessen haben: Es ist Januar und das Wetter da oben kann ganz schön schlecht sein. Wie viele Piloten haben Sie, die unter solchen Bedingungen fliegen können, ohne Radar und bei schlechtem Wetter? Ihnen gegenüber stehen die besten Piloten, die besten Flugzeuge, die besten AWACS-Aufklärungsflugzeuge und die besten Raketen. Zudem haben die Amerikaner den Vorteil, dass sie schon in der Luft sind und nur darauf warten, dass unsere Piloten hervorkommen. Seien Sie klug, Herr General, und tun Sie es nicht!"

Doch er schüttelte den Kopf und sagte: „Nein, das akzeptiere ich nicht, Georges. Wir schicken unsere Piloten hoch." Wenige Minuten später ließ General Muzahim achtzehn unserer modernsten Kampfflugzeuge starten. Traurigerweise wurden die meisten zerstört, noch bevor sie die Piste verlassen hatten, andere wurden abgeschossen, kaum dass sie in der Luft waren. Nur einer unserer Piloten – Hauptmann Zuhair – flog mit seiner MiG-25 einen erfolgreichen Einsatz. Zuhair war der irakische Pilot, der Navy Commander Scott Speicher abschoss.

Unheil verhindern

Saddam kam um 5 Uhr früh ins Hauptquartier und schäumte vor Wut. Ich war ehrlich überrascht, dass er sich so spät zeigte. Den ersten Angriff hatte es um 2.30 Uhr gegeben und der gesamte Generalstab versammelte sich unverzüglich in der Einsatzzentrale, um über eine Reaktion zu beraten. Es war entscheidend wichtig, dass Saddam dabei war, denn er hatte alle Entscheidungen zu treffen. Doch er tauchte erst zweieinhalb Stunden nach Beginn der Bombardierungen auf, als bereits hunderte, vielleicht gar tausende Schlüsselziele getroffen waren.

Es ist natürlich möglich, dass Saddam nicht richtig erkannt hatte, wie schnell und wie heftig sie uns angreifen würden, sodass er keine Notwendigkeit sah, sich zu beeilen. Wahrscheinlicher war jedoch, dass die Marschflugkörper und Raketen so überwältigend waren, dass er nicht das Risiko auf sich nehmen wollte, mit dem Auto quer durch die Stadt zu fahren. Als er in der Einsatzzentrale ankam, waren uns die Hände gebunden und wir konnten nicht mehr viel zu unserer eigenen Verteidigung tun.

Saddam berief alle hochrangigen Offiziere ein – wie immer, wenn ein kritischer Einsatz zu besprechen war. In Fernsehbeiträgen solcher Besprechungen sah die Anordnung dann so aus: Saddam in der Mitte und fünf Generäle um ihn herum. Ich saß zu seiner Rechten, links saßen der Befehlshaber der Luftwaffe, der Director of Operations, der stellvertretende Air Force Commander für Lufteinsätze und der Training Commander.

Da waren wir nun. Man hatte uns mit Marschflugkörpern und Raketen angegriffen und offensichtlich war der Erstschlag unglaublich präzise ausgeführt worden. Selbst Saddam merkte, dass der amerikanische Geheimdienst auf verblüffend hohem Niveau arbeitete. Sie schalteten unsere wichtigsten Radar- und Funkverbindungen aus und schafften es innerhalb von Minuten, einige der empfindlichsten Ziele unseres Landes zu treffen. Die Bedeutung all dessen konnte ihm nicht entgehen. Doch das Erste, was er zu dem Air Force Commander sagte, war, er solle den Angriff auf Israel abblasen. „Jetzt ist es zu spät", sagte er. „Wir müssen uns jetzt um vieles andere Gedanken machen."

Dann wandte er sich erneut an den Air Force Commander: „General Muzahim, wie ist es möglich, dass wir ohne Vorwarnung so schwer angegriffen wurden? Nicht einmal die Luftschutzsirenen sind angegangen! Wie konnte das passieren?"

Mit einem Blick auf Muzahim erkannte ich, dass er die Antwort nicht wusste. Er schaute mich an, was bedeutete, dass ich für ihn antworten sollte. Also wandte ich mich Saddam zu und sagte: „Wenn ich mich bitte zu Wort melden dürfte: Die Sirenen haben nicht geheult, weil wir nicht von Flugzeugen angegriffen wurden. Die ersten Angriffe kamen alle von Cruise Missiles, die sich auf unserem Radar nicht wie Flugzeuge darstellen. Das Hauptmerkmal solcher Marschflugkörper besteht darin, dass sie so ein kleines Radarbild erzeugen, dass Abwehrradar wie das Unsrige sie kaum rechtzeitig erfassen kann. Meistens können wir sie nicht erkennen, bis sie uns angegriffen haben."

Saddam schaute Muzahim finster an, als wolle er sagen: „Warum können *Sie* meine Fragen nicht beantworten?"

Viele unserer Maschinen, die auf den Pisten standen, waren bereits zerstört. Wenn wir versuchten, noch mehr in die Luft zu schicken, wäre es sehr wahrscheinlich, dass auch sie zerstört würden. Und natürlich stimmte das. Als Saddam das Gebäude verließ, sagte er zu mir, er habe General Muzahim angewiesen, den Angriff auf Israel abzublasen. Das ließ ich mir danach von Muzahim bestätigen.

Das alles machte mich traurig, denn ich hatte mir alle Mühe gegeben und niemand hatte mir zugehört. Von Norden bis Süden wurden wir aus jeder Richtung angegriffen. Wir wurden von F-111 im Norden angegriffen, von Tomahawk-Missiles vom Flugzeugträger Saratoga im Roten Meer, von Cruise Missiles von den Trägern im Persischen Golf; und wir wurden sogar von den B-117 Stealth-Bombern aus sehr großer Höhe angegriffen – es war das erste Mal, dass diese praktisch unsichtbaren Bomber in einer echten Kampfhandlung eingesetzt wurden.

Ich dachte: *Mein Gott, was ist aus unserem Land geworden?* Außerdem war ich traurig, dass Saddam, als er Stunden nach Kriegsausbruch endlich auftauchte, zuerst keine bessere Frage hatte als die, warum die Sirenen nicht angegangen waren, als die ersten Bomben einschlugen. Das war alles, was ihm einfiel. Die Angriffe gingen weiter, Bomben und Marschflugkörper fielen auf Bagdad, doch darüber machte Saddam sich keine Sorgen. Er wollte wissen, warum die Sirenen anfangs nicht geheult hatten.

Doch zum Glück war er noch nicht fertig. Nachdem er den Angriff auf Israel abgeblasen hatte, bestellte er die Armeebefehlshaber ein und änderte auch ihre Befehle. Ursprünglich hatte er zwölf Panzerfahrzeug- und Panzergrenadierdivisionen nach Saudi-Arabien schicken wollen, mit dem Befehl, unterwegs alles im Umkreis von mindestens 320 Kilometern zu zerstören. Von den Grenzen Kuwaits bis zur Stadt Dhahran sollte die Armee die Industrie Saudi-Arabiens von der Landkarte verschwinden lassen. Er wollte diesen Inbegriff von High-Tech-Einrichtungen zerstören, da König Fahd die amerikanische Invasion unterstützt und den Flugzeugen der Koalitionsmächte die Nutzung seiner Stützpunkte gestattet hatte.

Verbrannte Erde

An den Plänen Saddams für unsere saudischen Nachbarn lässt sich erkennen, was für ein Wahnsinniger er war. Saddam wurde von Hass verzehrt. Saudi-Arabien hasste er noch mehr als die Amerikaner, denn die Saudis hatten Kuwait geholfen. Und am Ende hatten sie amerikanische Kampfflugzeuge ins Land gelassen und unterstützt. Wenn Saddam von Amerika angegriffen und möglicherweise besiegt wurde, dann, so beschloss er, wollte er Saudi-Arabien angreifen und so viel Schaden wie möglich anrichten, bevor er aus dem Amt vertrieben würde.

Als er der Luftwaffe den Befehl erteilte, einen Angriff auf Israel vorzubereiten, ordnete er zeitgleich einen Luftangriff auf Saudi-Arabien an. Doch der würde anders aussehen. Den Angriff auf Israel sollte die Luftwaffe mit chemischen Waffen ausführen. Den Erstschlag gegen Saudi-Arabien sollten irakische Flugzeuge mit taktischen Waffen ausführen, anschließend sollte ein groß angelegter Angriff mit Panzerfahrzeug- und Panzergrenadierdivisionen folgen. Nach den Luftschlägen sollten Bodentruppen mit Panzern, Schützenpanzerwagen und Grenadierfahrzeugen einmarschieren. Danach gäbe es einen zweiten Luftangriff auf die Hauptstadt Riad – diesmal mit chemischen Waffen.

Der Plan sah vor, zwölf Panzer- und Infanteriedivisionen über die Grenze zu schicken und eine Division in Reserve zu behalten. Sie würden über Kuwait nach Saudi-Arabien eindringen. Die Reserveeinheiten würden geschützt innerhalb der irakischen Grenzen abwarten und bereit sein, wenn ihre Zeit zum Kämpfen gekommen wäre. Auf seinen Befehl hin sollten sie in drei Kolonnen vorrücken: Eine Kolonne über die Schnellstraße, eine an der Küste entlang und eine auf der Wüstenseite. Das war Saddams Strategie.

Sie sollten nachts über die Grenze gehen und die Industrieregion zwischen Kuwait und Dhahran, über dreihundert Kilometer im Süden, zerstören. Er überlegte auch, 120 Flugzeuge auf die beiden Flughäfen Kuwaits – al-Sabah und al-Salim – zu verlegen, um den Kolonnen beim Vorrücken Unterstützung aus der Luft zu gewährleisten. Gleichzeitig gab es einen weiteren Plan, Bomber nach Riad zu schicken. Die Stadt teilt sich in zwei Hälften. Auf der einen Seite leben König, Prinzen und Adlige, auf der anderen Seite das gemeine Volk. Saddam sagte, wir wollten nicht das Volk vernichten, sondern die Herrscher – und zwar mit C-Waffen.

Um sicherzugehen, dass der geplante Abwurf chemischer Waffen auch tatsächlich funktioniere, ließ er die Luftwaffe sogar ein paar

Testabwürfe auf dem Stützpunkt Al Kut im Irak vornehmen. Die Testwaffen waren nicht mit chemischen Präparaten bestückt, doch in den Abwurfbehältern waren Substanzen, die das eigentliche Geschehen simulierten. Dahinter steckte die Idee, dass bei einem tatsächlichen Angriff auf Riad in letzter Minute ein aktiver Kampfstoff hinzugefügt würde. Wenn das Spray dann freigesetzt würde, entstünde eine Giftwolke, die sich über die Stadt verteilen und jeden, der damit in Berührung käme, umbringen würde.

Wenn das geschehen wäre, wäre es eine schreckliche Gräueltat geworden. Das stellte sich Saddam für die Herrscher Saudi-Arabiens vor. Saddam wusste, dass die Reaktionen darauf heftig würden, doch er machte sich keine Sorgen darüber. Schließlich hatte er 1983 und 1988 Giftgas auf die Kurden abgeworfen und nichts war passiert. Also ließ er zwei Mirage ausrüsten und einsatzbereit machen. Doch beide Maschinen wurden zu Kriegsbeginn von saudischen Kampfflugzeugen abgeschossen, bevor sie ihre Mission erfüllen konnten.

Während der Planungsphasen für den Angriff ließ Saddam die Piloten und Versorgungsmannschaften Filme über Riad mit Lageplänen von allen Einrichtungen aus der Luft und vom Boden aus anschauen. Ich habe mir auch ein paar Filme angeschaut – von den gewaltigen Magazinen, wo die Saudis Teile für militärische Ausrüstung lagerten und verschickten. Sie hatten sehr moderne computergestützte Transportanlagen zum Befördern der Teile an die richtigen Stellen; das war sehr beeindruckend. Saddam wollte unbedingt, dass diese Magazine komplett zerstört wurden.

Als ich von dem Plan erfuhr, fragte ich die Planer, wie sie so eine große Operation ohne Deckung durch Fliegerkräfte durchführen wollten. Ich sagte, die Luftwaffe könne Panzern und Infanterie Luftunterstützung für die ersten einhundertzwanzig Kilometer in dem Land bieten, nicht aber für die verbleibenden gut dreihundertdreißig Kilometer bis nach Dhahran. An der Stelle konzentrierten sich so viele saudische und amerikanische Flugzeuge, dass ein weiteres Vorrücken unmöglich sei. Bald jedoch erkannte ich, dass Saddam sich keinen Deut darum scherte. Wenn es nach ihm gegangen wäre, wäre es ein Selbstmordkommando geworden. So wurden denn auch zwei unserer Mirage Kampfflugzeuge von saudischen F-15 zerstört, kaum dass sie die Grenze überflogen hatten, doch das kümmerte Saddam überhaupt nicht.

Es war ihm gleichgültig, ob unsere Soldaten oder Piloten lebend zurückkehrten, solange sie nur alles zerstörten, was ihnen auf dem Weg nach Dhahran in die Quere kam. Noch boshafter war, dass er auch wollte, dass der Irak zerstört wurde. Nach seiner wirren Logik wollte er, wenn das Land besiegt würde, sicher sein, dass nichts Schützenswertes übrig bliebe, wenn er weg wäre. All das genehmigte Saddam am 17. Dezember 1990 auf demselben Blatt Papier, auf das er auf Arabisch geschrieben hatte, wir würden mit dem Segen Allahs angreifen. Doch Gott sei Dank ist das nie passiert. Denn als wir einen Monat später angegriffen wurde, merkte er, dass es zu spät war, und er blies beide Einsätze ab.

Eine neue Aufgabe

Wie ich vorausgesagt hatte, wurden wir anfangs nicht von Flugzeugen angegriffen. Sondern von Flugkörpern. Ein guter Angriffsplan wäre gewesen, den Erstschlag in der ersten Angriffswelle mit Präzisionsflugkörpern zu machen und Radar und Fernmeldeverbindungen außer Gefecht zu setzen, Flugplätze und Pisten zu zerstören und die Stromversorgung zu unterbrechen. Mit der zweiten Welle würde man F-117 „Nighthawk" Stealth-Kampfflugzeuge schicken, die vom Radar praktisch nicht erfasst werden können, um militärische Ziele zu treffen und Kommando- und Überwachungsstrukturen lahmzulegen. Und genau das taten die amerikanischen Befehlshaber am Morgen des 17. Januar 1991.

Nachdem die Piloten der Koalitionsmächte die Luftüberlegenheit erzielt hatten, konnten sie praktisch ungehindert fliegen. Darum heulten die Luftschutzsirenen auch erst los, als sie von unserem Bodenpersonal von Hand eingeschaltet wurden. Als ich Saddam das erklärte, war er vollkommen überrascht. „Sie meinen, wir sind nicht von Flugzeugen angegriffen worden?", fragte er. „Richtig", antwortete ich. „Anfangs nicht."

Er machte sich ein paar Notizen auf einem Blatt Papier. Dann schaute er mich an und fragte: „Nun denn, warum sollten wir jetzt nicht mit dem Artilleriefeuer beginnen? Wenn wir wissen, dass Flugzeuge von Süden her kommen, errichten wir ein Sperrfeuer an dieser Seite der Stadt und lassen sie gegen eine stählerne Wand rennen."

„Das ist sehr gefährlich", erwiderte ich. „Beginnt man zu früh damit, haben die Batterien ihre ganze Munition womöglich schon verschossen, bevor die feindlichen Flugzeuge ins Gebiet einfliegen. Außerdem haben amerikanische Kampfflugzeuge Forward-Looking Radar und AWACS-Frühwarnsysteme über dem Rumpf, die über 240 Kilometer geradeaus scannen können. Und wenn sie Sperrfeuer in einem bestimmten Bereich entdecken, umfliegen sie es einfach. Man kann ein Sperrfeuer nicht endlos aufrechterhalten, und es wäre gefährlich, unsere Munition so zu verschwenden."

Das heiterte Saddam nicht gerade auf und er wurde noch wütender. Doch während wir noch diskutierten, klingelte das Telefon vor uns. Ich war gespannt, was Saddam jetzt machen würde, doch offenbar wollte er nicht abheben. Das wäre Aufgabe des Air Chief gewesen, doch Saddam ließ mich abheben. Es war General Ali Hussein, der aus Nasirija anrief.

„Wer ist am Apparat?", fragte er. „General Sada." Er begrüßte mich herzlich. Als ich die Operational Conversion Unit leitete, war er ein Schüler von mir gewesen. Piloten, die in Frankreich, England oder Italien ausgebildet waren, mussten auf irakische Ausrüstung und Taktiken umgeschult werden. So auch Ali Hussein. Jetzt war er General und Befehlshaber eines Stützpunkts im Süden.

Wir unterhielten uns kurz, dann erzählte mir Ali Hussein, was im südlichen Abschnitt vor sich ging. Ich hörte mir seinen Bericht an und schaute dann zu Saddam; offenbar erhoffte er sich gute Neuig-keiten. Ich sagte zu ihm: „General Ali Hussein ist am Telefon. Er be-richtet von einem britischen Tornado, den unsere Luftabwehrraketen gerade im Süden abgeschossen haben. Beide Piloten wurden gefan-gen genommen und können als Kriegsgefangene überstellt werden."

In Saddams Augen kam ein Leuchten. Er erfuhr nur allzu gern, dass wir in der Lage waren, ein feindliches Flugzeug vom Himmel zu holen. „Ist das wahr?", fragte er. „Haben sie zwei Kriegsgefangene ge-nommen?" Ich bestätigte es ihm und er fragte: „Was ist der Torna-do?" Ich sagte, er sei ein sehr gutes Kampfflugzeug aus Europa, von deutschen, italienischen und britischen Herstellern. Dann fragte ich ihn: „Was soll ich General Ali Hussein sagen, was er mit den Piloten machen soll?"

Er rückte ein Stück von mir ab und verschränkte die Arme vor der Brust. Er dachte kurz nach und sagte dann: „Machen Sie Folgendes: Wir brauchen einen Mann, der sehr gut Englisch kann, der sich mit den Möglichkeiten und Taktiken des Flugzeugs auskennt und der weiß, wie man diese Taktik in Luftabwehr umsetzt." Er schaute zu General Muzahim und sagte: „Nein, er ist es nicht." Einen nach dem anderen ging er die Offiziere im Hauptquartier durch, wandte sich schließlich zu mir und sagte: „Georges, übernehmen Sie die Kriegs-gefangenen."

Die abgeschossenen Piloten

Auf Saddams Geheiß war ich nun der zuständige Offizier für Piloten der Koalitionsmächte, die über dem Irak abgeschossen wurden. Ich sagte ihm, ich würde mein Bestes tun. Dann griff ich wieder nach dem Telefon und sagte zu General Ali Hussein: „Saddam Hussein hat mich zum verantwortlichen Offizier für die Kriegsgefangenen ge-macht. Schicken Sie sie mir jetzt bitte her." Schnell fügte ich hinzu: „Doch schicken Sie sie nicht per Hubschrauber, denn dann schaffen sie es nicht nach Bagdad. Ein paar gute Offiziere sollen sie im Auto zum Hauptquartier der Luftwaffe bringen."

Das alte Hauptquartiergebäude war zerbombt und quer durch die Mitte gespalten worden. Würden wir nochmals angegriffen, wäre es das reinste Desaster. Daher bat ich General Ali Hussein, die Kriegsgefangenen zum neuen Hauptquartier in Bagdad zu schicken, das auf spezielle Art unter einem Zivilbunker errichtet worden war. Bis jetzt wusste niemand, dass Saddam militärische Kommandobunker in sicherer Bauweise unter Zivilbunker baute. Es war ein Akt der Feigheit entgegen der Genfer Konvention, militärische Befehlshaber hinter Frauen und Kindern zu verstecken. Doch das war nichts Ungewöhnliches für Saddam Hussein.

Wer das Kriegsgeschehen verfolgt hat, wird sich an einen Bericht der internationalen Medien über einen Angriff amerikanischer Bomber auf den Al-Amerija-Bunker erinnern, der voller Frauen und Kinder war. Dutzende Zivilisten kamen ums Leben, doch das war genau das, was Saddam gewollt hatte. Wenn er die Amerikaner irgendwie überzeugen konnte, ein ziviles Ziel anzugreifen, konnte er die Amerikaner als Aggressoren und skrupellose Killer von Frauen und Kindern darstellen, während er unsere Kommandostellen in eben diese Gebäude hatte bauen lassen, unter öffentlich zugänglichen Bauwerken.

Als das wichtigste Hauptquartier der Luftwaffe bombardiert wurde, ordnete Saddam an, alles – Radargeräte, Funkausrüstung und Personal – in den Zivilbunker von Al-Maamou in Yarmuk zu verlegen. Der obere Bereich war wie zuvor reserviert für Frauen und Kinder. Doch darunter war die Operationszentrale der irakischen Luftwaffe. Das verstieß, wie Saddam sehr wohl wusste, gegen die Regeln der Kriegsführung. Ohne Frage erkannte das Überwachungssystem der Amerikaner und der Koalition, dass an diesem Ort militärische Fernmeldeverbindungen bestanden, und ehrlich gesagt hätten sie nicht gegen geltendes Recht verstoßen, wenn sie hier angegriffen hätten. Doch Saddam wusste auch, dass die Amerikaner nach Al-Amerija kein weiteres Mediendesaster riskieren würden.

Ich begab mich also an diesen Zufluchtsort und traf mit den Kriegsgefangenen zusammen. Dort arbeitete ich auch weiter, bis ich aus dem Dienst entlassen und kurz danach durch ein einfaches Militärgericht wieder in den Ruhestand versetzt wurde. Navy Lieutenant Jeffrey Zaun, der erste Gefangene, den ich verhörte, hatte eine A-6 Intruder, ein Marineflugzeug vom Flugzeugträger Saratoga im Roten Meer, geflogen. Nach ihm kamen die Flight Lieutenants John Peters und John Nichol aus Großbritannien, deren britischer Tornado abgeschossen worden war. Commander Scott Speicher war bereits zuvor abgeschossen worden, aber er starb bei dem Absturz – das gehört zu einer längeren Untersuchung, zu der ich gleich noch komme.

Beide britischen Piloten waren in schlechter Verfassung, als wir sie aufgriffen, da sie in niedriger Höhe den Schleudersitz betätigt hatten – etwa 50 Meter über Grund. Ihr Flugzeug bekam einen direkten Treffer von einer SAM-3 Lenkwaffe ab. Eigentlich haben sie den Schleudersitz nicht selbst betätigt; sie wurden vielmehr durch die Wucht des Lenkflugkörpers herausgeschleudert. Ihre Fallschirme öffneten sich zwar, aber in so geringer Höhe, dass sie sehr hart auf dem Boden aufschlugen. Beide Männer litten an Verletzungen und Schürfwunden.

Als ich sah, in welchem Zustand sie ankamen, rief ich den Leiter des Luftwaffenkrankenhauses an: „Herr Doktor, Sie müssen etwas für mich tun und Sie dürfen bitte nicht ablehnen. Ich habe hier zwei Männer, beides Kriegsgefangene, die im Süden abgeschossen wurden. Sie sind in ziemlich schlechter Verfassung." Kaum hatte ich „Kriegsgefangene" gesagt, wehrte er ab: „Was soll das heißen, Herr General? Ich habe hier Dutzende Patienten und es werden minütlich mehr. Erwarten Sie etwa von mir, dass ich eine Operation Ihrer Kriegsgefangenen vorbereite?"

„Ach, Herr Doktor", wandte ich ein, „wir dürfen jetzt keine Zeit mit Reden verlieren. Es sind Kriegsgefangene, denen der Schutz durch die Genfer Konvention zusteht, und ich will sie lebend. Daher bitte ich Sie, sich um sie zu kümmern, als wären es Ihre eigenen Soldaten. Verstehen Sie mich?"

Er wusste, ich meinte es ernst. Ich ließ die verwundeten Soldaten unverzüglich in einen Transporter bringen und fuhr sie eigenhändig ins Luftwaffenkrankenhaus.

Medizinische Versorgung

Als wir ins Krankenhaus kamen, suchte ich gleich Dr. Mukhtar auf, einen Chirurgen, ausgezeichneten Orthopäden und Heeresgeneral. „Herr General", sagte ich, „bitte behandeln Sie diese Männer hier genauso, als wären es irakische Piloten. Sie sind Kriegsgefangene. Gemäß Ihrer und meiner Religion sowie der Genfer Konvention haben Sie die Pflicht, sie angemessen medizinisch zu versorgen. Das ist alles, worum ich Sie bitte."

Da Dr. Mukhtar ein guter Mensch ist, sagte er: „Gut, Georges, ich tue, was ich kann." Die nächsten Tage überwachte oder führte er selber mindestens fünf Operationen an den Männern aus. Als sie am 6. März 1991 schließlich nach England heimkehrten, wurden sie von britischen Chirurgen untersucht, ob sie auch zufriedenstellend behandelt worden wären. Die britischen Ärzte sagen, sie seien ausgezeichnet versorgt worden und es sei weiter nichts notwendig.

Nach der Behandlung kam Flight Lieutenant Peters zurück ins Arrestgebäude, während Flight Lieutenant Nichol noch ein paar Tage im Lazarett blieb. Immer wenn ich im Krankenhaus nach ihm schaute, merkte ich, dass er noch länger bleiben wollte. Offensichtlich wollte er lieber im Krankenhaus sein als im Gefängnis. Als ihr Buch über diese Zeit, *Tornado Down*, 1998 erschien, hatten die britischen Piloten nicht viel Gutes über ihre Behandlung in den Kriegsgefangenenlagern zu berichten. Andererseits erzählten sie auch nichts wirklich Schlimmes. Wir waren im Krieg, das war klar, und sie waren sehr stark gegen Saddam und das irakische Militär. Die gute Nachricht war, dass sie lebend da heraus gekommen waren. Später schrieb Flight Lieutenant John Nichol mir zu, ich habe ihm das Leben gerettet. Im *London Telegraph* wurde er so zitiert: „Ich würde Georges gerne treffen und ihm die Hand schütteln."[2]

Als es Zeit wurde, meinen Bericht über Captain Zuhairs Mission vorzubereiten, erfuhr ich, dass Lieutenant Commander Scott Speichers F-18 von einer R-40 Lenkwaffe getroffen worden war. Er wurde frontal getroffen und hatte keine Zeit mehr zu reagieren. Also stürzte Speicher mit seiner Maschine ab. Wenige Tage danach kam allerdings die Geschichte in Umlauf, Speicher habe den Schleudersitz benutzt und könnte noch leben. Doch ich bin mir sicher, dass diese Geschichte nicht stimmte. Das Flugzeug wurde komplett zerstört und Speicher hat nicht überlebt.

Das, was von seiner F-18 noch übrig war, fanden wir Jahre später, 1995, mit Hilfe amerikanischer Satelliten. Wir nahmen sogar Amerikaner mit an die Absturzstelle, um nach Beweisen zu suchen. Wir untersuchten das Wrack und fanden die Reste eines Fliegeranzugs, aber keine Spur von Lieutenant Commander Speicher. Wegen dieser Ungewissheit änderte das US-Militär seinen Status von „Killed in Action" (KIA – gefallen) in „Missing in Action" (MIA – vermisst). Das halte ich jedoch für Wunschdenken.

Etliche Jahre später kamen amerikanische Christen, die ich durch die Versöhnungsbewegung kennengelernt hatte, zu mir und baten mich, ihnen zu helfen herauszufinden, ob Commander Speicher möglicherweise am Leben geblieben war. Für mich lagen die Tatsachen auf der Hand, aber sie wollten jedes Eckchen absuchen und ich erklärte mich einverstanden, ihnen zu helfen. Wir suchten alles ab, fanden aber nichts, was mich hätte umstimmen können. Scott Speicher ist tot. Einen direkten Angriff mit einer R-40-Rakete kann man nicht überleben. Dafür ist sie zu riesig.

Einige Iraker haben allerdings aus der Situation Profit geschlagen und Geld damit gemacht bzw. in einem Fall sogar die amerikanische Staatsangehörigkeit erlangt. Speicher hatte keinerlei Möglichkeit zu überleben, aber seine Familie und andere hoffen weiter. Nach der Befreiung des Iraks im Jahre 2003 kam als eine der ersten Delegationen aus Amerika eine Gruppe von zwölf jungen Leuten, die nach Scott Speicher gesucht haben. Sie riefen wieder an – und wieder half ich ihnen.

Sie erzählten mir, sie hätten mit Irakern gesprochen, die verlässliche Beweise hätten, dass sich Speicher mit dem Schleudersitz aus dem Flugzeug gerettet hätte und irgendwie der Gefangennahme entging. Sie nannten mir die Namen der Männer, die das gesagt hatten. Einen von ihnen kannte ich: Er war ein entfernter Verwandter Saddams. Sie mussten die Männer aus Amerika holen, um sie zu mir zu bringen. Als ich sie bat, mir die ganze Geschichte zu erzählen, sagten sie, sie hätten den Piloten gesehen. Sie hätten ihm Nahrung und Kleidung gegeben und ihm dann geholfen, über die Grenze nach Syrien zu fliehen.

Das glaubte ich nicht eine Sekunde lang, doch ich bat um mehr Beweise. Sie sagten, sie hätten Speicher offizielle Dokumente besorgt. Sie zeigten mir Kopien dieser Dokumente, die denn auch sehr offiziell aussahen. Doch kaum hatte ich den Namen gesehen, wusste ich, dass es eine Fälschung war.

Eine Fälschung aufdecken

Vor vielen Jahren hieß der Irak „Die Irakische Republik", was wegen der Wortendungen im Arabischen ein weiblicher Name ist. Als Saddam das erstmals sah, sagte er: „Wie kann Irak denn ein weiblicher Name sein? Wir sind ein starkes, männliches Land!" Also wies er die Regierung an, alle amtlichen Dokumente zu ändern, genau wie den offiziellen Namen des Landes. Statt der weiblichen Form „Die Irakische Republik" hieß es jetzt „Die Republik Irak", was im Arabischen eine maskuline Konstruktion ist.

Als mir die Männer, die behauptet hatten, Speicher gesehen zu haben, die Papiere zeigten, erkannte ich den alten weiblichen Namen für den Irak – sie hatten sie offensichtlich gefälscht. Ich wusste, dass ihre Geschichte falsch war, doch ich gab ihnen noch die Chance, mir ihre restlichen Beweise zu zeigen. Sie behaupteten, sie wären an der Absturzstelle gewesen. Daher ließ ich die Männer über die Amerikaner bitten, uns zur Absturzstelle zu führen. Ich wusste inzwischen, dass das Wrack von Speichers Maschine weit weg war, in der westlichen Wüste, und man es nur sehr schwer wieder finden konnte. Die Männer gaben zu, dass sie keine Ahnung hatten, in welche Richtung sie gehen müssten. Da wussten alle, dass sie logen.

Ich brachte einen anderen irakischen General vom Geheimdienst mit, der bei den Nachforschungen eventuell helfen könnte. Doch kaum war er angekommen, sagte der Geheimdienstspezialist den Amerikanern: „Sie sollten wirklich auf General Sada hören. Er ist der Einzige, der Ihnen die Wahrheit sagen wird." Er wusste, dass ich mich schon ausgiebig mit dem Fall beschäftigt hatte. Sie willigten ein und baten mich, die Untersuchung durchzuführen.

Sie hatten uns Geld angeboten, aber wir lehnten ab. Wir taten das nicht für Geld, sondern aus Respekt gegenüber den Männern und Frauen, die gekämpft hatten, um unser Land von Saddam zu befreien. Ich sagte ihnen, wir würden uns geehrt fühlen, wenn sie uns einfach als Verbündete betrachteten.

Seit ich den Rang eines Brigadegenerals erworben hatte, war ich – sogar in den Zeiten des Ruhestands – verantwortlich für Sicherheit und Inspektionen der Luftfahrzeuge sowie für Untersuchungen von Unfällen und dergleichen. Damit kannte ich mich sehr gut aus. Ich half den Leuten also, so gut ich konnte. Wir untersuchten Karten, Beweise und all die verschiedenen Behauptungen von Leuten, die meinten, den abgeschossenen Piloten gesehen zu haben. Bald wurde allen klar, dass Lieutenant Commander Speicher bei dem Absturz ums Leben gekommen war. Ich bat die Amerikaner eindringlich, seiner Familie mitzuteilen, was wir herausgefunden hatten, damit sie auf lange Sicht zu einer Behebung ihrer Zweifel kommen könne. Ich dachte, es wäre besser, die Wahrheit zu wissen, als eine falsche Hoffnung zu hegen.

7. Schadensbewertung

Saddam hatte mich für die Befragung von Kriegsgefangenen zuständig gemacht. Dieser Aufgabe kam ich mit etwas Sorge um unsere Lage nach, denn Saddam weigerte sich, Kuwait vor Ablauf des UN-Ultimatums zu verlassen. Da wir uns in unsere eigene Krise hineingeritten hatten, konnten wir uns nicht erlauben, Gefangene, die abgeschossen oder in Verfolgung einer gerechten Mission gefangen genommen wurden, zu bestrafen oder zu quälen. Doch durch Haft und Befragung konnten wir vielleicht Taktiken und Pläne erfahren, die dazu beitrügen, dass der Feind weniger Zerstörung über uns brächte. Das war jetzt meine Aufgabe.

Ich stellte sicher, dass verwundete Gefangene angemessen behandelt wurden, und ich sorgte für Unterkunft und Verpflegung, was niemals einfach war, weil die Angriffe der Koalition dauernd auf uns nieder prasselten. Tag für Tag regneten Feuer und Tod auf Bagdad herunter. An manchen Tagen wurden auch die Häuser getroffen, in denen Kriegsgefangene untergebracht waren, was bedeutete, die Männer zu unterschiedlichen Zeiten von einem Ort zum anderen bringen zu müssen.

In der ersten Woche hielten wir alle obligatorischen Prozeduren hinsichtlich Mahlzeiten und Hygiene der Gefangenen und Aufnahme und Erfassung von Neuankömmlingen ein. Doch am 24. Januar, genau eine Woche nach Kriegsausbruch, kam Saddams jüngerer Sohn Kusai zu mir ins Büro und forderte, dass alle Kriegsgefangenen unverzüglich als „Kriegsverbrecher" hinzurichten seien. Er tobte und beschimpfte diese Männer lautstark als Schlächter und Mörder, die für ihre Verbrechen sterben sollten.

„Sehen Sie denn nicht, was sie aus Bagdad gemacht haben?", fragte er. Die Stadt wurde rund um die Uhr bombardiert mit sage und schreibe tausend Einsätzen pro Tag. Kusai schäumte vor Wut über unsere scheinbare Unfähigkeit, uns zu rächen. Nach seinem Verständnis war die beste Art, den Amerikanern eine Ohrfeige zu verpassen und der UNO und dem Rest der Welt eine Botschaft zu senden, die Hinrichtung der Piloten, die in unseren Militärgefängnissen einsaßen.

Was für eine Zwickmühle! Saddams Sohn, der unmoralisch, unberechenbar und noch brutaler war als sein Vater, hatte aus eigener selbsternannter Autorität festgelegt, dass diese Männer sterben sollten. Der Versuch, die Piloten nach den Normen der Genfer Konvention gegen den Zorn eines solchen Mannes zu verteidigen, würde nicht einfach werden. So diskutierten wir denn auch über zehn Stunden lang hin und her. Ich sagte nein, das dürfe man nicht tun. Doch Kusai wollte sie unverzüglich töten, sie alle: Amerikaner, Briten, Flieger der Koalition, und besonders den kuwaitischen Piloten Mubarak, der es geschafft hatte abzuheben, nachdem die Flugplätze zerstört waren, und Hunderte irakischer Soldaten an der Grenze tötete oder verwundete.

Kusai brüllte: „Sie sollen diesen Iraker töten. Er ist ein Verräter und wir müssen ihn uns vornehmen." Er behauptete, dieser Mann sei ein Landesverräter. Wie sein Vater beharrte auch Kusai darauf, Kuwait sei die neunzehnte Provinz des Iraks und kein eigenständiges Land. Doch ich hakte nach: „Meinen Sie den Kuwaiti?" Da brüllte er nur noch lauter: „Sagen Sie nicht Kuwaiti! Er ist Iraker und er hat Bomben auf sein eigenes Volk geworfen."

Ich wusste, ich durfte diesem Jungen gegenüber nicht barsch werden, wenn mir mein Leben lieb war, doch ich schaute ihm fest in die Augen und sagte: „Tut mir Leid, Herr Kusai, doch die Genfer Konvention legt klar fest, dass man anhand der Uniform, des Ausweises und des Flugzeugs eines gefangen genommenen Piloten die Nationalität eines Kriegsgefangenen bestimmen kann. Als dieser Pilot, Mohammed Mubarak Sultan Mubarak, gefangen genommen wurde, trug er eine kuwaitische Uniform, flog ein amerikanisches Skyhawk Kampfflugzeug, das ein kuwaitisches und kein irakisches Luftfahrzeug ist, und in seinem Ausweis steht, dass er Angehöriger der Luftwaffe Kuwaits ist. Nach den Regeln der Kriegsführung habe ich keine andere Wahl als zu sagen, dass dieser Mann Kuwaiti ist."

Berechtigte Verteidigung

In jeder Hinsicht war der kuwaitische Pilot ein fähiger Flieger und ein Volksheld. Als die irakische Armee am 2. August 1990 nach Kuwait einmarschierte, wurden fast gleich zu Beginn Bomben auf die Pisten geworfen, sodass die kuwaitischen Kampfflugzeuge nicht abheben konnten. Dadurch war beinahe unverzüglich die gesamte Luftwaffe Kuwaits kampfunfähig und konnte nicht fliegen. Doch Mubarak benutzte nicht die Piste; er rollte mit seinem Flugzeug auf die Nebenstraße, die um den Flugplatz herum führt und hatte wie durch ein Wunder genügend Platz zum Abheben und Fliegen.

Er stieg rasch auf. Kaum hatte er Flughöhe erreicht, sichtete er vier lange Kolonnen mit Panzern, Lastwagen, Schützenpanzerwagen und sonstigen Fahrzeugen, die sich über Kilometer hinzogen, so weit das Auge blicken konnte. Und: Sie überschritten die Grenze nach Kuwait. Diese Fahrzeuge waren offenkundig leichte Ziele. Also eröffnete er das Feuer und flog Kolonne um Kolonne ab, bis ihm die Munition ausging. Dann flog er zum Stützpunkt von Dhahran, Saudi-Arabien, wo er die nächsten fünfeinhalb Monate blieb, bis am 17. Januar 1991 der Luftkrieg begann.

Da kehrte der kuwaitische Pilot zurück, seine Maschine wurde von Flakfeuer getroffen und er wurde abgeschossen. Als Mubarak sich mit dem Schleudersitz rettete, wurde er gefasst und als Kriegsgefangener eingesperrt. Es gab keinen Zweifel, dass er eben jener Pilot war, der am Morgen des 2. August unseren Streitkräften so großen Schaden zufügen konnte. Die Nachrichtenkameras hatten den Schrecken dieser grausigen Szene eingefangen: Kilometer um Kilometer ausgebrannter Panzer, ätzende Rauchsäulen, die aus allen

Richtungen von diesen ausgebrannten Kolossen aufstiegen, und Hunderte von Leichen am Straßenrand. Kein Wunder, dass Kusai und die anderen ihn hassten; aber auch kein Wunder, dass sein eigenes Volk ihn bis heute für einen Helden hält.

Als die Nachricht von diesem ersten Angriff Bagdad erreichte, schäumten Saddam und seine Söhne vor Wut. Ich bin mir sicher, dass sie sich genau deswegen an allen gefangengehaltenen Piloten rächen wollten. Doch ebenso klar war mir: Wenn ich diesem einen Mann das Leben retten konnte, konnte ich auch das aller anderen retten. Kusai und seine Familie könnten womöglich sagen, ich verteidige diese Piloten, weil sie wie ich Christen seien. Daher dachte ich: *Nach den Regeln der Kriegsführung spielt der religiöse Hintergrund der Gefangenen überhaupt keine Rolle. Dennoch ist es viel besser, wenn ich meine Sache beweise, indem ich einem muslimischen Piloten das Leben rette.* Das tat ich dann auch. Ich verteidigte ihn heftig und erlangte dadurch die nötige Glaubwürdigkeit, um alle anderen zu verteidigen.

Ich sollte auch erwähnen, dass im Golfkrieg insgesamt 606 Kuwaitis gefangengenommen und von unseren Streitkräften entweder als Geiseln oder als Kriegsgefangene festgehalten wurden. Davon wurden 605 von Saddam getötet und nur einer lebt heute noch: Der Pilot Mohammed Mubarak Sultan Mubarak, für den ich mich damals eingesetzt hatte.

Unausgesprochene Drohungen

Das war keine leichte Aufgabe. Je mehr Widerstand ich leistete, desto wütender wurde Kusai auf mich. Er war unnachgiebig und im Laufe des Tages wurde er immer aufgebrachter und launischer. Normalerweise hätte Kusai nicht lange gefackelt, mir den Kopf abzuschlagen, wenn ich mit seinen Forderungen nicht einverstanden war – und niemand hätte etwas gesagt. Es müssen zwanzig oder dreißig

Offiziere, Piloten und andere Stabsangehörige dabei gestanden und das alles beobachtet haben – doch mit Sicherheit hätte auch nicht ein einziger etwas gesagt, wenn Kusai mich an Ort und Stelle erschossen hätte.

Doch er stritt weiter. Als er schließlich spätabends die Treppen hinauf Richtung Ausgang stürmte, kamen wir durch den Schutzraum, wo die Frauen und Kinder untergebracht waren. Im Stillen betete ich: *Jesus, zeige mir bitte, was ich zu diesem Mann sagen soll.*

Als Kusai nahe bei der Tür stand, schaute er mich mit Todesverachtung an und sagte: „Wollen Sie den Befehlen des Präsidenten nicht gehorchen?"

„Tut mir Leid", erwiderte ich, „doch ich bin derjenige, der vom Präsidenten, Ihrem Vater, angewiesen wurde, den Befehlen dieses Buches zu gehorchen." Zum zehnten Mal deutete ich auf meine Ausgabe der Genfer Konvention und sagte: „Wie Sie sehr wohl wissen, hat auch der Irak dieses Dokument unterzeichnet. Aber wenn Sie dem nicht beipflichten können, gehen Sie bitte zu Ihrem Vater und sagen ihm wortwörtlich, was ich jetzt gesagt habe."

Er hielt einen Moment inne und sagte schließlich: „Also gut. Sollen die Amerikaner doch die Amerikaner exekutieren. Holen Sie die Piloten aus den Gefängnissen und bringen Sie sie zu Zielen, deren eigene Bomber angreifen werden. Wir lassen die Amerikaner einfach unsere Aufgabe erledigen."

Ich erwiderte: „Tut mir Leid, aber auch das kann ich nicht. Das läuft auf Mord hinaus. Und die Genfer Konvention verbietet ausdrücklich, Gefangene als menschliche Schutzschilde zu benutzen."

„Wenn der amerikanische Geheimdienst so gut ist, wie Sie behaupten", wetterte Kusai, „dann wird er wissen, dass wir das gemacht haben. Und wenn sie wissen, dass ihre Piloten dort sind, ändern sie vielleicht ihre Pläne und greifen die Ziele nicht an. Sie werden doch ihre eigenen Leute gewiss nicht umbringen wollen."

Mittlerweile war ich erschöpft und müde von dieser ganzen Debatte und dachte: *Mein Gott, was kann ich denn bloß sagen, damit die-*

ser Mann seine Meinung ändert? Da fiel mir etwas ein: „Herr Kusai, hier ist das Letzte, was ich Ihnen in dieser Angelegenheit zu sagen habe. Wir befinden uns gerade im Krieg gegen Amerika. Es ist ein Krieg zwischen dem Irak und Amerika. Doch eins kann ich Ihnen versichern: Wenn Sie diese vierundzwanzig Piloten umbringen, wird es nicht mehr ein Krieg zwischen dem Irak und Amerika sein, sondern ein Krieg zwischen Amerika und Ihrer Familie. Wenn sie herausfinden, dass ihre Piloten hingerichtet wurden, kommen sie zu Ihnen, zu einem nach dem anderen. Und Sie können mir glauben – sie hören nicht auf, bis sie ganze Arbeit geleistet haben. Ist es das, was Sie eigentlich wollen?"

Als ich das sagte, schauten sich die Offiziere und Piloten um uns herum an und fragten sich, was als Nächstes geschehen würde. Einige waren sich sicher, dass Kusai mich auf der Stelle umbringen würde; andere fürchteten, er werde uns alle töten. Einige wenige meinten, Saddams disziplinloser Sohn habe mir dieses Mal vielleicht tatsächlich zugehört. Doch Kusai sagte nichts. Er machte einfach auf dem Absatz kehrt und ging in die Nacht hinaus.

Sobald er draußen war, bestürmten mich mehrere Offiziere gleichzeitig: „Georges, warum haben Sie das gemacht?", riefen sie lautstark. „Sie wissen doch, dass er Sie hätte töten können! Was haben Sie sich dabei gedacht? Warum haben Sie ihm nicht einfach Recht gegeben und damit gut? Wollen Sie denn sterben?"

Ich muss schon sagen, das war eine dunkle Stunde. Was für eine Zwickmühle: Die Piloten der Koalition griffen den Irak weiterhin an. Und im Kommandobunker kämpfte ich um das Leben von Piloten, die in den Augen vieler dieser Männer und auch Saddams und seiner Familie nichts weiter als Kriegsverbrecher waren. Doch wundersamerweise wurde mir der Mut geschenkt, diese Worte auszusprechen und so das Leben dieser Männer zu retten.

Wie dem auch sei – ich wusste nicht, was mir bevorstünde. So erwies es sich denn auch, dass mich mein Einsatz teuer zu stehen kam. Ich konnte anschließend nicht schlafen, weil ich wusste, dass ich noch würde bezahlen müssen. Und richtig: Am nächsten Tag, dem 25. Januar, ließ Kusai mich durch Geheimdienstbeamte abholen. Sie waren überraschend höflich: „Würden Sie bitte mitkommen?" Ich fragte: „Wohin bringen Sie mich?" Doch das sagten sie mir nicht. Sie sagten einfach: „Kommen Sie einfach mit. Sie werden schon sehen."

Ich war mir sicher, ich würde umgebracht. So sagte ich einfach bei mir: *Gott sei Dank konnte ich meinen Job mit Anstand verrichten, als guter General. Wenn ich dafür sterben muss, kann ich zufrieden sein, dass ich mein Bestes gegeben habe.*

Die Kosten überschlagen

Der Muchabarat brachte mich in eine nahe gelegene Schule. Als die Kommandozentrale der Luftwaffe in der ersten Kriegsnacht zerstört wurde, ließ Saddam eine neue Unterkunft errichten. Die Wahl fiel auf den Bunker unter dem Schutzraum für Frauen und Kinder. Einige Tage lang wurden die Einsätze von dort aus geleitet. Doch der nächste Umzug erfolgte ein paar Tage später, und zwar in die Schule, wohin ich dann gebracht wurde.

Ich wurde eine Woche lang als Gefangener dort gehalten, was für mich eine sehr schwierige Zeit war. Ich wusste nicht, was mit mir geschehen würde, ob sie mich töten oder vor Gericht stellen würden. Schließlich erfuhr ich, dass sich der Air Force Commander und einige andere aus der Führungsriege gegen mich stellten – mein Schicksal war daher ungewiss.

Das Warten war schwierig, vor allem, wenn ich daran dachte, was nach meinem Tod aus meiner Familie würde. Damals trug ich eine wunderschöne Schweizer Uhr, ein Chronometer speziell für Piloten, mit ausgeklügelten Zeit- und Navigationsangaben. Die wollte ich meinem Sohn hinterlassen. Ich schaffte es, von meiner Gefängniszelle aus meinem Fahrer, der in der Nähe wartete, Zeichen zu geben um die Uhr zu meinem Sohn zu bringen, „als Erinnerung an seinen Vater".

Als ich meinen Sohn irgendwann später fragte, was er gedacht habe, als die Uhr ankam, gestand er, dass er nicht wusste, was er davon halten sollte. In erster Linie, sagte er, sei er erschrocken gewesen. Er wusste ja, dass ich an meiner Uhr hing – und wenn ich sie ihm schickte, musste etwas Schreckliches passiert sein. Doch Saddam war derjenige, der über Leben und Tod bestimmte – und in meinem Fall entschied er, dass ich richtig gehandelt hätte.

Saddam war zu diabolischem Handeln fähig, aber er dachte auch praktisch und war sich bewusst, dass das Umbringen der Soldaten seine Lage nur noch verschlimmert hätte. Daher ließ er mich nicht töten. Eigentlich weiß nur Gott, was passiert wäre, wenn ich mich Kusais Meinung angeschlossen und die Männer hätte hinrichten lassen. Ich weiß, dass viele Amerikaner – und nicht nur sie – unterschiedlicher Auffassung über den Krieg waren. Viele hielten den Krieg für falsch, die Öffentlichkeit war gespalten. Doch die Nachricht, dass alle Piloten der Koalition hingerichtet worden wären, hätten die Öffentlichkeit schlagartig gegen uns aufbringen können und der Druck, den Irak zu bestrafen, wäre nicht nur in Amerika, sondern auch in Europa und dem Mittleren Osten größer geworden als je zuvor.

Schließlich landeten vierzig Piloten der Koalition und fünf Unterstützungskräfte aus Saudi-Arabien im Irak in diesem Gebiet im Gefängnis. Doch die Entscheidung, die ersten vierundzwanzig Piloten nicht umzubringen, bedeutete, dass ich ihnen allen das Leben gerettet hatte. Daher bin ich froh, dass sich mein Handeln als richtig erwies, und ebenso froh – um meinetwillen –, dass Saddam das erkannte, bevor es zu spät war.

David Eberly, der am 19. Januar 1991 abgeschossen wurde, war damals der ranghöchste Pilot der Koalitionsmächte und wurde zum Anführer der Kriegsgefangenen. Er hatte sich drei Nächte lang verborgen halten können, wurde aber in den frühen Morgenstunden des 22. Januar an der syrischen Grenze gefasst. Nach dem Krieg veröffentlichte er seine Erfahrungen in seinem Buch *Faith Beyond Belief*. Darin beschreibt er sein Erleben, Tag für Tag, Stunde für Stunde, wie er abgeschossen wurde und wie er zu uns kam. Er schreibt nicht darüber, dass er nicht schlecht behandelt wurde, aber in dem Brief, den er mir nach dem Krieg schrieb, dankte er mir dafür, dass ich ihm das Leben gerettet hatte. Zuvor war Davids Geschichte in dem Buch *Crusade* von Rick Atkinson erzählt worden, einem Buch über den Krieg, in dem viele widerstreitende Facetten dieses Krieges aufgedeckt werden.

Eberly erzählte mir, dass sein Buch beschreibt, wie ihm sein christlicher Glaube durch diese aufreibende Zeit half. Jüngst besuchte ich ihn in Amerika. Wir unterhielten uns über unseren gemeinsamen Glauben und sind gute Freunde geworden. David dankte mir vielfach dafür, dass ich die abgeschossenen Piloten vor der Hinrichtung bewahrte. Natürlich konnte er den Feind nicht loben – und Feinde waren wir ja für die Dauer des Krieges. Doch er war sich dessen bewusst, was ich für ihn getan hatte. Denn wenn ich schließlich Kusais Befehl ausgeführt hätte, wie es die meisten in meiner Position getan hätten, wäre die Geschichte nie geschrieben worden.

Kriegsopfer

Genau fünfeinhalb Monate, nachdem Saddam General Hussein befohlen hatte, er solle „die Jungs hinein" lassen, begann der erste Golfkrieg. Die Koalitionsstreitkräfte bereiteten sich seit dem Tag auf den Krieg vor, an dem unsere Soldaten am 2. August 1990 erstmals die Grenze zu Kuwait überschritten hatten. Am Morgen des 17. Januar 1991 schlugen dann die ersten Fernlenkraketen in Bagdad ein. Nach zweiundvierzig Tagen Dauergefecht am Boden und in der Luft und nachdem Flugzeuge der Koalition 88.500 Tonnen Bomben über unsere Nation abgeladen hatten, wurde endlich das Feuer eingestellt und ein Waffenstillstandabkommen unterzeichnet. Am 28. Februar 1991 ging der erste Golfkrieg zu Ende. Saddams frevelhaftes Unternehmen war gescheitert, der Rest der Welt hatte gewonnen.

Während der fünf Monate vor Ausbruch der Feindseligkeiten verabschiedete der UN-Sicherheitsrat zwölf verschiedene Resolutionen, die Saddams Taten verurteilten und den sofortigen Rückzug aus Kuwait verlangten. Seine Weigerung, auf diese Forderungen einzugehen, führte zur Bildung einer der gewaltigsten Koalitionen der Militärgeschichte, in der einunddreißig Nationen aus fünf Kontinenten vertreten waren. Den Amerikanern, Briten und Australiern schlossen sich zehn Staaten mit überwiegend arabischer oder muslimischer Bevölkerung an. Das entging auch Saddam nicht.

Während Amerika und Großbritannien den Löwenanteil an Menschen, Geld und Material beisteuerten, schlossen sich ihnen folgende Länder an: Ägypten, Argentinien, Australien, Bahrain, Bangladesch, Belgien, Dänemark, Frankreich, Griechenland, Italien, Katar, Kuwait, Marokko, Niederlande, Neuseeland, Niger, Norwegen, Oman, Pakistan, Polen, Saudi-Arabien, Senegal, Südkorea, Spanien, Syrien, Tschechoslowakei, Ungarn und die Vereinigten Arabischen Emirate. Es sollte Amerikas größtes militärisches Engagement seit Vietnam werden, mit dem Einsatz von einer halben Million Truppenangehörigen, über zweitausend Luftfahrzeugen und hundert Kriegsschiffen.

Die Verwüstung, die damals über mein Land kam, ging einzig und allein auf das Konto der Überheblichkeit und Habsucht eines Mannes. Saddam konnte weder sein Ego noch seine Gier im Zaum halten. Und sein absoluter Mangel an moralischen Grenzen kam das Land teuer zu stehen. Außerdem fielen zehntausende Soldaten und Flieger in diesem Krieg, 3.500 unschuldige Zivilisten sind als „Kollateralschaden" zu beklagen. Das waren tragische Verluste, wobei für Saddam der Tod von Zivilisten eine gute Sache war, weil er seinen Zwecken diente: Den Tod von Zivilisten für Propagandazwecke zu missbrauchen war schon immer eine Lieblingswaffe von Tyrannen.

Seiner eigenen Liste von Kriegsopfern konnte Saddam noch die 8.000 Kurden hinzufügen, die 1983 bei einem brutalen Massaker getötet wurden; den Angriff von Halabja 1988, ausgeführt von seinem

Cousin Ali Hussein al-Majid (besser bekannt als „Chemie-Ali"), bei dem 5.000 Menschen ums Leben kamen; und schließlich wurden im selben Jahr 182.000 Kurden in Anfal getötet. Damit ist die Gesamtsumme noch nicht genannt, doch bisher wurden 275 Massengräber gefunden, in denen jeweils fünfzig bis mehrere tausend Leichen liegen. Dies ist Saddams wahres Vermächtnis. Mord, Folter, Vergewaltigung und Völkermord waren seine Markenzeichen. Womöglich dauert es noch Jahre, bis die Welt das ganze Ausmaß seiner Schreckenstaten entdeckt.

Gewiss gab es sowohl vor als auch während des Krieges weitere Todesfälle. Nach Schätzungen internationaler Stellen belief sich die Zahl der Opfer Saddams auf über eine Million Tote. Es mögen sogar noch mehr gewesen sein, aber auch das war ihm nicht genug. Er hätte ungeheuer gerne Israel in den Krieg hineingezogen. Hätte er das geschafft, wäre die Koalition vielleicht gespalten worden und es hätte noch mehr Tote gegeben, was wiederum Saddam immens gefreut hätte.

Letztendlich kostete der Krieg den Irak über 200 Milliarden Dollar. Doch das war nur ein Bruchteil des Preises, den wir zu bezahlen hatten. Während der Operation Wüstensturm flogen Kampfflugzeuge und Bomber der Anti-Irak-Koalition über 60.000 Einsätze und führten 41.000 Angriffe aus. Zwei Drittel dieser Einsätze richteten sich gegen unsere Bodentruppen. Die Koalition setzte etwa 227.000 Bomben ein und richtete dadurch heftigen Schaden an.

Der Tribut an Menschenleben war sogar noch höher. Von den 360.000 irakischen Soldaten auf dem Schlachtfeld wurden 28 Prozent (oder fast 100.000 Männer und Jungen) bei Kampfhandlungen getötet, 200.000 erlitten schwere Verwundungen. Darüber hinaus machten die Koalitionsmächte 60.000 Gefangene und nach einigen Schätzungen gab es 150.000 Deserteure. Auf Seiten der Amerikaner gab es 390 getötete Soldaten, Seeleute und Flieger, 458 wurden verwundet. Die Koalition hatte 510 Tote zu beklagen. Die finanziellen Kosten für die Amerikaner beliefen sich auf 80 Milliarden Dollar, wovon die Koalitionsmächte 54 Milliarden Dollar übernahmen. Saddam hat die Entschlossenheit der amerikanischen Streitkräfte ganz klar unterschätzt und die Einheit und Entschiedenheit der Koalition falsch eingestuft.

Ein ungewisser Sieg

Als der Krieg endete, traf sich General Sultan Haschim Ahmad, der die irakische Infanterie befehligt hatte, mit Befehlshabern der Koalition in einem Zelt bei Safwan auf der irakischen Seite der Grenze zu Kuwait. General Norman Schwarzkopf, Befehlshaber der Koalitionsstreitkräfte, und General Khalid bin Sultan, Befehlshaber der arabischen Koalitionsmächte, sollten den Waffenstillstand aushandeln. Die Urkunde, die vor ihnen lag, bescheinigte ihnen, dass die von den Amerikanern angeführten multinationalen Streitkräfte alles erreicht hatten, was sie wollten. Doch selbst die Kapitulationserklärung löste das Problem noch nicht.

Zum einen hatte Schwarzkopf zugestimmt, dass der Irak seine verbliebenen Hubschrauber behalten durfte. So konnte Saddam sie nutzen, um mit ihnen anzugreifen und diejenigen zu bestrafen, die den Aufstand in den vierzehn Provinzen ausgeführt hatten. Doch das Schlimmste war, dass nichts getan wurde, um das Regime zu ändern oder das zu verhindern, was Saddam und seine Stellvertreter künftig mit uns machen konnten. Als Meldungen über die Geschehnisse jenes Tages die irakische Bevölkerung erreichten, fühlten sich viele von Amerika verlassen.

Nur Wochen später – sobald sie ihre Panzer, Artillerie und Mannschaften verladen hatten – gingen die Amerikaner fort und es gab niemanden, der uns vor Saddams Zorn bewahren konnte. Innerhalb von Tagen hatte er eine Niederlage in einen Sieg verwandelt. Er gab zu, dass die Amerikaner es geschafft hatten, Kuwait zurückzubekommen. Doch er prahlte damit, dass uns drei der mächtigsten Nationen der Welt in der „Mutter aller Schlachten" angegriffen und wir gewonnen hätten. Den Irak gab es noch, Saddam war noch an der Macht und wir würden unsere Streitkräfte wieder aufbauen.

Die Amerikaner meinten, Sanktionen würden den Irak zum Einsturz bringen, doch das trat nicht ein. Jeder, der Saddam kannte, hätte im Voraus sagen können, was passierte: Sanktionen schwächten das Volk, machten Saddam aber umso stärker. Er überfiel die Nation. Er nahm ihr sogar die Brotrationen fort und verkaufte sie. Wenn UN-Inspektoren kamen und überprüften, ob das Volk Brot bekam, öffnete er die Lagerhäuser und zeigte ihnen Brot. Doch kaum hatten sie sich umgedreht, machte er die Türen zu. Und wen er im Verdacht hatte, er habe sich im Krieg gegen das Regime gestellt, dem kürzte er die Brotration, schaltete ihm den Strom ab und ließ ihn allmählich verhungern.

Saddam gelang es immer, selbst eine Niederlage als Sieg zu verkaufen. Als die Waffenruhe unterzeichnet wurde, hatte General Sultan Haschim Ahmad allen Punkten der Kapitulation zugestimmt. Was General Schwarzkopf und seine Berater nicht wussten war, dass General Ahmad auf dem Weg zum Zelt einen Anruf von Saddam erhielt. Saddam sagte: „Hören Sie, Sultan, wenn Sie diese Vereinbarung unterzeichnen, möchte ich, dass Sie Ihre Pistole nicht abnehmen. Ich möchte, dass die Welt Sie mit der Waffe im Koppel sieht. Wenn sie sagen, Sie sollen sie ablegen, möchte ich, dass Sie sich weigern."

Wieder einmal bewies Saddam, dass seine Autorität noch immer entscheidend war. Damit unterhöhlte er den Sieg der Koalition. Leider muss ich sagen, dass General Schwarzkopf nichts davon mitbekam und auch nichts dazu sagte. Folglich saß General Ahmad während der gesamten Prozedur mit seiner Pistole im Koppel da. In seinem Buch *Crusade: The Untold Story of the Persian Gulf War* berichtet Rick Atkinson auch, dass die Befehlshaber der Koalition sich vor der Unterzeichnung darauf verständigt hatten, dass General Schwarzkopf dem irakischen Offizier den Respekt verweigern und ihm nicht die Hand schütteln sollte. Doch als General Ahmad im letzten Augenblick die Hand ausstreckte, schüttelte Schwarzkopf sie ihm trotzdem, was General Colin Powell und die ganzen hohen Tiere im Pentagon sehr erzürnt haben soll.

Noch jahrelang zeigte Saddam häufig auf die Bilder jenes Tages und sagte: „Seht nur, alle sollen wissen, dass wir in Safwan die Urkunde unterzeichnet haben – aber General Sultan Haschim Ahmad hatte seine Pistole dabei."

Das war nur ein winziger Sieg, kaum mehr wert, als das Gesicht zu wahren. Aber für das irakische Volk war das ein weiteres Zeichen, dass Saddam trotz der bedrückenden Stärke und Macht des Feindes doch wieder gewonnen hatte. Alle, die mit der Kultur des Mittleren Ostens nicht so vertraut sind, werden kaum verstehen können, wie ein solcher Tyrann noch immer als Held betrachtet werden konnte. Doch darauf verstand sich Saddam geradezu meisterhaft.

Tatsache war, dass die gesamte irakische Armee zerstört war. Die meisten Panzer waren zerstört. Bilder von irakischen Panzern und Ausrüstungsgegenständen, die schmauchend und brennend an der über 150 Kilometer langen Strecke zwischen Kuwait-Stadt und Nasirija am Straßenrand lagen, wurden über Satellit in die ganze Welt ausgestrahlt. Doch die Macht lag noch immer in Saddams Händen. Er hatte seinem General aufgetragen, bei der Kapitulation eine Pistole zu tragen. Jeder Iraker wusste: Solange Saddam noch lebte, würde er immer gewinnen. Und wir wussten, dass Saddam eines Tages wieder aufstehen würde.

Die Quelle der Schwachheit

Die Baath-Partei kehrte ebenfalls zurück und über kurz oder lang war alles im Wesentlichen wie vor dem Krieg. Außerdem übertrugen die Amerikaner bei ihrem Abzug alles den Vereinten Nationen. Doch die UN-Beamten waren korrupt und nahmen Geld dafür, dass sie wegschauten. Sie verkauften Nahrungsmittel und andere Bestände, die sie eigentlich dem Volk als Beitrag zum Wiederaufbau hätten geben sollen. Heute entdecken Medien und Ermittler die Spitze des Eisbergs im Öl-für-Nahrungsmittel-Skandal, doch so etwas gab es von Anfang an.

Die nächsten zwölf Jahre wurde für Saddam alles immer besser, während für das Volk alles immer schlimmer wurde. Doch was den Irak in erster Linie in allen Bereichen immer schwächer machte, war das System, das schwache Menschen in allen Ämtern und Funktionen zu Verantwortlichen machte. Das war das wahre Wesen aller Systeme, die die Baath-Partei eingesetzt hatte. Schaut man sich die Prinzipien der Partei an, die Saddam mit Macht ausstattete und ihn all die Jahre regieren ließ, kommt einem das schon seltsam vor.

Das Motto der Baath-Partei war „Sozialismus, Einheit, Freiheit". Das sollte poetisch sein, ähnlich wie der Schlachtruf der Französischen Revolution von 1789 – *Freiheit, Gleichheit, Brüderlichkeit* – die Republik auf den Weg gebracht hatte. Doch in der Folge der Revolution in Frankreich gab es nicht viel Freiheit, keine Brüderlichkeit, und die Gleichheit erstreckte sich nur auf das gemeinsam erduldete Leiden. Das Motto war rein symbolisch, fast ohne jede Bedeutung. Gleichermaßen gab es auch weder Freiheit noch Einheit unter Saddam, und seine Vorstellung von Sozialismus war ein Witz.

Die Slogans der Baathis waren mit Symbolik überfrachtet, jedoch mit einer Symbolik, die nur den Parteimitgliedern etwas bedeutete. Hätte die Partei sich wirklich etwas aus dem Volk gemacht, hätte sie uns freies Unternehmertum gestattet. Oder den Menschen zumindest erlaubt, mit den ihnen eigenen Fähigkeiten als Geschäftsleute oder Unternehmer die Bedingungen im Irak zu verbessern.

Als ich beispielsweise in den Ruhestand versetzt wurde, erhielt ich zehntausend Acre urbares Land. Die Jahre zuvor war das Land vom Staat bewirtschaftet worden. Wir hatten zeitweise ein verstaatlichtes Landwirtschaftsprogramm, das jedoch schrecklich unprofitabel war. Es war von der Art her wie in der Sowjetunion, nur schlimmer. Doch eines Tages dachte sich Saddam: *Wofür haben wir all diese landwirt-schaftlichen Nutzflächen, wenn wir keinen Profit daraus ziehen? Wir lassen so viel Geld und Gerät hinein fließen, ohne etwas dafür zu be-kommen. Wir sollten uns aus der Landwirtschaft zurückziehen.* Also sagte er: „Gebt dem Volk das Land zum Bewirtschaften. Vielleicht machen sie ja Profit damit."

So kam es auch. Das war eine der wenigen wirtschaftlichen Maß-nahmen Saddams, die dem Volk tatsächlich nutzten. Sobald die Leu-te begannen, das Land für sich selber zu bewirtschaften, brachte es Gewinn ein. Ich hatte Glück, denn mein Grund und Boden war gut vorbereitet. Das Land war in den Zeiten des kollektiven Landbaus geebnet und von Steinen befreit worden. Es gab Bewässerungskanä-le aus Beton, außerdem Scheunen, Nebengebäude, Erntegerät und Lagerräume. Ich konnte auf dem freien Markt modernes Gerät kau-fen. Die Zuwendungen aus der sozialistischen Ära waren hilfreich, doch lag es an mir, Erfindungsgeist und harte Arbeit hineinzustecken – da lag der eigentliche Unterschied.

Mit einer Kombination aus staatlichen Mitteln und etwas Eigen-kapital konnte ich kaufen, was ich brauchte. Es war keineswegs der größte Hof im Irak, doch es war der produktivste landwirtschaftliche Betrieb im Mittleren Osten. Vier Jahre lang lebte ich als wohlhaben-der Landwirt. Doch frage ich mich, warum die Baath-Partei sich das nicht zum Vorbild nahm und den Menschen die Möglichkeit ließ, den eigenen Wohlstand selbst in die Hand zu nehmen. Stattdessen verteidigten und ermöglichten sie die Machtbesessenheit unserer korrupten Führungsriege.

Abstieg und Meinungsverschiedenheit

Ein Teil des irakischen Problems war, dass Saddam Hussein ein Ge-schöpf des politischen Apparates der Baathis war. Es gehörte zu ihrer Planung, dass Saddam und Bakr 1968 an die Macht kamen – und wohlwollend war ihre Planung nie. Die Baathis waren verbissen politisch und für jeden unberechenbar. Sie waren brutal zu Gegnern und sie konnten nicht einmal Frieden in ihren eigenen Reihen halten. Die einzigen beiden Länder, die tatsächlich von der Baath-Partei regiert wurden, waren Syrien und der Irak – zwei der größten Feinde in der arabischen Welt. Auch wenn im Motto der Partei zu Einheit und Freiheit aufgerufen wurde, gab es keine Einheit in ihren Reihen.

Der Mann, der am erbittertsten gegen Einheit und Freiheit kämpfte, war Saddam. Er war nicht im Geringsten an der arabischen Einheit interessiert und auch nicht daran, dem Volk Freiheit zu schenken, sofern es nicht die Freiheit war, ihn mit Ehrungen und Reichtümern zu überschütten. Die Parolen der Baath-Partei waren lediglich das, was sie waren: Parolen. Saddam scherte sich nicht um das Wohlergehen des Volkes, ob in einem sozialistischen System oder einem anderen. Und die Baathis lieferten ihm keinen Grund, sich anders zu verhalten.

Jetzt kann die ganze Welt sehen, welches Übel unter einem üblen Regime angerichtet wurde. Heute legen Ermittler Massengräber frei und untersuchen die Berichte von Gräueltaten, die mindestens belegen, wie korrupt alles war, was Saddam anfasste. Saddam Hussein tötete nämlich mehr Araber, als sonst jemand in der Menschheitsgeschichte. Er zögerte nie, sein eigenes Volk zu missbrauchen, zu foltern und umzubringen, wenn er sich bedroht fühlte. Es gab nichts, was er nicht getan hätte, um sein Land im Griff zu behalten. Es gab keine Grundsätze, die er nicht für seine eigene Habgier geopfert hätte. Die Baath-Partei behauptete von sich, sich einem sozialistischen Wohlfahrtssystem verschrieben zu haben. Doch so, wie Saddam und seine Söhne mit den Reichtümern des Landes, insbesondere den Öl- und Gasressourcen, umgegangen sind, lässt sich erkennen, dass das nicht zum Wohl des Volkes, sondern für ihre eigene Käuflichkeit und Bestechlichkeit geschah.

Und die Freiheit? Hier ist ein anschauliches Beispiel für die Freiheit unter Saddam: Es gab ein ungeschriebenes Gesetz im Irak, dass immer, wenn Saddam im Fernsehen eine Rede hielt – und er hielt hunderte, bis zum Überdruss – jeder im ganzen Land sie sich anschauen sollte. Im Irak gab es keine Pressefreiheit; in allen Nachrichten ging es um Saddam. Im Irak gab es keine freie Meinungsäußerung; jedes abweichende Wort wurde rasch, manchmal auch fatal bestraft. Jeden Tag ging es in allen Massenmedien darum, was Saddam an dem Tag gemacht hatte. Nicht zuzuschauen, wenn Saddam eine Fernsehansprache hielt, konnte sehr gesundheitsschädlich sein.

Wenn jemand auch nur in einer Kleinigkeit von Saddams Meinung abwich, ließ er ihm den Kopf abschlagen. Wenn sich jemand gegen ihn aussprach, ließ er ihm die Zunge abschneiden. Mochte jemand seine Armee nicht, ließ er ihm Ohren oder Nase abschneiden. In manchen Fällen ließ er Menschen Brandmale in die Stirn brennen, zum Zeichen dafür, dass sie Feiglinge waren.

In einem Fall, von dem ich gehört habe, schaute sich ein Mann eine Fernsehrede Saddams an. Er saß mit seiner Familie da und wurde es irgendwann leid, immer dieselben alten Lügen zu hören. Also schaltete er einfach den Fernseher aus und sagte: „Das will ich nicht mehr hören. Das habe ich schon viel zu oft gehört." Das war alles. Am nächsten Tag erzählte sein etwa sieben- oder achtjähriger Sohn dem Lehrer: „Mein Papa hat gestern Abend den Fernseher ausgemacht, weil er Präsident Saddam nicht mehr hören wollte."

Unschuldige Worte eines Kindes? Keine Woche später erschienen verdeckte Ermittler des Muchabarat bei ihm an der Tür. Sie nahmen den Vater mit und er wurde nie wieder gesehen.

Keiner brauchte Fragen zu stellen. Wir wussten alle, was diesem Mann wiederfuhr – das war eine bekannte und ständige Bedrohung unter Saddam. Doch was ist das denn für eine Freiheit, wenn ein Kind von seinem eigenen Vater erzählt und der Mann daraufhin getötet wird, weil er seinen Fernseher ausgeschaltet hat? Und das war nicht einmal die Spitze des Eisbergs in meinem Land. Der Irak war ein Land, das Tag und Nacht in Angst und Schrecken lebte – und in jedem Dorf und jeder Stadt passierten noch grässlichere Dinge als dieses.

Wollte Saddam die Bewohner einer bestimmten Provinz bestrafen, sagte er nicht: „Ich bestrafe euch wegen Rebellion gegen mich." Vielmehr behauptete er, die Sanktionen seien schuld. Wegen der Sanktionen können wir in eurer Stadt keine Schule bauen. Wegen der Sanktionen bekommt ihr kein Krankenhaus. Wegen der Sanktionen könnt ihr keine Medizin oder Nahrungsmittel oder gute Straßen haben. Doch wenn er einen neuen Palast wollte, baute er ihn, wohin er wollte – da gab es dann keine Sanktionen.

In manchen Fällen bestrafte er die Bewohner einer bestimmten Region in dem Maße, wie er glaubte, dass sie gegen ihn gewesen seien. Aus dem gleichen Grunde belohnte er diejenigen, die ihm treu ergeben waren, was sich in erster Linie auf die vier Provinzen im Sunnitischen Dreieck bezog, die treue Saddam-Anhänger waren, mit Jobs, Geld und politischen Ämtern. Heute ist es genau umgekehrt: In den Provinzen, die er belohnte, hat sich die Rebellion am hartnäckigsten gehalten und dort entstehen uns die meisten Probleme seit Kriegsende.

Das haben Saddam und die Baathis uns hinterlassen. Ihr Motto war eine Lüge. Es gab keine Einheit, keine Freiheit, und ihre Vorstellung von Sozialismus war ein Betrug, der das Volk korrupt machte. Das Leben im Irak lief genau entgegengesetzt zu dem, was wir angeblich zu erwarten hatten, doch die Angst war so groß, dass niemand ein Wort zu sagen wagte. Das System, das Saddam schuf, machte uns nicht besser, stärker oder wohlhabender. Es schwächte uns auf vielerlei Weise. Saddams Regierung ließ die Seele der Menschen verkümmern und schwächte unser Ansehen in den Augen der Welt. Das einzige, was Tag für Tag größer und stärker wurde, war Saddam Hussein und sein unersättliches Ego.

Der menschliche Tribut

Nach dem Ende des ersten Golfkriegs 1991 – und in viel größerem Ausmaß seit April 2003 – können internationale Stellen Bereiche im Irak untersuchen, zu denen der Zutritt vorher verboten war. Also wollten sie nachforschen, ob Gerüchte über Massengräber im Irak zutrafen. Tatsache ist, dass es im Irak schon viele Jahre vor 1991 Massengräber gab. Die Baathis hatten jahrzehntelang Massenmord als Werkzeug eingesetzt. Und die tragischen Verbrechen an den Kurden, die „Chemie-Ali" in die Hände fielen, waren schon lange vor Ausbruch des ersten Golfkriegs bekannt. Kurden wurden aus ihren Häusern und Dörfern gezerrt und zu Zehntausenden hingerichtet.

Diese kurdischen Gräber wurden allerdings erst 2003 entdeckt. Der Fund löste Entsetzen aus: Tausende Männer, Frauen und Kinder aus den nördlichen Gebieten, die man als Kurdistan bezeichnet, waren ergriffen und aus ihren Häusern im Norden verschleppt, massakriert und im Süden begraben worden. Diejenigen, die die Gräber öffneten, erkannten anhand der Kleiderfetzen an den Leichen sofort, woher die Opfer stammten. Reste ihrer charakteristischen kurdischen Kleidung waren noch zu erkennen.

Wir wissen auch, dass weitere Tausende aus Halabja irgendwo im Süden in der Nähe von Babylon ermordet wurden. Solange Kurdistan von den in der Türkei stationierten amerikanischen Streitkräften beschützt wurde, genossen die Kurden denn auch einen gewissen Schutz. Doch als sie 1991 abzogen, befahl Saddam seinen Soldaten, diese Menschen gefangen zu nehmen und hinzurichten. Sie metzelten sie zu Zehntausenden nieder und begruben sie in militärischen Lagern, wohin die UN-Friedenstifter und die internationalen Streitkräfte nicht gehen durften. In den drei größten Militärbasen des Südens wurden riesige Flächen als Massengräber ausgehoben. Saddam glaubte, das werde nie jemand merken.

Die Gräber waren gut versteckt und der Zugang zu den Stellen war von Seiten des Militärs und des Staates streng verboten. Doch selbst vor der Befreiung von 2003 schlichen sich Menschen nachts in diese Bereiche und fingen an zu graben, in der Hoffnung, irgendeinen Hinweis auf ihre Lieben und selbst auf ganze Familien zu finden, die verschleppt und getötet worden waren. Wie widerlich muss es für sie gewesen sein, als Hunde in den Gräbern scharrten und menschliche Leichenteile herauszerrten. 2003 wurden die Lager schließlich geöffnet und hunderte Menschen gruben nach Beweisen für die Gräueltaten Saddams.

Menschenrechtsorganisationen, Friedensaktivisten, private religiöse Gruppen und viele andere nahmen daran teil. Manchmal erhielten sie Unterstützung von Satellitenaufnahmen, die ihnen die Stellen zeigten, wo am ehesten Massengräber existierten. Noch immer gibt es so viel, was wir nicht wissen. Doch heute kommen viele offizielle Berichte aus der Saddam-Ära ans Tageslicht – beispielsweise lange Listen mit den Namen der Getöteten, wie und wann sie getötet wurden, und sogar die Namen derjenigen, die sie töteten. Ich vermute allerdings, es wird noch Jahre dauern, bis das ganze dunkle Geheimnis von Saddams Barbarei bekannt wird.

Es gibt auch Massengräber von Schiiten und ihren Geistlichen. Die strengen Gesetze der Schia gehen über 1.400 Jahre zurück. Jeder schiitische Gläubige gehorcht einem bestimmten *Imam* oder religiösen Führer. Jeder dieser Führer gehorcht wiederum einem Geistlichen auf einer höheren Ebene. Das geht hoch bis zum Ajatollah, der dem höchstrangigen Schiiten überhaupt, dem Großajatollah, gehorcht. Im Irak stellen die Schiiten etwa 55 Prozent der Bevölkerung. Sie waren in erster Linie nicht der Regierung, sondern dem Islam ergeben, was Saddam sehr zornig machte.

Folglich dachte Saddam sich nichts dabei, diese Menschen festzunehmen, zu foltern und umzubringen. Vor allem im Süden, wo die Mehrheit der irakischen Schia lebt, hielt er die Bewohner dieser Region in Angst und Schrecken. Manche Familien verloren an einem einzigen Tag vier, fünf oder sechs Mitglieder. Und da es nicht durchführbar war, so viele Menschen in Gefängnisse zu stecken – oftmals trieben Geheimdienstoffiziere Tausende zusammen –, landeten sie für gewöhnlich in Massengräbern.

Die Verfolgung der Madan, einer arabischen Volksgruppe, die in den Feuchtgebieten östlich von Nasirija und im Süden fast bis Basra leben, verlief ganz ähnlich. Saddam hatte Angst vor diesen Menschen, die ganz anders als die meisten Iraker leben und ihren Lebensunterhalt bestreiten. Wegen ihrer einzigartigen Gewohnheiten und ihres freiheitsliebenden Wesens gehörten die Madan zu den ersten, die sich gegen Saddams Verordnungen wehrten. Er fürchtete, dass sie sich eines Tages gegen ihn auflehnen würden. Da sie in dem Land zwischen Tigris und Euphrat lebten, wohin keine Panzer und schwere Fahrzeuge gelangen konnten, meinte er, sie am besten unter Kontrolle haben zu können, indem er die Sümpfe trockenlegte, sie auffüllte und die Menschen aus dem Land vertrieb.

Das war ein ehrgeiziges Projekt, denn die Sümpfe nehmen eine gewaltige Fläche ein – über 21.500 qkm, etwa so groß wie das Bundesland Hessen. Im Laufe der Jahre schafften es die von Saddam entsandten Ingenieure, die Flüsse umzuleiten und die Sümpfe auf eine Größe von knapp 1.400 qkm zu verkleinern. Weniger als ein Drittel des Landes blieb erhalten. Das war eine Bedrohung der Lebensweise dieser Menschen, die auf Reisernten, Fischfang, Wasservögel aller Art und einen regen Flusshandel angewiesen waren. Wasser war die Grundlage ihrer gesamten Zivilisation. Doch das war noch nicht das Schlimmste. Denn als die Panzer und gepanzerten Fahrzeuge allmählich in dieses Gebiet vordrangen, trieben sie die Männer, Frauen und Kinder zusammen und brachten sie an einen Ort, wo auch sie getötet und in Massengräbern beigesetzt wurden.

Saddam nahm Rache an jedem, von dem er glaubte, er habe in der Vergangenheit gegen ihn gearbeitet oder er werde ihm in Zukunft bedrohlich werden können. Das tat er auf die brutalste Weise, die man sich vorstellen kann. Hierher kamen die Massengräber und Folterkammern unseres Landes – das sind die Schandflecken der Geschichte unseres Landes. Ich habe keine offiziellen Berichte mit der

Anzahl der Iraker gesehen, die auf diese Art von Saddam beseitigt wurden, doch ich könnte mir vorstellen, dass die inoffiziellen Schätzungen von 200.000 bis 300.000 Toten nicht unrealistisch sind, wenn es nicht sogar noch viel mehr waren.

Eine finstere Karikatur

Damit wir Iraker über die Schrecken der letzten vierzig Jahre hinweg kommen, müssen wir lernen, was menschliches Mitgefühl ist und wie man über alle religiösen und politischen Unterschiede hinweg zusammenarbeiten kann. Wir sollten die Wunder, die sich im Irak gerade zutragen, schätzen lernen. Und wir brauchen den Glauben an die Fähigkeit des Menschen, auch mitten in Leiden, Demütigung und Niederlagen zu überleben. Doch wir sollten uns auch daran erinnern, was wir über das Böse gelernt haben und inwieweit wir diesem Mann (der sich eines Tages in der Geschichte mit einem Stalin, Hitler und Pol Pot messen kann) entgegenkamen, damit er aus unserer Mitte heraus zu solcher Größe und Macht gelangen konnte.

In den letzten Jahren wurde ich manchmal gefragt: „Georges, stehen Sie wirklich dahinter, dass die Amerikaner und die Koalitionsmächte in den Irak kamen und unsere Welt auf den Kopf gestellt haben?" Dann antwortete ich: „Ja, natürlich. Und zwar aus einem einfachen Grund: Ich kenne diesen Mann von jeher, seit seiner Zeit als ehrgeiziger junger Raufbold und Werkzeug der Baathis. Er war sehr klug, das stimmt schon. Doch zu spät haben wir erkannt, dass all seine Klugheit darauf ausgerichtet war, Böses zu tun."

Gott allein weiß, was er schließlich noch angerichtet hätte, wäre er an der Macht geblieben. Seine Absichten waren sehr schlecht und er bezahlte jeden beliebigen Geldbetrag, um seine Herrschaft und Macht zu vergrößern. Er träumte davon, das alte Babylon als seine Hauptstadt wieder auferstehen zu lassen. Er behauptete gern, eines Tages der Kaiser aller arabischen Nationen zu sein. Er gab jede Geldsumme aus oder beging jede noch so barbarische Gräueltat, damit seine arrogante Angeberei wahr wurde.

Sollte jemand wie Saddam Atomwaffen besitzen, war das eine Bedrohung so riesigen Ausmaßes, dass es unbegreiflich war, wie man ihm gestatten konnte, sich weiterhin darum zu bemühen. Der Zusammenbruch der früheren Sowjetunion mag die Bedrohung durch einen nuklearen Holocaust aus dieser Ecke der Erde beendet oder zumindest aufgeschoben haben, doch das bedeutete nicht, dass es auf der Erde jetzt sicherer zuging. Saddam war bereit, jeden Preis zu zahlen, um ein Atomwaffenarsenal in seiner Hand zu halten, und er hätte nicht gezögert, diese atomaren Sprengsätze auch zu verwenden, wenn er sie gehabt hätte.

Saddam wusste, er konnte an diese Waffen kommen, wenn er bestimmten Leuten nur genug Geld in die Hand gab. Er warb aktiv um entlassene Atomwissenschaftler aus den ehemaligen Sowjetrepubliken. Er bot große Summen, um irakische Atomwissenschaftler zurückzuholen, die im Westen arbeiteten, und er wendete jeden Trick an, den man sich vorstellen kann, um sein Superwaffenprogramm zu erweitern. Ende der 1980er Jahre hatte er über den ganzen Irak verteilt Dutzende Atomwaffeneinrichtungen sowie einen funktionierenden Leichtwasserreaktor.

Ich bin mir sehr sicher, dass Saddam bei Ausbruch des zweiten Golfkriegs kurz davor stand, über nukleare Sprengköpfe zu verfügen, denn es gelang ihm nicht, diese Geheimoperationen gänzlich geheim zu halten. Meines Wissens allerdings schaffte er es jedoch letztendlich nicht, alle dafür notwendigen Teile zu erwerben. Ich weiß jedoch, dass Gelder zu asiatischen Wissenschaftlern flossen, die ihm dafür nukleare Komponenten herstellen sollten, und er hatte auch schon eine Anzahlung von mehreren Millionen Dollar geleistet. Was er vorhatte, war so gefährlich, dass für die Koalitionsmächte die einzige Lösung darin bestand, Saddam zu entmachten. Darum also begrüße ich die Befreiung meines Landes – trotz der Verluste, die wir in zwei aufeinanderfolgenden Kriegen zu erleiden hatten. Jemand musste Saddam davon abhalten, seine Pläne umzusetzen, und die Amerikaner waren die einzigen mit der nötigen militärischen und moralischen Durchsetzungskraft.

Man möchte sich erst gar nicht vorstellen, was Saddam gemacht hätte, wenn ihm noch mehr Zeit geblieben wäre. Seine Persönlichkeit war gespalten. Die Art, wie er die Welt sah, hatte nichts mit der Welt zu tun, wie sie wirklich ist. Saddam führte manche Menschen eine Zeitlang an der Nase herum – er stellte sich als Friedensstifter, guten Muslim, Lehrer, Anwalt und Staatsmann dar. Doch war er nichts von alledem. Er war nie etwas anderes als ein brutaler Mensch.

Ich kannte diesen Mann. Ich kam ihm so nah wie sonst kaum jemand. Was ich da sah, war eine finstere Karikatur von einem menschlichen Wesen. Er war nichts als ein Verbrecher in einer Uniform, die zu tragen ihm nicht anstand – die lebende Verkörperung des Bösen und eine Gefahr für die Welt. Heute können sich Millionen von Irakern – wie ich – bloß auf die Zeit freuen, wenn die Welt ihn endlich ein für alle Mal los ist.

8. Das System besiegen

Vermutlich wünschten sich die meisten Amerikaner über ein Jahrzehnt lang – vom Ende des Golfkriegs 1991 bis zum Beginn der Operation Irakische Freiheit 2003 –, das irakische Problem ließe sich einfach aussitzen. Da es nur noch ein knappes Jahr bis zu den nächsten Präsidentschaftswahlen war, wollten die Amerikaner lieber zum normalen Tagesgeschäft übergehen. Und das US-Außenministerium, das sich einer Doktrin der Stabilität um jeden Preis verschrieben hatte, selbst wenn das bedeutete, vor einem Diktator wie Saddam Hussein die Augen zu verschließen, gab sich alle Mühe, nichts mitzubekommen.

Sie wollten Zurückhaltung gegenüber dem Irak, und in Zusammenarbeit mit den Vereinten Nationen hofften sie, dass militärische und wirtschaftliche Sanktionen das Volk zur Rebellion gegen den Diktator veranlassen würden. Doch das war nicht bloß unrealistische Diplomatie; das war aus vielerlei Gründen schlechte Politik. Nur Gewalt und die Drohung, getötet oder eingekerkert zu werden, hätten einen Tyrannen wie Saddam jemals dazu bewegen können, die Grundlage seiner Macht aufzugeben. Wie bereits mehrfach betont, beschlagnahmte er fortwährend die Reichtümer seines Landes und verwendete sie zu seinem eigenen Vergnügen. Die Feinheiten internationaler Diplomatie waren an so einem Mann reine Verschwendung.

Sanktionen berührten Saddam nie, aber sie machten dem irakischen Volk schwer zu schaffen. Und wenn sich Menschen in den Provinzen zur Rebellion gegen Saddam erhoben, waren die Diplomaten nirgends zu sehen. Die Aufständischen mussten sich selbst durchschlagen und sie erlitten schwere Verluste durch die Republikanische Garde. Wer den Konflikt überlebte, war dazu bestimmt, Opfer von Saddams Rache zu werden. Sie wurden abgeschlachtet wie Schafe. Die Lage hätte nicht schlimmer sein können.

Der erste Präsident Bush war gegen Ende des Golfkriegs desinteressiert und nicht schlagkräftig. Präsident Clinton bevorzugte eine Beschwichtigungspolitik. Er weigerte sich, gegen Terroristen zurückzuschlagen, wenn amerikanische Streitkräfte angegriffen wurden, was im Mittleren Osten weithin als Zeichen von Feigheit verstanden wurde. Damals lachten viele Iraker über Amerika. Terroristen wie Osama bin Laden wurden ermutigt und verbreiteten im Fernsehen die Botschaft, die Amerikaner seien Feiglinge. Einst sei Amerika tapfer gewesen, sagte er, doch jetzt nicht mehr. Es war schwierig, gegen solche Botschaften anzugehen, wenn die amerikanische Führung auf so viele Dinge augenscheinlich so zaghaft reagierte.

Als Präsident Clinton im August 2000 einen Luftschlag gegen den Sudan genehmigte, lagen ihm offenbar fehlerhafte Geheimdienstinformationen vor: Das US-Militär ließ eine Aspirin-Fabrik von Marschflugkörpern zerstören. Ich verfolgte damals die Invasion und die Bombardements im Kosovo oder in Bosnien nicht sehr intensiv, doch war ich mir recht sicher, dass sich solche Operationen kaum auf die Lage im Irak auswirken würden. Und die Bemühungen der internationalen Gemeinschaft, zu Demokratie in unserem Teil der Welt aufzurufen, waren bedeutungslos. Über kurz oder lang musste selbst das US-Außenministerium zugeben, dass die Politik des In-Schach-Haltens nicht funktionierte.

Organisierte Korruption

Im Jahre 2001 wurde offenbar, dass sich die Welt seit dem Ende des Golfkriegs verändert hatte. Die Terroranschläge in New York und Washington vom 11. September 2001 waren ein Weckruf für den Westen. In seiner Rede zur Lage der Nation vom 29. Januar 2002 bezeichnete Präsident George W. Bush den Irak, den Iran und Nordkorea als „Achse des Bösen". Die Medien in Europa und im Mittleren Osten machten sich über diese Idee lustig. Doch für viele von uns war es ein eindeutiges Zeichen, dass Amerika endlich den Ernst der Situation verstanden hatte.

Ich hielt es damals für sehr wahrscheinlich, dass die Amerikaner bereits planten, in den Irak zurückzukehren und die einmal begonnene Aufgabe zu Ende zu bringen, indem sie Saddam ein für alle Mal entfernten. Ich bin mir absolut sicher, dass Saddam glaubte, sie seien hinter ihm her. Er war sehr empfänglich für so etwas und außerdem war er paranoid.

Angehörige der irakischen Opposition im Ausland, von denen viele mit Präsident Bush und Außenminister Colin Powell gesprochen hatten, drängten das US-Militär zum Eingreifen. Die Exil-Iraker hatten detaillierte Informationen darüber, was in Bagdad passierte, und ich glaube, Saddams reine Existenz sowie die immer zahlreicher werdenden Informationen über seine Bösartigkeit, die den Westen erreichten, wurden dem Weißen Haus unter Bush zum Ärgernis. Sie hatten keine andere Wahl, als den Dissidenten und Ausgebürgerten zuzuhören.[3] Einst hatten sie in der naiven Hoffnung gelebt, Saddam werde sich einfach in Luft auflösen oder verhungern. Doch Saddam war in dem vorausgegangenen Jahrzehnt nur noch stärker und reicher geworden. Er hatte noch mehr Paläste, mehr Soldaten, mehr Öl, mehr Macht und mehr Waffen. Über seine Feinde im Irak ließ er mehr Tod und Zerstörung kommen als je zuvor. Die Meldungen darüber, was er seinem eigenen Volk antat, machten allmählich Schlagzeilen – es musste also zu einer Reaktion kommen.

Saddams Überleben musste für US-Präsident Bush und Englands Premierminister Blair zum Ärgernis werden. Nach zehn Jahren Sanktionen schauten sie sich um und er war noch immer da. Und wie! Seine Paläste waren schöner als das Weiße Haus. Er hatte mehr Geld als je zuvor – buchstäblich Milliarden von Dollar, die er dem Volk gestohlen hatte – und jeden Tag verließen Millionen Barrel Öl illegal das Land. Außerdem sah es jetzt so aus, dass auch UN-Mitarbeiter verstrickt waren, die Geldrückzahlungen angenommen und Milliarden von Dollar in ihre eigene Tasche gewirtschaftet hatten.

Washington hatte die Fähigkeiten eines Mannes wie Saddam, Böses zu tun, unterschätzt, und seine Fähigkeit übersehen, andere in seine Verschwörung hineinzuziehen – darunter UN-Mitarbeiter der höchsten Ebenen. Ich könnte viele Geschichten über die Leute erzählen, die wir als Vereinte Nationen bezeichnen. Hört man den Namen Vereinte Nationen, denkt man an eine große, machtvolle Organisation. Doch geht man an die Grenzen des Iraks und schaut selber nach, wer diese Leute wirklich sind, ist man womöglich nicht mehr so leicht zu beeindrucken.

Häufig kommen die Menschen, die wir als die Vereinten Nationen bezeichnen, aus Ländern der Dritten Welt, die keine großen Visionen vom Weltfrieden haben. Die Chancen stehen gut, dass man drei oder vier Angehörige aus Ländern der Dritten Welt antrifft, die Lastwagen überprüfen sollen, die in beiden Richtungen über die Grenze fahren. Sie sollen sicherstellen, dass keine Ware, die unter Ein- oder Ausfuhrverbot steht, geschmuggelt wird. Doch sie nehmen alle Schmiergelder – jeweils zehn-, zwanzig- oder dreißigtausend Dollar –, damit sie wegschauen. Hunderte Lastwagen bewegen sich so in die eine oder andere Richtung über die Grenze, ohne dass jemand etwas sagt.

Ein Meister der Täuschung

Doch damit leider nicht genug. Ich glaube, dass sich das Öl-für-Lebensmittel-Programm einmal als größtes Schmiergeldsystem der jüngeren Zeit erweisen wird. Saddam Hussein wird man dann als den Mann betrachten, der es perfekt ausnutzte. Er war ein wahrer Meister der Täuschung. Und dank der Bestechlichkeit der UN-Beamten konnte er bekommen, was er wollte.

Nach einem Dutzend Jahren Sanktionen wurde das irakische Volk Experte darin, sich das System zunutze zu machen. Millionen Tonnen Öl wurden vor der Nase der UN und der multinationalen Streitkräfte durch den Persischen Golf gebracht. Es gab Tage, an denen Dutzende voll mit Schmuggelware beladene Kähne aus unseren Häfen ausliefen. Jedes davon beförderte 1.500 bis 2.000 Tonnen Öl. Wegen der Ölbegrenzungen musste Saddam es sehr billig verkaufen. Doch wegen der Mengen an Schmuggelware gab es riesige Gewinne.

Bei dem aktuell hohen Ölpreis – jüngst lag er in Rotterdam bei fünfundsiebzig Dollar pro Barrel – schmerzt es beinahe zu wissen, dass Schmuggler irakisches Öl einst zu einem Tiefpreis von vier Dollar pro Barrel verkauften. Wenn die Händler es für vier Dollar kaufen und für dreißig Dollar verkaufen konnten, haben sich die Leute fürwahr darum gerissen – und dazu gehörten Angehörige vieler Länder, die angeblich Amerikas Verbündete waren.

Saddam sagte für gewöhnlich zu den Schmugglern: „Bringt eure Schiffe in unsere Häfen, befüllt sie mit Öl und nehmt sie wieder mit. Danach kenne ich euch nicht mehr." Danach fuhren die Schiffe in den Golf hinaus. Oft wurden sie von amerikanischen Patrouillenbooten gestoppt, die den Schmuggel verhindern sollten. Spezialisten untersuchten das Öl darauf hin, ob es aus dem Irak kam – sie kannten die Eigenschaften all der verschiedenen Ölsorten der Region – und sagten dann: „Nein, das ist iranisches Öl. Sie können weiterziehen." So kamen die Schmuggler ohne weitere Probleme durch den Golf.

Was die Spezialisten und andere Beamte nicht wussten war, dass die irakischen Schmuggler ein Übereinkommen mit iranischen Schmugglern hatten. Saddam schickte irakisches Öl in den Iran, sie schickten dafür iranisches Öl zurück. Wenn unsere Schiffe also aus Basra ausliefen mit Ziel Europa oder Vereinigte Arabische Emirate oder wo auch immer sich die Käufer fanden, hielt sie niemand auf, denn es war ja kein irakisches Öl.

Und das war noch nicht alles. Saddams Zwischenhändler verkauften Öl zu sehr niedrigen Preisen und der Iran transportierte dasselbe Öl in denselben Schiffen aus den Häfen, aber unter iranischer Flagge. Niemand überprüfte sie, denn diese Schiffe waren ja nicht von dem Embargo betroffen. Also verkauften die Iraner irakisches Öl auf dem freien Markt zu den Preisen, die sie damit erzielen konnten – und ich bin mir sicher, sie waren wesentlich höher als die vier Dollar pro Barrel, die sie Saddam dafür bezahlt hatten.

Ich behaupte hiermit uneingeschränkt, dass die Sanktionen der UN gegen den Irak ein hundertprozentiger Fehlschlag waren. Sie hatten verheerende Auswirkungen auf das irakische Volk und absolut keine Wirkung auf Saddam. Selbst direkt vor der Nase der UN-Inspektoren trickste Saddam sie andauernd aus. Er kannte tausende Arten zu betrügen. Und auch wenn die Inspektoren viele verbotene Waffen fanden und zerstörten, fanden sie doch niemals alle. Saddam konnte doch nur darüber lachen und sein Regime wurde immer stärker.

Trotz der UN-Verordnungen fand Saddam auch unzählige Möglichkeiten, illegal Öl zu verkaufen. Viele Leute mogeln oder betrügen, um an Geld zu kommen, wenn die Versuchung so groß ist – das passierte damals ständig. Zum Beispiel durfte eines unserer Nachbarländer siebzig- bis hunderttausend Barrel Öl pro Tag aus dem Irak beziehen. Diese Erlaubnis stand in Artikel 50 der UN-Resolution, da diese Länder der Koalition im Krieg Hilfe geleistet hatten und stark von irakischem Öl abhängig waren.

Aber wer kontrollierte denn, ob siebzigtausend oder zweihunderttausend Barrel heraus gingen? Bestenfalls standen zwei oder drei Männer da und zählten die Lastwagen, die die Grenze passierten. Doch wenn der Fahrer sie in ein Gespräch verwickelte und den Männern zehn- oder zwanzigtausend Dollar zusteckte, damit sie nicht hinschauten, vergaßen die Überwacher ganz schnell, wie viele Lastwagen es eigentlich hätten sein sollen und ließen alle durch. Und der Gewinn aus dem Verkauf von Öl, dessen Ausfuhr nicht genehmigt war, floss wieder in Saddams Taschen zurück. Das war in den neunziger Jahren gängige Praxis.

Ich habe viel darüber gehört, wie das Öl an den Docks einiger dieser Länder verkauft wurde. Saddam verkaufte es den Europäern, die ihm dafür Elektrogeräte, Badeinrichtungen aus Porzellan mit Armaturen aus reinem Gold sowie feinsten italienischen Marmor für den Bau weiterer Paläste lieferten. In allen neu gebauten Palästen seit 1991 – und das waren immerhin sechzig – finden sich all diese Dinge. Da muss man sich doch fragen, wie der italienische Marmor und die teuren goldenen Armaturen da hinein gelangten.

Rückkehr zum Abnormalen

Saddam wurde von den Sanktionen gebremst, aber nicht gestoppt. Seine Anhänger kehrten stark wie je zuvor wieder. Über kurz oder lang war alles wieder wie vor dem Krieg. Als die Amerikaner gingen, übergaben sie alles den Vereinten Nationen, und die UN-Beamten, die wir zu sehen bekamen, waren durch die Bank bestechlich. Sie verkauften Nahrungsmittel und Medikamentenvorräte, die für die Bevölkerung bestimmt waren.

Saddams Gier war so groß, dass er Getreide und Notvorräte, die unter den Sanktionen gekauft wurden, an die Händler verkaufte und ihnen dann die Genehmigung erteilte, sie weiterzuverkaufen. Die ganze Zeit wechselten große Geldsummen die Besitzer. Genauso wurden auch Millionen von Barrel irakischen Öls außer Landes geschmuggelt.

Während dieser Zeit hatten die Jungen, die Alten und die Armen enorm zu leiden. Die Kombination aus hoher Inflationsrate, mangelnder medizinischer Versorgung und der wirtschaftlichen Auswirkungen all dessen auf den Arbeitsmarkt führte zu hoher Arbeitslosigkeit und daraufhin zum Tod sehr, sehr vieler Menschen. Das Öl-für-Lebensmittel-Programm mag ja ein paar wenige Menschen am Leben erhalten haben, doch es war ein ineffektives und schwer zu handhabendes System; die Welt erkannte bald, dass dieses System auch von Korruption verseucht war.

Das Programm war von der UN so angelegt, dass es über ein Treuhandkonto des internationalen Bankenkonsortiums BNP Paribas mit Sitz in Frankreich abgewickelt werden sollte. Die Bank war befugt, alle Erlöse aus dem Verkauf von irakischem Öl und Gas entgegenzunehmen. Diese Gelder wurden dann treuhänderisch verwaltet, um für Zahlungen von humanitären Leistungen und anderen speziell vom US Department of Treasury's Office of Foreign Assets Control, der Stelle beim US-Finanzministerium zur Kontrolle von Auslandsvermögen, genehmigten Bereichen verwendet zu werden. Diese Zahlungen von dem BNP-Konto durften nur von den Lieferfirmen vorgenommen werden, die Akkreditive oder Gutscheine gemäß den Regeln und Bedingungen der UN-Bestimmungen für Sanktionen vorlegten. Doch wie der Skandal, der 2002 aufgedeckt wurde, rasch zeigte, wurde das Programm von korrupten Beamten auf beiden Seiten manipuliert.

Es gab Schmiergelder, Provisionen oder ungenehmigte Aufträge bei praktisch allen Geschäften, die unter dieses Programm fielen, und Mittel, die der Bevölkerung helfen sollten, kamen bei ihr jedoch nie an. Nach einem Bericht der UNICEF, dem Kinderhilfswerk der Vereinten Nationen, starben jeden Monat fünftausend irakische Kinder an Durchfallerkrankungen, Lungenentzündung, Atemproblemen und Unterernährung als direkte Folge der Wirtschaftssanktionen gegen unser Land.

Selbst wenn die tatsächlichen Zahlen nur halb so hoch wären, wäre das noch immer eine Tragödie. Nach UN-Regularien durfte der Irak alle sechs Monate Rohöl im Gegenwert von 5,26 Milliarden Dollar verkaufen, um dafür Nahrungsmittel und Medikamente zu kaufen, doch das meiste Geld gelangte nie bis zur Bevölkerung, was für uns zu einer weiteren Leidensquelle wurde. Die Wirtschaftssanktionen reduzierten die Handelserträge des Iraks um ganze 90 Prozent, und Gewinne aus normalem Handel flossen direkt in die Schatztruhen von Saddam und seiner Familie. Deswegen hatten alle Iraker zu leiden.

Trotz aller Differenzen

Wenn die Welt meinte, die Feindschaft zwischen dem Iran und dem Irak sei ein Puffer gegen illegalen Handel zwischen diesen alten Feinden, irrte sie sich gewaltig. Es gab nichts, was die beiden Länder spaltete. Niemand konnte Saddams Tankschiffe daran hindern, in beiden Richtungen die Grenze zu passieren. Von Zeit zu Zeit hörten wir, dass amerikanische Satelliten Lastwagen ausgemacht hatten, die über die Grenze zum Iran fuhren. In Europa und Amerika schrillten die Alarmglocken, doch es gab keine Möglichkeit zu erfahren, ob diese Lastwagen Nahrungsmittel oder Maschinen oder Schmuggelware geladen hatten. Auf jeden Fall passierte nichts, was die beiden Länder am illegalen Handel gehindert hätte.

Die ganzen zwölf Jahre zwischen 1991 und 2003 kaufte und verkaufte Saddam und machte Riesengewinne. Im Irak wie im Iran blühte der Schwarzhandel und die beiden Länder wurden trotz ihrer langen Geschichte der Feindschaft rege Handelspartner. Wenn es um große Geldmengen geht, schaffen es selbst die schlimmsten Feinde, sich wie Freunde zu benehmen. Insbesondere pflegten die Söhne wohlhabender Familien im Irak regen Kontakt mit Söhnen wohlhabender Familien im Iran und schlossen riesige Geschäfte ab. Dabei taten sich natürlich besonders die beiden bestechlichen und niederträchtigen Söhne Saddams hervor, die buchstäblich Milliardengewinne auf dem Schwarzmarkt erzielten.

Millionen von Barrel Öl wurden in die Vereinigten Arabischen Emirate transportiert, von wo aus sie dann in die ganze Welt geliefert wurden. Selbst als das Öl für nur wenige Dollar pro Barrel verkauft wurde, war das noch immer genug, um Saddam Hussein zu einem der reichsten Männer der Welt zu machen. Er hatte Bankkonten in Europa und im Mittleren Osten; sein persönlicher Reichtum – der eigentlich der Reichtum war, den er dem irakischen Volk gestohlen hatte – war in der Tat schwindelerregend.

Saddams Söhne, vor allem Udai, spielten mit dem Wert der Währung im Irak, um selber zu noch mehr Geld zu kommen. Beispielsweise kaufte Udai alle US-Dollar, die er greifen konnte. Er kaufte sie von Banken, Unternehmen und Wechselstuben und hinderte sie am Umlauf, sodass der Wert von etwa fünfhundert auf zweitausend Dinar pro Dollar kletterte. Früher oder später bekamen die Leute Panik, brachten ihr ganzes Geld zur Bank und tauschten Tausende, ja Millionen Dollar um, damit ihr Bargeld nicht seinen Wert verlor. Doch sobald das geschah, überschwemmte Udai den Markt mit Dollars, kaufte Millionen von Dinar und trieb praktisch jeden in den Bankrott, der Geld zu verlieren hatte.

Zu ihrem eigenen persönlichen Vorteil waren diese Männer bereit, die gesamte irakische Wirtschaft auf den Kopf zu stellen. Heute ist der Dollar dank der von den Amerikanern eingesetzten neuen Verwaltung und Systeme 1.450 Dinar wert und schwankt überhaupt nicht. Dadurch ist unsere Währung sehr stabil. Die Menschen müssen sich keine Sorgen mehr machen und sie wissen einfach, wie viel Geld sie haben. Will man Dinar, bekommt man sie. Will man US-Dollar oder britische Pfund, bekommt man auch die. Das wirkt sich hervorragend auf den Irak aus. Doch unter Saddam gab es für uns keine Sicherheit. Wir wussten niemals, ob wir den Tag überleben würden.

Lohnenswerte Inkompetenz

Und was hat die Baath-Partei für den Irak gemacht? Zum einen stellte sie sicher, dass die Fähigsten niemals in Führungspositionen aufrücken konnten. Überall saßen die aus der zweiten oder dritten Reihe – die zufälligerweise Mitglieder der Baath-Partei waren – an den Hebeln der Macht. Der Hauptgrund war, dass diese Leute taten, was Saddam von ihnen wollte, ohne lange zu fragen. Infolgedessen rutschte der Irak weiter ab, während sich der Rest der Welt vorwärts bewegte.

Darüber hinaus waren wir in drei große Kriege gedrängt worden, die alle Gewinne verzehrten, die wir hätten erzielen können, wenn wir einfach die Chance gehabt hätten, unsere Ziele friedvoll zu verfolgen. Dabei entzog Saddam dem Irak jeglichen Reichtum. Unser Land ist flächenmäßig fast so groß wie Schweden, hatte aber eine Armee mit 6.400 Panzern. Im Vergleich dazu besitzt Großbritannien, bei dem viel mehr auf dem Spiel steht, insgesamt nur etwa 950 Panzer.

Einem Sprichwort zufolge versteht man am besten, was einem Menschen wichtig ist, wenn man sich anschaut, wofür er sein Geld ausgibt. Will man verstehen, was Saddam wichtig war, schaue man sich bloß an, wofür er den Reichtum des Iraks ausgab. Panzer, Marschflugkörper, Bomben, Gewehre und Sprengstoffe – ganz zu schweigen von den Millionen, die er in die Technik und die Fachleute steckte, die er für die Herstellung von Massenvernichtungswaffen brauchte. Wir litten Hunger und er kaufte Waffen! Und dank der Bestechungspolitik der Baath-Partei legten sie unsere Ressourcen in die Hände der am wenigsten qualifizierten Leute.

Als General der Luftwaffe arbeitete ich mit hoch spezialisierten Geräten. Wenn wir Raketen für unsere Kampfflugzeuge kauften, wie zum Beispiel die französische Exocet, mussten wir für jede 1,2 Millionen Dollar hinlegen. Für jedes neue Düsenjagdflugzeug bezahlten wir 21 Millionen Dollar. Doch wenn wir einen zweitklassigen Piloten an dieses Flugzeug ließen, erkannten wir bald, dass er nicht die Befähigung oder den Mut besaß, damit zu fliegen, und beim ersten Anzeichen eines Problems den Schleudersitz betätigte. Was geschah dann also mit dieser großen Investition?

Einmal erhielt ich einen Anruf vom Stützpunkt Tammuz in der Nähe und südlich von Habbaniya: Einer unserer Piloten habe sich mit dem Schleudersitz gerettet, sein Flugzeug sei in der Wüste abgestürzt. Das Flugzeug hatte noch nicht einmal acht Flugstunden auf dem Buckel. Es war eine brandneue Sukhoi, ein wunderschönes Kampfflugzeug aus russischer Produktion. Ich fuhr zu dem Stützpunkt und bat General Saad, den Befehlshaber, alle herbeizurufen, damit ich mit ihnen reden konnte.

Alle kamen sie – etwa fünfhundert Mann aus acht verschiedenen Geschwadern: Piloten, Besatzungen, Mechaniker, Radarexperten, Bodenpersonal und viele andere. Ich fragte sie: „Wer von Ihnen ist der Pilot, der den Schleudersitz betätig hat?" Ein junger Leutnant meldete sich. Ich ließ ihn vortreten und fragte ihn: „Welchen Auftrag und welche Position in der Formation hatten Sie?"

„Ich war Nummer vier", antwortete er. „Nummer eins und zwei starteten und sollten eigentlich die Maschine hoch ziehen, damit Nummer drei und ich starten und in niedriger Höhe unter ihnen fliegen konnten, ohne vom Düsenstrahl getroffen zu werden. Aber eins und zwei sind nicht hoch genug gegangen. Als ich dann startete, traf ich den Düsenstrahl von Nummer zwei und mein Flugzeug wurde instabil. Ich hatte es nicht mehr unter Kontrolle und betätigte den Schleudersitz."

Der Stützpunkt, wo das passierte, ist ganz in der Nähe vom Habbaniya-See mit einer hübschen Ferienanlage, die die Franzosen vor ein paar Jahren errichteten. Als der Pilot absprang, steuerte seine Maschine genau auf diese Anlage zu. Wäre sie nicht von alleine und durch Gottes Gnade abgedriftet, wären viele Menschen ums Leben gekommen. Und zwar aus dem Grund, weil dieser Grünschnabel dachte, die Welt ginge unter. Er zögerte nicht, ein Düsenflugzeug im Wert von 20 Millionen Dollar zu zerstören, das nicht einmal acht Flugstunden hinter sich hatte.

Warum das wichtig ist? Weil man alles aufs Spiel setzt, was einem wichtig ist, wenn man es einer unqualifizierten Person verantwortlich überlässt. Wenn man es lange genug so macht, wird früher oder später alles von Wert von inkompetenten Menschen zerstört sein. Einem Flugzeug ist es doch ganz egal, ob der Pilot Brite oder Amerikaner oder Iraker ist. Es kommt doch nur darauf an, dass der Pilot kompetent und richtig ausgebildet ist, um mit den Geräten bestimmungsgemäß umzugehen. Ein Dummkopf jedoch kann in Minutenschnelle die besten Kampfflugzeuge der Luftwaffe zerstören.

Saddam baute ein Militär auf mit über 1.000 Luftfahrzeugen, 6.400 Panzern und Tausenden von Raketen aller Art, von den lasergelenkten Raketen bis zu den neuen Energiebomben; jedes einzelne Stück kostete über eine Million Dollar. Solche Waffen in der Hand eines Mannes wie Saddam Hussein konnte dem Land jeglichen Reichtum entziehen. Warum? Weil dieser Mann groß sein wollte. Er wollte ein Held sein, wollte erobern und gefürchtet werden. Und dabei beraubte er sein Volk, versetzte es in Schrecken und machte es arm.

Er destabilisierte die gesamte Region und machte sein Land zum Feind der Welt. Wer macht so etwas? Ein Politiker muss gesunden Menschenverstand besitzen. Zumindest sollte er das Wohlergehen seines Volkes verbessern wollen. Doch Saddam scherte es nicht im Geringsten, wie das irakische Volk tatsächlich lebte. Er kannte das Volk nicht und es war ihm egal, was mit uns passierte.

Ein Reich auf Sand gebaut

Einmal war ich als Air Force Commander zuständig für sechs Kampfflugzeuggeschwader. Jede Schwadron bestand aus etwa dreißig Piloten. Somit war ich für 180 Piloten und ihre Flugzeuge verantwortlich. Manche hatte ich ausgebildet und Alleinflüge mit ihnen geübt, aber natürlich kannte ich sie nicht alle. Ich beobachtete sie also. Mit der Zeit erkannte ich, wer die guten Piloten waren, wer Führungsqualitäten besaß, wer Anweisungen befolgte und wer nicht. Ich wusste bald, wer gefördert werden und wer im Hintergrund bleiben sollte, denn mein Ziel war es, die besten Piloten und die besten Geschwader nicht nur in der Luftwaffe, sondern im gesamten Mittleren Osten zu haben.

Doch das war nie die Politik des Iraks. Wegen des niedrigen

Niveaus der Baathis wurden Führungskräfte aller Bereiche und Disziplinen nach der Loyalität gegenüber der Partei ausgewählt. Ich glaube sogar, sie hatten am liebsten die am wenigsten kompetenten Leute in Schlüsselpositionen. Folglich stellten die inkompetenten Menschen, die am Ruder saßen, sicher, dass niemand, der richtig kompetent war, aufsteigen durfte.

Ich erinnere mich an ein Gespräch in San Antonio, Texas, im Jahre 1965, als ich zur Ausbildung in den Randolph and Lackland Air Force Bases war. In meiner Klasse war ein Geschwaderchef Wood aus Neuseeland. Ich kannte ihn nicht sehr gut, aber augenscheinlich hatte er mich einige Zeit beobachtet, denn eines Tages kam er zu mir und sagte: „Georges, ich finde es toll, wie Sie fliegen. Sie sind ein guter Pilot und die Fluglehrer erwähnen Sie lobend. Doch eine Sache interessiert mich nun doch noch."

„Na klar", antwortete ich, „was denn?"

„Ist es im Irak immer noch wie früher, als jeder, der seine Sache gut machte und an seiner Karriere baute, ausgebremst und zurückgesetzt wurde?"

„Woher wissen Sie das denn?", fragte ich zurück.

Er wusste, wovon er redete, denn genau so war es in meinem Land. „Ich habe sieben Jahre lang im Irak gedient, bei der Royal Air Force in Habbaniya", antwortete er. „Wir hatten immer ein paar sehr gute Leute dabei, doch sobald sie richtig gut wurden, hielten Ihre Leute sie zurück und ließen sie nicht weiter aufsteigen."

„Ja", sagte ich, „Sie haben leider Recht, nur dass es jetzt noch schlimmer ist. Sie bremsen einen nicht nur aus; sie kanzeln einen noch ab und sagen: ‚Warum gibst du dir solche Mühe? Du wirst es ja doch zu nichts bringen!'"

Bedauernd meinte Wood: „Das habe ich befürchtet und es tut mir Leid. Denn Sie sind zwar ein guter Pilot, aber Sie werden nie richtig aufsteigen."

Er hatte Recht. Doch leider betraf das nicht nur Piloten. Durch die Baath-Partei und ihre schlimme Vorgehensweise war mein Land zerstört – politisch, militärisch und vor allem in der Führungsspitze der Regierung. Saddam Hussein beherrschte die hohe Kunst, nicht nur sein Land zu zerstören, sondern sogar die Partei, die ihn unterstützte. Damit war er allerdings nicht allein. Seine Gesinnungsgenossen gaben sich alle Mühe, von sich aus vieles zu zerstören.

Die irakische Nation war, wie alle Nationen im Nahen Osten oder anderswo, die in einer Atmosphäre der Bestechlichkeit operieren, geschwächt durch Hass, Misstrauen und Angst – lauter Emotionen der übelsten Sorte. Das war eine Schande, denn der Irak hat so viele Bodenschätze und wir konnten auch schon so viele großartige Dinge erreichen. Doch für eine gewisse Zeit fiel das Land in die Hände der falschen Männer, was uns teuer zu stehen kam. Aber Gott sei Dank brach die von Saddam und den Baathisten errichtete Struktur zusammen und Saddam ist weg – denn das Reich war auf Sand gebaut. In der Bibel heißt es ja, dass nur ein Haus stehen bleiben kann, das auf Fels gebaut ist.

Degradierungen erleiden

Das System im Irak war so korrupt, dass selbst Wohltaten verheerende Auswirkungen hatten. Schlechte und inkompetente Führung in Kombination mit Saddams militärischer Waghalsigkeit und der Beschlagnahme unseres nationalen Reichtums stürzte uns jahrelang in schwerste finanzielle Nöte. Doch als Mitte der 1990er Jahre die Sanktionen anfingen, ging die Wirtschaft plötzlich in den freien Fall über. Als Saddam das merkte, griff er ein. Er unterstützte Parteimitglieder mit Geld, damit sie die schweren Zeiten überlebten. Selbstverständlich kontrollierte er alle Rohöleinnahmen und den gesamten Reichtum der Nation. Er konnte ihn verwenden, wie es ihm beliebte. So schuf er ein Bonusprogramm, die *Makrama*, das „Geschenk des Präsidenten".

Ursprünglich war das „Geschenk des Präsidenten" für Saddam

eine Möglichkeit, seine Machtbasis zu festigen, doch mit der Zeit wurde es für Millionen Iraker zur Notwendigkeit. Die Inflation zehrte uns auf und es gab keine Möglichkeit, die Gehälter zu erhöhen, um den Unterschied auszugleichen. Das geschah mit Leuten wie mir, die nicht der Partei angehörten: Ende der 1980er Jahre betrug mein Gehalt als Luftwaffengeneral 1.000 Dinar im Monat, was etwa 3.000 US-Dollar entsprach – denn damals war der Dinar drei amerikanische Dollar wert. Für irakische Verhältnisse war das ein gutes Gehalt. Doch als die Inflation 1995 so stark anstieg, waren 3.000 irakische Dinar nur noch etwa einen US-Dollar wert. Mein Gehalt von vormals 3.000 $ war auf 30 Cent gesunken …

Auf dem Papier stiegen die Gehälter weiter. 1998 wurde das Einkommen eines Generals mit 80.000 Dinar im Monat ausgewiesen – das Achtzigfache meines Gehalts ein Jahrzehnt zuvor –, doch in Wirklichkeit entsprach das lediglich 40 $. Davon konnte niemand leben. War man treuer Anhänger der Partei, erhielt man das „Geschenk des Präsidenten", das von einer halben Million bis zu anderthalb Millionen Dinar pro Haushalt schwanken konnte. Während man also in der Lohntüte nur 40 $ hatte, konnte „das Geschenk" 2.000 $ bis 3.000 $ oder mehr im Monat betragen.

Was bedeutete das also für das Land? Das bedeutete, dass die Menschen nicht mehr gegenüber der Regierung oder dem Militär oder den Arbeitgebern loyal waren, sondern gegenüber Saddam Hussein, der ihr Leben, ihr Wohlergehen und ihre Zukunft in der Hand hielt. Das „Geschenk des Präsidenten" konnte der zehn- oder zwanzigfache Betrag des normalen Einkommens sein und schwankte je nach Position oder Rang. Stieg man auf, wurde auch das Geschenk größer und konnte sogar auf 10 Millionen Dinar im Monat klettern, was etwa 5.000 $ entsprach.

Letztendlich bedeutete das „Geschenk des Präsidenten", dass Saddam den Irak, seine Industrie, sein Öl und alles andere im Herzen des Volkes klein gemacht hatte; sich selbst jedoch hatte er größer gemacht als den Irak, denn er war der gütige Wohltäter, der den Menschen so wunderbare Geschenke machte. Darum waren die Unterstützer der Baath-Partei nach dem Krieg Saddam auch so treu ergeben. Im Grunde ihres Herzens waren sie nicht loyal gegenüber dem Irak, sondern gegenüber diesem Mann. Den meisten von ihnen war nie in den Sinn gekommen, dass das alles so nicht hätte laufen dürfen.

Auf unser Land hatte das verheerende Auswirkungen. Die Inflation fraß uns auf, die Sanktionen waren genauso schlimm, doch Saddam konnte das Problem lösen, indem er seinem Volk „das Geschenk" machte. So konnte er durch seine Großzügigkeit ausgleichen, was die Inflation genommen hatte. Parteimitgliedern ging es sehr gut, aber wir anderen konnten nur abwarten und Tee trinken.

Das bedeutete auch, dass wir, die wir nicht zur Partei gehörten, anfangen mussten, persönliche Gegenstände zu verkaufen – Autos, Kleidung, Fernseher, Möbel, selbst die guten Zimmertüren aus Holz – einfach um etwas zu essen kaufen zu können. Wir verkauften alles, was wir entbehren konnten, und auch vieles, das wir eigentlich nicht entbehren konnten. Einige hochrangige Offiziere, die antike Stühle, Lampengestelle und Ventilatoren im Haus hatten, mussten alles verkaufen. Manche verkauften gar ihre großen, mit Schnitzereien verzierten Haustüren und ersetzten sie durch Sperrholz oder einfache Blechplatten.

Eine Nation im Abstieg

All das fing an, nachdem Saddam 1990 in Kuwait einmarschiert war. Ab da ging es mit unserem Land bergab. Glück hatten die, die Angehörige im Ausland hatten – zu denen ich auch gehörte. Mein Sohn und seine Familie lebten in Europa, wo er seine Arztpraxis hatte. Er war nicht wohlhabend, aber wenn er hundert Dollar im Monat entbehren konnte, schickte er sie uns. Das war ein unglaublicher Segen, denn für uns war das sehr viel Geld. Nur so konnten wir ein einigermaßen normales Leben führen.

Wer keine Angehörigen im Ausland hatte und kein Geld hinzuverdienen konnte, hatte damals ganz schlechte Karten, vor allem als Frau. Manche Frauen konnten nur überleben, indem sie sich an die Männer verkauften, die Parteimitglied waren und für ihre Dienste bezahlen konnten. Dies trug ebenfalls zur Verrohung von Anstand und Sitte und zum Niedergang der irakischen Gesellschaft bei.

Stück für Stück drang die Korruption bis in jeden Bereich und jeden Beruf vor. Beim Militär hatten Männer das Sagen, die korrupt und vielfach inkompetent waren. Das bedeutete wiederum, dass die Armee nicht in der Lage war, das Land zu verteidigen. Häufig waren die guten Offiziere gezwungen, auf einer niedrigeren Ebene zu arbeiten oder das Militär gleich ganz zu verlassen. Die militärischen Befehlshaber behielten Nicht-Parteimitglieder, solange sie sonst niemand ersetzen konnte; doch sobald sie jemanden aus der Partei fanden, der die Arbeit einigermaßen gut machen konnte, stießen sie das Nicht-Parteimitglied zur Tür hinaus und entließen es.

Die Baath-Partei nahm sich die Kommunistische Partei Russlands zum Vorbild. Im sowjetischen System wurden Kinder von acht bis zehn Jahren eingeladen, Oktobristen zu werden. Das war das Programm der kommunistischen Jugendorganisation, junge Menschen mit den Vorstellungen und Maßnahmen der Partei zu indoktrinieren.

Die Jüngsten nannte man zur Erinnerung an die bolschewistische Revolution vom Oktober 1917 „die Kinder des Oktober". Im Alter zwischen zehn und sechzehn konnten sie Pioniere werden, so etwas wie Pfadfinder, mit vielen Aktivitäten im Freien. Von jungen Erwachsenen zwischen neunzehn und dreiundzwanzig Jahren erwartete man, dass sie dem Komsomol beitraten. Diesen jungen Menschen wurde beigebracht, gute Kommunisten zu sein, damit sie eines Tages richtige Parteimitglieder und bedingungslose Diener von Mütterchen Russland würden.

Ich war drei Jahre lang zur Pilotenausbildung in Russland und konnte das System aus der Nähe beobachten. Diesem Vorbild wollte Saddam also nacheifern; doch wie wir Ende der 1980er Jahre mitbekamen, als die Sowjetunion allmählich auseinander brach, hatte die kommunistische Ideologie viele Probleme aufzuweisen. Ich denke, es war unvermeidlich, dass dieses System fehlschlug. Und ich denke, Saddams Hingabe an dieselbe politische Ideologie spielte eine große Rolle beim endgültigen Zusammenbruch seines Regimes.

Meinen Job konnte ich nur dadurch behalten und zum Zwei-Sterne-General nur dadurch aufsteigen, dass ich ein ausgezeichneter Pilot war und härter arbeitete als alle anderen. Saddam wusste, dass ich als Christ keine Bedrohung für ihn darstellte. Außerdem wusste er, dass ich aufrichtig war und er darauf setzen konnte, dass ich die Wahrheit sagte, ob sie ihm passte oder nicht. In gewisser Weise war er, denke ich, auch stolz auf mich, denn ich war damals der einzige Pilot im Irak, der in Russland und in Amerika ausgebildet worden war, und außerdem hatte ich einige Zeit in England, Frankreich, Italien und anderen Ländern verbracht. Ich arbeitete tüchtig und war meinem Land treu ergeben. Das gefiel ihm, jedoch nicht genug, dass er auf meine Einwände gehört oder meinen Rat angenommen hätte.

Mit dem Irak ging es zunehmend bergab. Wir modernisierten nicht wie andere Länder; wir machten Rückschritte. Warum? Weil wir in jedem Lebensbereich den zweitrangigen Parteibeamten und Bürokraten ausgeliefert waren, die es nicht schafften, die Ordnung wiederherzustellen oder die Probleme anzupacken, die uns durch die UN-Sanktionen und die Restriktionen nach dem Golfkrieg entstanden waren. Daher wurde es im Lande immer schlimmer und für alle Iraker wurde das Leben sehr, sehr schwer.

Risiken und Belohnungen

Als wir noch mittendrin steckten, fragte ich mich einmal: *Welche Eigenschaft hat ein Mitglied der Baath-Partei? Wodurch unterscheidet es sich von mir? Welche Vorteile hat es, zur Partei zu gehören?* Die Antwort lag auf der Hand. Wer nicht besonders fähig war – ob beim Militär, in der Verwaltung, der Politik oder einfach als Buchhalter –, konnte es ob seiner Mitgliedschaft in der Partei bis ans obere Ende seiner Karrieremöglichkeiten schaffen. So bestand denn auch der Hauptvorteil einer Mitgliedschaft in der Arbeitsplatzsicherheit.

Die wichtigen Stellen bekamen nicht diejenigen, die talentiert oder tüchtig waren; sie gingen an die Parteimitglieder, unabhängig von deren Fähigkeiten – weil nämlich Saddam und die Führungskräfte der Baath-Partei wussten, dass sie ihre eigene Autorität und Macht am ehesten erhalten konnten, wenn sie die Parteimitglieder mit Jobs und Geld und anderen Vorzügen belohnten.

Folglich waren die Führungskräfte in Politik, Wissenschaft, Medizin, Verwaltung und jedem anderen Bereich im Irak, in dem die Baath-Partei herrschte, praktisch ausnahmslos die untüchtigsten und unfähigsten Männer. Diese Männer wiederum waren immer eifersüchtig und misstrauisch denen gegenüber, die fähiger waren. Also bremsten sie sie aus und machten es ihnen unmöglich, ihren Status zu verbessern.

Die Männer um Saddam waren nie die besten und fähigsten Leute in der Regierung. Sie waren die schlechtesten, aber sie waren ihm treu ergeben, weil sie Posten erhalten hatten, von denen sie wussten, dass sie sie nicht verdienten. Alles hatten sie Saddam zu verdanken, und da sie treue Anhänger waren und sagten oder taten, was er wollte, wurden sie für ihre Dienste auch gut belohnt. Saddam konnte zwar ein großes, mächtiges Regime errichten, doch war es nicht auf Fähigkeit und Tüchtigkeit errichtet. Vielmehr gründete es sich auf blinde Loyalität gegenüber Saddam. Nur so konnte Izzat al-Douri, der einfache Eisblockverkäufer aus dem Dorf Dour, zu Saddams höchstem Stellvertreter, zu einem Vier-Sterne-General und zum Botschafter des Präsidenten werden.

Die einzige Autorität im Irak war Saddam – und diese Autorität war das einzige, was er schuf. Seine großzügigen, wohlwollenden Taten waren eine Täuschung. Wir waren die Marionetten und er war der Puppenspieler. Unsere Regierung wurde zu einem der schwächsten Regierungssysteme der gesamten zivilisierten Welt. Während das System im Irak zwar eine Zeit lang funktioniert haben mag – einfach wegen der Reichweite und Brutalität von Saddams Unterdrückungsregime –, war es für alle anderen auf der Welt eine einzige Katastrophe.

International betrachtet wurde der Irak als Verlierer betrachtet. Den höchsten Preis dafür hatten die Burger zu bezahlen, die unter Saddams Tyrannei leben mussten. Jetzt, da Saddam und die Baathisten weg sind, entdecken die Iraker, dass dieser Mensch, der die Macht über Leben und Tod hatte, ein Niemand war. Die Systeme, die er schuf, gehörten in Führungsaufbau, Organisation und Verwaltung zu den schwächsten weltweit.

Im ersten Jahr nach der Befreiung waren gelegentlich Fragen zu hören wie: „Wer wird denn jetzt Saddam ersetzen?" Oder sogar: „Wo bekommen wir einen neuen Saddam her?" Offen gestanden war ich schockiert über solch ein Ansinnen. Es machte mich wütend, dass es Iraker gab, die noch immer glaubten, zwei plus zwei ergibt neun, und dass alles, was Saddam gesagt hatte, in Ordnung war. Doch war mir natürlich bewusst, dass die meisten Iraker niemals eine andere Regierungsform kennen gelernt hatten und sich nicht vorstellen können, was als Nächstes kommt.

Manche dieser Leute habe ich gefragt: „Wovon reden Sie da? Wer war denn Saddam Hussein, dass Sie ihn immer noch für eine Art Held halten? Er war nichts als ein Straßenräuber, ein Krimineller, ein gemeiner Verbrecher! Warum also machen Sie sich Gedanken, wer seinen Platz einnimmt? Jeder beliebige wäre besser als Saddam." Über vierzig Jahre lang war das irakische Volk geschlagen, unterdrückt, bestohlen, brutal behandelt und jeglicher Ressourcen und Macht durch einen Tyrannen beraubt worden. Wir waren Opfer eines Despoten, der vor nichts zurückschreckte, um sich selbst zu bereichern und mit Macht auszustatten. Nun, da wir eine neue Regierung, eine neue Verfassung und eine neue Gelegenheit zum Anschluss an die Staatengemeinschaft haben, müssen wir nach vorne schauen. Mit Gottes Hilfe können wir vielleicht etwas von dem zurückgewinnen, was wir verloren haben.

Der Gedanke an all die Iraker, die in diesen schrecklichen Jahren fort gegangen sind, macht mich traurig. Die irakische Gemeinde in Amerika, Australien, England und vielen anderen Ländern ist mittlerweile sehr groß. Manche würden liebend gerne in ihre Heimat zurückkehren. Dann bringen sie Wissen und Erfahrung und Reichtum mit und können uns helfen zu finden, was wir schon so lange vermissen.

Der Übergang wird nicht einfach sein, aber wir brauchen diese Menschen – und ich denke, sie brauchen uns. Deshalb bete ich dafür, dass diese Umwandlung in den kommenden Monaten und Jahren möglich sein wird. Es gibt so viel, was wir über Selbstachtung und Opportunität und Freiheit lernen müssen – und das irakische Volk ist ausgesprochen lerneifrig.

Iraker, die all die Jahre unter Saddam leben mussten, stehen womöglich denen ablehnend gegenüber, die im Ausland gelebt haben und nun die Chance bekommen, zurückzukehren und wichtige Stellen in Wirtschaft, Industrie und Regierung zu übernehmen, als wären sie nie weg gewesen. Doch müssen wir verstehen, warum sie das Land verlassen haben; und wir müssen einsehen, dass wir das Wissen und die Fähigkeiten brauchen, die sie aus dem Ausland mitbringen.

Ein System, das funktioniert

Das irakische Volk muss auch die Bedeutung dessen verstehen, was Amerika, Großbritannien und die anderen Koalitionsmächte für uns getan haben. Sie haben uns geholfen, unsere Freiheit wiederzuerlangen, unsere Glaubwürdigkeit wiederherzustellen und uns eine Stimme in der Staatengemeinschaft zu verleihen. Sie haben viel dabei riskiert und viele ihrer Töchter und Söhne gaben ihr Leben für unsere Freiheit. Dafür sollten wir dankbar sein und ihnen unsere Wertschätzung erweisen, indem wir das Beste aus dieser unwahrscheinlichen Chance machen.

Wir wissen natürlich, dass Europa und Amerika andere Interessen in unserer Region haben – sie wollen den Frieden sichern, weil das auch ihnen zugute kommt. Viele dieser Länder haben diplomatische und wirtschaftliche Interessen am Mittleren Osten, die sie sichern wollen und auch dafür haben sie gekämpft. Das müssen wir also realistisch betrachten. Doch müssen wir Iraker nun bereit sein, an der Wiederherstellung unserer Nation und unserer Ehre teilzuhaben und eine neue Regierung aufzubauen, die unsere Hoffnungen erfüllt und unserer großen, langen Geschichte treu ist.

Leider gibt es einige Iraker und andere im Mittleren Osten, die noch immer auf Seiten Saddams und Osama bin Ladens stehen und die sagen: „Die Amerikaner nehmen uns unser Öl und besetzen unser Land." Doch das stimmt nicht. Ich weiß, warum die Amerikaner da sind. Sie wollen Stabilität und Frieden in der Region und sie wollen sicherstellen, dass ihre Interessen geschützt werden.

Amerika ist die schon am längsten bestehende republikanische Demokratie der Menschheitsgeschichte, wo man glaubt, dass ein freies demokratisches Land der beste Garant für Frieden und Wohlstand des Volkes ist. Die Aufgabe besteht jetzt darin, den Irakern, die bisher nichts als Tyrannei, Angst und Misstrauen kennen, zu helfen, das zu verstehen und zu glauben.

Amerikaner und Iraker müssen einsehen, dass Amerikas Interessen auf natürliche und gerechte Weise gewahrt werden, wenn es im Mittleren Osten Frieden gibt. Eine der Funktionen, die ich heute innehabe, ist die des Geschäftsführers des Irakischen Friedensinstituts (Iraqi Institute for Peace – IIP). Frieden und Versöhnung sind aus zwei Gründen sehr wichtig für mich. Erstens bin ich Christ und Jesus Christus ist der Friedensfürst. Zweitens ist Frieden der Grundzustand reicher, glücklicher Länder. Ich glaube, das sollten wir anstreben.

Bemerkenswert ist, dass das US-Militär und das US-Außenministerium weiterhin alles dafür tun, dass das irakische Volk den Eindruck hat, dass wir im Besitz unserer Regierung und ihrer Maßnahmen sind. Früher sind Armeen in den Irak marschiert und haben unser Land erobert und kolonisiert. Das ist jetzt nicht der Fall. Amerika und Großbritannien wollen den Irak nicht besitzen, sondern sie wollen uns helfen, das Land zu stabilisieren und es wieder handlungsfähig zu machen. Unsere Aufgabe ist es nun, an den Wahlurnen und in den Regierungsstellen dafür zu sorgen, dass wir künftig ein System präsentieren, das auch wirklich funktioniert.

TEIL 3

9. Der Befreiungskrieg

Als ich am 5. Februar 1991 aus der Luftwaffe entlassen wurde, nahm ich die Arbeit bei der christlichen Gemeinschaft im Irak wieder auf, die ich vor dem Krieg getan hatte, und wurde zum Vorsitzenden der Evangelikalen Gemeinde von Bagdad gewählt. Das ist eine Organisation aller evangelikalen Gemeinden des Iraks und hier verbrachte ich den Großteil meiner Zeit. Bereits von 1986 bis 1990 hatte ich als Leiter der evangelikalen Gemeinden gearbeitet, aber nicht Vollzeit. Damals war ich im Hauptberuf Landwirt. Doch von 1991 bis 2003 konnte ich diese Arbeit hauptberuflich übernehmen. Diese Jahre gehörten zu den wunderbarsten meines Lebens.

Während dieser Zeit traf ich mit Menschen aus aller Welt zusammen und reiste auch viel. Ich war zwar nicht mehr im aktiven Dienst und ganz gewiss kein Mitglied der Baath-Partei, doch erhielt ich mehrmals Anrufe aus dem Büro des Ministerpräsidenten. Ich wurde gebeten, als Repräsentant des Iraks nach Europa und Nordamerika zu reisen, was ich gerne tat. Eine meiner bedeutendsten Begegnungen hatte ich 2000 in Coventry mit Leitern der Anglikanischen Kirche, die sich für die Schaffung eines Bündnisses für Frieden und Versöhnung einsetzten. Die Teilnehmer waren Kirchenvertreter aus aller Welt – über achtzig Männer und Frauen aus Nordamerika, Europa, Asien und Afrika.

Ich redete mit führenden Evangelikalen und den Leitern mehrerer christlicher Organisationen. Ich besuchte auch erstmals die Kathedrale von Coventry in England – diese großartige Kirche, die auf den Trümmern der im Zweiten Weltkrieg von deutschen Bombern zerstörten Kathedrale errichtet worden war. Der Neubau ersetzte nicht das alte Bauwerk, das nur noch ein Gerippe war, sondern ließ die Mauerreste und die steil aufragende Kirchturmspitze bis heute neben der neuen Hallenkirche stehen – als große Huldigung an Glauben und Freiheit.

Danach wurde ich zu Konferenzen in Europa und Amerika eingeladen, um über Frieden und Versöhnung zu reden. Ich lernte ständig dazu und meine Begeisterung für dieses neue Interessensgebiet wuchs fortwährend. Zwischen 1999 und 2000 pflegte ich diese Beziehungen weiter, im November 2001 wurde ich zu einer Konferenz von Pastoren und Laien über den Frieden im Mittleren Osten nach Beirut, Libanon, eingeladen. Bei einem dieser Treffen wurde ich gebeten, die Leitung des Internationalen Zentrums für Versöhnung (ICR – International Centre for Reconciliation) in Bagdad zu übernehmen. Unterstützt wird dieses Zentrum vom Bischof von Coventry sowie von Andrew White, seinem Abgesandten im Mittleren Osten. Mir war die Bedeutung des Projekts bewusst und ich nahm die Mehrarbeit gerne auf mich.

Eine lebensrettende Botschaft

Die Kirchenleiter in Großbritannien ermutigten mich stark und waren sehr darauf bedacht, einen weiteren Krieg zwischen dem Irak und dem Westen zu vermeiden. Sie stellten mich wiederum ihren Amtskollegen in den Vereinigten Staaten vor, die gleiche Ziele verfolgten und versuchten, die Beziehungen zwischen Amerika und dem Irak zu verbessern. Andrew White, ein damals fünfunddreißigjähriger Priester an der Kathedrale von Coventry, war davon überzeugt, dass wir mit genug Rückendeckung Saddam davon überzeugen könnten zu kooperieren. Andrew leitete die Mission im Mittleren Osten und er wurde bald ein guter Freund und Verbündeter. Durch ihn kamen viele meiner Kontakte in aller Welt zustande.

Alle Männer und Frauen, mit denen ich damals zusammen kam, suchen die Versöhnung zwischen Sunniten, Schiiten, Christen und Angehörigen anderer Religionen im Irak. Durch ihre Unterstützung und Ermutigung konnte ich geistliche Führer wie Dr. Abdul Latif al-Hemayem, den Leiter der sunnitischen Muslime im Irak, und Ajatollah Sayid Hussein al-Sader, den Schiitenführer, mit prominenten christlichen Führern in England und Amerika zusammenbringen. All das war von meinem Freund und Kollegen Andrew White in die Wege geleitet worden.

Die erste dieser Reisen, die in den Medien weithin Beachtung fanden, führte zu Hochwürden Colin Bennetts, Bischof von Coventry. Außerdem hatte die Gruppe ein Treffen mit dem ehemaligen Erzbischof George Carey vereinbart und reiste von da aus nach North Carolina zu dem wohl bekanntesten Pastor der Welt, zu Billy Graham. Ich fand, das waren bemerkenswerte Errungenschaften, dass wir selbst in diesen schwierigen Zeiten einen Abgesandten von Saddam Hussein und den Sekretär der Islamischen Konferenz zu Begegnungen mit Männern dieses Formats im Westen bringen konnten. Die Treffen waren informativ, konstruktiv und erhellend; ich glaube, sie trugen dazu bei, eine neue Ebene von Vertrauen und Respekt zwischen uns zu schaffen.

All das geschah mit dem Ziel, die Versöhnungs- und Friedensbewegung zu vergrößern, die ich in Bagdad aufzubauen versuchte. Auf der anderen Seite hofften irakische Regierungsvertreter, diese Treffen würden dazu beitragen, die Sanktionen aufzuheben oder zumindest die Handelsbeschränkungen zu verringern. Sie wollten, dass der Irak wieder als Teil der zivilisierten Welt anerkannt würde. Mir kam es oft so vor, als lebte das irakische Volk auf einem anderen Planeten. Wir waren total isoliert vom Rest der Welt und politisch, wirtschaftlich und geistlich in sehr schlimmer Verfassung. Wir brauchten jegliche Hilfe, die wir bekommen konnten.

All unsere Nachbarn – der Iran, Syrien, Saudi-Arabien, die Türkei und vor allem Kuwait – waren mittlerweile mit dem Irak verfeindet und wir hatten große Mühe, mit den UN-Sanktionen zu überleben. Mein Ziel war es also, dazu beizutragen, das Ansehen meines Landes in der Welt wiederherzustellen. Die Sanktionen waren schon schlimm genug, doch wir mussten auch mit Saddam Hussein leben, der mindestens so schlimm war wie Sanktionen. Das war unsere eigentliche Leidenszeit. Doch wenn wir uns mehr in das religiöse Leben unseres Landes einbrachten, würden wir, so meinte ich, neue Hoffnung schöpfen und neue Möglichkeiten erhalten, unsere Chancen auf Versöhnung und Frieden zu verbessern.

Direkte Konfrontation

Mein unvergesslichstes Gespräch mit Canon Andrew White hatte ich im Herbst 2002, als er aus England anrief, um einen offiziellen Besuch in Bagdad zu arrangieren. Er wollte mehrere Mitglieder des Internationalen Versöhnungszentrums in Coventry mitbringen, um über Möglichkeiten zur Verbesserung der Lage im Irak zu reden. Als er am 21. September anrief, sagte er: „Georges, es ist sehr wichtig, dass eine Gruppe von uns am dreiundzwanzigsten in den Irak kommt. Wir haben bereits unsere Tickets und wir wollen uns mit Tarik Aziz, dem Vize-Ministerpräsidenten, sowie mit dem Außenminister und mit Präsident Saddam Hussein treffen."

Das hielt ich nun doch für sehr seltsam. Niemand konnte einfach anrufen, zwei Tage später nach Bagdad kommen und erwarten, Saddam zu treffen. Daher fragte ich: „Entschuldigung, aber warum kommen Sie her? Und was hoffen Sie hier zu erreichen?" Andrew antwortete: „Das sage ich Ihnen, wenn ich da bin."

Wenn ich da bin?, dachte ich. *Er will herkommen und sich mit drei der ranghöchsten Regierungsbeamten treffen, und zwar übermorgen!?* Daher sagte ich: „Andrew, wissen Sie, worum Sie da bitten? Wie soll ich denn so etwas in zwei Tagen auf die Beine stellen? Ich bin bereit, Ihnen bei den Terminvereinbarungen zu helfen, aber bis übermorgen, das ist zu kurzfristig."

Doch der Geistliche ließ sich nicht im Geringsten umstimmen. Vielmehr glaube ich, dass ihn mein Zögern nur noch mehr angespornt hat. Er sagte: „Hören Sie, Georges, Sie müssen mir helfen. Ich weiß, dass Sie ein bedeutender Mann im Irak sind und dass Sie das für uns tun können. Unser Besuch ist ein Muss."

Nachdenklich überlegte ich: *Wer hat ihn dazu angestiftet? Ihm hat das doch bestimmt jemand aufgetragen.* Offen gestanden fragte ich mich, ob nicht die Mitarbeiter des britischen Premierministers dahinter steckten. Doch dann dachte ich: *Na gut, warum soll ich ihm nicht helfen? Zumindest versuchen kann ich es.* Daher sagte ich: „Also schön, Andrew, ich versuche mein Bestes."

Nachdem ich aufgelegt hatte, rief ich unverzüglich Tarik Aziz an, der sich über Andrews Ansinnen amüsierte. Doch als ich ihm alles erklärte, meinte er: „Nun denn, sollen sie eben kommen. Mal sehen, was ich machen kann" – was heißen sollte, dass er fragen wollte, ob Saddam sich mit einer englischen Delegation treffen wolle. Doch versprechen konnte er gar nichts.

Tarik Aziz wollte sich mit den englischen Besuchern treffen, und da die Delegation vier Tage in Bagdad bleiben wollte, werde er sehen, was er sonst noch für sie arrangieren könne. Unterdessen begab ich mich zum Religions- und zum Außenminister, um alles für den Besuch zu arrangieren, und besorgte dann noch Aufenthaltsgenehmigungen für unsere ausländischen Besucher in Bagdad. Alle irakischen Behörden waren sehr hilfsbereit. Wenn Andrew und sein Team rechtzeitig ihre Visa und Reisevorbereitungen in England fertig bekamen, lägen ihnen im Irak keine Steine im Weg. Normalerweise liefen solche Pläne nicht so glatt ab, aber diesmal lag ich gut in der Zeit.

Unsere „geladenen" Gäste

Als sie ankamen, war alles bereit. Kein ausländischer Besucher konnte den Irak jedoch ohne Begleitung eines Geheimdienstlers bereisen. Also wurde ihnen ein Beamter des Muchabarat zugeteilt. Sie selber nennen sich Fremdenführer, doch jeder weiß, dass sie nur dabei sind, um sicherzugehen, dass keine geheimen Transaktionen stattfinden. Außerdem wurde die Delegation die ganze Zeit von einem Angehörigen des Außenministeriums begleitet, der für sie dolmetschen und sie bei Bedarf in Protokollfragen beraten konnte.

Da sie erstmals in den Irak kamen, kannte ich die meisten nicht. Ich war John Holliman oder Michael Smith vom Versöhnungszentrum in London nie zuvor begegnet. Andrew White, der mir in meiner Zeit in Coventry zum Freund und Kollegen geworden war, war besonders umgänglich. Andrew ist ein großer, offenherziger junger Mann, der sichtlich begeistert ist von seiner Arbeit. Er lässt sich nicht von Hindernissen ausbremsen – selbst nicht von der Diagnose Multiple Sklerose. Andrew war zum Gesandten des Erzbischofs von Canterbury und Leiter des Internationalen Versöhnungszentrums (ICR) in Coventry ernannt worden, ich zum Leiter des ICR im Irak.

Unser erstes Treffen mit Tarik Aziz war nicht sehr erfolgreich. Andrew und seine Freunde hatten Sorge, dass der Irak auf Kollisionskurs mit der UNO war. Sie waren sehr konfrontativ und fordernd. Das gefiel Tarik Aziz überhaupt nicht. Andrew machte deutlich, dass sie versuchten, einen weiteren Krieg zu verhindern. Es sei von entscheidender Bedeutung, dass Saddam den UN-Waffeninspektoren die Wiedereinreise erlaube, und zwar entweder am ersten Oktober oder am ersten November.

Tarik Aziz rügte Andrew White – es sei nicht Andrews Sache, dem Präsidenten zu sagen, was er zu tun habe. Darauf erwiderte Andrew: „Herr Aziz, ich hoffe, Sie verstehen, was ich Ihnen damit sagen wollte. Noch deutlicher kann ich es nicht ausdrücken. Doch wenn Sie den Kontrolleuren nicht erlauben zurückzukehren, wird Ihr Land platt gemacht." Tarik Aziz war empört, dass Andrew so mit ihm redete: „platt gemacht". Ehrlich gesagt musste auch ich mich wundern.

Tarik Aziz sagte: „So dürfen Sie nicht mit mir sprechen, Ehrwürden." Doch Andrew erwiderte: „Herr Aziz, Sie dürfen mir glauben, dass ich als Freund zu Ihnen rede. Ich wäre nicht Ihr Freund, wenn ich nicht so aufrichtig zu Ihnen wäre. Ich möchte mir ganz sicher sein, dass Sie verstehen, dass die Lage sehr, sehr gespannt ist. Präsident Hussein kann nicht fortfahren, die ganze Welt zu ignorieren und zu beleidigen."

Andrew sagte nicht, dass der Krieg unmittelbar bevorstünde oder an einem bestimmten Tag anfinge. So weit durfte er nicht gehen, da war ich mir sicher. Doch Andrew ließ keinen Zweifel daran, dass er genau zum Punkt gekommen war. Wenn Saddam die UN-Waffen-inspektoren weiterhin abwies und der Welt eine lange Nase machte, wie er es die vergangenen fünf Jahre beständig getan hatte, war es bis zum Ausbruch des zweiten Golfkriegs nur noch eine Frage der Zeit.

Tarik Aziz war nicht als einziger von dem Konfrontationskurs unserer „geladenen" Gäste schockiert. Doch Andrews Botschaft muss bis zu Saddam vorgedrungen sein, denn die Kontrolleure durften vor dem von Andrew erwähnten Ultimatum erster November wieder einreisen. Sie hatten eine Liste von Orten dabei, die untersucht werden sollten. Die arbeiteten sie zügig ab. Doch an einem Ort wurden sie am Tor von Sicherheitspersonal abgefangen und duften nicht hinein.

Saddams Handlanger blockierten die Türen und behaupteten, die Anlage stünde nicht auf der vom Präsidenten genehmigten Liste. Die Inspektoren zeigten ihnen das Dokument, auf dem das Gebäude selbstverständlich verzeichnet war. Trotzdem sagten die Handlanger: „Nein, hier kommen Sie nicht hinein, also gehen Sie lieber gleich wieder." Das taten sie dann auch. Sie versuchten kurz, mit Beamten des Verteidigungsministeriums zu verhandeln, um Zugang zu dem Gebäude zu erhalten. Als das nicht fruchtete, packten die Inspektoren ihre Sachen und verließen den Irak ein für alle Mal.

Parteinahme für die Gegenseite

Tarik Aziz sagte mir, er werde mit dem Präsidenten über die Delegation reden und versuchen, ein Treffen zu vereinbaren, doch nach etlichen frustrierenden Hinhaltungen wurden sie noch immer nicht in den Palast gelassen. Da Andrew und seine Freunde bereits in wenigen Tagen wieder nach England mussten, sagte ich: „Ich will versuchen, ob ich einen Termin bei Abdul Latif al-Hemayem, dem Sekretär der Islamischen Konferenz und Anführer der sunnitischen Muslime im Irak, bekomme. Er ist einer der wichtigsten Scheichs der Sunnitenstämme im sunnitischen Dreieck. Vielleicht kann er ja weiterhelfen."

Dr. Hemayem stand Saddam sehr nahe. Er hatte für Saddam die Pilgerfahrt nach Mekka (die Hadsch) gemacht. Der Islam erlaubt denen, die die Hadsch nicht selber machen können, einen Stellvertreter zu schicken. Deshalb ging Hemayem an Saddams Stelle. Außerdem hatte er selber von Hand eine Abschrift des gesamten Korans mit Saddams Blut angefertigt. Zufälligerweise gehörte ihm auch die Islamische Bank des Iraks und er war ein enger persönlicher Freund Saddams. Ein Treffen mit ihm wäre also ein bedeutender Schritt. Als wir in Dr. Hemayems Büro kamen, übergab Andrew ihm einen Brief, der erläuterte, was er Saddam sagen wollte.

Um vierzehn Uhr erklärte sich der Sunnitenführer bereit, im Palast anzurufen und ein Treffen anzuberaumen. Er sagte, wir würden Saddam abends um acht sprechen können. Dann schenkte er Andrew eine wunderschöne *Abaya*, in diesem Fall ein langes Männergewand, das die arabischen Scheichs tragen, sowie jeweils eins für Rowan Williams, den Erzbischof von Canterbury, und George Carey, den früheren Erzbischof. Das waren ausgesprochen elegante Geschenke, über die Andrew sich offensichtlich sehr freute.

Wir kehrten ins Al Raschid Hotel zurück und warteten hoffnungsfroh auf einen Anruf. Doch es wurde acht Uhr und nichts passierte. Nachts um halb zwei warteten wir noch immer, doch es kam kein Anruf. Zu der Delegation gehörten auch zwei englische Vikare. Beide waren Militärgeistliche im Offiziersrang. Wir warteten noch zwei Tage ab, doch schließlich befanden Andrew und die anderen, sie müssten aufgeben und nach England zurückkehren. Zuvor bat Andrew allerdings noch um ein weiteres Treffen mit Tarik Aziz. Bei diesem letzten Treffen verlautbarte er, dass es in Kürze im Parlament eine Debatte zum Thema Irak geben werde.

„Es wird eine Abstimmung geben", sagte er, „ob Großbritannien als Teil der von den USA geführten multinationalen Koalition gegen Ihr Land in den Krieg ziehen wird." Dann fügte Andrew hinzu: „Herr Minister, denken Sie nicht, Sie sollten eine Vertrauensperson zu dieser Debatte schicken?" Er schaute mich über den Raum hinweg an und sagte: „Wir möchten gerne General Sada empfehlen, der sehr gut Englisch spricht und der Ihnen wiederum aus London berichten kann."

Ich konnte sehen, dass Andrew befürchtete, ein weiterer Krieg wäre wahrscheinlich, und dass er sich um mich sorgte. Doch nicht nur der Krieg machte ihm Kummer. Nach seinen harten Worten zu diesen hochrangigen Regierungsbeamten hatte Andrew Sorge, dass mich jemand dafür würde bestrafen wollen. Ich hatte mich selber in Gefahr begeben, als ich diese Treffen arrangiert hatte, und Andrew hatte nicht versucht, den stellvertretenden Ministerpräsidenten zu schonen, als er so offen mit ihm redete.

Als stellvertretender Ministerpräsident und Vertrauter Saddams hatte Tarik Aziz unmittelbaren Zugang zum Präsidenten. Saddam war Präsident und Ministerpräsident in einer Person und darüber hinaus Leiter des revolutionären Rates, der mächtigsten Gruppe des Landes. Dann war er auch noch Oberbefehlshaber der Streitkräfte. Als Saddams Haupt-Stellvertreter hatte Tarik Aziz also sehr viel zu sagen. Sicherlich würde er wissen wollen, ob das britische Parlament sich für einen weiteren Krieg gegen den Irak aussprechen würde. Es wäre also ein umsichtiger Schritt, mich als Beobachter dorthin zu schicken.

Ich war davon überzeugt, dass ein weiterer Krieg das Letzte war, was wir bräuchten. Doch meine starke Überzeugung, dass eine versöhnlichere Beziehung zwischen Amerika und dem Irak vonnöten wäre, machte mich für Saddam und seine Stellvertreter – inklusive Tarik Aziz – verdächtig. Ich wusste nicht, ob sie mir erlauben würden, mit Andrew zu reisen, doch ich war dazu bereit und hoffte, er würde „ja" sagen.

Tarik Aziz dachte über Andrews Vorschlag nach und sagte dann: „Ja, ich denke, das ist eine gute Idee. Nehmen Sie Georges doch einfach mit nach England." Und an mich gewandt: „Georges, ich stimme Ihrer Reise nach England zu und ich möchte, dass Sie an der Parlamentsversammlung teilnehmen. Ich möchte gerne wissen, was dort vor sich geht. Bitte rufen Sie mich jederzeit an, Tag und Nacht, und erzählen Sie mir genau, was auf dieser Parlamentstagung beschlossen wurde."

Er nahm einen Notizzettel von seinem Schreibtisch und schrieb ein paar Nummern auf. Dann gab er mir den Zettel mit den Worten: „Georges, hier sind zwei Telefonnummern. Es sind Privatanschlüsse, an denen nur ich mich melde. Sobald Sie auf dem Treffen sind und herausfinden, welche Meinung sie vertreten, rufen Sie mich bitte auf einer dieser Leitungen an und erzählen mir alles genau. Verstehen Sie?"

„Ja, verstehe", antwortete ich. „Es wird mir eine Ehre sein."

Andrew hatte ihm allerdings vorenthalten, dass die Parlamentssitzung keine Zusammenkunft des politischen Gremiums in Westminster sein würde, sondern des kirchlichen Gremiums, bestehend aus Klerikern. Die meisten wissen, dass das englische Parlament aus dem House of Lords (Oberhaus) und dem House of Commons (Unterhaus) besteht. Doch darüber hinaus gibt es noch einen dritten Bestandteil, die Synode, die die Church of England, die Staatskirche, vertritt. Die Synode hat eine Stimme in der Gesetzgebung, wenn es um soziale, kulturelle oder religiöse Belange geht. Diese Versammlung war es nun, die Andrew und ich besuchen wollten.

Ich war so froh, mit Andrew nach England reisen zu dürfen. *Danke, Gott,* betete ich im Stillen. *Du hast mich aus dem Rachen des Löwen befreit!* Ich war im Irak zwar bekannt und wurde von Saddam und seinen Stellvertretern in der Regel auch respektiert, doch sie wussten, dass ich in dieser Frage eine andere Position einnahm. Saddam war stahlhart in seiner Ablehnung des Westens und im Ausbau seiner eigenen Macht. Doch ich wusste, dass das ein Selbstmordkommando war, und stürzte mich umso offensiver in die Arbeit mit der Versöhnungsbewegung. Mir graute vor der Aussicht auf einen weiteren Krieg, was Saddam Hussein und Tarik Aziz mir gegenüber argwöhnisch machte.

In der Regierung hatte man durchaus nicht vergessen, dass ich einmal nach einem Streit mit Kusai Hussein für kurze Zeit im Gefängnis gelandet und ich zum zweiten Mal in den Ruhestand versetzt worden war. Doch von meiner Seite aus hatte es nie Anstrengungen gegeben, die Regierung zu unterhöhlen. Ich war besorgt um mein Volk – deshalb wollte ich unbedingt der Versöhnungsbewegung beitreten und Saddam ermutigen, die Inspektoren wieder ins Land und ihre Arbeit beenden zu lassen.

Doch zu dieser Zeit nach London zu reisen, erwies sich als wahrer Segen. Und zwar vor allem, da meine ganze Familie außer Landes war. Das einzige Problem war, dass nach irakischem Gesetz mindestens ein Familienmitglied jederzeit im Irak zu sein hatte, genau wie im Sowjetsystem: Wenn Sohn oder Tochter ins Ausland gingen, musste mindestens ein Elternteil im Land bleiben. Waren beide Elternteile im Ausland, musste mindestens ein Kind zurückbleiben. In diesem Fall ging ich nach England, während alle meine Familienmitglieder außer Landes waren. Doch zog ich mit dem Segen des stellvertretenden Ministerpräsidenten und indirekt mit dem des Präsidenten selber. Sobald also die Genehmigungen erteilt und meine Reisedokumente fertig waren, verließen wir Bagdad. Es war der

27. September 2002 und ich reiste mit Andrews Delegation nach England.

Ein unvermeidbarer Krieg

Schon bald nach meiner Ankunft wurde klar, dass das Spiel aus war. Das ging eindeutig aus allem hervor, was ich sah und hörte – Zeitungen, Fernsehen, Gespräche auf der Straße. Als ich die politische Stimmung im Land beobachtete, stellte ich fest, dass Premierminister Blair und die Parlamentarier – zumindest die meisten – überzeugt waren, dass ein weiterer Krieg gegen den Irak unvermeidlich war. Die Frage war nur, wann.

Bei meinem Besuch im britischen Auswärtigen Amt in Whitehall, London, teilte man mir mit, dass man sich große Sorgen um die Lage im Irak mache. Saddams hartnäckige Weigerung, freien Zugang zu unseren Waffenarsenalen zu gewähren, und seine Versuche, die UNO an der Nase herumzuführen und Verwirrung zu stiften, hatten genau den gegenteiligen Effekt dessen, was Saddam beabsichtigte. Bevor ich ging, gab ich den Militärplanern noch einen Rat, den ich für sehr wichtig erachtete: „Wenn Großbritannien und Amerika zu dem Schluss kommen sollten, dass Sie erneut angreifen müssen, dann greifen Sie bitte nicht das ganze Land an wie im ersten Golfkrieg. Greifen Sie nur die Ziele an, die das Regime schwächen, aber bitte zerstören Sie nicht die Infrastruktur, die Brücken, die Häuser und das Eigentum der Menschen."[4]

Dann, am 11. November 2002, war ich unter den Zuhörern, als die Mitglieder der Synode zusammenkamen, um über unser Schicksal zu bestimmen. Schon bevor wir die Räume von Westminster betraten, wussten alle, dass ich da war. Ich war als Generalmajor und Abgesandter der irakischen Regierung vorgestellt worden und hörte aufmerksam zu, wie sie ausgiebig, kontrovers und bisweilen sehr engagiert über die Lage im Irak und im Mittleren Osten diskutierten. Die

Debatte endete mit einer Abstimmung, ob dieses Organ eine Kriegsresolution unterstützen würde.

Am Ende stimmten 121 Mitglieder der Synode dafür, mit Zustimmung der Vereinten Nationen Krieg gegen den Irak zu führen, 142 stimmten für eine Beteiligung an der US-geführten „Koalition der Willigen" ohne UN-Mandat. Das war eine einschneidende Entscheidung. Mit oder ohne die UNO – Krieg gegen den Irak war die einzige Option.

Unverzüglich rief ich Tarik Aziz unter einer der Nummern an, die er mir gegeben hatte: „Bitte, Herr Minister, unternehmen Sie etwas. Sie haben sich soeben für den Krieg gegen uns ausgesprochen. Sie müssen den Präsidenten unterrichten." Wir redeten fast zwanzig Minuten lang und ich berichtete ihm so detailliert wie möglich von der Sitzung. Ich flocht auch eigene Vorschläge ein, hatte aber keine Ahnung, was er tatsächlich unternehmen würde. Tarik Aziz war aufrichtig erschüttert: „Georges, wie konnten sie nur diese Entscheidung treffen? Wieso haben sie sich zum Krieg gegen uns entschieden?" Weiter fragte er: „Haben Sie den Erzbischof von Canterbury getroffen?" „Ja", erwiderte ich, „er ist hier, sowie der gesamte Klerus. Sie alle halten den Krieg für unvermeidbar."

Ich stellte ihm vor Augen, dass mit dem Datum 11. November 2002 der Krieg gegen uns bereits erklärt war. Doch weder Tarik Aziz noch irgendein anderes Regierungsmitglied erkannten, was das bedeutete. Vielmehr sagte Tarik Aziz: „Georges, bleiben Sie in Europa und warten Sie auf mich. Ich habe am 14. Februar eine Audienz beim Papst in Rom. Ich bin mir sicher, er wird eingreifen können und ihnen sagen, sie sollen den Krieg nicht führen."

„Februar?", fragte ich ungläubig. „Verstehen Sie, wie ernst die Lage ist? Bis zum 14. Februar sind es noch drei Monate – da kann sehr viel passieren."

Offenbar entging ihm der Ernst der Lage. Da die Synode, das britische Parlament, der US-Kongress und die Vereinten Nationen jetzt forderten, dass sich der Irak mit dem Rest der Welt einigen sollte, lag doch klar auf der Hand, dass die Invasion jederzeit beginnen könnte – und da redete Tarik Aziz von einer Audienz beim Papst in drei Monaten, die sehr wahrscheinlich auch keine Wirkung zeitigen würde.

Daher warf ich erneut ein: „Das ist viel zu lang! Außerdem können Sie mir glauben, dass der Papst nichts machen wird." Ich war davon überzeugt, dass ein Krieg unvermeidbar war. Doch Tarik Aziz glaubte mir nicht.

Ein ungewöhnlicher Besucher

Da sich die Bedingungen im Irak weiterhin verschlechterten, befand ich es für gut, den Rat des stellvertretenden Premierministers anzunehmen und noch eine Weile in England zu bleiben. Ich war gut untergebracht und ich konnte viel tun, um mich für die irakische Sache einzusetzen. Ich galt bereits als jemand, der für Frieden und Versöhnung im Irak arbeitet. In England, Amerika und dem Irak kannte man meinen Namen, wodurch ich mich besser in öffentliche Angelegenheiten einmischen konnte.

Eigentlich wollte ich weiterhin als Vorsitzender der evangelikalen Kirchen arbeiten, aber in England konnte ich nicht viel tun. Außerdem war ich Vorstandsmitglied im Holy Land Trust, einer Stiftung mit Sitz in Kalifornien unter der Leitung von Dr. Robin Wainwright. Und ich wurde in den Vorstand der Organisation World Compassion unter Leitung von Dr. Terry Law berufen, für die ich jetzt als Leiter des Programms im Irak arbeite.

In der ersten Dezemberwoche, als ich noch in England war, rief Andrew White mich an und sagte mir, dass jemand von seiner alma mater, der Universität Cambridge, kommen werde, um mit mir über den Krieg zu reden. Das sollte, wie er sagte, der allerletzte Versuch sein, einen weiteren großen Konflikt im Irak zu vermeiden. Jemand hatte diesem Mann empfohlen, sich in London mit General Georges Sada zu treffen. Andrew erklärte mir, der Mann sei in der Friedens-

und Versöhnungsbewegung bekannt. Er hatte mit dem früheren russischen Premier Michael Gorbatschow daran mitgewirkt, die Gewalt in diesem Land nach dem Fall der Berliner Mauer 1989 zu beenden. Danach arbeitete er mit den Regierungen von Bosnien und Herzegowina an der Wiederherstellung des Friedens in dieser gepeinigten Region.

Doch der Mann, der ein paar Stunden später bei mir erschien, hatte nichts von dem Gelehrten von Cambridge, wie ich ihn erwartete. Er war sehr seltsam gekleidet – ein langes safrangelbes Gewand mit einer weißen Tunika darunter und einem festen Mantel darüber. Als ich die Tür öffnete, war ich mir nicht sicher, ob er derjenige war, mit dem ich mich treffen sollte. Doch er stellte sich als Junsei Terasawa vor, Abgeordneter des Internationalen Friedensbüros im schweizerischen Genf.

Plötzlich ging mir auf, warum er so gekleidet war: Er war buddhistischer Mönch. Er erzählte mir, er stamme aus Japan und reise seit vielen Jahren als Botschafter des Friedens um die Welt. Ich ließ ihn eintreten und wir redeten ausführlich über ganz viele Dinge, speziell über die Probleme im Irak. Dr. Terasawa erzählte mir, er leite ein Komitee internationaler religiöser Führungskräfte, die sehr gern in den Irak wollten. Sie wollten direkt mit Präsident Saddam sprechen, oder zumindest mit seinem Stellvertreter Tarik Aziz, der eine Friedensbotschaft weiterleiten könnte. Terasawa sagte, er habe von den Geistlichen in Coventry von meiner Arbeit im Internationalen Versöhnungszentrum erfahren. Er wusste, dass ich Generalmajor und assyrischer Christ war. Er sei überzeugt, sagte er, dass ich der richtige Mann sei, um ihm zu helfen, seine Mission zu erfüllen.

Eine verzweifelte Mission

Ehrlich gesagt hielt ich die Chancen, Saddams Meinung zu ändern, für minimal. So sehr ich auch hoffte und betete, dass eine Alternative zum Krieg gefunden werden könnte, erschien es doch unmöglich, den eingeschlagenen Weg zu verlassen. Ich war davon überzeugt, dass der Krieg kommen werde, so oder so. Dennoch erklärte ich mich bereit, Dr. Terasawa bei dem letzten Versuch zu helfen, in den Lauf des Schicksals einzugreifen. Ich wollte ihm bei der Beschaffung von Visa für sich und seine Kollegen helfen und mich dafür einsetzen, dass sie von der Regierung meines Landes angehört würden. Ich dachte, Tarik Aziz, der bei unserem letzten Gespräch so deprimiert war, könnte Terasawas Mission als Zeichen der Hoffnung erkennen. Also rief ich ihn an.

Ich erzählte Tarik Aziz in Bagdad von Terasawas Plan, doch er entgegnete: „Georges, Sie müssen sie aufhalten." Damit meinte er die Engländer und Amerikaner, die sich zu einer militärischen Koalition zusammenschlossen. „Sie wissen doch", sagte er, „dass ich am 14. Februar einen Termin beim Papst im Vatikan habe. Sie müssen sie also dazu bringen, bis dahin zu warten."

Ich sagte nichts, fand die ganze Situation jedoch einfach absurd. Tarik Aziz tat mir Leid, denn er glaubte tatsächlich, ich könne die multinationalen Streitkräfte davon überzeugen, noch zwei Monate zu warten, damit er seine hoffnungslose Reise nach Rom antreten könne.

Ich sagte ihm, ich werde mit jemandem reden, und bat ihn, Visa für Dr. Terasawa und sein Komitee auszustellen, was er auch zusagte. Als ich Terasawa über das Gespräch mit Tarik Aziz informierte, sagte er: „Na gut, bleiben noch anderthalb Monate. Zuerst muss ich nach Washington. Dann kehre ich zurück nach Genf und fahre von da aus nach Italien. Danach treffe ich mich in Bagdad mit Tarik Aziz." Eigentlich hielt ich den Plan für verrückt, aber genau so machte er es schließlich.

Als Terasawa und seine Gruppe am 14. Februar 2003 mit Tarik Aziz zusammenkamen, überreichten sie ihm ein Dokument für Saddam Hussein, das ihm eine Möglichkeit bot, die drohende Katastrophe zu vermeiden. Darin stand, dass das Komitee bereits dafür gesorgt hatte, dass Saddam in drei verschiedenen Ländern Zuflucht finden konnte – in Indien, China und Russland. Saddam würde den Irak verlassen müssen, aber er könnte so viele Verwandte und ehemalige Regierungsbeamte mitnehmen, wie er wolle. Er könnte seine persönliche Habe mitnehmen und bequem dort leben, solange es ihm beliebte.

Es sollte noch Wochen dauern, bis sie von Saddam Antwort erhielten, doch am 24. Februar 2003 ließ ich für Terasawa und seine Gruppe Visa im jordanischen Amman hinterlegen. Auf meine Bitte hin wurden bei der Botschaft Visa für Dr. Terasawas Gruppe ausgestellt und meine Helfer sorgten auch für Reise- und Hotelarrangements in Bagdad. Kaum war die Gruppe jedoch in Amman eingetroffen, begann es heftig zu schneien und innerhalb von Stunden wurden alle Flughäfen gesperrt. Sie steckten zwei Tage dort fest und warteten ab, bis die Pisten wieder frei waren. Für den siebenundzwanzigsten bekamen sie endlich einen Flug nach Bagdad und konnten noch am selben Tag mit Tarik Aziz zusammentreffen. Das hatte ich von London aus organisiert.

Als sie am nächsten Tag jedoch zum Palast kamen, wurde Terasawa mitgeteilt, dass sie auf ein Treffen mit Saddam würden warten müssen, bis seine Mitarbeiter einen Termin in seinem vollen Kalender frei machen könnten. Sie warteten also fast zwei Wochen, vom 26. Februar bis zum 8. März, auf eine Nachricht, dass sie Saddam treffen dürften. Doch diese Nachricht kam nie.

Sie konnten nicht für immer in Bagdad bleiben; sie wussten sehr wohl, was da vor sich ging. Am 8. März wandten sie sich daher ein letztes Mal an Tarik Aziz und Terasawa sagte: „Wir können nicht noch länger so warten. Zwei lange Wochen sind jetzt schon vorbei und wir haben noch kein einziges ermutigendes Wort von Ihnen oder dem Präsidenten gehört. Sie müssten einfach nur zum Hörer greifen und unseren Wunsch vortragen – darum bitten wir Sie jetzt zum letzten Mal. Wir geben Ihnen eine Stunde. Wenn wir bis heute Abend um acht nichts von Ihnen gehört haben, müssen wir abreisen."

Doch es kam keine Nachricht. Also kehrten sie am 8. März abends um acht in ihr Hotel zurück und flogen am nächsten Morgen nach Jordanien. Vor dem Abflug schickte Terasawa mir eine E-Mail. Sie lautete: „Lieber Georges, die Mission ist misslungen und wir kehren um. Sag den Freunden Bescheid." Das war das Letzte, was ich je von ihm gehört habe. Ich gab die Meldung weiter an Andrew White und seine Freunde in Coventry, sie wiederum schickten sie nach Cambridge, nach Amerika und nach Europa sowie an viele andere Freunde auf der ganzen Welt.

Shock and Awe

Der Krieg begann am 20. März (19. März US-Ostküstenzeit) 2003 mit einem Angriff, den Militäranalytiker und internationale Nachrichtenmedien als „Shock and Awe" – „Angst und Entsetzen"– bezeichneten. Am 19. März (18. März US-Ostküstenzeit), wenige Stunden, bevor der eigentlich geplante Angriff beginnen sollte, erhielt Präsident Bush Geheimdienstinformationen, wonach sich Saddam in einem Bunker mitten in Bagdad aufhalten sollte. Ohne sich also die Zeit zu nehmen, General Tommy Franks, der die Truppen am Golf befehligte, darüber zu unterrichten, was er erfahren hatte, gab der Oberbefehlshaber der US-Streitkräfte den Befehl, hart und schnell anzugreifen, um den Krieg zu beenden, möglichst bevor er richtig angefangen hätte.

Augenblicklich wurden Dutzende Marschflugkörper von den Flugzeugträgern im Persischen Golf abgeschossen. Wer einen Kabelanschluss hatte, konnte überall auf der Welt in Echtzeit mit anschauen, wie das Drama seinen Lauf nahm und es Raketen auf die Stadt regnete. Auf die Hauptstadt gingen in der Nacht unvorstellbar viele Sprengkörper nieder. Ich saß stundenlang wie gebannt vor dem Fernseher und betrachtete diese Szenen mit einer Mischung aus Traurigkeit, Angst und Hoffnung. Und mir kam meine eigene Schreckensnacht in den Sinn, als ich zwölf Jahre zuvor, im Januar 1991, auch beinahe Opfer der ersten Bombardierungen geworden wäre.

Ich bin sicher, Saddam war schockiert von der Wucht und der unglaublichen Präzision der Waffen, die auf die Stadt fielen. Doch er war nicht im Bunker, als die ersten Fernlenkwaffen angriffen. Fernsehkameras zeigten die Zerstörungen durch die Marschflugkörper, doch Angehörige der Koalitionsmächte in Bagdad berichteten, Saddam sei irgendwo anders und noch immer unverletzt. Am nächsten Tag erteilte General Franks den Befehl zur Operation Iraqi Freedom und leitete somit den zweiten Krieg am Golf ein.

Von da an war der Krieg eine rasche Folge von Luft- und Raketenangriffen, gefolgt von einem zügigen Vorrücken von amerikanischen Panzergrenadieren und Panzern auf die Hauptstadt. Die Taktik der Koalitionsmächte kam für alle überraschend. Sie hielten nicht an, um unterwegs die irakischen Widerständler zu bekämpfen, sondern sie rasten auf der Hauptverkehrsstraße nach Bagdad. Innerhalb von Tagen gelang es ihnen, den Saddam International Airport zu sichern und an allen Brücken auf der Strecke Wachposten aufzustellen.

Einige britische und amerikanische Einheiten, die nach dem Hauptangriff kamen, nahmen Aufstellung in großen Städten und Stützpunkten. Sie begannen, die Widerstandsnester in den südlichen Städten Basra, An Nasiriyah, Al Kut und anderswo auszuheben. Doch der schnelle Vorstoß auf Bagdad durch die US-Marines überrumpelte Saddams Streitkräfte vollkommen. Nur zweiundzwanzig Tage später, als die zwölf Meter hohe Saddam-Statue auf dem Fardus-Platz am 10. (9.) April 2003 herabgezogen wurde, war offensichtlich, dass der Krieg vorbei und Saddam endlich nicht mehr an der Macht war.

Die Szene, wie die Statue herabgelassen wurde und Jungen mit ihren Schuhen darauf herum trampelten, wird die Welt wohl niemals vergessen. Zu sehen, wie das Abbild ihres Diktators niedergerissen, zerbrochen, zerstört und entweiht wurde, war die deutliche Botschaft an das irakische Volk, dass es für sie in Zukunft ganz anders werden würde.

Mir kam in den Sinn, dass es das erste Mal in fünfundvierzig Jahren war, dass ich nicht an militärischen Operationen als irakischer Offizier teilgenommen hatte, was mich seltsam berührte. Doch ich war froh, nicht dabei zu sein – und meine Freunde in Coventry umso mehr. Einige hatten mich angerufen und gesagt: „Georges, denken Sie gar nicht erst daran, in nächster Zeit in den Irak zurückzukehren. Dort sind Sie nicht sicher und Sie sind zu wichtig für die Zukunft Ihres Landes, um Ihr Leben jetzt aufs Spiel zu setzen. Wir werden Sie wissen lassen, wenn wir meinen, es sei günstig zurückzukehren." Ich willigte ein und blieb noch drei Wochen in London, bis es sicher genug war, nach Bagdad zu reisen.

Die Nachwirkungen

Am 8. Mai 2003 kehrte ich nach Bagdad zurück. Dort sprach ich mit den amerikanischen und britischen Generälen, die für die Besetzung zuständig waren. Ich konnte ein paar Vorschläge machen, wie man die Plünderungen beenden und die Ordnung wiederherstellen könnte. Damals führte ich Gespräche mit General Jay Garner sowie seinem Stellvertreter, dem britischen General Tim Cross, die meine Vorschläge gerne annahmen. Ich war General Cross bereits drei Monate zuvor begegnet, als ich an einer Reihe von Treffen in England zu den Aussichten auf eine Einigung im Irak teilnahm.

Im Februar 2003 hatte General Cross zu mir gesagt: „Georges, ich werde bald im Irak sein und ich hoffe, Sie kommen zu mir, wenn Sie wieder zurück sind. Bis dahin wird der Irak hoffentlich frei sein.

Kommen Sie in mein Hauptquartier und nennen Sie Ihren Namen, dann wird man Sie schon einlassen." Als er das sagte, wusste ich, dass sie bereits einen Angriff planten und es nur noch eine Frage der Zeit wäre, bis die Invasion anfinge.

Als ich in die Hauptstadt kam, traf ich mich also mit General Cross, wie er es vorgeschlagen hatte. Er erzählte, er habe mit Pentagon-Beamten darüber gesprochen, wie unter der neuen Regierung mit religiösen Angelegenheiten umgegangen werden solle, was ich unbedingt wissen wollte. Er sagte, es sei beschlossen worden, dass es in der neuen Regierung kein Religions-Ministerium geben werde wie vorher, sondern dass jede Hauptgruppe – Schiiten, Sunniten und Christen – einen eigenen Rat haben solle. Das hielten sie für die beste Struktur und ich sagte General Cross, dass ich den Plan gut fand.

Ein paar Tage später wurde ich erneut zu einem Treffen mit Offizieren gerufen, bei dem ich kein Blatt vor den Mund nahm. Die Lage in der Stadt wurde immer instabiler und ich war der Ansicht, dass man jetzt energisch durchgreifen musste. Ich glaube, sie verstanden meine eindringlichen Worte. Ich sagte: „Ich weiß, dass die Koalitionsmächte viele Dinge wissen. In Ihrem gemeinsamen Kommando haben Sie alle Mittel und Fähigkeiten, die man braucht, um einen militärischen Sieg zu erringen. Doch die Schlacht zu gewinnen ist noch nicht alles. Um Ihre Ziele zu erreichen, müssen Sie auch den Frieden gewinnen – das ist bislang noch nicht geschehen."

Aufgrund der Geschwindigkeit und Schlagkraft des Angriffs der Koalitionsmächte waren Saddams Streitkräfte rasch ausfindig gemacht und die amerikanischen Infanterie- und Panzerbataillone übernahmen die Macht in Bagdad. Doch gab es noch immer ein Vakuum in der Stadt – es gab keine Polizei, keine Stadtverwaltung, keine effektiven Sicherheitsmaßnahmen, und zuständig war eine ausländische Armee. Leider war die ausländische Armee zu diesem Zeitpunkt zu klein, um das Land zu kontrollieren und für Polizeipräsenz in den Städten zu sorgen. Daher sagte ich ihnen, dass eine starke Polizeipräsenz für sie oberste Priorität haben sollte.

Als man sich in Bagdad wieder einigermaßen sicher bewegen konnte, kehrte ich in mein Arbeitszimmer zurück und fing an, mich auf die bevorstehende Arbeit vorzubereiten. Viele Organisationen hatten mich um Hilfe gebeten und plötzlich hatte ich viele Ämter inne. Es dauerte etwas, bis alles organisiert war. Anfang November 2003 erhielt ich dann einen Anruf von Andrew White in Coventry, dass ich für den Internationalen Preis für Frieden und Versöhnung von Coventry ausersehen war. Das war eine unerwartete Ehre und eine wundervolle Überraschung. Abgesehen von der Aufmerksamkeit, die unserer Sache zuteil werden würde, sollte ich zum Companion of the Church of England ernannt werden und meinen eigenen Sitzplatz in der Kathedrale von Coventry bekommen. Zusammen mit dem Friedenspreis sollte ich einen ganz besonderen Preis, das so genannte Nagelkreuz, erhalten.

Die Feierlichkeit fand am 14. November 2003 in einem Gedenkgottesdienst in der Kathedrale statt. Bei besonderen Gelegenheiten trage ich noch immer das Nagelkreuz als Symbol meiner Verpflichtung für Frieden und Versöhnung. Das große silbern-goldene Kreuz ist eine künstlerische Darstellung des Kreuzes aus Nägeln, die aus einem großen Kruzifix in der Kirche St. Michael fielen, als sie von den Nazis zerstört wurde. Als Feuerwehrleute und Rettungskräfte die Ruinen der Kirche nach den Bombardierungen im November 1940 untersuchten, fanden sie Nägel aus den Händen und Füßen Christi, die genau in Kreuzform hingefallen waren und durch die Hitze des Brandes aneinander schmolzen.

Ganz ähnlich wie das Kreuz aus Balken, das nach den Terroranschlägen des 11. September 2001 in den Ruinen des World Trade Centers in New York stehen geblieben war, betrachtete man das Nagelkreuz als anschauliches Zeugnis für das Überleben des Glaubens inmitten von Chaos. Ich erfuhr, dass nur ordinierte Kleriker und anerkannte Companions of the Church of England dieses einzigartige Kreuz tragen dürfen – also noch ein Grund, warum mir die Verleihung eine so große Ehre war. Ich genoss die Feierlichkeiten sehr und freute mich, dass meine Frau, mein Sohn mit Schwiegertochter sowie meine Tochter mit ihrem Mann bei mir sein konnten. Doch der Besuch in England musste sehr kurz ausfallen, weil im Irak so viel Arbeit auf mich wartete.

Mobilmachung zum Frieden

Heute brauchen wir den Frieden mehr als alles andere. Auch jetzt noch ist der Frieden zwischen Schiiten, Sunniten und Christen im Irak sehr brüchig. Wenn es einen großen Zusammenprall gibt, könnte das für die Christen sehr schlimm werden. Irakische Christen sind fleißig und wohlhabend, doch zahlenmäßig und politisch sind wir schwach. Als in den ersten Tagen des Aufruhrs die Terroristen kamen und achtzehn unserer Kirche bombardierten, verließen viele Assyrer das Land. Innerhalb von drei Monaten verließen fünfunddreißig- bis fünfzigtausend Christen den Irak. Wenn so etwas noch einmal passiert, fürchte ich, dass noch viele weitere gehen werden. Daher beten wir jeden Tag um den Frieden.

Bislang haben wir in den Städten über 150.000 Polizeibeamte rekrutiert und ausgebildet. Die Zahlen sind gut, doch die Ausbildung ist nicht gut und die Polizeipräsenz ist noch immer schwach. Die Armee ist qualitativ viel besser. General David Petraeus, früherer Befehlshaber der 101st US-Airborne, bildet unser Militär heute aus und ist ein hervorragender Kommandeur. Einige unserer Brigaden sehen allmählich aus wie amerikanische Brigaden. Sie sind gut ausgebildet, zäh, entschlossen, und sie lernen, sich auch unter Beschuss diszipliniert zu verhalten. Mit der Zeit werden sie zu einer erstklassigen Streitmacht. Sie werden den Frieden erhalten und sich mit einigen der anderen Probleme befassen können. Das hoffen wir.

Wie bereits an anderer Stelle gesagt, glaube ich an Vorbeugung, und zwar nicht nur im militärischen Bereich, sondern auch in der Politik und sonst überall. Sind Sie Landwirt, wie ich es eine Zeitlang war, muss man Vorbeugung treiben gegen Ratten, Grashüpfer und Insekten; sonst vernichten sie alles, wofür Sie gearbeitet haben. Das Vorgehen ist dasselbe, ob man sich gegen Ratten auf dem Weizenfeld schützt oder vor Aufständischen auf dem Schlachtfeld.

Damit meine ich Folgendes: Nach jedem Unfall oder Absturz, an dem eines unserer Flugzeuge beteiligt war, sollte ich herausfinden, was passiert war. Meistens beschaffte ich mir als erstes die Black Box und las die Daten. Wenn ich sie in den Computer eingab, konnte ich ganze 93.000 Fragen dazu stellen; ich konnte den Flug vom Anrollen und Abheben bis zum Eintritt des Schadensfalls verfolgen. Ich hätte das Wissen gehabt, die ganzen Informationen zu überprüfen und herauszufinden, was passiert war. Doch was hatte ich in Wirklichkeit? Nichts, denn der Unfall war bereits geschehen und Pilot wie Maschine waren verloren.

Wie viel besser wäre es doch gewesen, hätten wir die baulichen oder technischen Mängel vor dem Start erkannt, sodass wir Piloten und Maschine hätten bewahren können. Oftmals, wenn ich die Black Box nach einem Unfall untersuchte, kam ich zu dem Schluss: „Dieses Geschwader hat einen schweren Fehler gemacht. Dieses Flugzeug hatte einen ernsten Defekt, den die Mannschaft bei der Überprüfung vor dem Flug hätte erkennen müssen."

Das ist das Gute an Vorbeugung: Sie verhindert Unfälle, bevor sie passieren, erkennt ein Problem, bevor es zu spät ist. Hinterher weiß man, was man hätte vermeiden sollen. Das gilt nicht nur für Flugzeuge – das gilt auch für die Politik und viele andere Bereiche. Wenn wir aufmerksam sind, können wir im Stadium der Vorbeugung viele Probleme vermeiden. Bei den Verhandlungen nach einem Krieg können Politiker vielleicht bestimmte Dinge regeln und den Konflikt beenden; doch wie viel besser wäre es gewesen, wenn sie sie im Vorhinein gelöst hätten, anstatt abzuwarten, bis es zu spät war? Vorbeugen ist immer besser als heilen.

Über ein Jahr nach Junsei Terasawas Besuch in Bagdad machte ich eine interessante Entdeckung. Bei einem weiteren Treffen mit dem

Sunnitenführer Scheich Abdul Latif al-Hemayem erwähnte ich zufälligerweise, dass Saddam die Chance eingeräumt worden war, den Irak ungestraft zu verlassen. Als ich von dem Asylangebot dreier asiatischer Länder erzählte, sagte er: „Aha, jetzt verstehe ich!" Er berichtete mir, dass er Saddam einmal gefragt hatte: „Können wir diesen Krieg vermeiden?", und Saddam hatte geantwortet: „Nein. Der Preis ist zu hoch."

„Damals wusste ich nicht, was das zu bedeuten hatte", erläuterte mir Scheich Al-Hemayem. Der Preis, die Kontrolle über den Irak aufzugeben, selbst für einen bequemen Zufluchtsort im Ausland, war mehr, sagte er, als Saddam bereit war zu zahlen.

Im Oktober 2003 wurde erneut berichtet, Saddam habe ein Angebot in letzter Minute angenommen, Asyl in den Vereinigten Arabischen Emiraten oder einem anderen Land des Mittleren Ostens zu suchen. Doch wieder wartete er zu lange ab und die Invasion begann, bevor die Pläne in die Tat umgesetzt werden konnten. Letztendlich wurde der Gerechtigkeit jedoch Genüge getan. Saddam floh aus Bagdad und seine demütigende Gefangennahme, die am 13. Dezember 2003 per Satellit aufgenommen und übertragen wurde, war Anschauungsunterricht für die ganze Welt.

Was ich mir heute für den Irak erhoffe, ist Freiheit und Demokratie. Und dass wir, wenn wir unsere Kräfte für mehr Wohlstand und Autonomie für unser ganzes Volk mobilisieren, Tragödien wie die unter Saddam vermeiden können. Täglich bete ich dafür, dass wir den Mut und den Weitblick haben, Tyrannen und ihre schlimmen Ideen aufzuhalten, bevor sie zum Problem werden. Dazu ist Demokratie die beste Form der Vorbeugung, die ich kenne. Das muss mein Land einsehen. In den vergangenen Jahren haben wir harte Lektionen gelernt und irgendwie haben wir überlebt. Jetzt müssen wir vorbereitet sein und sicherstellen, dass uns nie wieder ein Tyrann besiegen und in die Irre führen kann.

10. Aufstand und Überleben

Wer Augen hat zu sehen, konnte erkennen, was nach der Befreiung passieren würde. Als ich merkte, was passierte – nicht nur die Plünderungen, sondern auch die Widerstandsnester und die Anzeichen wachsenden Aufstands – ging ich zu einem hochrangigen amerikanischen Beamten, einem Offizier im Generalsrang, der am 14. Mai 2003 im Irak war, und sagte: „Herr General, es muss jemand einbezogen werden, der weiß, wonach sie Ausschau halten, und mithelfen, die Unruhe und Unordnung hier zu beenden."

Er fragte mich sehr ernst: „General Sada, können Sie das?" „Ja", antwortete ich, „das kann ich. Lassen Sie mich vierzigtausend Mann aus der irakischen Luftwaffe nehmen und wir sorgen für Sicherheit in Bagdad, das versichere ich Ihnen. Außerdem", fügte ich hinzu, „brauchen Sie mir kein Gewehr, keine Pistole, keinen Lastwagen oder sonst etwas zu geben. Das Volk kennt uns und wir kennen unser Volk. Wir kennen unsere Stadt und wir wissen, wo die Störenfriede sitzen. Alles, was ich von Ihnen brauche, ist Ihre Zustimmung. Dann nehme ich meine vierzigtausend Mann aus der Luftwaffe und wir übernehmen die Stadt." Weiter sagte ich zu ihm: „Wenn wir das machen, können Sie Ihre Aufgabe als Soldaten wieder übernehmen. Sie haben hier hervorragende Arbeit geleistet. Sie haben die wichtigsten Schlachten gewonnen. Die Statue am Fardus-Platz ist gefallen und Saddam ist auf der Flucht. Lassen Sie uns nun die Aufgabe beenden."

Er schien meine Idee für sinnvoll zu halten, aber als er mir ein paar Tage danach antwortete, sagte er bloß: „In einem Kriegsgebiet können nicht zwei Armeen operieren."

„Warum nicht?", fragte ich zurück. „Wenn es zwischen diesen beiden Armeen gute Koordination und Kooperation gibt, um ein gemeinsames Ziel zu erreichen, warum sollen sie dann nicht zusammenarbeiten?" Doch er lehnte ab und blieb dabei.

Infolge dieser Entscheidung waren die Mittel, die zur Wiederherstellung der Ordnung in der Stadt eingesetzt wurden, vollkommen unangemessen. Panzer, Geschütze mit Eigenantrieb, gepanzerte Mannschaftswagen und Schützenpanzer sind für den Kampf wunderbar geeignet – doch nicht für die Wiederherstellung von Sicherheit in einer Großstadt wie Bagdad. Überall sonst könnte ich sie mir auch vorstellen, aber nicht an einem Ort wie Bagdad.

In der Stadt werden diese Fahrzeuge zur perfekten Zielscheibe für diejenigen, die sie zerstören wollen. Und die Koalition wusste sehr wohl, dass die Aufständischen und die verbliebenen Baath-Anhänger raketenbetriebene Granaten, Landminen und Gewehre hatten, denn es waren ja die Koalitionsmächte, die sie diese Dinge haben nehmen lassen. Als die Amerikaner und Briten für die Sicherheit zuständig wurden, bekamen die Terroristen die Möglichkeiten, sich Zeit und Ort ihrer Aktivitäten auszusuchen. Sie konnten sich die Ziele aussuchen und sie konnten sich die Waffen aussuchen, mit denen sie die Ziele angreifen wollten, ob nun Panzer, Mannschaftswagen oder Fußtruppen.

Die Entscheidung Amerikas war richtig, ins Land zu kommen und den Irak zu befreien. Trotz mancher Fehler haben sie Großartiges geleistet. Sie haben Saddams Regime gestürzt und den Diktator schließlich in seinem Erdloch dingfest gemacht – das war ein überwältigender Sieg und weder im Irak noch in Amerika sollte man die Symbolkraft übersehen, mit der das erreicht wurde. Doch noch ist der Friede nicht geschaffen und die Zukunft ist ungewiss. Am Ende eines Krieges sollte der Frieden stehen. Wenn es keinen Frieden gibt, hat man etwas falsch gemacht. Heute wird noch immer auf den Straßen und in den Dörfern des Iraks gekämpft. Nur die Zeit wird erweisen, wie dieser Krieg enden wird.

Ausstattung der Aufständischen

Die Entscheidung, die Armee aufzulösen, war nicht schlecht, doch wie das Ganze vonstatten ging, das war nicht so gut. Allerdings hätte die Koalition die Befehlshaber und höheren irakischen Beamten, die Saddam treu ergeben gewesen waren, aus dem Amt entfernen sollen. Als erstes hätten sie das Ruhestandsgesetz aktivieren und, anstatt das Militär einfach aufzulösen, die hochrangigen Offiziere, die dem alten Regime nahe gestanden hatten, respektvoller in den Ruhestand versetzen sollen. Auf diese Art wären die Männer ruhig abgetreten, statt sich dem Widerstand anzuschließen. Um die Zeit waren etwa fünfhunderttausend Soldaten und Offiziere in der Armee, von denen viele bestimmt liebend gerne unter dem neuen Kommando gedient hätten. Doch anstatt diese Männer zu behalten und die Baathis und Saddam-Getreuen loszuwerden, entließen die Amerikaner sie alle. Daraufhin griffen tausende nach ihren Waffen und schlossen sich den Aufständischen im Kampf gegen Amerika an.

Es lag so klar auf der Hand: Das Letzte, was man tun würde, ist doch, fünfhunderttausend ausgebildete Kämpfer ohne Einkommen, ohne Pension, ohne Stelle und ohne jegliche Beschäftigung auf die Straße zu schicken. Es gab vier bis fünf Millionen Parteimitglieder, die man nicht alle unterschiedslos bestrafen durfte. Wer ungerechtfertigterweise bestraft wurde, ließ sich nur allzu gern zum Aufstand überreden. Das ist eines der großen Probleme im heutigen Irak. Darüber hinaus wurden die Munitions- und Waffendepots der Armee nicht bewacht. Zivilisten (darunter viele Dissidenten) konnten hinein gehen und sich nehmen, was sie wollten – Gewehre, Raketen, Panzerabwehrwaffen und so ziemlich alles andere mehr. Genauso gut hätten sie sagen können: „Greifen Sie zu!" Sie wollen RPGs (Raketenbetriebene Granaten)? „Greifen Sie zu!" Landminen, C4-Plastiksprengstoff, Sprengkapseln und selbst Boden-Luft-Raketen wurden von den Leuten mitgenommen.

Über acht Millionen Kalaschnikows hatte Saddam an die Volksarmee verteilt, weitere vier Millionen waren aus den Militärarsenalen gestohlen worden. Man stelle sich nur vor, was zwölf Millionen Gewehre russischer Bauart in den Händen derer anrichten können, die aufgebracht und über die Art, wie sie behandelt wurden, enttäuscht sind. Etwas lief richtig schief – weil nämlich die Befreier des Iraks nicht das Problem der Unruhen in der Bevölkerung lösten, als dazu noch Zeit war.

Neben kleinen und konventionellen Waffen fanden die UN-Inspektoren auch eine Menge Waffen und Munition, die in der Zeitspanne zwischen den Kriegen verboten waren. Sie vernichteten tausende Tonnen Artilleriegranaten, Raketen und Teile zum Bau chemischer und biologischer Waffen. Doch ich weiß, dass sie nicht alles gefunden haben. Da Saddam die Fähigkeit besaß, in kürzester Zeit etwas wieder aufzubauen, konnte er viele dieser Waffen verstecken – ebenso wie das Rohmaterial zum Bau von Massenvernichtungswaffen.

In den Zeiten, in denen diese Waffen nicht aktuell hergestellt wurden – vor allem durch die Bedrohung, die die UN-Inspektoren darstellten –, ließ Saddam die Wissenschaftler, die an diesen Programmen arbeiteten, ihre Pläne, Schaubilder, Rohmaterial und alles weitere in unterirdischen Hochsicherheitsräumen aufbewahren, damit sie ihre Arbeit gleich wieder aufnehmen konnten, sobald sie nicht mehr beobachtet wurden.

Saddam war entschlossen, Massenvernichtungswaffen zu verwenden, und er hätte nicht gezögert, sie gegen seine Feinde einzusetzen. Die Wissenschaftler, die unsere Atomwaffensysteme entwickelten, waren auf einem sehr hohen Kenntnisstand. Allerdings war die Spezialausrüstung, die man für eine Waffenentwicklung braucht, schwierig zu beschaffen. Saddam hatte zwar Pläne – er hatte den Nuklearexperten ehrgeizige Ziele vorgegeben –, aber wir waren mit unserem Atomprogramm noch nicht so weit wie mit den biologischen und chemischen Waffen. Die wiederum waren schon sehr ausgereift und wir hatten reichlich davon.

Hätte Saddam je geargwöhnt, es bestehe die Chance, dass die Inspektoren etwas fänden, hätte er alles zerstört. Doch selbst dann wäre nichts wirklich vernichtet gewesen: Die Wissenschaftler hatten die Kenntnisse und das Budget, und wenn es gepasst hätte, hätten sie wieder von vorne angefangen. Das traf sogar für das Atomwaffenprogramm zu. Wir hatten zwar die eigentlichen nuklearen Sprengköpfe noch nicht entwickelt, doch wir arbeiteten daran. Wir hatten einige Komponenten und Saddam hatte Quellen in Europa, Asien und Amerika, die uns bereitwillig mit allem versorgt hätten, was wir brauchten.

Im Jahre 2005 erfuhr ich, dass Saddam sogar Vereinbarungen mit Atomwissenschaftlern in China getroffen hatte, in Übersee für ihn Atomwaffen herzustellen. Damals wechselten mindestens 5 Millionen Dollar den Besitzer und die Pläne liefen offenbar sogar noch im Jahre 1992. Doch meines Wissens hatten unsere eigenen Wissenschaftler noch keine nuklearen Sprengköpfe hergestellt – oder anderweitig beschafft –, die tatsächlich gegen einen Feind hätten eingesetzt werden können.

Ein Augenzeugenbericht

Wir hatten im Irak sehr fähige Ingenieure für die Herstellung chemischer Waffensysteme für Artilleriegranaten, Raketen, Fernlenkraketen und andere Geschütze. Im August 2002 war Saddam überzeugt, dass die Amerikaner kommen werden; doch selbst da bauten und entwickelten Chemiker und Ingenieure weiterhin all diese Systeme – bis ins Jahr 2003 hinein und auch noch nach Beginn der amerikanischen Invasion. Schließlich beschloss er, dass er alles einsammeln und außer Landes bringen müsste – seien es fertige oder halbfertige Teile oder Rohmaterial –, was er dann auch tat.

Im Vorfeld der Operation Iraqi Freedom zweifelte in Europa oder Amerika nie jemand daran, dass Saddam Massenvernichtungswaffen besaß. Niemand hätte denn auch bestreiten können, dass er sie bei vielen Gelegenheiten eingesetzt hatte. Es ist weithin bekannt, dass Saddam chemische Waffen gegen die Kurden in Halabja und Anfal einsetzen ließ. Und manchmal wurden im Iran-Irak-Krieg die Artilleriegranaten und Bomben mit chemischen Kampfstoffen bestückt.

Vor Beginn einer Militäroperation sagten uns die Befehle an die Befehlshaber an der Front, wann, wo und wie wir unsere Operationen ausführen sollten. Innerhalb der Operationsbefehle gab es bestimmte Codewörter, die nur benutzt wurden, wenn die Luft- oder Bodentruppen chemische Waffen einsetzen sollten. Doch damit noch nicht genug.

Seit Jahren wird die Frage gestellt, was mit den Massenvernichtungswaffen passiert ist. Darüber wurde weder im Irak, noch in Amerika auf breiter Front diskutiert, denn was könnte alles passieren, wenn diese Dinge publik gemacht würden. Ein Teil der Sorge bezieht sich meines Erachtens auf die Herkunft von Waffen und Zubehör. Bisher habe ich nie über dieses Thema gesprochen und es wurde meines Wissens nie öffentlich behandelt. Ich habe mit Pentagon-Beamten darüber diskutiert, aber wie diese Waffen transportiert wurden, ist bis jetzt eine geheime Kommandosache.

Jedes Mal, wenn Außenminister Colin Powell eines unserer Nachbarländer – wie Syrien, Jordanien oder Saudi-Arabien – besuchte, besprach er vermutlich diese Dinge, was ich allerdings nicht weiß. Jedenfalls gibt es dazu massenweise Geheimdienstinformationen und Überlieferungen. Diese Themen haben die Amerikaner am ehesten diplomatisch verfolgt. Wenn dem so ist, wollten sie ihre Informationen nicht den Medien oder der Öffentlichkeit preisgeben.

Ich als ehemaliger Offizier bin jedoch in einer ganz anderen Situation, denn ich habe die Waffen nicht nur gesehen, sondern wurde auch Zeuge, wie sie auf Befehl der Luftwaffenkommandeure und des Präsidenten eingesetzt wurden. Außerdem kenne ich einige derjenigen, die daran beteiligt waren, 2002 und 2003 Massenvernichtungswaffen aus dem Irak zu schmuggeln, mit Namen. Ebenso wie Offiziere der Scheinfirma SES, die von Saddam die Waffen erhielten. Ich weiß, wie und wann sie aus dem Irak transportiert wurden, wie viele Flugzeuge und Hubschrauber man eingesetzt hat, welchen Typs sie waren und eine ganze Reihe weiterer Fakten dieser Art.

Massenverleugnungswaffen

Da keine dieser Informationen bislang veröffentlicht wurde, gibt es bei den Medien seit Jahren eine zunehmende Aufregung, hauptsächlich aus den Reihen von Gegnern der Regierung Bush, die behaupten, Massenvernichtungswaffen habe es im Irak nie gegeben und nie geben können. Das stimmt nicht, doch ich habe mich oft gefragt, warum diese Information in den Medien nicht aufgetaucht ist. Warum wurde sie der Öffentlichkeit vorenthalten? Die Israelis zögerten nicht, darüber zu reden. Der israelische Geheimdienst Mossad ist über militärische und paramilitärische Operationen im Mittleren Osten bekanntermaßen gut unterrichtet. Er sagte wiederholt, dass Saddam Massenvernichtungswaffen besitze, und weiter, er habe einige dieser Waffen in Länder aus der Region verschoben.

Israels Armee und Luftwaffe sind militärisch gegen Waffenhändler und Terroristen vorgegangen. Sie haben eingegriffen, um Waffenschmuggler und Drogenkuriere aufzuhalten, die in einigen dieser Länder an terroristischen Einsätzen beteiligt waren. Doch die Amerikaner, die wissen, was im Irak tatsächlich passierte und wie Saddam diese Waffen verstecken konnte, sind bis heute nicht bereit, sich öffentlich zu den Massenvernichtungswaffen und ihrem Verbleib zu äußern. Daher haben in den Medien die Gegner des Irakkriegs das Sagen und sie behaupten, sie hätten nie existiert.

Wenn ich hier über Massenvernichtungswaffen rede, meine ich damit die biologischen, chemischen und atomaren Waffen, die Saddam baute oder zu bauen versuchte. Alle Rüstungsexperten wussten, dass Saddam sie besaß und Unmengen von Geld ausgab, um noch mehr zu kaufen. In einem CNN-Interview vom Juli 2003 sagte der frühere US-Präsident Bill Clinton: „Man mag darüber streiten, ob wir noch mehr Truppen in Afghanistan haben sollten oder den Irak internationaler Kontrolle unterwerfen oder was auch immer, doch niemand wird bestreiten, dass es an dem Tag, an dem ich das Präsidentenamt abgab, im Irak zahllose biologische und chemische Waffen gab."

Das Weiße Haus wusste, dass Saddam bewaffnet und gefährlich war, und die Staatengemeinschaft wusste aus Erfahrung, wenn Saddam Massenvernichtungswaffen hatte, würde er nicht zögern, sie einzusetzen – wann und wo es ihm beliebte. Madeleine Albright, Clintons Außenministerin, sagte im Februar 1998: „Der Irak ist weit, aber was dort passiert, geht uns hier sehr wohl etwas an. Denn die Gefahr, dass Führer von Schurkenstaaten atomare, chemische oder biologische Waffen gegen uns oder unsere Verbündeten einsetzen, ist die größte Bedrohung, der wir ausgesetzt sind."

Im selben Jahr sagte Nancy Pelosi, Führerin der Demokraten im US-Repräsentantenhaus: „Saddam Hussein beschäftigt sich mit der Entwicklung der Technologie von Massenvernichtungswaffen, was für die Länder in der Region eine große Bedrohung darstellt, und er macht sich über die Waffeninspektionen lustig." Heute sind Mitglieder der Demokratischen Partei der USA, die damals um das Risiko von Massenvernichtungswaffen in Saddams Hand wussten und das auch kundtaten, gegen den Krieg eingestellt. Präsident Clintons Sicherheitsberaterin Sandy Berger warnte: „Er wird diese Massenvernichtungswaffen wieder verwenden, wie er es seit 1983 bereits zehn Mal getan hat." Die Tatsache, dass es Massenvernichtungswaffen gab, war also nie ein Geheimnis.

Saddams Spezialwaffen

Zu Beginn des Krieges war dies eigentlich jedermann bewusst; nach meiner Überzeugung kam der Sinneswandel aus politischen Gründen. Doch spätestens seit 1990 denkt die Welt über Massenvernichtungswaffen nach. Das war einer der Gründe, dass sich Amerika und die Koalitionsmächte in erster Linie für eine Invasion in den Irak entschieden. Und darum ist es mir wichtig, einige dieser Dinge jetzt anzusprechen, um einiges klarzustellen.

Als Saddam nämlich endlich begriff, dass es nur noch eine Frage der Zeit war, bis Amerikaner und Koalitionsmächte in den Irak einmarschieren würden, erkannte er, dass er besondere Maßnahmen ergreifen musste, um die geheimen Lager mit biologischen und chemischen Waffen sowie die Labore, Ausrüstungsgegenstände und Pläne im Zusammenhang mit der Entwicklung von Atomwaffen zu vernichten, zu verstecken oder zumindest zu verbergen. Doch zu Saddams großem Glück bot ihm eine Naturkatastrophe im benachbarten Syrien den perfekten vorgeschobenen Anlass, all diese Dinge außer Landes zu schaffen.

Eins ist wichtig, vor allem angesichts all der Kontroversen der vergangenen Monate: Der Irak besaß sowohl vor als auch nach 1991 Massenvernichtungswaffen – und die kamen auch zum Einsatz! Sie wurden gegen unser eigenes Volk eingesetzt. Sie wurden in Artilleriegeschossen eingesetzt und mit Kanonen verschossen, Hubschrauber und Flugzeuge versprühten Giftstoffe auf Saddams Feinde. Die Vorgehensweise war immer dieselbe: Wenn wir Operationsbefehle erhielten, mit Massenvernichtungswaffen anzugreifen, hieß es niemals: „Los, setzt hier Massenvernichtungswaffen ein." Vielmehr lautete der Befehl: „Sonderauftrag mit Sonderwaffen", und die kommandierenden Offiziere wussten, was das bedeutete.

Ich bin mir sicher, dass viele dieser Operationsbefehle später, nach der Befreiung im Jahre 2003, von den Koalitionsmächten geborgen wurden, wobei die Geheimdienstmitarbeiter vielleicht nicht gewusst haben, was diese auf Arabisch geschriebenen Worte eigentlich zu bedeuten hatten. Ich will es hier ganz deutlich aussprechen: In jedem Fall bedeutete „Sonderauftrag mit Sonderwaffen", dass der Feind mit chemischen Waffen angegriffen werden sollte.

Die UN-Waffeninspektoren vernichteten zwischen 1991 und 2003 riesige Waffenvorräte, doch weiß ich sicher, dass sie nicht alles entdeckten. Tonnenweise Rohmaterial, Geschosse und Geschosshüllen, Raketen und Granaten, halbfertige und fertige Vorrichtungen lagen gut versteckt in großen Geheimlagern. 2001 und dann noch einmal 2002 rief Saddam alle hochkarätigen Wissenschaftler, Forscher und Techniker, die an der Entwicklung von Waffensystemen beteiligt waren, zu einem Treffen zusammen und trug ihnen auf, ihre Pläne auswendig zu lernen. Bevor die Papierstreifen, mit denen Saddam in Verbindung zu den Plänen gebracht werden konnte, vernichtet wurden, stellte er unter Androhung von Todesstrafe und Verstümmelung sicher, dass jeder Plan und jede schematische Darstellung ins Gedächtnis aufgenommen wurde.

Schließlich ließ er die meisten Papiere, Pläne, schematischen Darstellungen, Formulierungsdetails und andere auf die Herstellung von Massenvernichtungswaffen bezogenen Daten vernichten, was ihm jedoch nicht die geringsten Sorgen bereitete. Vielmehr berechtigte er unsere Ingenieure und Wissenschaftler, den Inspektoren alles zu zeigen, was zerstört worden war, und deutlich hervorzuheben, dass all diese Pläne geschreddert und verbrannt worden waren. Das konnte er ohne jegliche Angst vor Entlarvung, denn er wusste auch, dass jedes kleinste bisschen Information Buchstabe für Buchstabe, Zeile für Zeile in den Köpfen seiner Wissenschaftler war, denn sie hatten jedes Wort auswendig gelernt. Und er wusste, dass sie diese Pläne früher oder später reproduzieren und von vorne beginnen könnten.

Die Atomindustrie

Die Beweise für Saddams Atom- und Chemiewaffenprogramm seit den 1970er Jahren aus verlässlichen Quellen innerhalb und außerhalb des Iraks sind überwältigend – und zwar so stark, dass man nur schwer verstehen kann, warum so viele Menschen im Westen nicht bereit sind anzuerkennen, dass Massenvernichtungswaffen nicht nur über dreißig Jahre lang eine Tatsache im Alltag des Iraks waren, sondern dass Saddam von ihnen besessen war. Dr. Khidir Hamza eröffnet in seinem Buch *Saddam's Bomb Maker*, dass deutsche Wissenschaftler die Chemikalien herstellten, die Saddam in Anfal gegen die Kurden einsetzte. Später waren es deutsche, französische und russische Wissenschaftler, die den irakischen Ingenieuren zeigten, wie man den Prozess der Urananreicherung für Atomwaffen einleitet.

Dr. Hamza gehörte zu den im Westen ausgebildeten Wissenschaftlern, die von Saddam wieder ins Land geholt wurden, um das irakische Atomwaffenprogramm zu leiten. Zwischen 1970 und 1987 fungierte er als hochrangiger Forscher und Berater des Ministerpräsidenten. Er avancierte zum Leiter unseres gesamten Atomwaffenprogramms. Mit seiner Hilfe konnte Saddam angereichertes Uran aus Frankreich und Russland kaufen. Deutsche Firmen lieferten Teile und Werkzeuge für die Waffenprogramme. Außerdem verhandelte er mit Frankreich und Russland über Kernreaktoren, einschließlich der Anlage „Osirak" aus französischer Fertigung.

Der Osirak-Reaktor war die bekannteste Nukleareinrichtung des Iraks. Er war ein 40-Megawatt-Leichtwasserreaktor im Atomzentrum Al Tuwaitha, knapp zwanzig Kilometer südöstlich von Bagdad. Die Einrichtung war von französischen Ingenieuren entworfen und gebaut worden. Sie brauchte mindestens 12,5 kg 93-prozentiges Uran-235 als Reaktorbrennstoff. Die Franzosen nannten diesen Reaktortyp „Osiris" nach dem ägyptischen Gott des Todes. Doch die Anlage Al Tuwaitha wurde umbenannt in „Osirak", um den Namen des Landes einzugliedern. Saddam wiederum nannte ihn lieber Reaktor *Tammuz I* nach dem arabischen Wort für Juli, dem Monat, in dem die Baath-Partei 1968 an die Macht gekommen und in dem er 1979 Präsident geworden war. Als dieser Reaktor 1981 von israelischen F-16 Kampfflugzeugen zerstört wurde, machte das Schlagzeilen in aller Welt.

Zum Al Tuwaitha Zentrum gehörten mehrere Forschungsreaktoren, Betriebe zur Plutoniumabtrennung und Abfallaufarbeitung, Verarbeitung von Uran-Metall, ein Labor für die Erzeugung von Anfangsneutronen sowie mehrere Labore für eine Vielzahl unterschiedlicher Methoden zur Urananreicherung. Nach Berichten der UN-SCOM (UN-Sonderkommission für den Irak) wurde der gesamte in der Anlage aufbewahrte nukleare Brennstoff unter Aufsicht der Internationalen Atomenergiebehörde IAEO beseitigt und vernichtet. Man muss allerdings unglaublich naiv sein, wenn man annehmen möchte, Saddam habe die Vernichtung des gesamten Materials zugelassen.

Die UNSCOM berichtet darüber hinaus, dass es in den 1990er Jahren außer dem Osirak-Reaktor weitere Dutzende bekannte aktive Produktionsstätten für Massenvernichtungswaffen gegeben habe. Al Tarmiya war die bedeutendste Anlage für elektromagnetische Isotopentrenntechnik (EMIS), die zum umfassenden Programm für Urananreicherung gehörte. Ein Großteil der Ausrüstung dort wurde auseinander gebaut und vor den Inspektoren versteckt. Das Al Athir Zentrum war die bedeutendste Anlage für Entwicklung und Tauglichkeitsprüfung von Nuklearwaffen. Zu den Aktivitäten an diesem Standort gehörten Guss und Metallurgie des Urans, der Zusammenbau von Sprenglinsen und Zündertesteinrichtungen.

Ein Testbunker für hochexplosive Sprengstoffe der Nähe von Al Athir wurde für hydrodynamische Experimente benutzt. Gebäude und Bunker wurden 1992 unter Aufsicht von IAEO und UNSCOM vernichtet, doch die Pläne, schematischen Darstellungen und anderes Material aus diesen Einrichtungen wurden entfernt, lange bevor die Inspektoren ankamen. Das Labor Al Furab wurde für Entwurf,

Zusammenbau und Erprobung von Gaszentrifugen zur Urananreicherung genutzt. Al Jesira war eine Fabrik zur Produktion von Urandioxid, Urantetrachlorid und Uranhexafluorid.

Die Mine Akaschat produzierte Uranerz. Eine ähnliche Anlage bei Al Qaim produzierte Yellow Cake. Raschidiya war eine Fabrik zur Konstruktion und Erprobung von Zentrifugen; der Reaktorstandort Al Sharkat, der bei dem Angriff der Koalitionsmächte noch im Bau war, sollte der zweite von Saddams Tammuz-Reaktoren werden. Außerdem war das Petrochemie-3-Zentrum fertig, in dem das irakische Kernwaffen-Konstruktionsteam untergebracht war. Im September 1991 entdeckten Inspektoren, die diese Anlage untersuchten, tausende Ordner und Dokumente, die Ausmaß und Beschaffenheit von Saddams Atomwaffenprogramm detailliert beschrieben.

Die China-Connection

Jüngst erfuhr ich von einem nahen Verwandten eines hochrangigen irakischen Offiziers, dass Saddam im August 1990 Vorbereitungen getroffen hat, um Atomwaffen direkt bei Atomwissenschaftlern in China zu kaufen. Nach der Invasion Kuwaits wurde Saddam klar, dass die Überwachung seines Waffenprogramms viel zu intensiv sein werde, als dass der Irak mit seiner Entwicklung spaltbaren Materials hätte fortfahren können. Außerdem wäre es nahezu unmöglich gewesen, es geheim zu halten. Also verhandelte er mit den chinesischen Wissenschaftlern, dass sie ihm gegen Bezahlung von 100 Millionen Dollar Waffen herstellen sollten.

Als jedoch der Hauptbuchhalter des Ministeriums für Militärische Industrialisierung am 4. August 1990 versuchte, die erste Rate über 5 Millionen Dollar von einem Konto der Rafidan Bank, Niederlassung Al Riad, zu überweisen, merkte er, dass die Überweisung auf Befehl Amerikas blockiert wurde – offenbar in Erwartung des ersten Golfkriegs. Nach mehreren fehlgeschlagenen Versuchen, das Geld bargeldlos zu überweisen, wurde beschlossen, dass ein Kurier das Geld befördern sollte.

Nach einem Bericht, der mir vorlag, kam der Kurier am 15. Oktober 1990 nach Bagdad. Er nahm die 5 Millionen Dollar in bar und kehrte nach China zurück, wie er gekommen war. Ich weiß nicht, was mit dem Geld oder der Beziehung nach dem Golfkrieg geschah, aber ich bin gewiss, dass Saddam solche Geschäfte in den 1990er Jahren weiterhin abwickelte und dazu einen Teil der über 11 Milliarden Dollar aus dem Programm „Öl für Lebensmittel" nahm. Um jedoch die Geheimhaltung dieser Pläne zu gewährleisten, ließ er kurzerhand jeden eliminieren, der Detailkenntnisse darüber besaß – einschließlich des Buchhalters, der die Überweisung getätigt hatte. Dieser Mann starb 1994 an Krebs, doch da er ahnte, dass diese Krankheit kein Zufall war, vertraute er vor seinem Tod diese Details einem Angehörigen an, der sie danach wiederum mir berichtete.

Grundlage aller geheimen Operationen Saddams waren Betrug und Bestechung. Nach dem Bericht des Independent Inquiry Committee (unabhängiger Untersuchungsausschuss) der UNO unter Leitung des früheren Zentralbankpräsidenten Paul Volcker vom Oktober 2005 zahlten über 2.200 Firmen, die an dem Programm „Öl für Lebensmittel" beteiligt waren, Schmiergelder in Höhe von mindestens 1,8 Milliarden Dollar an Saddam. Über 66 Länder waren beteiligt. Durch Manipulationen der Rohölgewinne unter Verletzung der Sanktionsvereinbarungen konnte Saddams persönlicher Reichtum auf stolze 11 Milliarden Dollar steigen.

In dem 2004 erschienenen Buch *The Bomb in My Garden* schreibt Dr. Mahdi Obeidi über seine Arbeit an den Zentrifugenprogrammen im Irak. Obeidi leitete das Ministerium für militärische Industrialisierung, den Waffenentwicklungszweig der irakischen Regierung. Er verfügte über alle Berichte des Programms zur nuklearen Anreicherung im Irak sowie über eine Dokumentation der vollständigen Geschichte von Saddams Massenvernichtungswaffen-Programmen – versteckt in einem Ölfass, das in seinem Garten vergraben war.

Viele dieser Dokumente wurden schließlich dem Auswärtigen Amt der USA übergeben und waren dem Vernehmen nach die größte Beweissammlung für irakische Massenvernichtungswaffen im Westen. Es mangelt also nicht an Beweisen dafür, dass all dies über drei Jahrzehnte lang im Irak vonstatten ging. Doch wie Saddam diese Waffen und Ausrüstungsgegenstände im Vorfeld und während des zweiten Golfkriegs verbarg – das ist ein weiteres brillantes Täuschungsmanöver.

Eine Naturkatastrophe

Saddam hatte unseren Waffenteams aufgetragen, die Massenvernichtungswaffen an Orten zu verstecken, an denen sie kein UN-Waffeninspektor vermuten würde. Also verbargen sie sie in Schulen, Privathäusern, Banken, Bürogebäuden und sogar auf Lastwagen, die pausenlos von einem Ende des Landes zum anderen hin und her fuhren. Da kam ihm das Schicksal zu Hilfe.

Am 4. Juni 2002 brach ein fast fünf Kilometer langer Staudamm am Orontes im Nordwesten Syriens, überflutete drei kleine Dörfer und zerstörte zahlreiche Häuser. Viele Menschen und Tiere kamen ums Leben. Das Wasser bedeckte eine Fläche von etwa hundert Quadratkilometern. Sobald die ersten Meldungen von dem Unglück im Fernsehen ausgestrahlt wurden, kam Hilfe aus dem gesamten Mittleren Osten. Der Rote Halbmond, das Gegenstück zum Roten Kreuz, brachte Helfer ins Land, die Zelte aufbauten und medizinische Hilfe leisteten.

Als der syrische Präsident Bashar al-Assad Jordanien und den Irak um Hilfe bat, wusste Saddam, was zu tun war. Für ihn kam das Unglück in Syrien wie gerufen. Als Hilfslieferungen getarnt, verschickte er die Massenvernichtungswaffen des Iraks: Waffen und Ausrüstungsgegenstände wechselten den Standort auf dem Land- und Luftweg. An Flugzeugen verfügbar waren damals nur der Jumbojet Boeing 747 und ein paar Boeing 727. Doch das erwies sich als die perfekte Lösung für Saddams Probleme. Wer käme schon dahinter, dass Verkehrsflugzeuge todbringende Giftstoffe und mit Ausfuhrverbot belegte Technologie außer Landes brachten? Die Maschinen wurden also rasch umgerüstet.

Alle Passagiersitze, Küchen und Toiletten, Gepäckfächer und ähnliches, was man in der zivilen Luftfahrt braucht, wurden entfernt und ein neuer Bodenbelag verlegt. So wurden aus Passagiermaschinen Frachtmaschinen. Mit ihnen transportierte man unter dem Deckmantel der Barmherzigkeit für ein leidgeplagtes Volk hunderte Tonnen Chemikalien, Rüstungsgüter und weiteres Zubehör nach Syrien. Insgesamt waren es 56 Flugbewegungen.

Verkehrsmaschinen vom Typ 747 und 727 beförderten all diese Dinge außer Landes. Das war wieder einer von Saddams Tricks: Statt Militärfahrzeuge oder -flugzeuge einzusetzen, die von den Koalitionsmächten erfasst und durchsucht worden wären, hatten Saddams Schergen die zivilen Airlines benutzt. Er sorgte dafür, dass die meisten dieser Lieferungen nach Syrien gebracht und Waffenspezialisten übergeben wurden, die versprachen, alles so lange wie notwendig zu behalten. Später unterhielt ich mich ausführlich mit einem ehemaligen Flugkapitän einer zivilen Airline, der detaillierte Kenntnis über diese Flüge besaß. Damals hatte er eine leitende Position bei der Iraqi Airways, unserer zivilen Luftverkehrsgesellschaft in Bagdad.

Betrug und Korruption

Die Pläne zum Transfer dieser Waffen wurden von Ali und Ali ausgeheckt. Unser Ali war Ali Hussein al-Majid (Chemie-Ali), ihr Ali war General Abu Ali, ein Cousin des syrischen Präsidenten Bashar al-Assad. Einmal in der langen Geschichte kriegerischer Auseinandersetzungen zwischen dem Irak und Syrien herrschte vollkommene Übereinstimmung zwischen ihnen. Die Operation sollte wie ein gewöhnliches Handelsgeschäft abgewickelt werden und alles wurde im Voraus bar bezahlt. Die Kosten für die Beförderung hoch gefährlicher Schmuggelware in 56 Flügen waren gewaltig, doch für Saddam lohnte sich jeder einzelne Dinar.

Außer den Lieferungen per Luftfracht fuhren damals auch mit Waffen, Chemikalien und technischem Equipment voll beladene Lastwagen nach Syrien. Es waren keine staatlichen oder militärischen Fahrzeuge, sondern ganz normale Lastwagen, die aussahen, als wären sie mit üblicher Handelsware beladen. Saddam war davon überzeugt, dass normale Nutzfahrzeuge die Sicherheitskontrollen an den Grenzen einfach passieren könnten, ohne Alarm auszulösen. Das taten sie auch, ohne die Aufmerksamkeit der Amerikaner oder internationaler Satellitenbeobachter auf sich zu ziehen. Aus einer anderen Quelle geht hervor, dass Waffen und Ausrüstungsgegenstände sogar in Krankenwagen über die Grenze gebracht wurden.

Um all diese illegalen Geschäfte geheim zu halten, wickelten die beiden Alis ihre Geschäfte über eine Tarnfirma namens SES ab. Diese Firma spielte eine Schlüsselrolle beim Transport von Ausrüstung über die syrisch-irakische Grenze und beim Herausschmuggeln vieler ehemaliger Regierungsbeamter aus dem Irak unmittelbar nach der US-Invasion im März 2003. Die SES-Leute waren dieselben, die zuvor den illegalen Verkauf von Öl, Erdgas, Benzin, Sulfat und anderen Bodenschätzen des Iraks in andere Länder der Region unter Umgehung der UN-Sanktionen organisiert hatten.

Außerdem war es auch diese Firma, die den Verkauf von Waffen und Ausrüstungsgegenständen an Saddam vermittelte, während der Irak noch mit Sanktionen belegt war. Das zumindest ist nichts Neues. Die *Los Angeles Times* brachte am 30. Dezember 2003 einen großen Beitrag über die Rolle Syriens beim Untergraben der Sanktionen – hier wurden Namen, Daten und Orte angegeben. CIA und US-Außenministerium waren sich all dessen und vieler weiterer Sachverhalte bewusst, doch die Rolle Syriens bei der Beförderung von Massenvernichtungswaffen aus dem Irak ist zuvor noch nicht bestätigt worden. Meine eigenen Kenntnisse dieser Transfers stammen nicht aus einem der veröffentlichten Berichte, sondern von einem Mann, der selber daran beteiligt war – ein Zivilpilot, der bezeugen kann, dass die Verkehrsmaschine Boeing 747 damals zwischen Syrien und dem Irak hin und her flog. Er hat mir versichert, dass es genau so ablief.

Am 28. Juli 2005 wurden Mitglieder eines US-Kongressausschusses sowie die US-Regierung über einige Aspekte dieser Geschäfte informiert. Ministerialdirektor Daniel Glaser, der im US-Finanzministerium die Unterstützung terroristischer Aktivitäten überwacht, berichtete, dass die amerikanische Regierung weitere Nachforschungen zu den SES-Aktivitäten betreibe. „Am 9. Juni 2005", so Glaser in seiner Aussage vor einem Ausschuss des US-Repräsentantenhauses, „stellten wir fest, dass zwei verwandte Personen, General Zuhayr Schalisch und Asif Schalisch, und ein in Verbindung stehender Betrieb, die SES International Corporation mit Sitz in Syrien, hochrangige Offiziere des früheren irakischen Regimes unterstützt haben."

SES habe, so Glaser weiter, widerrechtlich als „Endnutzer für das frühere irakische Regime" gehandelt und Saddams Waffen- und Munitionskauf abgewickelt und geleitet, was ein Verstoß gegen die Sanktionsvereinbarung war. Glaser sagte jedoch nicht, dass eben diese Organisation ebenfalls den Transfer von Massenvernichtungswaffen aus dem Irak in den Jahren 2002 und 2003 regelte, und dass sie hochrangige Mitglieder von Saddams Kabinett aus dem Land nach Syrien schmuggelte, bevor sie von den Koalitionsmächten ergriffen werden konnten. Doch das sind die Fakten.

Hilfe und Trost

Zwischen dem Ende des ersten Golfkriegs und dem Beginn des Programms „Öl für Lebensmittel" beraubte Saddam das irakische Volk und baute ein riesiges Netzwerk internationaler Kollaborateure auf, die ihm halfen, die militärischen und wirtschaftlichen Sanktionen zu umgehen, die ihm von Amerika und der UNO auferlegt worden waren. Dabei hatte er viele verdeckte Mitarbeiter, doch erst bei den ersten großen Kapitaltransfers im Rahmen des Programms „Öl für Lebensmittel" konnte der irakische Präsident alle diese Pläne umsetzen.

In den zwölf Jahren zwischen dem ersten und dem zweiten Golfkrieg häufte Saddam Milliarden in nicht genehmigten Zahlungsmitteln und Krediten an, wobei er das meiste Geld durch oder wegen des Programms „Öl für Lebensmittel" bekam. Als sozialistisches Land hatten wir im Irak keine Einkommens- oder Körperschaftssteuer. Wie bereits oben angedeutet, war Bestechung zur Kunstform geworden. Selbst Angehörige der Polizei und medizinischer Berufe waren bestochen worden. Doch erst, seit die Vereinten Nationen begannen, Saddam für Öl zu bezahlen und Handelsabkommen zu überwachen, konnte er zum normalen Tagesgeschäft mit bestimmten abhängigen Staaten zurückkehren. Danach mehrte er sein Guthaben und ging seinem Lieblingshobby nach, nämlich die Welt in Sachen Massenvernichtungswaffen an der Nase herumzuführen.

Darin war Saddam hervorragend. Und seine Fähigkeit zu lügen, zu betrügen und zu täuschen übertrug sich auf all seine Geschäftstaktiken. Verträge für Lebensmittel, Kleidung, Möbel, Papierwaren und weiteres Wichtige, was im Ausland eingekauft wurde, boten ihm die perfekte Gelegenheit, das System auszubeuten, indem er Schmiergelder und illegale Provisionen verlangte, oder indem er seine Käufe von Rüstungsgütern und anderen mit Importverbot belegten Technologien als etwas anderes tarnte als das, was sie tatsächlich waren. Schiffsladungen voll Güter, die als „Ersatzteile" oder „Fabrikausstattung" deklariert waren, waren tatsächlich Raketenlenksysteme, Raketentriebwerke und sogar Läufe von Flakgeschützen.

Regierungsbeamte benutzten, auf Geheiß Saddams, Rohölzertifikate als Bargeld, um Waren und Dienstleistungen einzukaufen, um das Regime umzubauen und wiederherzurichten, jedoch nicht zum Wohle des Volkes, für das die Öl-für-Lebensmittel-Hilfe angeblich gedacht war. Mit Zutun der Vereinten Nationen konnte Saddam bestechen, stehlen, erzwingen und schmuggeln, was immer ihm beliebte, und er sammelte Waffen, Waffenbestandteile und Rohmaterial zur Herstellung von allem, was er wollte, im Wert von Milliarden Dollar an.

Saddam wusste instinktiv, wie er aus dem 64 Milliarden Dollar schweren Programm „Öl für Lebensmittel" Profit schlagen konnte. Sein persönlicher Reichtum im Jahre 2003 wurde auf über 10 Milliarden Dollar geschätzt. Das meiste davon hatte er im Laufe der vergangenen dreißig Jahre dem Volk geraubt. Doch er erwirtschaftete auch mindestens 1,8 Milliarden Dollar aus illegalen Provisionen und Genehmigungen sowie Schmiergeldern bei seinen Geschäften mit Lieferanten unter dem UN-Programm. Außerdem erhielt er weitere 8,4 Milliarden Dollar durch direkte Schmuggelaktionen, die er zwischen 1996 und 2003 ankurbelte und überwachte.

Wenn seine Aktivitäten in Gefahr waren, griff Saddam auf seine alten Propagandatricks zurück und lenkte ab. Als er beispielsweise im Dezember 1998 die UN-Waffeninspektoren hinauswarf, behauptete er, es gebe politische Vorurteile ihm gegenüber und die Inspektoren würden in der Auswahl der Anlagen gegen ihre eigenen Regeln verstoßen. Vielfach inszenierte er rein für die Medien Wortgefechte mit den Inspektionsteams. Erst im November 2002, als das Damoklesschwert des Krieges über uns schwebte, ließ er die Überwachungs-, Verifikations- und Inspektionskommission der Vereinten Nationen (UNMOVIC) wieder ins Land.

Als Teil des von General Sultan Haschim at Safwan 1991 unterzeichneten Waffenstillstandsabkommens war Saddam aufgefordert, sowohl das B-Waffen-Übereinkommen (Übereinkommen über das Verbot der Entwicklung, Herstellung und Lagerung bakteriologischer [biologischer] und toxischer Waffen und ihre Vernichtung), als auch das C-Waffen-Übereinkommen (entsprechend für chemische Waffen) zu unterzeichnen. Leider waren beide Übereinkommen schwach und keines hatte starke Anreize oder einen Überwachungsapparat aufzuweisen, um eine Erfüllung der Vertragsbestimmungen zu gewährleisten. Und für jemanden wie Saddam bedeutete das, gar nichts zu erfüllen. Das war ein Schlupfloch, das er nur allzu gerne nutzte.

Richtung Versöhnung

Im Juni 2004 bestätigte Demetrius Perricos, Leiter der UNMOVIC, diese und andere Fakten in einem Bericht an den Weltsicherheitsrat. Er legte deutlich dar, dass Saddam vor, während und nach dem Krieg Massenvernichtungswaffen aus dem Irak schmuggelte. In seinem Bericht lieferte Perricos Beweise, dass aus Dokumenten, die in Jordanien, der Türkei und sogar in den Niederlanden entdeckt wurden, hervorging, dass tausende Tonnen biologischer Sprengköpfe aus dem Irak in andere Länder des Mittleren Ostens geliefert wurden. Und außer den chemischen und biologischen Komponenten gab es Atomreaktorbehälter und Fermentierer zur Herstellung chemischer und biologischer Sprengköpfe.

Perricos erwähnte nicht die Verbindung zu Syrien, doch Berichte irakischer Informanten sowie Informationen des israelischen Geheimdienstes Mossad belegen, dass Mitglieder der syrischen Baath-Partei stark beteiligt waren. Und zwei Monate vor dem UNMOVIC-Bericht erhielten US-Beamte eine Mitteilung vom jordanischen Geheimdienst, dass sie einen geplanten Al-Qaida-Anschlag mit einer großen chemischen Waffe im Herzen von Amman, Jordanien, vereitelt hätten.

Der Anschlag nach den Plänen des jordanischen Terroristen Abu Musab al-Sarkawi sollte eine „toxische Wolke" in der Stadt erzeugen, die nicht nur in die US-Botschaft, sondern auch in das Büro des jordanischen Premierministers und das Hauptquartier des Geheimdienstes eindringen sollte. Als „Kollateralschaden" wären Tod oder schlimme Verwundungen von mindestens zwanzigtausend jordanischer Zivilisten zu verzeichnen gewesen.

Im Zuge der Vereitelung dieses teuflischen Anschlags nahmen die jordanischen Agenten zahlreiche beteiligte Terroristen gefangen und stellten zwanzig Tonnen Nervengas und Sarin sicher, die bei dem Anschlag hätten zum Einsatz kommen sollen. Niemand konnte sagen, woher diese biologischen und chemischen Stoffe kamen, aber es gibt nur eine logische Quelle. Sie waren aller Wahrscheinlichkeit nach nur ein geringer Teil der Schmuggelware, die Saddam aus meinem Land gebracht hatte und das einem weltbekannten Terroristen in die Hände gefallen war, dessen Operationsstandort seit den Anfängen des Golfkriegs der Irak gewesen war. Entsprechendes bestätigten Recherchen, die in einer Reportage im Januar 2006 in „Das Erste" ausgestrahlt wurden.

Leben nach Saddam

Die meisten Iraker waren entsetzt und verblüfft, wie Saddam gefangen genommen wurde – schmutzig und verschreckt und in einem Erdloch versteckt. Dreißig Jahre lang versuchte dieser Mann, jeden glauben zu machen, er sei unbesiegbar. Er rauchte seine dicken Zigarren, schoss mit seinen Waffen in die Luft und stolzierte vor Fernsehkameras auf und ab. Der erste Bericht in jedem irakischen Nachrichtensender und die Schlagzeile jeder inländischen Tageszeitung sollte jeden einzelnen Tag Saddams zum Thema haben. Doch an jenem 13. Dezember 2003 war er die Schlagzeile in der ganzen Welt – und daran war nichts Tapferes oder Inspirierendes. Er erschien als Feigling, der vor der Gerechtigkeit davonlief.

Hätte Saddam beschlossen, wie ein Mann zu kämpfen und zu sterben, würde er vermutlich heute noch von manchen meiner Landsleute verehrt. Wer ihn geliebt hatte, würde sagen, er sei ein Held gewesen, der für das gekämpft habe, woran er glaubte. Doch er verlor jeglichen Respekt, als er mit einer Pistole gefangen genommen wurde, die er nicht einmal zu benutzen versuchte. Für ihn wäre es besser gewesen, er wäre umgebracht worden, oder gar, er hätte sich selbst umgebracht, anstatt sich zu ergeben. Doch stattdessen wurde er aus einem Erdloch gezerrt wie ein Tier.

Jetzt kann die Welt sehen, wie er sich vor einem Sondertribunal verantworten muss. Die Vorwürfe gegen ihn sind sehr schwer und ich bezweifle nicht, dass er überführt werden wird. Selbst seine eigenen Anwälte wissen, dass Saddam schuldig ist. In einem Interview sagte Abdul Haq al-Ani, den Saddams Tochter zum Sprecher seiner Verteidiger bestellt hat, zu Reportern, er halte die von Saddam angeordneten unrechtmäßigen Verhaftungen und Folterungen unschuldiger Iraker für „verachtenswert". Der einzige Grund, warum er diesen Fall angenommen habe, sagte er, sei seine anti-amerikanische Haltung, die er bei der Verteidigung Saddams anschaulich demonstrieren könne. Jedenfalls ist das kein einfacher Fall und die Anklagepunkte gegen seinen Mandanten sind sehr schwerwiegend.

Unter anderem wird Saddam das Massaker an Kurden in Anfal 1987–1988 zur Last gelegt, bei dem fast zweihunderttausend Menschen getötet oder vertrieben wurden. Vorgeworfen wird ihm weiterhin der Befehl zur Bombardierung Kirkuks und das Abschlachten tausender schiitischer Muslime, die im Süden in Massengräbern beigesetzt wurden. Außerdem wird er der Chemieangriffe auf Kurden in Halabja im Jahre 1988 beschuldigt sowie der Hinrichtung von achttausend Angehörigen des Barzani-Stammes – dem zufälligerweise auch der Präsident der Region Kurdistan angehört. Und das sind nur einige der wesentlichen Anklagepunkte, mit denen sich Saddam und seine Anwälte zu befassen haben und deretwegen der Staatsanwalt in der ersten Instanz im Juli 2006 die Höchststrafe gefordert hat.

Achtzig Prozent der irakischen Bevölkerung warten gespannt auf das Ende dieses Verfahrens und dass der Gerechtigkeit genüge getan wird. Weitere 15 Prozent geben sich gleichgültig – Hauptsache, Saddam ist fort und sie leben noch. Dann ist da allerdings noch eine kleine Gruppe von „Saddamisten", die sich ihm treu verbunden fühlen, weil sie unter seinem korrupten Regime zu Wohlstand gelangt sind.

Doch ich weiß von einer anderen großen Gruppe, vorwiegend Journalisten, Rundfunkleute und Beamte ausländischer Regierungen, die von Saddam große Geldbeträge erhalten haben, damit sie nette Dinge über ihn sagen und drucken. Dieser Tage lernen hunderte von Menschen in Nachrichtenzentralen und Sendestudios in ganz Europa und im Mittleren Osten, mit weniger Geld zurechtzukommen, denn die Bestechungssummen und Erpressungsgelder, die sie von Saddam erhalten haben, blieben plötzlich aus.

Persönlicher Appell

Als früherer Jagdflugzeugpilot und Luftwaffengeneral war ich während meiner gesamten Laufbahn in Kriegen und Revolutionen im Einsatz. Ich weiß, was Krieg bedeutet und was diese Waffen anrichten können. Daher habe ich 1998 angefangen, mit Organisationen zu arbeiten, die sich dem Frieden und der Versöhnung im Mittleren Osten verschrieben haben. Seither leite ich das Internationale Zentrum für Frieden und Versöhnung und mir wurde das „Nagelkreuz" der Kathedrale von Coventry in England verliehen, was mir eine sehr große Ehre war. Sieben Monate nach der Befreiung des Iraks erhielt ich am 14. November 2003 den Internationalen Friedenspreis in Coventry.

All das geschah, weil ich ernsthaft glaube, dass unser Teil der Welt Frieden braucht – nicht nur der Irak, sondern der gesamte Mittlere Osten. Und wir müssen lernen, mit anderen in Frieden zu leben, wenn wir überleben wollen. In diesem Geiste habe ich mich entschlossen, einen Appell an meinen Glaubensbruder im Mittleren Osten zu richten, den syrischen Präsidenten Baschar al-Assad, einen jungen, begnadeten Staatsführer, die Wahrheit über diese Belange nicht weiter zu verschweigen.

Ich bitte Präsident Baschar al-Assad hiermit, der Welt die Wahrheit über die Massenvernichtungswaffen zu sagen und sie dann einer neutralen Organisation auszuhändigen, die dafür sorgt, dass sie aus Syrien herausgeschafft und sachgerecht entsorgt werden. Ob Vereinte Nationen, Rotes Kreuz oder ein anderes internationales Gremium – diese Waffen und alles andere, was Saddam Hussein dorthin geschickt hat, müssen abgegeben werden, um diese Sache, die so viel Kummer beschert hat, abzuschließen. Sie zu besitzen ist eine Bedrohung für den Weltfrieden, sie zu benutzen wäre ein Verbrechen, das in einer nur noch größeren Tragödie enden würde. Jetzt ist die Zeit gekommen, sie loszuwerden.

Wenn Präsident Assad diesen wichtigen Schritt tut, wird sein Ansehen und das seines Landes in der ganzen Welt steigen. Es wird dazu beitragen, viele Probleme zu lösen, die durch Syriens schlechte Beziehungen zu seinen Nachbarn in der Vergangenheit zustande kamen. Als irakischer General und jetzt als Leiter von Friedensinitiativen im Mittleren Osten fällt mir keine wichtigere Tat ein, um Hoffnung und Wohlstand in unserer Region wiederherzustellen.

Fünfzig Jahre Kampf zwischen unseren Ländern sind genug. Fünfzig Jahre Blutvergießen, Verlust von Millionen unserer Söhne, Verwüstung hunderter Städte in Syrien, dem Iran, Jordanien, Saudi-Arabien und dem Irak und Verschwendung von Milliarden von Dollar aus unseren Staatskassen, mit denen man unsere Bevölkerungen hätte mit Nahrung und Kleidung versorgen können, sind ein furchtbarer Preis für unseren Stolz und unseren Hass.

Hiermit bitte ich Sie von ganzem Herzen: Herr Präsident Baschar al-Assad, geben Sie die Waffen heraus. Überlassen Sie sie den Vereinten Nationen und die ganze Welt wird Ihnen dankbar sein.

11. Vorwärts gehen

Das Internationale Versöhnungszentrum (International Centre for Reconciliation, ICR) wurde im Irak 1998 ins Leben gerufen, als Canon Andrew White mich erstmals im Irak besuchte. Andrew und ich legten damals die allgemeinen Richtlinien für die bevorstehende Arbeit fest. Grundlage war unsere Verpflichtung, ein Umfeld zu schaffen, in dem sich Menschen jeder Glaubensrichtung und jeden Hintergrunds ohne Angst oder drohende Einschüchterung frei äußern und ihre Meinungsverschiedenheiten beilegen können. Als Andrew wieder nach Coventry zurückkehrte, leitete ich Aktivitäten im Irak in die Wege, die seither stark angewachsen sind. Die Reichweite dieser Bewegung ist größer geworden und meine eigenen Zuständigkeiten umso mehr.

Als ICR-Direktor im Irak bestand meine Aufgabe darin, die verschiedenen Gruppen der Region zu ermuntern, ihre Probleme durchzusprechen, anstatt gleich verbal oder körperlich aufeinander loszugehen. Die Arbeit ging langsam voran und war manchmal gefährlich, doch wir hielten durch und sahen einen Silberstreif am Horizont. Eines der bedeutendsten Ereignisse fand am 24. Februar 2004 statt, als Canon White und ich eine große Zusammenkunft aller Stammes- und Religionsführer moderierten, die über unsere gemeinsamen Sorgen reden wollten. Wir trafen uns im Hotel Babylon, wo wir zum Abschluss der Versammlung ein Dokument mit dem Namen „Bagdader Religionsabkommen" unterzeichneten, das zu religiöser und ethnischer Toleranz im Irak aufrief.

Nachdem führende Vertreter aller Glaubensrichtungen dieses Dokument unterschrieben hatten, errichteten wir ein neues Zentrum für Dialog und Versöhnung. Finanziell unterstützt wurde es ursprünglich von der Initiative für Religion und Friedensstiftung an der Kathedrale von Coventry. Außerdem wirkte das US-Friedensinstitut (USIP – United States Institute of Peace) in Washington, D. C., an der Organisation und Planung unserer Aktivitäten mit. Der Name unserer neuen Organisation sollte sich so eng wie möglich an das USIP anlehnen – so wurde das IIP (Iraqi Institute for Peace), das Irakische Friedensinstitut, ins Leben gerufen.

Ich hatte seit 1998 als Leiter des Internationalen Versöhnungszentrums gearbeitet und engagierte mich bis Februar 2004 in ähnlicher Funktion für die neue Organisation, die ich dann verließ, um bei der Errichtung eines neuen irakischen Verteidigungsministeriums zu helfen. Sie fanden andere Leute zur Verwaltung des IIP, wobei ich dorthin zurückkehrte, um bei der Lösung von Problemen zu helfen, die nach meinem Weggang auftraten.

In den sieben Jahren, in denen ich diese Posten innehatte, bezog ich weder Gehalt noch feste Bezüge. Als Christ gab ich den Zehnten meines Einkommens der Gemeinde, sodass ich häufig von meinem eigenen Geld Gäste bewirtete oder andere Dinge für das IIP und seine Zweigorganisationen tat. Schließlich erließ das USIP eine Anweisung, wonach Mittel für die Aktivitäten des Instituts nur an mich persönlich geschickt werden. Obwohl sich meine Verpflichtungen also vervielfacht hatten, arbeite ich noch immer für das IIP im Irak und habe heute die Position des Geschäftsführers inne.

Versöhnung und Wiederaufbau

Zur Arbeit des IIP hinzugekommen sind seit 2004 Verhandlungen zur Geiselbefreiung, Gnadengesuche, Intervention bei religiöser Verfolgung und vieles mehr. Wir haben uns mit Sunnitenführern aus allen verschiedenen Gebieten getroffen und wir haben eng mit ihnen zusammengearbeitet bei der Auswahl der fünfzehn Personen aus der Region, die zu dem Ausschuss gehören sollen, der die neue Verfassung unseres Landes entwirft. Wir haben Konferenzen für tausend Menschen ausgerichtet, und ich habe angefangen, mit Sunnitenführern an der Verbesserung der Beziehungen zwischen den Stämmen und Religionsgruppen im Nordteil des Landes zu arbeiten. Anfangs finanzierte das britische Außenministerium diese Treffen, heute tun das amerikanische Organisationen.

Dann, am 21. März 2004, wurde ich zu einem Treffen mit dem amerikanischen Gesandten Paul Bremer und Brusqa Nuri Shawez, einem prominenten Kurdenführer im Irak, geladen, um das neue Gesetz zur Schaffung des Verteidigungsministeriums zu unterzeichnen. An diesem Tag begannen wir mit dem Aufbau unserer Militärstreitkräfte; Shawez wurde zum Generalsekretär des irakischen Verteidigungsministeriums ernannt. Sechs Wochen später, am 10. Mai 2004, wurde ich zu einem Kurs speziell für neue Mitglieder im höheren Dienst, der obersten Ebene des Staatsbeamtentums des neuen Irak, nach Washington, D. C., geschickt.

Ich war zum Sprecher des Verteidigungsministeriums und Direktor für öffentliche Angelegenheiten dieses Ministeriums nominiert worden. Während ich auf weitere Nachricht im Blick auf meine Nominierung wartete, erhielt ich einen Anruf von Fred Smith, Leiter des ONSA (Office of National Security Affairs – Ministerium für Innere Sicherheit) in Bagdad: „General Sada, ich möchte der Erste sein, der Ihnen zur Ernennung zum Sprecher des neuen irakischen Premierministers gratuliert." Das waren sehr schöne Neuigkeiten. Ich bedankte mich und fragte: „Aber wer ist denn der neue Premierminister?" Darauf erwiderte er: „Das weiß keiner. Doch Sie sind bereits ernannt und die neue Regierung tritt am 1. Juni ihr Amt an."

Dieses Gespräch fand am 24. Mai 2004 statt und ich war gespannt, was als Nächstes passieren würde. Noch am selben Tag erhielt ich einen Anruf vom Außenministerium: „Georges, für den 26. Mai ist ein Treffen zwischen Ihnen und US-Außenminister Colin Powell anberaumt. Er wird Ihnen eine sehr wichtige Persönlichkeit vorstellen, die in den Irak gehen wird." Zwei Tage später ging ich also zu dem Treffen und wurde US-Außenminister Powell vorgestellt. Wir unterhielten uns ein wenig über die Lage im Irak und über meine Arbeit. Er war sehr warmherzig und ermutigend. Nach ein paar Minuten sagte er dann: „General Sada, ich möchte Ihnen John Negroponte vorstellen. Er wird amerikanischer Botschafter im Irak."

Ich war erfreut, Botschafter Negroponte kennenzulernen. Als höchster Repräsentant der Vereinigten Staaten in unserem Land würde er für uns eine wichtige Persönlichkeit werden. Wir gaben uns die Hand. „Freut mich, Sie kennenzulernen, Georges", sagte er. „Ich habe schon viel von Ihnen gehört." Und er fuhr fort: „Wenn ich meinen Posten im Irak einnehme, will ich Sie sehen und begrüßen, noch bevor ich meine Papiere bei der Regierung einreiche." „Ja, das mache ich gern. Und rufen Sie mich im Büro des Premierministers an, wenn Sie da sind", entgegnete ich. Ich gab ihm meine Visitenkarte. Er rief denn auch tatsächlich an, als er einen Monat später nach Bagdad kam. Wir unterhielten uns kurz, bevor er ins Amtszimmer des Premierministers ging, um ihm vorgestellt zu werden.

Am 28. Mai 2004 richtete ich mein Arbeitszimmer ein und wartete auf den neuen Premierminister. Irgendwann sagte ich zu dem Sondergesandten Bremer: „Ach bitte, sagen Sie mir doch, wer neuer Premierminister wird." Er erwiderte: „Glauben Sie mir, Georges: Ich weiß es nicht."

„Ab heute sind es nur noch drei Tage", wandte ich ein. „Irgendjemand muss doch wissen, wer es sein wird." Nun gut, ich erhielt einen ganz vagen Hinweis, dass es Dr. Ayad Allawi sein könnte, aber endgültige Gewissheit bekam ich erst am 1. Juni. Da machte Bremers Sprecher Dan Senor mich mit Dr. Allawi bekannt.

Eigentlich waren wir uns bereits zwei Monate zuvor begegnet, als ich im Verteidigungsministerium war und wir beide in Jordanien an Feierlichkeiten zu Ehren unserer neuen Brigadekommandanten teilnahmen. Dr. Allawi gehörte damals zum Regierungsrat und war Vorsitzender seiner politischen INA-Partei (Iraqi National Accord – Irakischer Nationaler Einklang). Zuvor hatte er über zwanzig Jahre in London gelebt.

Dr. Allawi nahm seine Aufgaben von Anfang an ernst und Paul

Bremer überließ ihm fast augenblicklich die Regierungsgeschäfte. Die nächsten achtundzwanzig Tage waren wir sehr beschäftigt und bereiteten einen formalen Wechsel von einer amerikanischen Verwaltung zu einer für den ganzen Irak zuständigen Regierung vor. Ursprünglich sollten wir bis zum 30. Juni fertig sein, doch wir schafften es zwei Tage früher.

Bremer, der den Irak am 30. verlassen sollte, kam am 28. Juni in das Büro des Premierministers und sagte: „Gut gemacht, meine Herren. Sie haben jetzt alles geregelt und ich verlasse Sie noch heute." Das kam für alle überraschend, speziell für die Medien. Aber es gab für ihn keinen Grund mehr zu bleiben. Wir hatten im Irak schließlich eine neue Regierung und die Amtsgeschäfte sollten von Irakern übernommen werden. Noch am selben Nachmittag kam Botschafter Negroponte an und wir begannen mit dem Wiederaufbau des Iraks.

Kämpfen für nichts

Am 21. März 2004 traf ich mich mit Fred Smith beim ONSA im Irak, sowie mit David Gompert, Paul Bremers Chefberater für Sicherheitspolitik. Ich wurde kurz über Pläne für das neue Verteidigungsministerium unterrichtet. Es solle ein Treffen der irakischen Führungskräfte stattfinden und die *New York Times* werde anwesend sein. Bilder und Ablauf des Treffens könne man zu dem Zeitpunkt noch nicht veröffentlichen, aber es würden Fotografen dabei sein, um das Ereignis zu dokumentieren. Details würden irgendwann in der Zukunft veröffentlicht.

Ich ging zu dem Treffen und es wurden viele Bilder aufgenommen. Als wir die Urkunde zur Errichtung des neuen Verteidigungsministeriums unterzeichneten, hatte ich das Gefühl, dass sich meine Jahre im Dienste des Militärs letztendlich auszahlten. Zumindest würde mein Land ein Militär haben, auf das es stolz sein konnte. Wir fanden ein Gebäude und mittlerweile haben Ministerium und neue

Regierung ihre Amtsgeschäfte aufgenommen. Ich war stolz, als Sprecher des Verteidigungsministers – wer immer das auch sein würde – dabei zu sein. Später wurde verkündet, dass als Kandidat für diesen Posten Dr. Ali Allawi vorgesehen war, Mitglied des Regierungsrats und nominierter Handelsminister. Während der Aufbauphase der Regierung hatte Dr. Ali Allawi drei Funktionen inne.

Vom 21. März bis zum 10. Mai 2004 planten wir den Aufbau des Verteidigungsministeriums und entschieden über die Vergabe von Schlüsselpositionen in der Regierung. In dieser Phase wurde ich um Vorschläge zum Umfang der neuen Armee im Irak gebeten. Unter anderem sagte ich, dass die drei ursprünglich geplanten Divisionen nicht ausreichend wären. Wir bräuchten mindestens neun Divisionen und 150.000 Mann uniformiertes Personal, besser wären jedoch zehn Divisionen. Erfreulicherweise waren sie meiner Meinung und seither ist die Anzahl der Divisionen von neun auf elf gestiegen.

Als die 101. US-Airborne Division aus dem Irak abgezogen wurde und nach Amerika zurückkehrte, wurde Generalmajor David Petraeus zum Generalleutnant befördert und erhielt die Aufgabe, die neue irakische Armee auszubilden. Er macht seine Arbeit hervorragend und arbeitet von morgens früh bis abends spät. Er ist ein gewissenhafter Offizier und er weiß, wie wichtig es ist, die irakischen Soldaten so auszubilden, dass sie das Land verteidigen können. Ich bin sehr stolz auf das, was er geleistet hat.

Die härteste Herausforderung begegnet dem Militär heute in den fünf Provinzen, in denen die Aufständischen große Probleme bereiten – in den Provinzen Diahla, Ramadi, Bagdad, Saladin und Mosul. Sie sind weitestgehend sunnitisch. Saddam stammte aus diesem Gebiet. Die sunnitischen Araber stellen zwar nur 25 Prozent der irakischen Bevölkerung, aber unter dem alten Regime hatten hauptsächlich sie das Sagen gehabt. Jetzt, da sie nicht mehr bevorzugt werden, haben ihre Anführer alle Mühe, ihre Ziele durchzusetzen. Bisweilen schlagen sie dabei den falschen Weg ein. Beispielsweise boykottierten viele Sunniten die Wahlen vom Januar 2005. Das war ein Riesenfehler und der Preis war hoch: Ihre Kandidaten wurden nicht in hohe Ämter gewählt.

Viele Offiziere und Soldaten aus diesem Gebiet taten ihren Dienst unter Saddam in der Republikanischen Garde und den speziellen Sicherheitskräften. Viele dieser Männer sind heute Aufständische, weil sie sich vernachlässigt fühlen. Außerdem geht ihnen auf, dass sie nie wieder diese Machtfülle erreichen werden, die sie vor der Befreiung hatten. Sie glauben, durch die Rebellion werden sie ihre Macht wiedererlangen können, doch das werden sie garantiert nicht. Letztendlich kämpfen sie nicht gegen Amerika; sie kämpfen gegen ihr eigenes Volk und ihre eigene Regierung, und das muss aufhören.

Welche Waffen sie auch haben mögen – ein paar Kalaschnikows, Granaten und etwas Sprengstoff –, damit werden sie nicht weit kommen. Außerdem ist das nichts im Vergleich zu den massiven Waffenbeständen der neuen Streitkräfte. Die Klugen unter ihnen merken also allmählich, dass es höchste Zeit wird, sich in die politischen Vorgänge einzubringen, denn auf lange Sicht führt Rebellion zu nichts. Und selbst wenn die Aufständischen heute etwas Erfolg haben – hauptsächlich dank der ausländischen Kämpfer, die sich ihnen hier anschließen –, wird auch das nicht von Dauer sein. Es ist nur eine Frage der Zeit, bis diese Gruppen zerschlagen werden.

Zusammenarbeit lernen

Uns allen muss klar werden, dass die Lösung für die Probleme im Irak keine militärische, sondern eine politische ist. Und wenn sich die Sunniten aus der Rebellion verabschieden, lassen sich die schwarzen Schafe aus dem Ausland viel leichter aufspüren und verhaften. Und wenn die Sunniten erst ihren Teil zum politischen Prozess beitragen, bleibt nichts, wo sich die Aufständischen aus dem Ausland verstecken könnten. Sie müssen sich entweder ergeben, das Land verlassen oder ergriffen werden. Eine andere Wahl haben wir nicht. Ich habe persönlich mit vielen Sunnitenführern gesprochen und einige von ihnen dazu gebracht, sich mit den amerikanischen Beamten zu treffen – einschließlich den Botschaftern Paul Bremer, David Newman und Richard Jones sowie dem britischen Botschafter Sir Jeremy Greenstock. Jetzt sagen sie, dass sie an den Wahlen teilnehmen und ihre Kandidaten vorstellen wollen. Sie haben uns erzählt, dass sie ihre Waffen niederlegen wollen, aber sie wollen, dass die neue Regierung sie einbindet und ihre Interessen wahrnimmt.

Irgendwann sagten mir einige Sunniten: „Wir erwarten von der neuen Regierung, dass sie unsere Führer ins Parlament bringt." Natürlich habe ich ihnen erzählt, dass Demokratie so nicht funktioniert. Wenn sie ihre Leute im Parlament haben wollen, müssen sie sich um Ämter bewerben und die Wähler davon überzeugen, dass ihre Kandidaten am besten dafür qualifiziert sind. Sie waren noch auf dem Standpunkt, dass politisch Verantwortliche auf der Grundlage des prozentualen Anteils der Sunniten im Lande ernannt werden könnten. Doch mittlerweile wissen sie, dass es so nicht läuft.

Die sunnitischen Araber machen zwar nur ein Viertel der Bevölkerung aus, doch unter Saddam hielten sie fast 100 Prozent der Macht in Händen. Daher ist für sie alles etwas schwieriger geworden. Doch das alte System ist aus und vorbei. Immer mehr Sunnitenführer kommen nun hinzu. Die Männer, die gedacht hatten, sie könnten sich proportional ernennen lassen, haben sich wieder zurückgezogen und Kandidaten gesucht, die von den Wählern unterstützt werden. Und es freut mich, dass die Sunniten im Irak nun auch am Wahlgeschehen teilnehmen.

Im Herbst 2004 hatte ich ein Gespräch mit einem prominenten Sunniten, der Vorstand der Ärztevereinigung des Iraks war. Er sagte, er mache sich Sorgen, dass die Amerikaner nach der Befreiung versuchen würden, die sunnitischen Araber dafür zu bestrafen, dass sie am Aufstand teilgenommen hätten und starke Befürworter Saddams gewesen seien. Doch ich versicherte ihm, dass die Amerikaner nichts gegen die Sunniten haben. Ich erzählte ihm, dass ich bei vielen Treffen in Amerika und im Irak dabei gewesen war, auf denen hochrangige Politiker und Offiziere gesagt hatten, sie wollten, dass sich die Sunniten am politischen Prozess beteiligten.

Bemerkenswerterweise sagte US-Außenministerin Condoleezza Rice genau am nächsten Tag in einer Rede in Bagdad praktisch genau dasselbe: „Wir wollen, dass sich die Sunniten in den politischen Prozess einbringen."

Wenig später rief mich der Arzt an: „Georges", sagte er, „ich muss Ihnen für Ihre Worte danken. Sie wissen, dass ich Ihnen geglaubt habe. Aber es ist erfreulich, das genau so noch einmal aus dem Munde von Frau Rice zu hören." Das freute mich. Doch ich sagte ihm auch, dass die gesamte Bevölkerung des Iraks – Sunniten, Schiiten, Kurden, Yeziden, Christen und andere – das Recht haben, sich an der neuen Regierung zu beteiligen, und erst, wenn wir zusammen kommen und zusammen arbeiten, können wir etwas Gutes erreichen.

Vergebung lernen

Ich bin mir sicher, dass die sunnitischen Araber im Irak, die gut ausgebildet und wohlhabend sind, sich diese Chance nicht entgehen lassen wollen. Durch ihren Widerstand haben sie zu viel zu verlieren und zu wenig zu gewinnen. Außerdem bin ich mir sicher, dass sie sich rasch umbesinnen werden, denn sie sind sehr klug. Sie waren über Jahrhunderte an der Macht unter praktisch jeder Regierung und jedem Herrscher, den wir hier in diesem Teil der Welt hatten.

Die Sunniten sind Ärzte, Ingenieure, Wissenschaftler, Regierungsbeamte, Wirtschaftsexperten und alles mögliche andere. Sie arbeiten sehr tüchtig und viele von ihnen sind sehr reich. Doch ganz gewiss haben sie aus den Niederlagen ihrer Streitkräfte in den Schlachten von Falludscha, Ramadi und Al Qaim gelernt, dass Bürgerkrieg nichts bringt. Durch diesen Anschauungsunterricht wird ihnen ganz klar geworden sein, dass sie nicht zu hoffen brauchen, die

Macht durch militärische Mittel zu erringen. Auf die Politik einwirken heißt, sich um ein Amt zu bewerben und zum System zu gehören.

Natürlich haben wir im Irak immer noch das Problem mit den ausländischen Aufständischen, doch wir haben einen Plan ausgearbeitet, wie man dieser Invasion Einhalt gebieten kann. Wir haben verlauten lassen, dass jede Region dieses Landes, die ausländischen Rebellen Unterschlupf gewährt, als Rebellengebiet betrachtet wird, das gegen die Regierung eingestellt ist. In diesen Gebieten wird es gegebenermaßen vermehrt militärische Aktionen geben. Dabei werden diejenigen, die Terroristen mit Unterschlupf, Nahrung und Kleidung versorgen, selbst in Gefahr sein und viele von ihnen werden möglicherweise getötet oder verwundet. Es ist also in ihrem ureigensten Interesse, die Aufständischen nicht in ihren Städten oder Dörfern zu verstecken. Wenn wir ihnen klar machen können, wie gefährlich das ist, wird es in absehbarer Zeit kein Problem mehr mit ausländischen Rebellen geben, glaube ich.

In vielen Teilen des Iraks sind es die Menschen heute leid, mitansehen zu müssen, wie ihre Verwandten und Nachbarn von Autobomben und Raketenangriffen getötet oder in die Luft gejagt werden. Daher haben sie angefangen, die Aufständischen zu verraten. Sie zeigen dem Militär, wo sie sich verstecken, und tragen dazu bei, den Frieden in ihrem Gebiet wiederherzustellen. Wir haben ihnen erklärt, dass Sicherheit alle angeht. Sie ist nicht bloß die Arbeit von Polizisten und Soldaten. In einem freien Land hat jeder Bürger eine Aufgabe. Wir sagen ihnen also, wenn sie merken, dass jemand etwas Übles anstellt, sollen sie zum Telefon greifen und die Polizei anrufen.

Folglich ist das Ausmaß an Zusammenarbeit zwischen der Bevölkerung und der Regierung viel höher als vorher. Doch eins dürfen wir nicht aus den Augen verlieren: Das einzige, was nicht in ausreichender Menge vorhanden ist, ist Liebe zu anderen Menschen. Die Sunniten lieben ihre Glaubensgenossen; die Schiiten lieben ihre Glaubensgenossen; die Kurden lieben ihr Volk, doch zwischen ihnen gibt es keine Liebe. Vielfach dauert die Feindseligkeit seit Jahrhunderten an, sodass es ihnen nicht leicht fällt, die Vergangenheit zu vergessen. Doch irgendwie müssen wir ihnen zeigen, wie man zusammenarbeitet und wie man sich an Freiheit und Wohlstand des Landes beteiligt. Und vor allem müssen wir ihnen beibringen, wie wichtig Vergebung ist.

Bekanntermaßen kamen nach dem Zweiten Weltkrieg nur etwa 48 Leute, vor allem hochrangige Nazi-Funktionäre, wegen Kriegsverbrechen tatsächlich vor Gericht. Eigentlich hatte aber die Mehrheit des deutschen Volkes gemeinsame Sache mit den Nazis gemacht. Doch wurden nur ihren Anführern Verbrechen gegen die Menschlichkeit zur Last gelegt und diese schließlich für die Verbrechen des Nazi-Regimes bestraft. Danach setzte Amerika den Marshall-Plan um und die Deutschen konnten nach vorne schauen, die Gedanken an den Krieg abschütteln und ihr Land neu aufbauen.

Das war gut für Deutschland. Die Menschen durften die Vergangenheit vergraben und neu anfangen. Doch dabei sollten sie nie vergessen, was die Amerikaner für sie getan haben. Genauso wenig sollte Frankreich die amerikanische Dritte Armee unter General Patton vergessen, die die Deutschen besiegte und ihnen ihre Freiheit zurück gab. Leider scheinen sich Deutschland wie Frankreich heute nicht mehr an dieses Geschenk zu erinnern, doch es war wichtig für sie, um die Vergangenheit hinter sich zu lassen und nach vorne zu kommen.

Im Irak haben bislang über zweitausend Amerikaner und Briten ihr Leben für den Kampf zur Wiederherstellung der Freiheit in meinem Land gelassen. Das dürfen wir niemals vergessen. Und in Frankreich und Deutschland und Großbritannien darf man niemals vergessen, dass tausende amerikanische Soldaten, die gekommen waren, um mit ihnen die Nazis zu besiegen, in ihrer Erde begraben liegen. Ein größeres Geschenk kann es nicht geben. Jesus sagte: „Die größte Liebe beweist jemand, der sein Leben für die Freunde hingibt" (Johannes 15,13). Das gilt vor allem für den Krieg und wir dürfen nicht vergessen, welche Opfer unsere Freunde für uns gebracht haben.

Aus Liebe zum Land

Das größte Problem im Irak heute ist Hass und Rache. Wer versucht, so zu leben, wird seine Probleme nie lösen können. Ein Land wie dieses, das so viele Jahre von Hass und Rache gelebt hat, muss die verlorene Kunst des Vergebens neu lernen. Wir müssen Liebe üben statt Hass; wir müssen die Mittel nutzen lernen, die Amerika, Großbritannien und die vielen anderen Länder zur Verfügung stellen, um wesentlich zu unserem Wohlbefinden beizutragen. Diese Länder sind uns gegenüber sehr großzügig und wir selber haben noch riesige Rohölreserven. Wenn wir das alles mit Sinn und Verstand nutzen, wird der Irak mit Sicherheit wieder ein blühendes Land.

Arbeitslosigkeit ist noch immer ein Problem, doch wenn das Gewaltmaß abnimmt und die Beschäftigungszahlen steigen – sodass die meisten Menschen in Lohn und Brot stehen und wieder produktiv arbeiten – dann, glaube ich, wird man einen ganz neuen Irak erkennen können. Das brauchen wir. Genau wie die ersten Siedler Amerikas brauchen wir Liebe zu unserem Land und die Bereitschaft, Opfer für das Gemeinwohl zu bringen.

Am Ende der amerikanischen Unabhängigkeitserklärung steht ein wunderbarer Satz: „Und zur Behauptung und Unterstützung dieser Erklärung verpfänden wir, mit festem Vertrauen auf den Schutz der Göttlichen Vorsehung, uns unter einander unser Leben, unser Vermögen und unser geheiligtes Ehrenwort".[5]

Ich liebe diese Aussage, denn genau darum geht es ja. Die Gründerväter Amerikas waren bereit, sich für den anderen zu opfern, denn sie glaubten, dass das, mit Gottes Hilfe, das Richtige sei.

Solange die Iraker weiterhin sagen; „Mein Volk, mein Land, mein Geld, meine Stellung und meine Macht", können sie nicht gewinnen. Doch wenn wir dahin kommen zu sagen: „Meine Religion und meine Glaubensvorstellungen mögen ja andere sein als deine, doch ich werde dich mit meinem eigenen Leben schützen, denn du bist mein Bruder", dann werden wir wahrhaftig eine Nation sein und nicht nur eine Ansammlung Krieg führender Stämme.

Bislang ist von diesem Geist noch nicht so viel zu spüren im Irak. Natürlich hatte Saddam eine Menge damit zu tun, und eine gewisse Gewaltbereitschaft in weiten Teilen des Mittleren Ostens war auch nicht sehr förderlich. Wir machen erhebliche Fortschritte, aber im Moment bestehen wir aus lauter Einzelpersonen. Selbst viele führende Politiker sind nur auf ihren eigenen Vorteil bedacht, sogar auf allerhöchster Ebene. Viele unserer hohen Politiker geben sich keine Mühe zu zeigen, dass sie für alle Iraker da sind. Jeder versucht in erster Linie bloß, das meiste für seine Gruppe herauszuholen. Und diejenigen, die am Wiederaufbau eines neuen Iraks mit Chancen für alle Iraker ohne Ansehen ihrer Rasse oder Religion interessiert sind, müssen sich sehr anstrengen, um in hohe Ämter zu kommen.

Ich muss sogar sagen, dass viele derjenigen, die aus dem Ausland in den Irak zurückgekehrt sind, ihre eigenen persönlichen Interessen verfolgen, anstatt die Interessen unseres Landes. Wer die letzten vierzig Jahre in Amerika oder Großbritannien gelebt hat, hat nur sehr wenig Ahnung davon, wie das irakische Volk die ganze Zeit gelebt hat. Einige Rückkehrer wollen zu Wachstum und Veränderung beitragen; doch manche haben nur im Sinn, wie sie ein Vermögen machen können, wie sie Millionen Dollar anhäufen können und wie sie es ihren Familien dort in den anderen Ländern zukommen lassen können.

Gleichzeitig haben diejenigen, die die letzten dreißig Jahre unter Saddam Hussein zu leiden hatten – und davon großteils unter internationalen Sanktionen –, kaum etwas vorzuweisen. Ergebnis ist, dass auf beiden Seiten Argwohn und Misstrauen aus dieser Situation erwächst. Kombiniert man das mit der Feindseligkeit zwischen den verschiedenen Stämmen und religiösen Gruppierungen des Landes, ist die Lage potenziell sehr wackelig.

Im Augenblick haben wir Streitkräfte aus dreißig verschiedenen Ländern hier. Im Osten versucht der Iran, sich in unsere Angelegenheiten zu mischen, und tut gleichzeitig sein Bestes, um Amerika und den Westen gegen sich aufzubringen, indem es sein Atomwaffenprogramm wieder ankurbelt. Der Iran und unsere anderen Nachbarn – Syrien, Saudi-Arabien und die Türkei – rangeln um mehr Einfluss im Mittleren Osten. Und die Spannungen zwischen Israelis und Palästinensern werden immer schlimmer, von Stunde zu Stunde. Mit dem allen müssen wir uns herumschlagen!

Die multinationalen Streitkräfte wissen um all die Spannungen, denn dadurch gestaltet sich ihre Mission umso schwieriger. Die jungen Soldaten geben sich alle Mühe, mit den Problemen zurechtzukommen. Doch von einem neunzehnjährigen Angehörigen der US-Marines sollte man nicht erwarten, dass er sich mit dem Ganzen auseinandersetzen und einen Sinn darin erkennen kann. Seine Aufgabe als Soldat ist es, die Rebellen aufzuspüren und loszuwerden. Doch es sind gute junge Männer, gute Soldaten, die tun, was sie können. Sie und ihre Befehlshaber können so viel für uns hier tun!

Was nicht funktioniert

Ein Teil dessen, wogegen die jungen Soldaten hier angehen müssen, sind vierzig Jahre Fehlverhalten. Ich bin alt genug, um mich an Zeiten zu erinnern, in denen der Irak ein gerechtes, offenes Land war, doch die überwältigende Mehrheit unserer Bevölkerung ist unter dreißig, ist also in einer Atmosphäre von Hass, Gewalt, Argwohn und Misstrauen aufgewachsen. Saddam war wirklich bösartig: Zu Beginn der Operation Iraqi Freedom im Jahre 2003 öffnete er alle Gefängnistore und entließ 150.000 Kriminelle in die Freiheit. Zu diesem sozialen und politischen Vakuum, das wir heute haben, stelle man sich vor, welchen Schaden all diese Diebe, Räuber, Mörder und Vergewaltiger anrichten können, wenn sie auf die Bevölkerung losgelassen werden.

Einem dieser Gefangenen, der jetzt wieder im Gefängnis sitzt und auf seinen Prozess wartet, wird zur Last gelegt, 150 Menschen umgebracht zu haben. Wie kann Gerechtigkeit für so einen Mann aussehen? Amerikaner kommen zu uns ins Land und wollen Freiheit und Demokratie einrichten, aber für wen? Für Mörder wie diesen? Es ist schwierig, ihm Freiheit und Demokratie zu bringen. Und dabei gibt es schon so viele Beschränkungen dessen, was getan werden darf. Wenn amerikanische Soldaten einen Terroristen gefangen nehmen, verbieten ihnen ihre eigenen Gesetze, Verhöre so durchzuführen, dass sie die Informationen erhalten, die sie brauchen, um anderen das Leben zu retten.

Diese Denkweise lässt sich nicht auf den Irak übertragen.

Ich sagte zu Generalmajor Geoffrey Miller, einem ehemaligen Kommandeur des Gefängnisses von Guantanamo Bay, dass dies nicht die richtige Behandlung für Terroristen und Kriminelle in meinem Land sei. Und in diesem Zusammenhang fügte ich hinzu, dass die Amerikaner nicht alles eins zu eins auf den Irak übertragen könnten. Damit meine ich: Was in Amerika gut und angemessen sein kann, kann für mein Land völlig unpassend sein. Und das muss auch Großbritannien auf die harte Tour entdecken.

Viele Menschen dort sind gegen Präsident Bush und den Krieg gegen den Terrorismus eingestellt. Sie wollen glauben, dass sich alles mit Diplomatie lösen lässt, aber das stimmt nicht. Es gibt schlechte Menschen auf der Welt, die andere umbringen wollen und denen man nur mit Gegengewalt Einhalt gebieten kann. Seiner Rede vor der Nationalkonferenz der Labour Partei am 16. Juli 2005 nach zu urteilen, hat Premierminister Tony Blair das womöglich mittlerweile kapiert: England hat beschlossen, energischer gegen Terroristen und die „böse Ideologie", die sie motiviert, vorzugehen. Allerdings kann man sich nur verdutzt fragen, ob die Engländer jemals aufwachen und merken werden, was um sie herum geschieht.

Das Schreckgespenst Dschihad

Genau wie im Christentum, wo es viele Denominationen und Konfessionen mit unterschiedlichen Interpretationen der Bibel gibt, existieren auch viele muslimische Gruppen mit unterschiedlichen Lesarten des Korans, vor allem im Blick auf Fatah und Dschihad. Einige Politiker und Geistliche nehmen bestimmte Verse und überdehnen sie, und zwar nicht aus religiösen Gründen, sondern um ihre eigenen politischen Ziele zu erreichen. Doch dadurch haben sie ihre Religion politisiert und allen Muslimen rings um den Erdball riesige Probleme geschaffen. Gleichzeitig machen sie es den Anhängern des Islams praktisch unmöglich, in Frieden mit ihren Nachbarn zu leben.

Diese Abgrenzungen bestehen nicht nur zwischen dem Islam und anderen Religionen; es gibt auch große Unterschiede zwischen den verschiedenen Gruppierungen und Konfessionen innerhalb des Islams. Das sehen wir, wenn Terroristen wie der kürzlich bei einem gezielten amerikanischen Raketenangriff verstorbene Abu Musab al-Sarkawi behaupten, dass die irakischen Schiiten keine Muslime sind. Sarkawi sagte, die Schiiten hätten nichts mit dem Islam zu tun. Daher sei es richtig, sie im Namen des Islam zu töten.

Gleichzeitig sagte er, dass die siebenhunderttausend im Irak lebenden Christen Vielgötterei betreiben, weil wir drei Götter verehren – Vater, Sohn und Heiligen Geist –, was natürlich eine komplette Fehldeutung der Dreifaltigkeitslehre ist. Nichtsdestotrotz machte Sarkawi solche Äußerungen, um seinen Anhängern die Lizenz zum Verfolgen von Christen zu erteilen. Sarkawi und seinesgleichen haben jedoch nie verstanden, dass diese Form von Gewalt auf lange Sicht eher ihm und seinen Anhängern schadet als sonst jemandem.

Wegen genau solcher Zwietracht und Konflikte haben wir 1998 das Internationale Versöhnungszentrum eingerichtet in der Hoffnung, Menschen unterschiedlichen Glaubens zusammenzubringen und Brücken der Verständigung im Mittleren Osten zu bauen. Ich wollte vor allem die Verständigung zwischen Schiiten und Sunniten verbessern, denn die Zusammenstöße zwischen diesen beiden islamischen Glaubensrichtungen machten jedermann das Leben im Irak zur Hölle. Zwischen ihnen herrscht noch immer Feindseligkeit, doch in den letzten Jahren habe ich hier und da Zeichen der Hoffnung entdeckt.

Der Auftrag des irakischen Friedensinstituts ist von erheblicher Bedeutung, was die Welt mit der Zeit sicherlich erkennen wird. Wenn ich allerdings mit Verantwortlichen in Religion und Gemeinwesen in Europa oder Amerika zusammenkomme, erkenne ich häufig große Angst vor dem rapiden Wachstum des militanten Islams außerhalb des Mittleren Ostens. Mir werden viele Fragen gestellt zu dem, was man weithin als wachsende Bedrohung einer kulturellen Invasion empfindet. Die Anzahl der Einwanderer aus dem Mittleren Osten steigt so rapide, dass viele Menschen in Europa und Großbritannien besorgt sind, dass das, was am 11. September 2001 in Amerika passiert ist, auch in ihren Ländern passieren könnte.

Die Tumulte in Paris vom November 2005 waren gewiss ein Weckruf für viele Westeuropäer, die die Gefahren eines nicht integrierten Einwandereranteils abgestritten haben. Zuvor wurde die Welt Zeuge der Terroranschläge in Spanien, die sich auf die Parlamentswahlen dort auswirkten. Auch heute noch sehen wir Zusammenstöße zwischen Muslimen und der Polizei – nicht nur in Frankreich, sondern auch in Indonesien, Indien und anderen Ländern der „Dritten Welt". Dies alles erhöht die Spannungen im Westen. Die Atmosphäre ist schon sehr unbeständig, und seit der Gefangennahme Saddams 2003 haben sich die Beziehungen zwischen der islamischen Welt und dem Westen merklich verschlechtert.

Die zunehmende Besorgnis spiegelt sich in der Anzahl der Bücher wider, die vor den Gefahren des islamischen Extremismus warnen und im Westen veröffentlicht wurden. Viele Leitartikler, Kommentatoren und Personen des öffentlichen Lebens in Deutschland, Europa und Amerika reden deutlicher als je zuvor von der nach ihrem Empfinden dunklen Seite der muslimischen Religion. Das sollte jeden Anhänger des Islams beunruhigen, zumal es unter Nicht-Muslimen weltweit für Beunruhigung sorgt.

Eine Botschaft der Hoffnung

Im März und April 2005 nahm ich in den Vereinigten Staaten an einer dreiwöchigen Konferenz für die Leiter aller religiösen Gruppen im Irak – Sunniten, Schiiten, Kurden, Christen und anderer – teil, um über die richtige Beziehung zwischen Religion und Politik in einer demokratischen Gesellschaft zu diskutieren und zu beobachten, wie die Beziehung Kirche-Staat in den Vereinigten Staaten gehandhabt wird. Zusätzlich zu unseren Zusammenkünften in Washington besuchten wir sechs US-Staaten, um zu sehen, wie religiöse Belange angepackt werden und was das Grundrecht auf „Religionsfreiheit" für eine konstitutionelle Demokratie tatsächlich bedeutet. Ich muss sagen, das war eine sehr gute Erfahrung für uns alle.

Einer der informativsten Ausflüge führte uns nach Denver, Colorado, wo wir das Jüdische Zentrum und das Islamische Zentrum der Stadt besuchten. Für mich war das erhellendste Treffen das mit Dr. Ahmad Nabhan, dem obersten Imam der Moschee von Denver, der uns sagte: „Terrorismus kommt für uns nicht in Frage. Mit dem Islam hat er überhaupt nichts zu tun."

Was für eine ermutigende Aussage! Nach seinem Vortrag sagte ich zu Dr. Nabhan, ich fühle mich wie Christopher Columbus, der gerade eine neue Welt entdeckt habe. In diesem Fall hatte ich neue Hoffnung auf Frieden und Versöhnung im Irak entdeckt. Diese Sichtweise wird im Islam noch nicht von den Massen getragen, doch ich möchte gerne glauben, dass diese Botschaft bei Anhängern des Islams in aller Welt Zuspruch findet und bald herrschende Meinung wird.

Für Muslime ist es von Bedeutung, dass Dr. Nabhan Absolvent der Al-Aschari-Universität ist, der ältesten Universität der Welt und weithin anerkannt als hervorstechendster Sitz sunnitischen Wissens. Mit so ausgezeichneten Empfehlungen und einer so aussagekräftigen Botschaft für Frieden und Versöhnung hat Dr. Nabhan jetzt ein wunderbares Forum, um zur Umformung des militanten Gedankenguts im heutigen Islam beizutragen.

Gleichermaßen überraschend war Dr. Nabhans Definition von Fatah und Dschihad, denn sie war anders als die Interpretation, die wir häufig zu hören bekommen. Er legte uns eine ungewöhnliche Sichtweise von der Bedeutung von Frieden und Zusammenleben der Völker jeden Glaubens dar. Das Beste war: Seine Sicht des Islams war ein Vorbild für das Zusammenleben all der verschiedenen ethnischen und religiösen Gruppen im Mittleren Osten, ohne Hass und Gewalt.

Wir dürfen einfach nicht zulassen, dass diejenigen, die ein anderes Verständnis von Fatah und Dschihad haben, der Gesellschaft ihren Willen aufzwingen. Diese Sichtweise ist eine tickende Zeitbombe, die jederzeit an jedem Ort hochgehen und der Gesellschaft großen Schaden zufügen kann. Wenn die Anhänger des radikalen Islam versuchen, auf diese Art Krieg zu führen gegen den Rest der Welt, werden unsere Hoffnungen auf Frieden unwiderruflich zunichte und die Staaten des Westens wie des Mittleren Ostens werden unweigerlich auf einen Kollisionskurs getrieben.

Rechtzeitige Warnung

Wann immer ich mich in Europa oder Amerika über diese Dinge unterhalte, sind die Leute nicht nur über den islamischen Terrorismus besorgt, sondern auch über eine kulturelle Invasion durch Anhänger des Islams. In jüngster Zeit hat sich gezeigt, dass die eigene Bevölkerung Englands, Frankreichs, Deutschlands, Italiens und der skandinavischen Länder schrumpft, während die Einwandererzahlen steigen. Das ist nicht notwendigerweise ein Problem, wenn die Neuankömmlinge entschlossen sind, friedlich mit ihren Nachbarn zu leben. Wenn sie sich jedoch weigern, nach den Gesetzen und Normen der Länder zu leben, in die sie eingewandert sind, und wenn sie unbedingt im Namen der Religion Krieg führen wollen, dann verschlimmert sich die Lage nur noch.

Wann immer ich über die Friedens- und Versöhnungsbewegung spreche und über die Veränderungen, die im Irak heute stattfinden, werde ich oft auf den militanten Islam und die Bedrohung durch einen globalen Terrorismus angesprochen. Regelmäßig wollte man die Bedeutung der arabischen Wörter *Fatah* und *Dschihad* wissen. Normalerweise antworte ich, dass diese Doktrinen für die Anhänger des militanten Zweiges des Islams den Glauben ausdrücken, Allah habe ihnen befohlen, die Staaten der Erde sowohl durch kulturelle Invasion, als auch durch das Schwert zu erobern. In manchen Fällen bedeutet das, tausende muslimischer Familien in ein fremdes Land ziehen zu lassen, Moscheen zu errichten, die Kultur von innen heraus zu verändern, sich zu weigern, sich den Glaubensgrundsätzen oder Werten dieses Landes anzupassen oder sie zu übernehmen – und durch dies alles das Land für den Islam zu erobern. Das ist eine heimtückische Doktrin, doch sie wird mancherorts von Anhängern dieser Form des Islams umgesetzt.

Einmal ereiferte sich eine junge Frau sehr heftig, dass Muslime in ihrer Stadt diese radikalen Ansichten in der Schule verbreiteten, während sie ihre militante Sichtweise des Islams gleichzeitig als „Religion des Friedens" bezeichneten. „Der Islam", so berichtete sie mir, „ist eine Religion des Friedens, wenn wir bereit sind, uns mit unserer Nation, unseren Sitten und Gebräuchen, unseren religiösen Glaubenssätzen und unserer Identität diesen Leuten zu unterwerfen. Er ist friedlich, wenn wir uns damit abfinden, unter dem Gesetz der Scharia zu leben. Wenn wir uns ihnen jedoch nicht unterwerfen, dann bedeutet er Krieg, militärische Eroberung oder Terrorismus. Das bin ich so Leid!"

Ich hörte höflich zu, denn ich wusste, dass es mancherorts so ist. Dann sagte ich zu ihr: „Sie dürfen mir glauben, dass es viele Muslime gibt, die diese Auffassung von Fatah und Dschihad nicht länger teilen." Und ich erzählte ihr von Dr. Nabhan in Denver, der lehrt, dass „der Terrorismus im Islam absolut verboten ist". Diese Auffassung wird vielerorts zunehmend von gebildeten Muslimen übernommen, und daher können wir es uns nicht leisten, die Aussichten auf Frieden und Versöhnung aufzugeben.

In meiner Arbeit habe ich fast täglich mit Muslimen vieler Glaubensrichtungen zu tun. Mit zahlreichen bin ich eng befreundet und ich habe großen Respekt vor ihnen und ihren Glaubensauffassungen. Ich habe kein Problem damit, dass sie Muslime sind. Doch ich habe ein Problem mit dem Denken derjenigen, die glauben, Fatah und Dschihad seien von Allah befohlen und sie hätten das Recht und die Pflicht, die Welt auf diese Art zu erobern. Ich habe mich der Arbeit für Frieden und Versöhnung im Mittleren Osten verschrieben, aber diese Ideen stehen jeder Hoffnung auf Frieden entgegen. An diesem Punkt trenne ich mich von einigen von ihnen. Doch zum besseren Verständnis hier ein kleiner Ausblick:

Fatah durch Demographie

Im achten Jahrhundert marschierten die Mauren aus Nordafrika in Spanien ein und eroberten es. Das taten sie unter dem Banner des Islams. Sie behielten die Herrschaft über weite Teile der Iberischen Halbinsel, bis sie schließlich im fünfzehnten und sechzehnten Jahrhundert gewaltsam besiegt und vertrieben wurden. Die Muslime haben das nie vergessen. Für sie ist es eine Quelle des Grolls gegenüber dem Westen. Es ist unwahrscheinlich, dass so etwas nochmals geschehen könnte. Eine militärische Invasion wird keinen Erfolg haben. Doch heute werden wir beispielsweise in England Zeuge, wie ein moderner Staat allmählich von einer militanten Form der Fatah erobert wird, in einer langsamen, systematischen und unerbittlichen Bezwingung der britischen Kultur.

Die Lebensweise Großbritanniens wird von Anhängern des Islams umgeformt. Dies gilt auch für Länder wie Frankreich, Deutschland, die Niederlande und die skandinavischen Länder, die seit Jahrzehnten einem Wandel unterworfen sind und nicht wissen, wie sie reagieren sollen. Einige davon versuchen jetzt gerade, Gesetze zu erlassen oder politische Vorgehensweisen zu ändern, doch Muslime aus Afrika und dem Mittleren Osten sind zu Millionen in diese Länder eingewandert. Weitere Millionen wurden bereits dort geboren, wie die Briten jüngst entdeckten, und einige dieser Neubürger sind an den Sitten, der Geschichte oder der Sprache dieser Länder nicht interessiert.

Viele dieser Menschen haben sich nicht der Kultur angepasst, sondern sie haben eine Kultur innerhalb der Kultur geschaffen. Hiervon wurden wir Zeugen in Großbritannien im Juli und in Frankreich im November 2005. Die jungen Männer, die die Bombenattentate ausführten und die in über 300 französischen Städten Aufruhr anzettelten, waren in Europa geboren und aufgewachsen. Sie waren durch Geburt Staatsbürger dieser Länder, doch sie fühlten sich von der militanten Linie des Islams angezogen. Sie gehörten nicht zu Europa, sondern zum islamischen Mutterland und sie hingen einer älteren, gefährlicheren Sicht von Fatah und Dschihad an.

Vielerorts erkennen wir eine „demographische Revolution". Experten haben Hochrechnungen erstellt und veröffentlicht, wonach im Jahre 2040 stolze 80 Prozent der Bevölkerung Frankreichs muslimisch sein werden. Die muslimische Mehrheit werde die Kontrolle über Handel, Industrie, Bildung und Religion in diesem Land übernehmen. Das gelte selbstverständlich auch für die Regierung. Außerdem würde sie alle Schlüsselpositionen im französischen Parlament übernehmen und ein Muslim werde Präsident sein. Diese Entwicklung sei in vielen Ländern, einschließlich den USA, zu erkennen. Nur dass sie dort anscheinend etwas langsamer vonstatten gehe, weil Amerika ein großes und jetzt schon ethnisch so vielfältiges Land ist.

Der Islam hat also ein Problem mit seiner Darstellung in der Öffentlichkeit. Dieses Problem muss sehr rasch angegangen werden. Die Lehren von Gewalt und Eroberung werden von militanten Mullahs und Imamen überliefert. Und viele Menschen im Westen haben mir gesagt, dass sie sich Sorgen machen, dass diejenigen, die sich diesem Zweig des Islams verschrieben haben, versuchen werden, sich die Welt mit Gewalt anzueignen. Um sich mit ihren Ängsten und Sorgen zu befassen, sollte es mehr Lehrer wie Dr. Nabhan geben, der den Anhängern seines Glaubens beizubringen gewillt ist, in Frieden mit ihren Nachbarn zu leben.

Jüngst gab es in Amerika einen heftigen Schlag gegen die Einwanderungsexplosion der vergangenen Jahre. Hauptursache sind die sehr zahlreichen illegalen Einwanderer aus Lateinamerika, doch zunehmend dringen auch die Immigrantenzahlen aus anderen Erdteilen ins Bewusstsein. Das trat weißen wie schwarzen US-Amerikanern bei den jüngsten Wahlen vor Augen, als die im Ausland geborene Bevölkerung ihre eigenen Leute als Bürgermeister, Stadträte und sogar Kongressabgeordnete und Senatoren wählte.

Ich war zutiefst traurig über die Bombenanschläge in London vom Juli 2005, insbesondere über die Verluste an Menschenleben. Nach den Bombenanschlägen reagierten viele Engländer, einschließlich vieler Liberaler, die bis dahin in einer Leugnungshaltung verharrt hatten, sehr stark auf die nach ihrem Verständnis militante Form von Fatah und Dschihad. Die Wochen darauf gab es verbale Attacken gegen diese Lehren in britischen und anderen europäischen Publikationen, die nach durchgreifenden Reformen auf allen Regierungsebenen riefen. Womöglich reicht das aus, um Moslemführer in Europa sowie im Mittleren Osten davon zu überzeugen, dass Veränderungen an Lehre und Verständnis dieser Doktrinen durchgeführt werden müssen. Doch sicher ist, dass wir einen neuen Dialog und ein neues Ja zur Versöhnung brauchen, um die Stabilität dort wieder herzustellen.

Trau, schau, wem

Die Realität zu leugnen ist nicht allein ein englisches oder ein französisches Problem. Es ist überall ein Problem. Ich kann nicht nachvollziehen, dass Präsident George W. Bush in Amerika unter Beschuss steht wegen seiner Entscheidung, einen Präventivschlag gegen den Terrorismus in aller Welt durchzuführen. Der Präsident und seine Befehlshaber – einschließlich Verteidigungsminister Rumsfeld – haben erkannt, dass die Terroristen entschlossen, skrupellos und unbarmherzig sind. Diejenigen, die der westlichen Kultur den Kampf angesagt haben, geben sich nicht mit dem 11. September zufrieden. Sie werden erneut angreifen, wenn sich ihnen die Gelegenheit bietet. Die einzige Möglichkeit, dies zu verhindern, besteht darin, diese Leute jetzt aufzuspüren, wo immer sie auch stecken, und sie aufzuhalten.

Eines weiß ich sicher: Wer entschlossen ist, Amerika und andere westliche Länder zu zerstören, lässt sich nicht durch eine Beschwichtigungspolitik aufhalten. An politischen Lösungen sind sie nicht interessiert. Sie wollen keine Fürsorge – ihre feindliche Gesinnung rührt nicht von Hunger oder Armut oder dergleichen her. Ihnen geht es nur um eins: Totale und vollständige Eroberung des Westens und Vernichtung aller, die sich ihnen und ihrer gefährlichen, überholten Ideologie von Hass und Rache nicht beugen.

Man sollte sich vor Augen führen, dass sich Hitler nicht mit Jugoslawien oder Polen zufrieden gab, als der englische Premierminister Neville Chamberlain ihm diese Länder dummerweise überließ. Hitler wollte die Welt erobern. Es waren eine überwältigende militärische Übermacht und ein langer, brutaler Krieg nötig, um ihm endlich Einhalt zu gebieten. Millionen starben, weil zu viele im Westen glaubten, Diplomatie und Beschwichtigungspolitik würden es schon richten.

Der Feind, dem der Westen heute ins Auge sieht, ist nicht so leicht auszumachen wie Hitler – und vielleicht auch nicht so leicht zu besiegen. Doch dieser Feind wird sich nicht aufhalten lassen, bis er auf seinem eigenen Territorium mit kriegerischen Mitteln bekämpft und ihm Einhalt geboten wird – mit allen notwendigen Mitteln, einschließlich direkter Kampfhandlungen und überwältigender militärischer Macht.

Was ich als Nächstes sagen will, fällt mir nicht leicht, aber ich finde, ich muss es dennoch sagen. Zu den sympathischsten Eigenschaften der Amerikaner gehören Großzügigkeit und Freundlichkeit. Daher sind sie bisweilen naiv und übermäßig vertrauensselig. Sie möchten freundlich sein und öffnen sich anderen Menschen – und wundern sich dann, wenn sie einen Schlag ins Genick bekommen. Viele tapfere Soldaten sind schon aus diesem Grund im Irak ums Leben gekommen, doch ich glaube, das macht auch einen großen Teil der Probleme im Außenministerium und in anderen Regierungsstellen aus, weil man dort nichts vom wahren Wesen des Feindes versteht.

Um es etwas deutlicher zu sagen: Wenn Amerikaner im Irak überleben wollen, wo Gewalt und Bestechung zur Lebensart gehören, müssen sie zweierlei tun: Sie müssen sehr vorsichtig und achtsam denen gegenüber sein, mit denen sie zu tun haben, und sie müssen auf die hören, denen sie vertrauen können, die sie nicht anlügen, sondern ihnen helfen, sich in einer Umgebung zurechtzufinden, die ihnen fremd und unvertraut ist.

Ohne den Beistand Einheimischer, die sich mit diesen traditionsreichen, alten Kulturen auskennen, machen sie dauernd Fehler. Und oftmals kosten diese Fehler Unschuldige das Leben. Es könnte ein ganzes Leben dauern, bis man sich mit der Kultur eines Landes wie dem Irak auskennt – ehrlich gesagt womöglich auch noch länger. Damit meine ich, es dauert Generationen, damit sich das Wissen, die Geschichte, die Traditionen und die geistige Einstellung unseres Volkes so ansammeln, wie sie bei uns seit Jahrtausenden vom Vater zum Sohn, von der Mutter zur Tochter weitergegeben wurden.

Das können Amerikaner nicht so ohne Weiteres verstehen. Oder vielleicht sollte ich sagen, dass nicht viele Amerikaner so etwas aus eigener Erfahrung kennen. Die amerikanische Nation ist noch sehr jung, die Kultur ist kaum dreihundert Jahre alt. Auf mancherlei Weise sind die Amerikaner wie die unschuldigen Kinder, was eine wunderbare Eigenschaft sein kann. Das gehört zu dem, was wir an den Amerikanern am meisten mögen. Doch junge Leute handeln manchmal vorschnell und überstürzt, weil sie meinen, sie wissen mehr, als sie in Wirklichkeit tun, was sich jetzt gefährlich auswirken kann. Deshalb kann ich nur empfehlen, sich mit Angehörigen dieser Kulturen anzufreunden, die helfen können, einige der Fallgruben zu umgehen.

Angesichts all dessen lautet mein Rat, dass die westlichen Diplomaten, Offiziere und andere, die in einem Teil der Welt zu tun haben, in dem es Kulturen mit langer Tradition und tiefen Wurzeln gibt, sich gründlich über diese Länder und ihre Geschichte informieren sollten. Dann sollten sie so viel Zeit und Geld wie nötig aufbringen, um Menschen zu finden, denen sie trauen. Und dann müssen sie diesen Menschen zuhören und ihren Rat befolgen. In einer Welt, in der das Finden des Weges nach vorne oft wie ein Puzzlespiel daherkommt, ist es überaus wichtig, Freunde zu haben, denen man trauen kann.

12. Frieden hat seine Zeit

Jedes Ereignis, alles auf der Welt hat seine Zeit: Geborenwerden und Sterben, Pflanzen und Ausreißen, … Reden und Schweigen, Lieben und Hassen, Krieg und Frieden.   Prediger 3,1-2.7-8

Aufgrund meiner Arbeit muss ich jederzeit Leibwächter um mich haben. Eines Tages, als ich zu Hause arbeitete, informierte mich einer von ihnen, dass vor meinem Haus ein Auto mit vier jungen Muslimen bereits mehrfach vorbeigefahren sei. Sie hätten Videoaufnahmen von meinem Grundstück gemacht.

Wir wussten, was das zu bedeuten hatte: Das ist die übliche Vorgehensweise von Terroristen, die planen, etwas in die Luft zu jagen. Also sprangen meine Leibwächter – große, kräftig gebaute Assyrer aus dem Norden – in ihre Autos und verfolgten die jungen Muslime. In hohem Tempo rasten die drei Autos durch die Straßen Bagdads, holten sie schließlich ein, verhafteten sie und brachten sie ins Haus, damit ich sie befragen und herausfinden konnte, was sie da taten.

Die vier jungen Männer schienen keine typischen Terroristen zu sein. Zwar trugen sie lange Bärte und muslimische Kleidung, doch irgendwie waren sie anders. Aber als ich sie befragte, gaben sie gleich zu, dass sie einen Anschlag auf mich geplant hätten. Ich wusste, dass ich jetzt eine Entscheidung zu treffen hatte, und ich kannte die Wahlmöglichkeiten. Ich rief den Ministerpräsidenten an und erzählte ihm alles. Darauf sagte er: „Georges, bringen Sie die unverzüglich ins Innenministerium und lassen Sie die Terroristen vom Geheimdienst befragen. Gott weiß, was sie uns vielleicht sagen können."

Ich hörte zu und bedankte mich höflich, doch als ich den Hörer auflegte, schaute ich mir die Kerle an und schüttelte den Kopf. Sie sahen aus wie nette Jungs und sie hatten Angst, denn sie wussten, was als Nächstes passieren würde. Also fragte ich sie: „Kennt ihr mich eigentlich?"

Sie sagten: „Nein, wir kennen Sie nicht."

Also hakte ich nach: „Warum wolltet ihr mich dann umbringen?"

Sie antworteten: „Uns wurde befohlen, Sie zu töten."

„Ihr kennt mich nicht", wandte ich ein, „aber wollt mich trotzdem töten?"

„Ja, genau", erwiderten sie.

Ich fragte weiter nach: „Was macht ihr, wenn ihr nicht gerade Menschen in die Luft jagt?"

Zwei sagten, sie würden Ingenieurwesen an der Universität Bagdad studieren, die anderen beiden studierten im zweiten Jahr Medizin. Wieder schüttelte ich bloß den Kopf. Hier waren vier intelligente junge Männer, offensichtlich aus gutem Hause, die von Terroristen aus dem Ausland sowie den fanatischen Geistlichen ihrer eigenen Religion zu potentiellen Mördern gemacht worden waren.

Sie taten mir Leid und ich wusste ganz genau, was die Geheimdienstbeamten mit ihnen anstellen würden, wenn ich sie der Polizei übergab. Während ich meine Möglichkeiten überdachte, fragte ich weiter: „Warum habt ihr denn auf die Männer gehört, die euch gesagt haben, ihr sollt mich umbringen?"

„Sie sind Ausländer", antworteten sie, „und sie haben uns erzählt, es wäre Allahs Wille für uns, Sie umzubringen. Wenn wir das nicht täten, verfluchten wir damit den Islam." Ich schaute sie an und betete im Stillen: *Jesus, sag mir, was ich mit den jungen Männern hier machen soll.*

Nachdem ich einen Augenblick nachgedacht hatte, wusste ich, was zu tun war. Sie zitterten vor Angst und ihnen war restlos klar, was mit ihnen passieren würde. Für Terroristen – ob diese hier oder andere – gab es keine Gnade. Doch ich wusste, dass ich einen anderen Weg finden musste.

Einen anderen Weg finden

Ich ging wieder in mein Arbeitszimmer, rief noch einmal den Ministerpräsidenten an und sagte ihm, ich habe mich entschieden, sie laufen zu lassen. Er brüllte: „Was? Nein, Georges! Wovon reden Sie da? Das können Sie doch nicht machen. Das verstößt gegen das Gesetz!"

„Herr Präsident", erwiderte ich, „diese Leute haben versucht mich umzubringen. Sie wissen, dass ich Christ bin. Uns wird gelehrt, Vergebung zu üben. Selbst als Jesus Christus ans Kreuz gehängt wurde, sagte er: ‚Vater, vergib ihnen, denn sie wissen nicht, was sie tun.' Lassen Sie mir also freie Hand mit ihnen."

Als ich zurück zu den jungen Männern ging und ihnen sagte, dass sie frei wären, glaubten sie mir erst nicht. Sie waren von einem Trick überzeugt: Sie würden umgebracht, sobald sie aus dem Haus träten. Doch ich versicherte ihnen, dass es kein Trick war und ihnen nichts zustoßen würde. Ich schickte sie weg und sie gingen. Doch vier Stunden später schaute ich aus dem Fenster und sah sie alle vier wiederkommen, diesmal mit ihren Vätern und Müttern. Ich bat sie herein und sogleich dankten die Eltern mir überschwänglich, dass ich ihre Söhne verschont hatte. Sie sagten, ich hätte ihnen das Leben gerettet, und boten an, sie mir als Leibwächter zu überlassen.

Sie bedeckten mich mit Küssen und überschütteten mich mit Dankesworten. „Schon gut, vielen Dank", sagte ich, „aber ich habe wirklich schon Leibwächter genug. Das einzige, was ich von Ihnen will ist, dass Sie Ihre Jungs wieder an die Universität schicken. Hier die beiden werden einmal gute Ärzte, die anderen beiden gute Ingenieure. Sie sind unsere Hoffnung für die Zukunft des Iraks, wir brauchen sie. Warum also lassen Sie es zu, dass diese intelligenten jungen Männer in die Hände von ausländischen Terroristen gelangen, die ihnen auftragen, Leute wie mich zu töten, die sie nie zuvor gesehen haben?"

Diesmal hatten sie fast alle Tränen in den Augen, doch sie hörten mir aufmerksam zu. An die jungen Männer gewandt, sagte ich:

„Wisst ihr was: Die Terroristen sind ein Niemand. Sie sind Versager, sie sind Mörder, sie sind Feiglinge. Die schmutzige Arbeit wollen sie nicht selber erledigen, die sollt ihr machen und eure Mitbürger umbringen. Sie sind ein Nichts, ihr seid wer, denn ihr werdet dem Irak einmal sein neues Gesicht geben. Werft doch eurer Leben nicht für solche Versager weg." Bis heute schauen die vier jungen Männer gelegentlich bei mir vorbei, erkundigen sich nach meinem Wohlergehen und wünschen mir alles Gute. „Können wir etwas für Sie tun?", fragen sie manchmal. Ich lehne meist ab, erkundige mich aber, wie ihr Studium läuft. „Sehr gut, danke", antworten sie standardmäßig. „Gebt euch alle Mühe und besteht euer Examen", ermutige ich sie beständig. „Und wenn ihr dann Ärzte und Ingenieure seid, kommt ihr wieder her zu mir und ich verschaffe euch eine gute Stellung."

Als ich diese Geschichte dem Ministerpräsidenten erzählte, meinte er: „Georges, manchmal verstehe ich Sie nicht. Christen machen immer solche Sachen, doch Gott allein weiß, was die vier noch anstellen werden."

„Herr Präsident", erwiderte ich, „sie werden einfach als gute Ärzte und Ingenieure von der Universität abgehen und eines Tages werde ich sie auf guten Posten sehen. Und ich finde, das ist die beste Möglichkeit, unseren jungen Menschen, die von Hass und Lügen geblendet waren, die Augen für die Wahrheit zu öffnen. Eines Tages werden Sie das nachvollziehen können."

Seither sind fast zwei Jahre vergangen und manche Leute erzählen mir immer noch, dass die Männer eines Tages zurückkehren und ihren Auftrag erledigen werden. Doch ich glaube das nicht. Ich habe nicht aus mir heraus entschieden, sie laufen zu lassen: Ich habe um eine Entscheidung gebetet und Jesus sagte mir, ich solle sie laufen lassen. Mir tut es also nicht Leid, dass ich sie frei gelassen habe – und das meine ich auch so, selbst wenn mir eines Tages etwas Schlimmes zustoßen sollte. Alle um sie herum kennen diese Geschichte jetzt. Manche sagen: „Wir wissen sehr wohl, was passiert wäre, wenn General Sada Muslim wäre. Die Jungs wären noch am selben Tag gehängt worden. Doch der Mann hat sie verschont, denn er ist Christ."

Wenn ich diese jungen Männer heute sehe, sind sie so anders als vorher. Sie haben sich ihre Bärte abrasiert, sind elegant gekleidet und kommen in ihrem Studium sehr gut voran. Manche Freunde sagen mir, ich hätte verkehrt gehandelt, weil diese jungen Männer Sunniten sind und sie sie am liebsten hängen sehen würden. Zum Glück kennen viele Iraker diese Geschichte jetzt und viele finden, ich habe mich richtig verhalten. Und ich weiß auch, dass es richtig war.

Übrigens nahm einer meiner Bodyguards ihre Videokamera an sich und überspielte die Daten auf meinen Laptop. Wir wissen also genau, was sie im Auto taten und sagten, bevor sie gestellt wurden. Wenn ich mir meine Entscheidung leicht gemacht und das Übliche getan hätte, wären sie jetzt tot. Hassen ist einfach. Ich hätte sie hassen und hängen lassen können. Doch ich wusste, Jesus wollte, dass ich einen anderen Weg finde – was ich dann auch tat.

Ein unerwartetes Geständnis

In diesem Buch versuche ich, der Tragödie im Irak unter Saddam ein menschliches Antlitz zu geben und zu zeigen, wie sich die Bestechlichkeit der Regierung nicht nur auf den Mittleren Osten, sondern auf die gesamte Welt auswirkte. Doch das, was im Irak geschehen ist, ist nicht allein meine Geschichte. Es ist unser aller Geschichte, denn wir haben einen schrecklichen Preis bezahlt. Der Mittlere Osten musste leiden, der Westen musste leiden, die Vereinten Nationen mussten leiden, ja, die ganze Erde musste leiden. Die Welt, die Saddam schuf, war nur ein armseliger Ersatz für eine Nation. In ihrem Innern bestand sie aus Terror und Unheil. Doch Gott sei Dank ist Saddam jetzt weg und für uns im Irak wird es Zeit, unseren Weg in die Wirklichkeit zurückzufinden.

Das größte Problem, das wir in unserem Land hatten, war nicht

Armut, Hunger oder Obdachlosigkeit. Es bestand darin, dass Saddam Hussein mit Unterstützung einiger Leute in der Baath-Partei und seiner korrupten Bürokratie ein Regime aufbauen konnte, das sich auf Lügen, Betrug und ihren eigenen bösartigen Ehrgeiz stützte. Wenn Saddam sagte, zwei plus zwei gibt neun, dann traute sich niemand zu widersprechen. Wenn Saddam schwarz als weiß bezeichnete, stimmten sie augenblicklich zu. So ging es vierzig Jahre lang zu.

Wenn Saddam wollte, dass die Luftwaffe die Bevölkerung Teherans mit Senfgas angriff, traten sich die Leute um ihn herum gegenseitig auf die Füße, um der Erste zu sein, der ihm sagte, was für eine großartige Idee er doch habe. Beschloss er, Israel mit chemischen Waffen anzugreifen, klatschten dieselben Leute Beifall und sagten ihm, was für ein Held und militärisches Genie er doch sei. Einige sagten, Allah müsse ihm diese Worte eingegeben haben. Für Saddam zu töten und zu vernichten bedeutete in ihren Augen, Allahs Werk zu tun.

Es war ein krankes, gefährliches System. Heute bin ich dankbar zu wissen, dass Saddam mich nicht um Rat bat, weil ich seiner Meinung war oder ihm die Antworten gab, die er hören wollte. Sondern weil er wusste, dass ich die Wahrheit sagte, selbst wenn ich dabei mein Leben aufs Spiel setzte. Er wusste, ich würde ihn nicht belügen, auch wenn er nicht meiner Meinung war. Ich glaube, tief im Innern wusste er schon, dass es auf die Wahrheit ankommt. Und außerdem wusste er, dass ich immer nach bestem Wissen die Wahrheit sagen würde. Als ich mich weigerte, die Piloten hinzurichten, hätte ich dafür durchaus umgebracht werden können. Sich zu weigern, die Befehle Saddams oder seiner bösartigen Söhne auszuführen, hatte bereits viele meiner Landsleute den Kopf gekostet. Dennoch wurde ich nicht getötet, als ich mich weigerte zu gehorchen. Nein, ich wurde einfach entlassen, in den Ruhestand versetzt und fortgeschickt.

Bisweilen wurden meine Beförderungen aufgeschoben, weil ich kein sehr guter Ja-Sager war und weil ich mich geweigert hatte, in die Baath-Partei einzutreten. Doch als Saddam mich zurückholen ließ und wieder als Berater einsetzte, tat er das, weil er eingesehen hatte, dass ich in der Sache der gefangen genommenen Piloten im Recht gewesen war. Und ebenso bezüglich vieler anderer Dinge. Ich werde nie vergessen, wie ich einmal in den Palast gerufen wurde, wo mir bei meinem Eintreffen mitgeteilt wurde, dass ich mit ihm zu Abend essen solle. Plötzlich hatte ich riesige Angst, denn das kam häufiger vor, wenn Saddam einen Feind vergiften wollte. Freiwillig hätte ich niemals mit Saddam zu Tisch sitzen wollen.

Voller Angst ging ich trotzdem zum Präsidenten hinein, tauschte Belanglosigkeiten aus und unterhielt mich mit ihm, bis er das Essen auftragen ließ. Die ganze Zeit über fragte ich mich, ob der nächste Bissen derjenige sein werde, der mich umbrächte. Dann sagte Saddam etwas, das mir Schauer über den Rücken jagte: „Georges, Sie haben mir nicht immer in allem zugestimmt. Siebzehn Mal waren Sie anderer Auffassung als ich – ich habe mitgezählt …"

Als ich das hörte, stockte mir der Atem. Anderer Auffassung zu sein als Saddam war fast immer ein Todesurteil. Seine Worte schienen meine schlimmsten Befürchtungen zu bestätigen. Doch dann fügte er hinzu: „… und siebzehn Mal hatten Sie Recht gehabt."

Man kann sich nicht vorstellen, wie verblüfft und erfreut ich seine Worte vernahm. Trotz allen Übels, das er getan hatte, erkannte Saddam doch, dass Aufrichtigkeit eine gute Sache sein konnte, und dass es nicht immer notwendig war, den Boten zu erschießen.

Das Problem war jedoch, dass die Korruption in Saddams Regime von der Spitze bis zur Basis reichte. Es gab sie in der Regierung, im Militär, in den Krankenhäusern, den Universitäten, den Privatunternehmen und sogar in den Familien vieler prominenter Iraker. Wir durften nicht für uns selber denken und niemand wagte zu tun, was er wollte, weil er wusste, dass nur Saddams Wünsche befolgt würden. Deshalb wurde ich 1986 auch aus dem aktiven Militärdienst entlassen, obwohl ich ein junger Generalmajor von sechsundvierzig Jahren war, der sich seine Offiziersstelle hart erarbeitet hatte. Damals galt ich als bester Jagdflieger der Luftwaffe, aber ich hatte die Ange-wohnheit zu sagen, dass zwei plus zwei vier ergibt. Also musste ich gehen.

Saddam, der Zerstörer

Saddam muss noch weitere einsichtige Momente gehabt haben, aber ich bekam nur diesen einen mit. Er war derjenige, der mehr Mitglieder der Baath-Partei umbrachte als jeder andere Mensch, von der Gründung der Partei im Jahre 1947 bis heute. Saddam brachte mehr Offiziere der irakischen Armee um als jeder andere Mensch oder Staat, von der Gründung der Armee 1921 bis heute. Saddam tötete mehr Tikriter, seine eigenen Verwandten aus dem Norden des Iraks, von der irakischen Staatsgründung 1921 bis heute. Saddam tötete mehr Geistliche aller großen muslimischen Glaubensrichtungen und Stämme als jeder andere Mensch. Zuerst waren es die Sunniten, beginnend mit den Badris im Norden, dann waren es die Schiiten mit den Sadris im Süden.

Saddam tötete letztendlich mehr Bürger seines Landes – Militärangehörige wie Zivilisten – als jeder andere: Insgesamt zählt man heute über eine Million Männer, Frauen und Kinder. All das tat er zur Erweiterung seiner eigenen Macht und zur Kontrolle über die Nation. Während seiner Amtszeit wurde der irakische Staat und seine lebenswichtigen Verkehrsadern häufiger zerstört, als zu jeder anderen Zeit seiner Geschichte. Auf seinen Befehl hin wurden tausende Araber im Süden umgebracht, vor allem in Kuwait. Auf seinen Befehl hin wurden hunderttausende Kurden im Norden verstümmelt, vergiftet und getötet.

Auf Saddams Befehl hin wurden über viertausend Dörfer im Norden Iraks komplett zerstört, allein über 130 historische Kirchen verschwanden von der Bildfläche. Geleitet von Angst und Hass versuchte Saddam, den Arabern in den Sümpfen des Südens die Lebensgrundlage zu entziehen. Er ließ Flüsse umleiten, wild lebende

Tiere ausrotten, Menschen aus der Heimat vertreiben und die Widerspenstigen sogar töten. Zahllose Dörfer und viele wichtige Wasserstraßen wurden für alle Zeiten zerstört. Auf Saddams Befehl hin wurde unser wohlhabender arabischer Nachbar Kuwait angegriffen und ausgeplündert – und das alles aus Habgier und zum eigenen Ruhm.

Unter Saddam wurde der große Reichtum meines Landes für Kriege, Waffen und unnütze Ausgaben vergeudet. Um dem Ganzen die Krone aufzusetzen, gab er Millionen von Dollar aus, um Journalisten und Fernsehleute zu bestechen und zu erpressen, um Buch- und Zeitschriftenautoren Schmiergelder zu zahlen, und um Lügen und Propaganda in der arabischen Welt und weit darüber hinaus zu verbreiten. Er bestach Botschafter, ausländische Würdenträger und Staatsoberhäupter. Die Geldbeträge, die Saddam in Kriege und andere korrupte Machenschaften steckte, waren höher als der Reichtum, den unser Land durch den Verkauf von Rohöl vom Tag der ersten Bohrung im Jahre 1927 bis heute erwirtschaftet hatte. Das habe ich errechnet und ich weiß, dass es stimmt.

Wenn ich all die schrecklichen Dinge betrachte, die Saddam während seiner dreißigjährigen Schreckensherrschaft meinem Land angetan hat, frage ich mich: Wie kann einer bloß diesem Mann nachweinen? Saddam Hussein hat unser Land zerstört. Er hat unser Volk zerstört, unseren Stolz, unsere Hoffnung, und manchem von uns gar die Zukunft. Der beste Name für so einen Mann ist nicht Saddam, „Der Zerschmetterer", sondern eher das arabische Wort Haddam, „Der Zerstörer".

Saddam war der einzige Staatsführer der Erde, der Massenvernichtungswaffen gegen sein eigenes Volk einsetzte. Selbst als er 68 Luxuspaläste baute und sein persönliches Vermögen auf über 30 Milliarden Dollar anwuchs, zerstörte er alles, was er anfasste. Das Bildungs- und Gesundheitssystem sowie der finanzielle Unterbau des Staates wurden von Saddam ruiniert. Die Mittelklasse, Grundlage jeder stabilen Gesellschaft, wurde angegriffen; jeder, der seine Meinung frei äußerte, wurde von Saddam vernichtet. Armee, Luftwaffe und die Marineeinheiten für den Küstenschutz wurden erst 1991, dann erneut 2003 gründlich zerstört. Und dieser Schurke glaubt doch immer noch, er solle freigelassen werden, damit er als Präsident und Nationalheld des Iraks zurückkehren könne.

Unsere Würde wieder herstellen

Als Offizier war mir beigebracht worden, dass der Erfolg jeder Operation von der angewendeten Strategie abhängt. Hat ein Führer die richtige Strategie, kann er zwar Fehler bei der taktischen Ausführung machen, doch meist wird der Einsatz gelingen. Hat er jedoch eine schlechte Strategie, nützt ihm die gute Taktik auch nichts. Das sage ich, weil ich glaube, dass Saddams sämtliche Strategien falsch waren – und zwar von den Anfängen in den späten 1960ern bis heute. Häufig war seine Taktik clever. Er war manipulativ und hinterlistig, und er schaffte es, die meisten Menschen die meiste Zeit an der Nase herumzuführen. Doch letztendlich unterlag er doch, denn seine ganzen Strategien waren schlecht.

Es macht mich traurig mitzubekommen, dass es in unserer Region noch immer Länder gibt, die denselben Weg einschlagen wie Saddam. Sie wenden dieselben Strategien und viele seiner Taktiken an. Und wenn sich nichts daran ändert, geraten sie in dieselbe Sackgasse. Wenn man etwas aus der tragischen Geschichte Saddam Husseins lernen kann, dann ist es, dass sich die politischen Vorgehensweisen und Strategien unserer Nachbarn im Mittleren Osten gründlich ändern müssen, damit es überhaupt eine Hoffnung auf Frieden und Versöhnung für unser Volk geben kann.

Doch selbst während ich dies sage, ist mir klar, dass diese Denkweise für viele Menschen in meinem Teil der Welt nicht leicht zu akzeptieren oder zu verstehen ist. Es braucht Weisheit, Kenntnis und Mut, um die Richtung zu ändern, doch glaube ich, dass es geschehen kann und muss. Ich glaube vor allem an die Findigkeit unseres Volkes. Wir haben viele gut ausgebildete Führungskräfte in Regierung, Wirtschaft, Wissenschaft und Rechtsprechung, und es mangelt uns nicht an guten Ideen. Daher bin ich mir sicher, dass solche Veränderungen möglich sind – wenn wir genügend Glauben und Mut haben, die ersten Schritte zu tun. Wenn die Staaten des Mittleren Ostens im Geist der Kooperation zusammenkommen, um die Region neu aufzubauen, tun sie damit nicht nur sich einen Gefallen: Sie erneuern damit die Verheißung des Friedens für die ganze Welt.

Das kommt jetzt allmählich in Gang. Viele Hoffnungsträger für unsere Zukunft teilen diese Sicht. Mein besonderer Dank gilt Präsident Jalal Talabani, der unserem Volk neue Hoffnung schenkte und damit begonnen hat, unsere Würde wieder herzustellen. Er ist eine begnadete Führungspersönlichkeit und eine Ermutigung für die Christen im Irak. Wenn einige von uns in den mittleren oder südlichen Regionen des Landes verfolgt werden, sagte er, können sie in den Norden kommen, in die Dörfer rund um Kurdistan, wo sie Land und Arbeit finden und wo sie beschützt werden. Ich wünschte, ich könnte sagen, alle Iraker sind gegenüber den ethnischen und religiösen Minderheiten im Lande so einfühlsam wie Dr. Talabani, doch leider ist das bislang nicht der Fall.

Dr. Ayad Allawi war der erste Ministerpräsident des neuen Iraks. Er ist ein großer Freund meines Volkes und eine Inspiration für mich. Außerdem war sein Stellvertreter, Dr. Barham Saleh, eine enorme Hilfe für diejenigen, die im Norden am meisten zu leiden hatten, einschließlich der Kurden und der christlichen Minderheit. Als auf unsere Kirchen am 1. August 2004 Bombenanschläge verübt wurden, ließ der Ministerpräsident die Regierung den Wiederaufbau bezahlen. Er händigte mir den gesamten Betrag über 496.460 Dollar in bar aus. Darüber hinaus gab Dr. Allawi noch 100.000 Dollar aus seiner eigenen Tasche für den Wiederaufbau dazu. Mit dem gesamten Geld wird gerade die Hoffnung der Christen im Norden wieder hergestellt.

Dr. Barham Saleh, Leiter des Wiederaufbaukomitees im Büro des Ministerpräsidenten, ließ die Baufirmen in Kirkuk eine neue Kathedrale für die Assyrische Kirche des Ostens errichten. Außerdem bot er an, die assyrische Schule in Kirkuk, die zur Assyrischen Kirche des Ostens gehört, für fast 500.000 Dollar wieder aufbauen zu lassen. In dieser schwierigen Zeit traf ich mich mit Großajatollah Ali Sistani und Leitern aller christlichen Kirchen im Irak, einschließlich des Patriarchen der chaldäischen Gemeinden, Bischöfen der assyrischen Kirchen und dem Bischof der armenisch-orthodoxen Gemeinden. Begleitet wurden wir außerdem von dem nationalen Sicherheitsberater, Dr. Mowaffaq al-Rabaie, der die Christen respektiert und immer versucht, ihnen zu helfen.

Dem Ajatollah tat es leid, dass unsere Kirchen zerbombt worden waren. Er sagte, eine Gruppe der höchsten Kirchenführer aller Konfessionen im Irak habe sich getroffen und vereinbart, einen nennenswerten Beitrag zum Wiederaufbau unserer Kirchen zu leisten. Dieses großherzige Angebot bedeutet uns Christen ungeheuer viel. Ich danke allen aus tiefstem Herzen.

Doch in diesem Zusammenhang möchte ich auch allen sagen, die unsere Gottesdienstorte zerstört und unsere Mitglieder getötet, verschleppt, erpresst und ausgeraubt haben und die der christlichen Gemeinschaft mit Gewalt und Hass begegneten, dass wir zu unserem Vater im Himmel beten, dass wir ihnen vergeben und ihnen zu einer besseren Einstellung verhelfen. Wenn wir einen neuen, besseren Irak aufbauen wollen, müssen wir lernen, in Frieden miteinander zu leben und zusammen für das Gemeinwohl zu arbeiten. Wir können nicht die Hass- und Rachegefühle beibehalten, die Saddam umtrieben und die unter seiner korrupten Herrschaft akzeptiert wurden. Diese Richtung einzuschlagen bringt nur noch mehr Blutvergießen, Krieg und Unheil. Ich bete dafür, dass wir gemeinsam daran arbeiten, einen besseren Weg zu finden.

Eine neue Strategie

Ich möchte auch ein Wort über die kurdische Bevölkerung im Irak sagen, die unter Saddam so unermesslich viel zu leiden hatte. Heute werden die Kurden, die im Norden des Iraks leben, angeführt von Massoud Barzani, dem Präsidenten der kurdischen Regionalregierung, sowie seinem Ministerpräsidenten Nechirwan Barzani. Keine Bevölkerungsgruppe im Irak musste so viel Leid hinnehmen wie die Kurden, und doch waren sie am ehesten bereit zu Vergebung und Toleranz. Buchstäblich hunderttausende von ihnen wurden getötet und sie wurden jahrzehntelang ununterbrochen attackiert. Heute haben sie eine starke Miliz, die sie vor künftigen Angriffen schützen soll, doch bei allem, was ihnen unter Saddam widerfahren ist, haben sie sich nie zu Racheakten oder willkürlicher Gewalt hinreißen lassen.

Ich möchte diesem Volk und seinen Führern für die Weisheit und den Mut danken, vor allem in ihrem Verhältnis zu meinem Volk, den angestammten Christen des Nordiraks. Sarkis Agha Jan, stellvertretender Premier- sowie Finanzminister der Kurdenregion, stand meinem Volk auch überaus hilfreich zur Seite. Die Mehrheit der assyrischen Christen lebt heute in den Kurdengebieten; wir respektieren die Kurden und behandeln sie fair. Im Namen meiner Glaubensgenossen möchte ich daher Präsident Barzani und allen in Kurdistan für ihr tolerantes und vertrauensvolles Verhalten danken. Sie machen unserem Land alle Ehre.

Saddams Vorgehensweisen haben den Irak bestechlich gemacht, aber auch zur Zerstörung verdammt. Selbst so ein kluger und sehr tüchtiger Mann wie Tarik Aziz wurde von Saddam korrumpiert, und er stützte mit seinen Fähigkeiten ein Regime, das sich auf Lügen gründete. Leider muss ich sagen, dass er auch heute noch aus seiner Gefängniszelle heraus Saddam unterstützt. Ich muss annehmen, dass sich dieses Verhalten auf Angst gründet und auf die Vermutung, dass niemand die Stimme gegen Saddam erheben darf, solange er noch lebt.

Was lässt sich mit solcherart Loyalität erreichen: Der Irak ist ein großes Land genau in der Mitte des Mittleren Ostens – doch wir haben keine Freunde in der Region. Der Irak war ausgestoßen, jedermanns Feind, und nicht ein einziges Land um uns herum traute Saddam oder dem Regime – und das aus gutem Grund. Jedes einzelne hatte er mindestens einmal angegriffen. Er erklärte sich selber zum neuen Nebukadnezar und träumte davon, eines Tages der Herrscher über alle Araber zu sein. Wie hätte man so einem Menschen trauen können?

Am 20. (19.) März 2003 unternahm Amerika den ersten großen Schritt zur Wiederherstellung von Würde und Ansehen des Iraks. Die Operation Iraqi Freedom setzte den Prozess der Beseitigung eines üblen Regimes in Gang sowie die Rückkehr zu einem Leben in der Welt statt außerhalb. Ja, es gibt noch gefährliche Aufständische, und die Straßen und Gassen des Iraks sind nicht für jeden sicher. Es gibt übelwollende Menschen, die das Voranstreben von Freiheit und Demokratie aufhalten wollen und die auch schon einen gewissen Erfolg errungen haben. Doch Gott sei Dank sind wir auf der richtigen Spur und wir werden diesen Krieg so oder so gewinnen. Wir brauchen Zeit, um die Einzelteile zusammenzufügen, doch ich glaube, mit der Zeit lernen wir, unsere Freiheit und die Demokratie richtig zu nutzen.

Der Irak ist doch wahrlich ein wohlhabendes Land. Wir haben Wasser, Land, Öl und viele weitere Bodenschätze. Außerdem sind wir fleißige Menschen, die das Leben lieben und wissen, wie man arbeitet. Wenn wir die Schrecken der Vergangenheit hinter uns lassen und uns selbst einer optimistischeren Zukunft verschreiben können, bin ich davon überzeugt, dass wir den Irak wieder in ein wunderschönes Land in der Mitte des Mittleren Ostens verwandeln können, das in der Dunkelheit hell erstrahlt. Eines Tages wird der Irak für die Menschen ein Vorbild sein für das, was die Demokratie aus einem Land machen kann. Ich glaube wirklich, dass dieser Tag kommen wird.

Das Wiedererwachen der Natur im Irak

Vor noch nicht allzu langer Zeit war die Zentralregion meines Landes ein hübscher grüner Garten. Bäume, so weit das Auge reichte. Die Landschaft war durchzogen von Bächen und Strömen, in denen es vor Leben nur so wimmelte. Da waren Fische in den Flüssen, wunderschöne Vögel in den Bäumen, Rehe in den Wäldern und mancherlei Lebewesen zwischen den Felsen und an verborgenen Stellen. Es war das reine Paradies. Doch dann kam der Krieg und viele Bäume wurden verbrannt. Wer in den Wäldern lebte und arbeitete, verlor sein Heim. Und aufgrund so vieler Kriege über so viele Jahre verschwand dieses Paradies. Man baute Militärstraßen für Panzer und gepanzerte Fahrzeuge. Oft wurde absichtlich Feuer gelegt, um Holz und alles Störende aus der Schusslinie der Soldaten zu beseitigen. Da war keine Schönheit mehr; vielmehr wurde das Land innerhalb der Wälder zu einem weiteren Schlachtfeld.

So sah es viele Jahre lang aus. Doch seit der Befreiung des Iraks im Jahre 2003 fangen die Wälder wieder an zu wachsen. Der Schutt wird abgeräumt, die Ströme beginnen wieder zu fließen. Sträucher und Wildpflanzen beginnen wieder auszuschlagen, auch wenn sie an manchen Stellen noch klein sind. Doch die Bäume wachsen und die Waldtiere kehren zurück. Für mich ist das ein Abbild dessen, was gerade mit meinem Land geschieht. Zu viele Jahre lang wurden wir von Tyrannen und Diktatoren niedergetrampelt. Unsere Seelen waren wie Wüsten. Wir haben unseren Sinn für Schönheit verloren. Doch endlich kehrt die Freiheit zurück in den Irak und es gibt wieder Schönheit.

Was mit den Wäldern geschieht, kann auch mit Menschen geschehen. Wir werden Zeit brauchen, um wieder stark zu werden. Hübsche Dinge können nicht für alle Zeit in der Wüste überleben. Zu lange sah es in unserer Seele aus wie in einem Ödland. Doch die Begeisterung in den Gesichtern der Männer und Frauen im Irak während der jüngsten Wahlen – trotz der Drohungen durch Terro-

risten und selbst trotz der Morde an Wählern auf dem Weg zur Urne
– spiegelt die Hoffnung wider. Diese Begeisterungsfähigkeit erwacht
gerade wieder.

Krieg, Terrorismus, Tod und Hass werden uns niemals Frieden
und Wohlstand bringen. Das wissen die Menschen jetzt. Und sie
schirmen sich allmählich ab gegen die Lügen der Aufständischen und
Propagandisten, die nichts weiter sind als Händler des Todes. Wenn
die Wälder zum Leben erwachen und wieder grün werden können,
dann kann, so glaube ich, auch unsere Nation wieder zum Leben zurückkehren. Und eines Tages – sehr bald, hoffe ich – wird auch unser altes Land, die Wiege der Zivilisation, wieder grün und wunder-
schön sein.

Die Hoffnung, die ich jetzt habe, ist, dass unser Land mit Hilfe
von Demokratie und Frieden wieder zur Realität zurückfindet. Da
die Stammesangehörigkeit im Mittleren Osten eine erhebliche Rolle
spielt, geht die natürliche Neigung der Menschen dahin, ihrem
Stamm ausgesprochen treu ergeben zu sein. Sie kommen mit den
Angehörigen ihres eigenen Stammes so lange gut zurecht, wie es pas-
send erscheint. Doch es ist nicht viel Provokation vonnöten, um ihre
Kampfeslust zu entfachen: Schiiten gegen Sunniten, Schiiten gegen
Schiiten, Sunniten gegen Sunniten und sogar Sunniten und Schiiten
gegen alle anderen. Irgendwie muss unser Volk beim Wiederaufbau
unserer Nation lernen, einander zu lieben oder zuallermindest in
Frieden miteinander zu leben.

Liebe und Vergebung

Das Problem Nummer Eins im Irak heute ist, dass es im Herzen der
Menschen zu viel Hass und zu wenig Liebe gibt. Irgendwie muss unser Volk in allen Teilen des Landes und in jedem Stamm und jeder
Gruppierung lernen, den Nächsten zu lieben und zu vergeben und
vergessen, was in der Vergangenheit geschehen ist. Saddam hat uns

gelehrt zu hassen, aber Hass ist eine Krankheit und wir wollen keine kranke Nation mehr sein. Unser Herz und Sinn sollten jetzt voller Liebe sein – zumal jetzt bei dem Versuch, unser Land umzubauen.

Hass, Eifersucht und Neid fressen uns von innen auf. Sie wirken sich nicht auf den anderen aus. Diese Gefühle der Bitterkeit sind wie eine lähmende Krankheit, die unsere Nerven, unseren Verstand und unseren Körper auffrisst und uns im Innern leer zurücklässt. Wenn wir unser Leben im Irak wirklich verbessern wollen, dann müssen wir unserem Volk Liebe ins Herz pflanzen. Und darum arbeite ich für Frieden und Versöhnung im Mittleren Osten. Ich weiß jetzt, dass es nur einen Weg zur Lösung unserer Probleme gibt, nämlich kreativen Dialog, Verpflichtung zum Frieden und Offenheit für Versöhnung.

Als Landwirt habe ich etwas Wichtiges gelernt: Wenn man einen Garten anlegen will, braucht man einen Plan. Am Anfang steht die Idee, dass man etwas anpflanzen will. Wenn man lernt, wie man die Pflanzen zum Wachsen bringen kann, entdeckt man rasch, dass es nicht nur darauf ankommt, Saat in die Erde zu stecken. Man muss auf die richtige Zeit und den richtigen Standort achten und dann den Boden bereiten. Wenn man die Saat pflanzt, muss man sie düngen, wässern und schützen. Wenn die jungen Pflanzen anfangen zu keimen, düngt man sie und sorgt dafür, dass Unkraut und Insekten nicht überhand nehmen und sie vernichten.

Zu gegebener Zeit, wenn die Frucht reif und die Zeit zur Ernte gekommen ist, hat sich die ganze Mühe gelohnt und man kann die Früchte seiner Arbeit genießen. Doch trotz allem überlebt nicht jede einzelne Pflanze auf dem Feld. Einige Pflanzen wird man aufgeben müssen – vor allem die am Rande, die zu viel Trockenheit oder zu wenig Aufmerksamkeit abbekommen haben. Einige Pflanzen werden Opfer von Hitze, andere von Dieben. Doch hat man seine Arbeit richtig gemacht und das Feld mit Liebe und Geduld gehegt und gepflegt, dann hat man nicht nur eine reiche Ernte, sondern auch Saatgut für die nächste Aussaat. Mit Gottes Segen und Frühlingsregen kann man Jahr für Jahr Felder und Ernte erweitern und vergrößern.

Für mich veranschaulicht dieses Sinnbild in mancherlei Hinsicht meine Hoffnung auf Pflege und Verbreitung des Friedens im Mittleren Osten. Das kann natürlich kein einzelner „Landwirt" schaffen. Doch wenn sich genügend Menschen dieser Herausforderung stellen und wenn wir unsere ureigenste Klugheit und unsere riesigen Vorkommen an Bodenschätzen nutzbar machen können, und wenn wir dann unsere Energien darauf richten, Frieden zu schaffen anstatt Krieg, dann, glaube ich, ist uns nichts unmöglich. Wird das harte Arbeit sein? Ja, natürlich. Das kann jeder Landwirt bestätigen, der schon einmal ein Feld bestellt hat. Man betrachte nur einmal seine Hände: Sie sind rissig und rau von der Arbeit, die unerbittlich zu tun ist, fast jeden Tag von Sonnenauf- bis Sonnenuntergang. Doch er weiß, dass er belohnt wird, wenn er gewissenhaft dran bleibt, und darum macht er es auch.

Unser Problem liegt nicht darin, dass wir keine Resourcen hätten. Wir haben reichlich, womit wir arbeiten können, und wir haben die Fähigkeiten vieler Stämme und Nationen. Unser Problem liegt darin, dass zu viele Iraker lieber nach den alten Regeln von Hass, Angst und Misstrauen leben und in dem Garten nichts wachsen kann.

Einmal fragte ich einen hoch angesehenen irakischen Arzt, der im Ausland arbeitete und lebte, ob er sich vorstellen könne, eines Tages in den Irak zurückzukehren. Er sagte nein. Darauf fragte ich ihn: „Würden Sie zurückkommen, wenn man Ihnen eine hohe Stelle im Gesundheitsministerium anbieten würde?"

Wieder verneinte er und fügte hinzu: „Ich würde nicht einmal zurückkommen, wenn man mir den ganzen Irak anböte!"

Das Problem lag darin, dass er sich daran erinnerte, wie es im Irak unter Saddam aussah. Und jeden Tag liest er die Schlagzeilen. Er hört von Bomben, Morden und Kämpfen wegen religiöser oder politischer Unterschiede. Darüber hinaus sind die Straßen unsicher und der Verkehr ist grässlich. Doch dann sagte er etwas sehr Schmerzhaftes: „Seit ich in den Westen kam, weiß ich erst, was es heißt, ein Mensch zu sein."

Was für eine traurige Aussage über mein Land. Doch was für eine Chance für uns, die Probleme zu erkennen und gemeinsam daran zu arbeiten, den Irak in so ein Land zu verwandeln, wie es sein sollte. Ich glaube, mit Gottes Hilfe können wir es schaffen.

Licht in der Dunkelheit

Nach den Terroranschlägen von London im Jahre 2005 gab es Menschen, die auf den Straßen von Bagdad, Amman und Riad feierten. Ich schäme mich für ihr Verhalten. Sie waren stolz darauf, dass Muslime diese schlimmen Attentate verübt hatten. Sie feierten, anstatt ihr Angesicht vor Scham zu verbergen. Genau so reagierten sie auch am 11. September 2001, als die Flugzeuge New York und Washington trafen.

Was für eine Schande, was da im irakischen Fernsehen zu sehen war. Die Menschen brachen in so lauten Freudentaumel aus, ohne zu merken, dass sie von Millionen Menschen in aller Welt beobachtet wurden, und ohne zu bedenken, dass sie eines Tages für ihr Verhalten würden gerade stehen müssen. Dieser Tag kam schließlich auch – im März 2003. Wir alle hatten einen hohen Preis dafür zu bezahlen. Doch statt Strafe und Folter erhielten wir etwas anderes. Uns wurde Demokratie und Freiheit geschenkt.

Mancher mag mich fragen, warum ich nicht schon vorher über das alles geredet habe und warum ich fand, dies sei nun der geeignete Zeitpunkt. Die Antwort lautet: Ich hätte niemals über diese Dinge schreiben können, solange ich noch im aktiven Militärdienst für den Irak war. Wie zu Beginn gesagt, war ich ein treu dienender Soldat und Kampfflugzeugpilot. Es gab vieles, was ich an dieser Arbeit nicht mochte: Ich erhielt vielfach Befehle, die ich lieber nicht ausgeführt hätte. Doch ich habe mich nicht verweigert, weil ich einen Eid geleistet hatte, meinem Land zu dienen.

Ich liebe mein Land und ich möchte nur, dass es von nun an bergauf geht. Als Assyrer und als Christ gehöre ich im Irak zwar einer Minderheit an, doch habe ich immer versucht, treu ergeben meinen Pflichten zu jeder Zeit nachzukommen. Ich wollte, so gut ich konnte, meine Verpflichtung als Offizier und Gentleman erfüllen. Hätte ich damals versucht, über die Lage des Iraks zu schreiben oder zu reden, wäre das Propaganda gewesen. Es wäre nur noch mehr Prahlerei für ein Regime geworden, von dem alle Welt wusste, dass es bestechlich und zum Scheitern verurteilt war. Und ich hätte niemals so ein Buch geschrieben.

Das ist meine Hoffnung.

Anmerkungen

1   Im Irak kennt man General Sada besser als General Georges. Üblicherweise reden sich die Menschen im Nahen/Mittleren Osten mit ihrem Vornamen an. Mit Rücksicht auf die westlichen Leser dieses Buches ist häufig von General Sada die Rede. Alle anderen Namen werden in der typischen Form des Mittleren Ostens präsentiert.

2   Philip Sherwell, „Saddam's sons ‚tried to have pilots executed'", *The Telegraph*, 5. Februar 2004. [http://www.telegraph.co.uk/core/Content/displayPrintable.jhtml?xml=/news/2004/05/02/wsado2.xml&site=5]. (Zugang am 11. November 2005.)

3   Zwischen 1991 und 2003 gab es in Europa und Amerika Dutzende Veröffentlichungen über die Tyrannei Saddams und der Baath-Partei sowie über zahlreiche Details zu Massenvernichtungswaffen. Das wird exemplarisch dargestellt in Robert Kagan, „It Wasn't Just Miller's Story", *The Washington Post*, 25. Oktober 2005. A21.

4   Gott sei Dank passierte es genau so. Die Bomber haben keine einzige Brücke zerstört, die Angriffe mit Flugkörpern und Stealth-Bombern trafen mit großer Genauigkeit vor allem militärische und staatliche Ziele. Zivilisten und private Wohnhäuser blieben weitestgehend verschont. Wasser- und Stromversorgung erlitten nur minimale Schäden und wurden rasch wieder funktionstüchtig gemacht.

5   Berlin: Deutsches Historisches Museum, 1994; gedruckt von Steiner und Cist in deutscher Sprache, Philadelphia [6-8. Juli 1776]; Rechtschreibung des Originals von 1776 – Anm. d. Übers.

Bruder Andrew / Al Janssen

Licht zwischen den Fronten –

Neues vom Schmuggler Gottes

384 S., Taschenbuch, mit s/w-Fotos,
ISBN 978-3-7655-3898-8

Er sitzt bei Freunden in der Wohnung, während draußen Granaten fliegen. Er trifft sich heimlich mit Vertretern von Hamas und PLO, um mit ihnen über den einzigen Weg zum Frieden zu sprechen, den er kennt. Er war schon immer ein Mann ungewöhnlicher Wege: Bruder Andrew.

Unbemerkt von der Öffentlichkeit knüpft er seit Jahren im Nahen Osten Kontakte: zunächst zu arabischen Pastoren und Christen wie auch messianischen Juden, dann auch zur Hamas und zur PLO. Er knüpft tiefe Freundschaften zu Menschen, von denen er hier erzählt. Wer aus christlicher Sicht erfahren will, wie es bei der Hamas hinter den Kulissen aussieht, wer verstehen will, was Menschen im Nahen Osten antreibt und welche Hoffnung es für sie gibt, findet hier authentische Beispiele aus erster Hand! Von einem, den die Leidenschaft für Menschen und für Gott in Bewegung setzt. Der nicht anklagt, sondern Liebe und Hoffnung weitergibt.

BRUNNEN VERLAG GIESSEN
www.brunnen-verlag.de

Bruder Andrew / Al Janssen

Verräter ihres Glaubens

Das gefährliche Leben von Muslimen,
die Christen wurden

416 S., Taschenbuch,
ISBN 978-3-7655-4019-6

Ahmed war von Jesus so fasziniert, dass er in der Moschee öffentlich
eine sehr gefährliche Frage stellte. Den anschließenden Schlägen und
Misshandlungen seiner Familie konnte er nach einigen Tagen entkommen. Doch wohin jetzt? Er musste untertauchen.

Bald trifft er Mustafa. Dieser gehört zur örtlichen Muslimbruder-
schaft. Ahmed traut seinen Ohren nicht, als Mustafa ihm von seiner
Sehnsucht erzählt, die die Evangelien in ihm ausgelöst haben. Im
Auftrag seiner islamistischen Gruppe sollte Mustafa eine Streitschrift
schreiben, welche die Fehler des Neuen Testaments darstellt und die
Gültigkeit des Korans betont. Das konnte er nicht tun, ohne die
Evangelien vorher zu lesen, meinte Mustafa. Noch mehr junge Männer und Frauen stoßen in kurzer Zeit zu ihnen – sie alle müssen
untertauchen, brauchen eine Bleibe, etwas zu essen und Arbeit. Vorsichtig suchen sie nach einem Ausweg. Doch er könnte sie das Leben
kosten …

BRUNNEN VERLAG GIESSEN
www.brunnen-verlag.de